„Hier wirkt Elektrizität"
Werbung für Strom 1890 bis 2010

Theo Horstmann, Regina Weber (Hg.)

"Hier wirkt Elektrizität"
Werbung für Strom 1890 bis 2010

Klartext Verlag Essen

Inhalt

6 Theo Horstmann, Regina Weber
Einleitung

12 Frank Dittmann
Die Elektrotechnik und ihre frühen Ausstellungen 1880 – 1910

26 Theo Horstmann
„Die Aufklärung der Massen über den Wert der Elektrizität im täglichen Leben." Elektrifizierung und Stromwerbung im Kaiserreich bis 1918

48 Christoph Weltmann
Elektrizitätswerbung in den Zwanziger Jahren: Landwirte im Fokus und „Elektrizität in jedem Gerät" – eine Werbemarke für Strom

62 Bettina Günter
Der Wettstreit zwischen Strom und Gas – gespiegelt in zeitgenössischer Werbung

76 Martina Heßler
Maschinen für die moderne Frau. Werbung für elektrische Haushaltsgeräte in den 1920er und 1930er Jahren

88 Anita Kühnel
„Le confort par l`électricité". Phänomene der Werbesprache im Dienst des Fortschritts 1900 bis 1950

106 Peter Döring
Strommännchens Gleichschaltung. Elektrizitätswerbung in der NS-Zeit

126 Katrin Holly
Die Elektrogemeinschaft als regionaler Werbeverbund von Energieversorger, Elektrohandwerk und -handel. Das Beispiel der Elektrogemeinschaft der LEW AG

142 Reinhold Reith
Kohle, Strom und Propaganda im Nationalsozialismus: Die Aktion „Kohlenklau"

160 Sabine Röck, Christoph Wagener
Die Bewerbung von Elektrizität in den 1950er Jahren: Elektrizität – Modernität – Fortschritt

178 Beate Krieg
Der Landhaushalt im Fokus – Werbeoffensive für elektrische Gemeinschaftsanlagen in den 1950er Jahren

192 Sylvia Wölfel
Von der Werbung für Strom zur Werbung für Energieeffizienz: Umweltfreundliche Haushaltstechnik in der Bundesrepublik und der DDR

206 Udo Leuschner
Zwischen Markt, Macht und Marken: 10 Jahre Liberalisierung haben die deutsche Stromwirtschaft grundlegend verändert

218 Aldo Frei
Lehrjahre der Kundenorientierung: Die Marktliberalisierung

Die Frühphase des elektrischen Zeitalters

224 Susanne Feldmann
Allegorisierung, Heldengestalten und heroische Landschaften

232 Regina Weber
Kundenzeitschriften der Elektrizitätswirtschaft

236 Susanne Feldmann
Die Werbegrafik im Dienst der Elektrizität

242 Bettina Günter
Peter Behrens und die Werbung der AEG

244 Bettina Günter
Der Nitralampen-Wettbewerb der AEG 1916 – ein Forum für moderne Gestalter

Die Phase des Lichts und der Kraft

248 Susanne Feldmann
Licht – Wegbereiter für die Elektrizität

262 Bettina Günter
Modernes Licht: Die Leuchtstoffröhre

266 Susanne Feldmann
Elektrizität in Gewerbe und Landwirtschaft

Elektrizität im Haushalt

272 Susanne Feldmann
Elektrische Helfer im Haushalt

280 Regina Weber
Tarifwerbung und Ratenzahlung

284 Bettina Günter
Heißluftdusche oder Fön?

286 Susanne Feldmann
Das elektrische Haushaltsgerät als Inbegriff des Luxus: Der Staubsauger

Susanne Feldmann
292 **Vom Feind zum Freund der Haushalte: Der Elektroherd**

Bettina Günter
298 **Der Kühlschrank – sparsam wirtschaften und genießen**

Susanne Feldmann
304 **Waschtag adieu: Die Waschmaschine**

Bettina Günter/Susanne Feldmann/Regina Weber
308 **Heizen mit Strom**

Susanne Feldmann
312 **Die Frau in der Werbung für elektrische Haushaltsgeräte**

Elektrizitätswerbung zwischen Markt und Ökologie

318 Regina Weber
Image- und Ökowerbung

322 Literaturverzeichnis

325 Abbildungsnachweis

326 Autoren

327 Impressum

Werbeblatt, 1930er Jahre
Umspannwerk Recklinghausen – Museum Strom und Leben

Einleitung

Theo Horstmann, Regina Weber

Elektrifizierung und Werbung

Die Anwendung der Elektrizität als universelle Energie seit dem Ende des 19. Jahrhunderts markiert einen wesentlichen Meilenstein auf dem Weg zur modernen Industriegesellschaft. Der säkulare Elektrifizierungsprozess löste einen der komplexesten technisch-gesellschaftlichen Modernisierungsschübe des 20. Jahrhunderts aus. Die Elektrifizierung war ein dynamischer, sich selbst tragender und beschleunigender Prozess von weit reichender sozialer, technischer, ökonomischer und politischer Bedeutung, der nahezu alle Bereiche von Wirtschaft und Gesellschaft erfasste.[1] Er schuf, so der liberale Ökonom Josef Schumpeter, neue Industrien und Waren, neue Einstellungen, neue Formen sozialen Handelns und Reagierens.[2] Der elektrische Strom wurde das Medium und die Energie der Moderne schlechthin.[3] Die Elektrifizierung wirkte in zwei Richtungen: Sie rief einerseits Elektrizitätswirtschaft und Elektroindustrie als bedeutende neue Industriezweige hervor, die die elektrische Energie bzw. die für sie konstruierten Geräte und Apparaturen produzierten. Der Industrielle Walther Rathenau, einer der führenden Köpfe der AEG und gemeinsam mit seinem Vater Emil bedeutender Pionier der Elektrifizierung in Deutschland, beschrieb schon 1907 die umfassende Wirkungsmacht der neuen Energie, die – noch in den Kinderschuhen steckend – der industriellen Welt bereits ihren Stempel aufdrückte: „Die Elektrizität ist keine Industrie, sondern ein Industriekomplex, ein Wirtschaftsgebiet. Sie umfasst Beleuchtung und Kraftübertragung, Verkehrsunternehmungen, Maschinen-Industrien, Dampfmaschinen-Industrien, Zentralisation und Dezentralisation von Krafterzeugung und Kraftverteilung, und greift in nahezu alle übrigen Industriegebiete über."[4] Stromwirtschaft und Elektroindustrie wurden auf der Angebotsseite zu den wesentlichen Akteuren der Elektrifizierung in Deutschland.

Die andere Seite der Elektrifizierung zielte auf die Nutzer der neuen Energie sowie die vielfältigen, im Laufe des Elektrifizierungsprozesses sich kontinuierlich weiter auffächernden Formen der Anwendungen mit allen daraus resultierenden Konsequenzen. Das universelle Nutzungspotenzial und die ubiquitäre Präsenz der Elektrizität machten diese Energie zum Ausgangspunkt tief greifender Veränderungen in Industrie und Gewerbe, in der Landwirtschaft, im öffentlichen Leben, im Verkehrswesen, in der Medizin, der Kommunikation und der Kultur und nicht zuletzt im individuellen Lebensumfeld. Die Elektrizität hat struktureller und umfassender in nahezu sämtliche Lebensbereiche des modernen Menschen eingegriffen als jede andere Energieform zuvor – von der Nutzung des Feuers vielleicht abgesehen. Als zeitgenössischer Beobachter erinnert der Schriftsteller Stefan Zweig in seinem Buch „Die Welt von Gestern" die radikale Modernisierung: „In der Tat wurde ein allgemeiner Aufstieg immer sichtbarer, immer geschwinder, immer vielfältiger. Auf den Straßen flammten des Nachts statt der trüben Lichter elektrische Lampen, die Geschäfte trugen von den Hauptstraßen ihren verführerischen Glanz in die Vorstädte, schon konnte dank des Telefons der Mensch zum Menschen in der Ferne sprechen, schon flog er dahin im pferdelosen Wagen mit neuen Geschwindigkeiten, schon schwang er sich empor in die Lüfte im erfüllten Ikarustraum."

Vor allem als wirkungsmächtige Kraft auf den privaten Haushalt, die Landwirtschaft und das Gewerbe unterschied sich die Elektrifizierung von allen vorauf gegangenen Technisierungs- und Industrialisierungsschritten. Erstmals durchdrang und veränderte die Nutzung einer Technologie die individuelle Lebenssphäre der privaten Konsumenten.

Die anmutige „elektrische Fee", wie eine zeitgenössische Metapher aus Frankreich die neue Energie umschrieb, manifestierte in der Menschheitsgeschichte die erste Energieform, die im persönlichen Umfeld die archaischen Energien Muskelkraft und Feuer substituierte und damit im privaten Haushalt Umwälzungen größten Ausmaßes anstieß. Die Elektrizität mutierte vom Luxusprodukt in ihren Anfängen zu einem als selbstverständlich und unverzichtbar empfundenen Konsumgut, das Teil der existentiellen Grundversorgung ist.[5]
Der Prozess der Elektrifizierung mag in den entwickelten Industriegesellschaften hinsichtlich seiner räumlichen Ausdehnung und wirtschaftlich-gesellschaftlichen Präsenz zu einem Abschluss gekommen sein; qualitativ ist er aber weithin wirksam und ein Ende ist nicht abzusehen. Die Digitalisierung der Welt in den vergangenen dreißig Jahren und der Aufstieg des Internets mögen hierfür als Beispiele gelten.
Der Prozess der Elektrifizierung wurde unter technik-, sozial-, lokal,- unternehmens- oder wirtschaftshistorischen Fragestellungen bereits vielfach beschrieben und analysiert. Wie dieser Prozess aber durch werbliche Aktivitäten kommunikativ begleitet, forciert und gestaltet wurde, ist bislang noch wenig thematisiert worden. Am eingehendsten hat sich bislang noch Tilmann Buddensieg am Beispiel der AEG mit diesem Thema unter primär kunsthistorischen Fragestellungen auseinander gesetzt.[6] Reklame für Elektrizität taucht eher als Nebenaspekt in Künstlermonographien[7] und werbehistorischen Überblicken[8] oder als eine Facette in Elektrifizierungsdarstellungen auf[9]. Dabei stehen häufig die kunsthistorisch besonders ergiebigen ersten Jahrzehnte des 20. Jahrhunderts im Mittelpunkt des Interesses. Zudem beschäftigen sich die meisten Darstellungen – sofern sie Werbung thematisieren – mit populären Werbemedien, insbesondere dem Plakat.

Tatsächlich wurde die Popularisierung und Aneignung der Elektrizität in Wirtschaft und Gesellschaft von Beginn an durch gezielte und phasenweise recht massive Werbeaktivitäten begleitet. Sie sollten der neuen Energie einen Markt erschließen, indem sie eine breite und vielfältige Nutzung der Elektrizität propagierten.
Die Protagonisten der Elektrizitätsreklame konnten sich bei ihren Bemühungen einer nach der Jahrhundertwende aufblühenden Werbewirtschaft bedienen. Die Werbung hatte sich in der zweiten Hälfte des 19. Jahrhunderts in der entpersonalisierten, diversifizierten und anonymisierten industriellen Warenwelt als unverzichtbares kommunikatives Bindeglied zwischen Herstellern und Konsumenten etabliert. Die weitere Expansion der professionalisierten Wirtschaftswerbung erfolgte parallel zur Entfaltung einer entwickelten Marken- und Konsumgesellschaft.[10] „Werbung", definiert der amerikanische Marketingexperte Philip Kotler, „ist eines der Instrumente der absatzfördernden Kommunikation. Durch Werbung versuchen die Unternehmen, ihre Zielkunden und andere Gruppen wirkungsvoll anzusprechen und zu beeinflussen. Zur Werbung gehört jede Art der nicht persönlichen Vorstellung und Förderung von Ideen, Waren und Dienstleistungen eines eindeutig identifizierten Auftraggebers durch den Einsatz bezahlter Medien."[11] Die Werbung verbreitete sich insbesondere dort, wo sie viele Menschen erreichte. Umgekehrt musste, wer seine Kunden massenhaft ansprechen wollte, sich zwangsläufig der Welt der Werbung zuwenden. Da die Verwendung von Elektrizität relativ rasch die Sphäre des privaten Konsums erreichte – insbesondere die elektrische Beleuchtung entwickelte sich zum wichtigsten Wegbereiter für die private Nutzung –, wurden potenzielle Interessenten früh als Adressaten von Elektrizitätswerbung identifiziert und vielfältige Formen der Massenkommuni-

kation für Werbeaktivitäten eingesetzt. Dabei traten sowohl die Geräteherstellter als auch die Elektrizitätslieferanten als Werbende auf den Plan. Die Ausbreitung der Elektrizität und die quantitative Nutzung elektrischer Geräte standen lange Zeit in einer positiven Wechselbeziehung zueinander: Die steigende Anzahl elektrischer Apparate wirkte sich positiv auf den Stromabsatz und damit die wirtschaftliche Lage der Elektrizitätswerke aus, eine Ausdehnung des Stromversorgungsnetzes verbreitete die Basis möglicher Käufer von elektrotechnischen Artikeln. Den Kreis der Konsumenten für die Elektrizität auszuweiten bildete somit über viele Jahrzehnte ein gemeinsames Ziel von Elektrizitätswirtschaft und Geräteherstellern. Diese Interessensidentität schlug sich wiederholt in gemeinsamen Werbeaktivitäten beider Industrien nieder.

Die Werbung für Strom bildete eine Konstante im Elektrifizierungsprozess. Sie erfolgte im Zeitverlauf zwar mit unterschiedlicher Intensität und verfolgte verschiedene Zielsetzungen.[11] Grundsätzlich ging es aber immer darum, eine technische Neuerung in immer breiteren Schichten der Gesellschaft zu verankern, d. h. sie wirtschaftlich und gesellschaftlich akzeptabel zu machen. Sicherlich lassen sich im Zeitverlauf charakteristische Differenzierungen und Akzentverschiebungen bei der Kommunikation für Elektrizität ausmachen. Aber als Teil der allgemeinen Industrie- und Konsumwerbung und als Funktion im sozioökonomischen Elektrifizierungsprozess spiegeln sich in der Stromwerbung sowohl die zeittypischen technischen Innovationen wider, als sich an ihr auch kunsthistorische Strömungen, politische Einflussnahmen sowie sozial-, kultur- und alltagsgeschichtliche Entwicklungen nachzeichnen lassen. So hatten zu Beginn der Elektrifizierung die Kommunikationsaktivitäten primär das Ziel, die sphärische, unsichtbare und körperlose Energie Elektrizität durch Metaphern und Symbole für ein breites Publikum wahrnehmbar zu machen. In den wirtschaftlich prosperierenden Jahren kurz vor dem Ersten Weltkrieg sprach die Werbung potenzielle Konsumenten mit konkreten Leistungsversprechen an. Elektrizitätswerbung hatte nun zum Ziel, eine zwar interessante und weithin begehrte, aber kostspielige technische Neuerung wie das elektrische Licht dem Verbraucher nahe zu bringen. Auch der Wettbewerb mit dem zeitgenössisch übermächtigen Konkurrenten Gas spielte bei den Werbeaktivitäten der Elektrizitätsbranche eine wichtige Rolle. Gut einhundert Jahre später, nach der vollständigen Elektrifizierung und der Liberalisierung des Strommarktes in Deutschland, geht es bei den Werbeaktivitäten für Elektrizität nicht mehr um die Popularisierung des Stroms oder die Behauptung gegenüber konkurrierenden Energieträgern; heute geht es darum, Produkte bei den Kunden zu positionieren, die Stromlieferanten im Wettbewerb zu profilieren und Anteile an einem gesättigten Markt zu gewinnen.

Leitfragen und Struktur der Ausstellung „elektrisierend"

Die Ausstellung „elektrisierend – Werbung für Strom 1890 – 2010" bietet einen systematischen Überblick über die Geschichte der Elektrizitätswerbung in Deutschland und zeigt die Vielfalt der Werbe-Ansätze und -Instrumente in ihren politischen, sozialen, technischen, künstlerischen und ökonomischen Bezügen auf. Sie beleuchtet die kommunikativen Methoden, Instrumente und Prozesse bei der Popularisierung einer technischen Innovation im Gefüge von technischem Fortschritt, Produzenteninteressen, dem politisch-gesellschaftlichen Umfeld und Konsumentenverhalten. Im öffentlichen Diskurs um die Elektrizität spiegelt die Werbung zeitgenössische Botschaften und Themen, Anwendungsgebiete und Zielgruppen wider, die im Laufe des Untersuchungszeitraums von den Anfängen der Elektrifizierung bis in die Gegenwart in das Blickfeld der Werbenden und der Werber rückten.

Die Ausstellung verfolgt die Elektrifizierungsgeschichte aus der Perspektive der werblichen Kommunikation. Elektrifizierung und Werbung werden zusammen betrachtet und in einen gemeinsamen Kontext gestellt. Dieser thematische Zugang ist im Vergleich zu den bisherigen technischen, politischen oder wirtschaftlichen Analysen ein neuer Ansatz. Kommunikation begleitete den Elektrifizierungsprozess, war ihm aber – typisch für Werbung – in der Realität stets um ein Stück Versprechen und Vision voraus. Die Reklame zeigt mit ihrer Intention als Prozessbeschleuniger aber auf, welche Adressaten, welche Geräte und welche wirtschaftlichen Ziele die Absender der Werbung jeweils im Fokus hatten. Die zeitgenössischen Werbeaussagen sind immer an den jeweiligen Stand der Elektrifizierung gebunden; umgekehrt lassen die Werbeaussagen Schlüsse auf die Entwicklung der Elektrifizierung oder des zeitgenössischen Marktumfeldes zu. Sie bieten damit auch Deutungsansätze für die Frage nach der Verbreitung der Elektrizität bzw. bestimmter Nutzungsformen. Werbung signalisierte als kommunikative Avantgarde der Produzenten den Stromkunden normative Leitbilder und zeigte auf, wohin der Trend für die Konsumenten gehen sollte. Auch wenn die Werbung in der Industrie verantwortet wurde, so rückt hier auch der Konsument als Adressat der Reklame im Rahmen einer interaktionistisch angelegten Werbung stark ins Blickfeld.

Die Ausstellung „elektrisierend" befasst sich mit der Elektrizität als Subjekt der Werbung – sei es als Reklame für die Energie selber, für technische Geräte, für Anwendungen oder für Unternehmens- bzw. Produktmarken. Dass durch die Elektrizität selbst völlig neue Formen der Werbung entstanden – etwa Leuchtreklamen, die Schaufensterbeleuchtung, der Film, der Funk- oder Fernsehspot –, wird nicht thematisiert, weil der Elektrizität hier ein instrumenteller Charakter zukommt.

Die Ausstellung geht das Thema primär mit einem historischen Längsschnitt an, der die Werbeaktivitäten im Jahrhundert der Elektrifizierung in ihren verschiedenen Epochen abbildet. Der chronologische Ansatz wird ergänzt um eine Überblicksdarstellung der eingesetzten Werbeinstrumente mit ihren Funktionen, ihrer künstlerischen Gestaltung und ihrer Verwendung. Vor dem Hintergrund der Zeit wie der Sachzeugen geht die Ausstellung verschiedenen Fragestellungen nach[12]. Sie fragt nach den Initiatoren bzw. den Absendern von Elektrizitätswerbung und deren Interessen. Auf der anderen Seite ist nach den Adressaten und Rezipienten der Werbung zu fragen und zu prüfen, wer wann und wofür Elektrizität genutzt hat. Bei der Analyse der vielfältigen Botschaften der Stromwerbung geraten die gewünschten oder die angestrebten Nutzungsformen in das Blickfeld. Die unterschiedlichen Werbeaussagen im Zeitverlauf spiegeln nicht nur den Stand der Aneignung der Elektrizität wider, sondern reflektieren auch das politisch-gesellschaftliche Umfeld. Bei der Untersuchung der eingesetzten Medien und Methoden wird die bunte Vielfalt der genutzten Instrumente deutlich. Schließlich tauchen bei der Frage nach der Gestaltung der Medien die Grafiker und Künstler auf, die diese Produkte im Dienste der Elektrizitätswerbung gestalteten.

Das historische Material, auf das sich die Ausstellung im Wesentlichen stützt, sind die vielfältigen materiellen Zeugnisse zur Elektrizitätswerbung, die das Umspannwerk Recklinghausen seit vielen Jahren durch eine systematische

Sammeltätigkeit zusammengetragen hat. Waren zunächst nur ästhetisch ansprechende Künstlerplakate zur Elektrizitätswerbung von Interesse, wurde bald deutlich, dass dieser Ansatz viel zu begrenzt war, um die gesamte Palette der Elektrizitätswerbung dokumentieren, geschweige denn verstehen zu können. Die Sammeltätigkeit weitete sich deshalb auf die Gesamtheit des eingesetzten Werbematerials aus und versucht, es sowohl in seiner thematischen Vielfalt als auch über die gesamte Zeitspanne hinweg vollständig zu erfassen. Der umfangreiche Sammlungsbestand des Umspannwerks Recklinghausen umfasst heute mehrere Tausend materielle Zeugnisse zur Werbung für Elektrizität und dokumentiert das gesamte Spektrum der Instrumente wie der Epochen: Vom Plakat über Werbepostkarten, Vignetten, Emaille-Schildern, Werbeblättern, Filmen, Fernseh-Spots, Prospekten und Broschüren bis hin zu Streuartikeln findet sich eine opulente Fülle von Objekten im Sammlungsbestand. Er deckt eine Zeitspanne von mehr als einem Jahrhundert seit den Anfängen der Elektrifizierung ab. Der Bestand ist in seiner gesamten Reichhaltigkeit bislang noch nicht gezeigt worden. Ein wesentlicher Teil, ergänzt um wichtige Leihgaben anderer Museen und Bibliotheken, kann in der Ausstellung präsentiert werden mit dem Ziel eines systematischen Überblicks sowohl über die Chronolgie als auch über die Vielfalt des eingesetzten Instrumentariums. Das präsentierte Werbematerial bietet zahlreiche Ansatzpunkte für Aussagen und Interpretationen im Rahmen einer historisch-wissenschaftlichen Analyse des Elektrifizierungsprozesses.

1. Vgl. Horst A. Wessel (Hg.): Das elektrische Jahrhundert. Entwicklungen und Wirkungen der Elektrizität im 20. Jahrhundert, Essen 2002, S. 9ff.
2. Joseph A. Schumpeter: Konjunkturzyklen. Eine theoretische, historische und statistische Analyse des kapitalistischen Prozesses. Erster Band, Göttingen 1961, S. 408f.
3. Schievelbusch, Wolfgang: Energie der Moderne; Der Spiegel, 17/1999, S. 116ff.
4. Rathenau, Walter: Briefe, Band 1, Dresden 1926, S. 52ff.
5. König, Wolfgang: Geschichte der Konsumgesellschaft, Stuttgart 2000, S. 85.
6. Tilmann Buddensieg, Industriekultur. Peter Behrens und die AEG 1907–1914, Berlin 1979.
7. Vgl. etwa Volker Duvigneau/Norbert Götz (Hg.): Ludwig Hohlwein 1874 – 1949. Kunstgewerbe und Reklamekunst. Stadtmuseum München 1996.
8. Jörg Meißner (Hg.): Strategien der Werbekunst 1850–1933, Deutsches Historisches Museum Berlin, 2004, sowie Bäumler, Susanne (Hg.): Die Kunst zu werben. Das Jahrhundert der Reklame. Münchner Stadtmuseum 1996.
9. Rolf Spilker (Hg.): Unbedingt modern sein. Elektrizität und Zeitgeist um 1900. Museum Industriekultur Osnabrück. Bramsche 2001.
10. Vgl. zur Geschichte der Konsumwerbung Reinhardt, Dirk: Von der Reklame zum Marketing. Geschichte der Wirtschaftswerbung in Deutschland, Berlin 1993, S. 429ff. Lamberty, Christiane: Reklame in Deutschland 1890–1914. Wahrnehmung, Professionalisierung und Kritik der Wirtschaftwerbung, Berlin 2000, S. 14ff. sowie König, Wolfgang: Geschichte der Konsumgesellschaft, Stuttgart 2000, S. 394ff.
11. Vgl. Peter Döring/Christoph Weltmann: „Die Erweckung von Stromhunger". Elektrizitätswerbung im 20. Jahrhundert; in: Wessel, S. 93ff.
12. Vgl.: Kursorische Überlegungen zu einer Werbegeschichte als Mentalitätsgeschichte; in: Gries, Rainer/Ilgen, Volker/Schindelbeck, Dirk: „Ins Gehirn der Masse kriechen". Werbung und Mentalitätsgeschichte, Darmstadt 1995, S. 3ff.

Plakat, Ausstellung für Elektrotechnik und Kunstgewerbe Stuttgart, 1896
Umspannwerk Recklinghausen – Museum Strom und Leben (Abb. 7)

**Die Elektrotechnik und ihre frühen Ausstellungen
1880 – 1910**

Frank Dittmann

Der Aufbruch ins „elektrische Zeitalter"

In den 1880er Jahren trat die Elektrizität zunehmend als neue Naturkraft in Erscheinung. Bis dahin hatte sie zwar in der Nachrichtenübertragung, vor allem in der Telegrafie, eine große Bedeutung erlangt, aber die Anwendung für energetische Zwecke steckte noch in den Kinderschuhen. Wesentlicher Impuls für die weitere Entwicklung war die Erfindung der Kohlefaden-Glühlampen, für die der Amerikaner Thomas Alva Edison 1880 ein Patent erhalten hatte.[1] Aber Edison hatte nicht nur die Glühlampe erfunden, sondern diese mit den nötigen Elementen, wie Fassungen, Schalter, Sicherungen, Leitungen, Dynamomaschinen, Stromzähler und anderes mehr, zu einem Beleuchtungssystem komplettiert. 1881 konnte das europäische Publikum erstmals diese neue Beleuchtungstechnik auf der Internationalen Elektrizitätsausstellung in Paris in Augenschein zu nehmen.[2] Der Eindruck auf die Besucher war überwältigend. Vor einer Kohlefadenlampe von Edison standen die Menschen Schlange, um sie selbst einmal ein- und ausschalten zu können.[3] Ein Jahr später fand in München die erste deutsche Branchenausstellung der jungen Elektroindustrie statt, auf der die faszinierende Beleuchtungstechnik nun auch in Deutschland zu besichtigen war.[4]

In den folgenden Jahren avancierte Elektrizität zum Inbegriff von Modernität. Elektroenergie – und damit die Elektroindustrie – wurde zunehmend als Garant für die Erfüllung weitreichender Zukunftsverheißungen wahrgenommen: Telegraphenapparate übertrugen in Sekundenschnelle Informationen aus weit entfernten Gebieten. Das Telefon stellte eine direkte Verbindung zwischen entfernten Menschen her. Das Elektromobil erreichte ungeahnte Geschwindigkeiten: So überschritt 1899 der Belgier Camille Jenatzy mit einem Elektromobil erstmals die für Landfahrzeuge symbolträchtige Geschwindigkeitsmarke von 100 km/h. Auch im Bereich der Energieerzeugung und -bereitstellung gab es große Veränderungen. Erzeugten in den 1880er Jahren kleine Blockstationen und Stadtzentralen noch vorwiegend Gleichstrom für Beleuchtungszwecke, waren um 1900 Überlandwerke üblich, die große Mengen an Elektroenergie mittels Hochspannungsleitungen in die Ballungszentren lieferten. Der Systemstreit zwischen Gleich- und Wechselstrombefürwortern war 1891 auf der Internationalen Elektrotechnischen Ausstellung zugunsten des Drehstroms entschieden worden. Nicht zuletzt konnten ab etwa 1905 die neuen Metallfadenlampen endlich mit dem hellen Auer-Gasglühlicht konkurrieren.

In den Anfangsjahren der Elektrifizierung spielten Ausstellungen als Instrument zur Propagierung der neuen Energieform eine entscheidende Rolle. Vorbild waren die Weltausstellungen, deren erste 1851 in London bereits den Anspruch erhoben hatte, die Welt komprimiert in einem Ausstellungsgelände abzubilden, um dort relativ kompakt in Augenschein genommen werden zu können. Rasch avancierten Ausstellungen zu einer beliebten Präsentationsform neuer technischer Innovationen, da dort alle wichtigen Erfindungen und daraus abgeleitete Produkte kompakt präsentiert wurden. Historiografische Arbeiten nahmen bisher vor allem die Weltausstellungen in den Blick.[5] Auch einige elektrotechnische Spezialausstellungen sind gut untersucht, so z.B. die Internationale Elektrotechnische Ausstellung 1891 in Frankfurt am Main.[6] Studien zur Vielzahl kleinerer und regionaler Ausstellungen sind dagegen ein Desiderat.

Dieser Beitrag unternimmt eine erste Annäherung an jene Ausstellungen im Zeitraum zwischen 1880 und 1910, auf denen die junge Elektroindustrie ihre Produkte präsentierte.

Auswahl wichtiger Ausstellungen in Deutschland zwischen 1879 und 1910	
1879	Gewerbe-Ausstellung, Berlin
1880	Gewerbe- und Kunstausstellung, Düsseldorf
1882	Internationale Elektrizitäts-Ausstellung, München
1883	Hygiene-Ausstellung, Berlin
1888	Nationale Gewerbe- und Industrie-Ausstellung, Berlin
1888	Kraft- und Arbeitsmaschinen-Ausstellung, München
1889	Deutsche Allgemeine Ausstellung für Unfallverhütung, Berlin
1891	Internationale Elektrotechnische Ausstellung, Frankfurt a. M.
1895	Thüringer Industrie- und Gewerbeausstellung, Erfurt
1896	Elektrische Ausstellung, Karlsruhe
1896	Bayerische Landesausstellung, Nürnberg
1896	Gewerbe-Ausstellung, Berlin
1897	Sächsisch-Thüringische Industrie- und Gewerbe-Ausstellung, Leipzig
1898	II. Kraft- und Arbeitsmaschinen-Ausstellung, München
1899	Internationale Motorwagen-Ausstellung, Berlin
1900	Allgemeine Motor-Fahrzeug-Ausstellung, Nürnberg
1900	Deutsche Bauausstellung, Dresden
1902	Industrie- und Gewerbeausstellung, Düsseldorf
1905	Internationale Automobilausstellung, Berlin
1907	Automobil-Ausstellung, Berlin
1911	Ausstellung „Die Elektrizität im Hause, im Kleingewerbe und in der Landwirtschaft", München
1911	Internationale Automobilausstellung, Berlin
1911	Internationale Hygiene-Ausstellung, Dresden

Tabelle

Dies reicht von allgemeinen Landes-, Industrie- und Gewerbeausstellungen über Regional-, Bau- und Automobil- bis hin zu Hygieneausstellungen (s. Tabelle). Im zweiten Teil stehen dabei exemplarische Beispiele der dort genutzten Werbemittel im Zentrum. Der Beginn des hier betrachteten Zeitraumes wird durch die erste deutsche Branchenausstellung 1881 im Münchner Glaspalast markiert; das Ende durch den Übergang von Ausstellungen, die sich vorzugsweise an Investoren richteten und von der Bevölkerung eher als Imagewerbung wahrgenommen wurden, hin zu solchen Präsentationen, auf denen der Endverbraucher im Mittelpunkt stand. Die zentrale These in diesem Beitrag ist, dass sich die Elektroindustrie erst über einen längeren Prozess einen breiten Privatkundenmarkt schaffen musste, da die von ihr vorgestellte Technik teuer, aufwendig und zunächst nicht sonderlich zuverlässig war, auf der Nutzung einer sinnlich nicht wahrnehmbaren Energieform beruhte und zudem in besonderer Weise gehanchabt werden musste, damit keine Unfälle auftraten. Um 1910 hatte sich der Konsumentenmarkt soweit etabliert, dass nun die Endverbraucher in den Focus der Werbung rückten.

Industrie und Ausstellung zwischen 1880 und 1910

Wenngleich im Rückblick – vorzugsweise zu Jubiläen – die großen Ausstellungen oftmals als Erfolg dargestellt wurden, waren sie zu ihrer Zeit keineswegs unumstritten. So erschien 1884 in einer Fachzeitschrift eine harsche Kritik am Ausstellungswesen, insbesondere an den häufigen Weltausstellungen jener Jahre. Es werde zwar stets – so die Argumentation – gesagt, dass die Ausstellungen „zur Befriedigung tiefgefühlter Bedürfnisse" oder „zur Feier säkularer Ereignisse"[7] stattfinden würden, in Wirklichkeit seien sie aber „zum Theil von nationaler Eitelkeit, zum Theil von localen Interessen"[8] bestimmt. Wirtschaftlich zu rechtfertigen wären Welt- wie auch Regionalausstellungen nur dann, wenn sie höchstens alle 10 Jahre stattfänden. Nur so könnten derartige Präsentationen ihren Zweck erfüllen, nämlich „die innerhalb eines gewissen Zeitraumes gemachten Culturfortschritte in beurtheilungsfähiger Gestalt darzulegen, das industrielle Streben mit neuen Einrichtungen zu bereichern und den qualitativ tüchtigen Leistungen durch ehrenvolle Anerkennungen und durch Erweiterung des Absatzgebietes den verdienten Lohn zuzuwenden…"[9] Andernfalls wären die Veranstaltungen lediglich „eine großartige national – ökonomische Capitalvergeudung"[10].

Am Ende des hier betrachteten Zeitraumes kam erneut eine Diskussion über das Ausstellungswesen auf. Radikalkritik hatte nun aber keinen Platz mehr, galten doch mittlerweile „trotz vielfacher Enttäuschungen und abschreckender Erfahrungen die Ausstellungen als mit der industriellen Entwicklung der Kulturländer unlösbar verbundene wirtschaftliche Einrichtungen…" Gelegentliche Fälle von Ausstellungsmüdigkeit hatten in der Überschätzung der wirtschaftlichen Effekte durch manche Unternehmen, insbesondere aber in den Aktivitäten der „Unternehmer und Förderer des Ausstellungswesen" sowie der städtischen Verwaltungen ihre Ursache.[11] Hält man sich vor Augen, dass die elektrotechnische Industrie eine sehr breite Produktpalette abdeckte, deren Einsatzfeld von der Industrie bis zum im Haushalt reichte, deren Erzeugnisse in Fahrzeugen – etwa Straßen- und

Abb. 1
Buchdeckel vom Pracht-Album der Berliner Gewerbeausstellung
1896 mit einer Abbildung von Ludwig Sütterlin
Deutsches Museum, München

Eisenbahnen oder Automobilen – ebenso eingesetzt wurden wie in Krankhäusern, Schulen oder Verwaltungen, wird verständlich, wie schwer zuweilen die Entscheidung für oder gegen die Teilnahme an einer Ausstellung gewesen sein mag. Die entscheidenden Fragen waren: Wie hoch ist der Imageschaden, wenn das Unternehmen nicht teilnimmt? Und: Wie groß ist die Chance, auf einer Industrie- und Gewerbe-, Regional-, Bau-, Automobil- oder auch Hygieneausstellung mit einem Geschäftspartner einen Vertrag anzubahnen oder sogar abzuschließen? Sicherlich kann man sagen, dass im Zeitraum 1880 bis 1910 sowohl der Imageschaden einer Nichtteilnahme als auch die Chance deutlich wuchs, Besucher als potentielle Kunden zu gewinnen. Folgerichtig warb der Autor des erwähnten Beitrags 1909 für das Engagement der Unternehmen auf Ausstellungen, zumal dies nicht ausschließlich unter engen betriebswirtschaftlichen Gesichtspunkten betrachtet werden könne. Ausstellungen hätten auch eine kulturelle Funktion, denn ihr Hauptzweck bestehe darin, „den Einfluß des Fortschritts der wissenschaftlichen Technik auf die allgemeine Kultur in den großen Zügen eines Gesamtbildes" darzustellen.[12] Daneben werde den Ingenieuren die Möglichkeit gegeben, sich mit den Produkten anderer Unternehmen und vor allem deren „Formgebung" vertraut zu machen. Aus diesem Grunde sollten Unternehmen auch ihren Arbeitern den Zugang zu Ausstellungen ermöglichen.[13]

Auf den Ausstellungen hatte sich eingebürgert, herausragende Produkte mit Preisen, Medaillen und Ehrendiplomen auszuzeichnen. Die Unternehmen nutzten solche Anerkennungen wiederum zur Bewerbung ihrer Produkte. Wilhelm Kübler, Professor an der TH Dresden, sah dieses System allerdings in Gefahr, da die Nominierung der Preisträger zu „mehr oder weniger durch Interessenwirtschaft beeinflussten parlamentarischen Verhandlungen" herabgesunken sei. Wolle man dem Kunden mit den Preisen und Diplomen wirklich Hilfe für seine Produktauswahl an die Hand geben, müsse sich die Jury bei ihren Urteilen von möglichst objektiven Kriterien leiten lassen.[14]

Der lange Weg der Elektroindustrie

Die Elektroindustrie hatte bis ins erste Dezennium des 20. Jahrhunderts mit mehreren Problemen zu kämpfen: Zwar waren viele der heutigen Elektrogeräte, wie der Tauchsieder (1883), die Kochplatte (1886), das Bügeleisen (1892), der Durchlauferhitzer (1894) oder der Eierkocher (1897), bereits im ausgehenden 19. Jahrhundert bekannt,[15] aber sie wurden kaum von Privatkunden gekauft. Dies lag einerseits an den wenigen Haushalten mit Stromanschluss und andererseits an den Preisen – Elektrizität war purer Luxus: Der Hausanschluss kostete bis zu 250 Mark, Glühlampen mussten gemietet werden und kosteten monatlich bis zu 6 Mark. Hinzu kam die Kilowattstunde mit Preisen zwischen 60 und 80 Pfennig und die Zählermiete schlug noch einmal mit bis zu 40 Mark im Jahr zu Buche. Im Vergleich dazu verdiente ein Elektriker zu dieser Zeit etwa 30 bis 40 Pfennige pro Stunde, ein Hauer Untertage ca. 4 Mark pro Schicht.[16] Aufgrund solcher Preise sahen die Elektrizitätswerke ihre Kunden vor allem in Hotels und Restaurants, die mit elektrischer

Abb. 2
Postkarte, Berliner Gewerbeausstellung 1896, Umspannwerk Recklinghausen – Museum Strom und Leben

Beleuchtung repräsentieren konnten, sowie in Theater- und Konzerthäusern, die wegen verheerender Theaterbrände von den Behörden zur Umstellung von Gas- auf elektrisches Licht verpflichtet worden waren. Um die stark ausgeprägten Belastungsspitzen am Morgen und Abend durch Lichtstrom auszugleichen, bemühten sich die Elektrizitätswerke um die Installation von Elektromotoren in Handwerk- und Gewerbebetrieben oder den Anschluss von Straßenbahnbetrieben. Private Stromkunden waren dagegen bis zur Jahrhundertwende die Ausnahme.

Weiterhin suchten die Elektrizitätswerke in den letzten beiden Jahrzenten des 19. Jh. zu vermeiden, dass Elektrogeräte ohne ihr Wissen und Einverständnis angeschlossen wurden, waren die Netze doch zunächst noch sehr schwach und ihr Betrieb bedurfte einer genauen Kenntnis von Art und Umfang der Stromentnahme. Dies galt umso mehr, als die überwiegende Anzahl der Verbraucher Glühlampen waren, die bei Unterspannung zu wenig Licht abgaben, bei Überspannung aber rasch durchbrannten – angesichts der Preise ein spürbarer Verlust!

Hinzu kam, dass bis um 1900 beim Stromverkauf eine große rechtliche Unsicherheit bestand. Nach widersprüchlichen Urteilen unterer Instanzen in Fällen von Stromdiebstahl war 1896 das Reichsgericht angerufen worden. Aufgrund des damals gültigen Strafgesetzes kamen die Richter nicht umhin festzustellen, dass Stromdiebstahl nicht verfolgt werden könne, da Elektrizität keine bewegliche körperliche Sache sei. Angesicht der oben genannten exorbitanten Kosten kam der illegale Strombezug gar nicht so selten vor. Nach einiger Diskussion, in die sich auch der VDE eingeschaltet hatte, konnte 1900 mit einer Gesetzesänderung Rechtssicherheit für die Elektrizitäts-Werke geschaffen werden.[17]

Die Elektrobranche musste demnach auf verschiedenen Ebenen den Boden für ihre zukünftige Wirtschaftstätigkeit bereiten. Zunächst mussten die Netze ausgebaut und der Strompreis gesenkt werden. Vorhandene und zukünftige Kunden waren über die physikalischen Eigenschaften der Elektrizität und die Funktionsweise der Elektrogeräte zu informieren, vor allem aber im richtigen Umgang mit den neuen Produkten zu unterrichten. Deshalb fanden auf fast allen Ausstellungen praktische Vorführungen elektrischer Geräte zur Veranschaulichung ihrer Funktion und Nützlichkeit statt; spätestens mit der Industrie- und Gewerbeausstellung in Düsseldorf 1902[18] hatte sich diese Form der

Abb. 3
Postkarte, Industrie- und Gewerbeausstellung Düsseldorf 1902, Blick auf das Hauptgebäude mit einem Emblem, das Kaiser Wilhelm II. und Kaiserin Augusta Victoria darstellt, Umspannwerk Recklinghausen – Museum Strom und Leben

unmittelbaren Ansprache potentieller Privatkunden zu einem festen Bestandteil der Werbemaßnahmen von Elektrizitätswerken entwickelt. Werbung für Elektrizität war demnach zunächst weniger auf Produkte gerichtet sondern vor allem Imagewerbung.

Die Situation für die Elektrizitätswerke begann sich nach 1900 allmählich zu bessern, als mit dem beginnenden Ausbau der Stromnetze auch mehr Haushalte angeschlossen wurden. Allerdings war man von einer flächendeckenden Elektrifizierung noch immer weit entfernt. So verfügten 1918 erst reichlich 6 % aller Haushalte in Großstädten über einen Stromanschluss. Auch den Fachleuten war klar, dass die Kosten radikal sinken mussten, sollte der Stromabsatz gesteigert werden. So wurde 1910 im renommiertesten deutschen Fachblatt, der ETZ, vorgerechnet, dass dieselbe Wärmemenge (1.000 kcal) aus Kohle 0,43 Pfennige, aus Gas 2,60 Pfennige und auf elektrischem Wege erzeugt 18,50 Pfennige kostet. Das entspricht etwa einem Verhältnis von 1 : 6 : 40![19] Unter diesen Bedingungen ist verständlich, dass sich ein Privatkundenmarkt nur sehr zögerlich entwickelte und man bei Werbung mit Kundenzeitschriften, Werbeanzeigen oder auch Produktpräsentationen auf Ausstellungen nicht mit einem schnellen Erfolg rechnen konnte. Dennoch, oder gerade deshalb, kam es um 1910 zu einer Veränderung und Intensivierung der Werbetätigkeit. Sichtbares Zeichen, dass der Privatkunde in den Focus der Stromwirtschaft rückte, war die Gründung der Geschäftsstelle für Elektrizitätsverwertung (Gefelek) mit Sitz in Berlin im Januar 1911.[20] Folgerichtig fand noch im Juni des gleichen Jahres in München anlässlich der Jahresversammlung des VDE die Ausstellung „Die Elektrizität im Hause, im Kleingewerbe und in der Landwirtschaft" statt,[21] der ähnliche Ausstellungen in Köln, Dortmund, Stuttgart, Leipzig und anderen Orten folgten.[22]

Werbemittel auf Ausstellungen zwischen 1880 und 1910

Die moderne Werbung begann etwa Mitte des 19. Jahrhunderts und ist eng mit der Herausbildung der Massenproduktion und der Massengesellschaft verbunden. Zeitlich fällt dieser Prozess mit der Entwicklung der Elektroindustrie zusammen. So nimmt es nicht Wunder, dass gerade dort neue Werbemethoden auf offene Ohren stießen, zumal sich die fachlichen Inhalte der Elektrotechnik nicht von selbst erschlossen. Im betrachteten Zeitraum gehörten Zeitungen,

Abb. 4
Postkarte Industrie- und Gewerbeausstellung Düsseldorf 1902, Illuminiertes Ausstellungsgelände mit Lichtfontainen
Umspannwerk Recklinghausen – Museum Strom und Leben

Zeitschriften sowie Plakate und Postkarten zu den wichtigsten Werbeträgern. Im Folgenden steht die Werbung für und auf Spezial- bzw. allgemeinen Gewerbeausstellungen mit einem hohen Anteil an elektrotechnischen Produkten im Mittelpunkt.

Plakate und Postkarten

Für die Elektrizitätsausstellung in München im Jahre 1882 sind keine Plakate bekannt. Dass aber zu Beginn der 1880er Jahre Plakatwerbung für Ausstellungen durchaus üblich war, zumal bereits 1855 der Drucker Ernst Litfaß in Berlin seine erste nach ihm benannte Säule aufgestellt hatte, zeigt das im Ausstellungsbericht – leider nur im schwarz/weiß-Druck – überlieferte Plakat der Württembergischen Landes-Gewerbeausstellung 1881 in Stuttgart. Die Vorlage hatte der ungarische Historienmaler und Illustrator Alexander (ungarisch Sándor) von Liezen-Mayer geschaffen.[23]
Bekannt ist das Plakat der Internationalen Elektrizitätsausstellung 1891 in Frankfurt am Main. Wie für den Historismus typisch werden auch hier Metaphern, Symbole und Allegorien benutzt, um die unsichtbare neue Energieform fassbar zu machen: Elektra – eine Frauengestalt als Allegorie der Elektrizität – reckt in einer Pose des Sieges ein strahlendes elektrisches Licht gen Himmel. Dieses Licht fällt auf das Ausstellungsgelände und die Stadt Frankfurt. In ihrer Rechten hält sie das Ende einer Handfessel, die die Männerfigur unter ihr gerade zerreißen will. Diese Figur stellt Prometheus dar, der nach der griechischen Mythologie den Menschen das Feuer gebracht hatte und dafür von Zeus als Strafe an einen Felsen im Kaukasus geschmiedet worden war. Prometheus stand zu dieser Zeit als Symbol für die Bändigung der Natur durch den Menschen. Wurde er noch Mitte des 19. Jahrhunderts vor allem mit der Dampfmaschine in Verbindung gebracht, avancierte er ab den 1890er Jahren zu einer beliebten Werbefigur in der Elektrizitätswirtschaft. Das Plakat der Frankfurter Elektrizitätsausstellung erschien in einer Auflage von 12.000 Stück, 7.000 davon kartoniert und mit einer Hängevorrichtung für die Hängung in Bahnhöfen, Hotels und an anderen werbewirksamen Orten. Plakatiert wurde in Frankfurt und im Deutschen Reich und darüber hinaus in der Schweiz, Österreich, Ungarn, Holland, Belgien, Frankreich, England, den USA, Kanada und Südamerika.[24]
Auch das „Hammer-Plakat" der Berliner Gewerbeausstel-

Abb. 5
Buchdeckel des Offiziellen Katalogs der II. Kraft- und Arbeitsmaschinen-Ausstellung, München 1898, Deutsches Museum, München

lungen ist relativ bekannt. Gestaltet wurde es von dem Grafiker und Schöpfer der nach ihm benannten Schrift Ludwig Sütterlin [Abb. 1]. Die Ausstellung selbst fand vom 1. Mai bis 15. Oktober 1896 vor den Toren Berlins in der damaligen Landgemeinde Treptow statt und wird manchmal als „verhinderte Weltausstellung" bezeichnet. Heute erinnert die Archenhold-Sternwarte im Treptower Park an die gigantische Schau, bei der die Elektrotechnik eine Abteilung unter 23 anderen war, zugleich aber auch in vielen anderen Bereichen präsent war.[25]

Alle Ausstellungen wurden auch mit Postkarten beworben, deren Auflagen weitaus höher gewesen sein dürfte als die der Plakate. Teilweise wurden sie auch von Firmen als eine Art „Visitenkarte" genutzt. So hat die Postkarte der Berliner Gewerbeausstellung von 1896 sowie der Industrie- und gewerbeausstellung Düsseldorf 1902 ein freies weißes Feld für Geschäftsstempel oder Notizen [Abb. 2 und 3]. Die Postkarten waren meist farbig und bildeten Szenen um und in der Ausstellung ab. So dokumentieren Karten der genannten Industrie- und Gewerbeausstellungen neben technischen Höchstleistungen, wie der Lichtfontaine [Abb. 4] auf dem Ausstellungsgelände, auch bedeutende gesellschaftliche Ereignisse, wie z.B. den Besuch Kaiser Wilhelm II. mit seiner Frau Kaiserin Augusta Victoria [vgl. Abb. 3].

Firmenschriften

Auf Ausstellungen war es auch üblich, dass sich Unternehmen mit eigenen Printprodukten präsentierten. Von der ersten deutschen Branchenausstellung der jungen Elektroindustrie 1882 in München sind solche Firmenschriften nicht bekannt. Stattdessen schalteten Unternehmen Anzeigen in der Tagespresse bzw. im Ausstellungsführer. Eine Erklärung für das Fehlen solcher Firmenbroschüren könnte die Absage der großen Elektrounternehmen sein. Während der Ausstellung 1891 in Frankfurt am Main sah die Situation völlig anders aus. Hier waren viele Unternehmen mit eigenen Druckerzeugnissen präsent. So sind uns z.B. Werbebroschüren der amerikanischen Firma Thomson-Houston oder von Siemens & Halske überliefert.[26] Auf einer Karte im firmeneigenen Führer ist akribisch vermerkt, wo überall der deutsche Branchenprimus auf dem Ausstellungsgelände präsent war. Auch dessen damals größter Konkurrent Schuckert bot solche Druckerzeugnisse an. Offensichtlich reichte dafür eine Auflage nicht aus, wurden doch mindestens zwei Auflagen gedruckt.[27] Die Unternehmensbroschüren waren meist aufwendig gestaltet und wurden mit hoher Druckqualität auf gutem Papier hergestellt, sollten sie doch die Seriosität und Potenz des Unternehmens demonstrieren.

Ausstellungsführer, -kataloge und -berichte

Ein wichtiges Medium zur Information der Besucher bis in die Gegenwart ist der Ausstellungskatalog. Allerdings war nicht alles, was uns heute als historischer Katalog entgegentritt, zur unmittelbaren Unterstützung des Besuchers beim

Abb. 6
Vignette, Ausstellung Elektrotechnik und Kunstgewerbe 1896
Umspannwerk Recklinghausen – Museum Strom und Leben

Abb. 9
Leporello mit Bildmotiven zur Gewerbeausstellung Berlin 1896
Deutsches Museum, München

Rundgang geeignet. In den Bibliotheken sind heute vor allem Berichte zu finden, die nach dem Ende einer Ausstellung publiziert wurden. Sie künden vom Fleiß und der Zielstrebigkeit der Organisatoren und geben einen guten Überblick zum Ausstellungsgeschehen. Der Offizielle Bericht über die Münchner Ausstellung von 1882, der auch fotoähnliche Abbildungen im aufwendigen Autotypie-Verfahren enthielt, erschien Ende Dezember 1882, also 2 ½ Monate nach Ausstellungsende.[28] Der Schlussbericht der bereits erwähnten Württembergischen Landes-Gewerbeausstellung von 1881 in Stuttgart erschien sogar erst nach zwei Jahren.[29] Einen ähnlichen Zeitverzug hatte der umfangreiche Offizielle Bericht zur Internationalen Elektrotechnischen Ausstellung in Frankfurt am Main 1891, der 1893 erschien.[30]

Für den kurzzeitigen Gebrauch waren preiswerte Führer und Kataloge im Angebot, die unaufwendig auf billiges Papier gedruckt waren. Der „Catalog" zur Ausstellung im Münchner Glaspalast 1882 listet auf 100 Seiten alle Aussteller mit deren Exponaten auf, dem ein Ausstellungsbericht folgt. Komplettiert wird das Bändchen mit einem Anhang zum Edison-Licht und einem Inseratenteil. Im Exemplar des Deutschen Museums ist handschriftlich „2. Auflage" vermerkt, was darauf hindeutet, dass während der vierwöchigen Ausstellungszeit vom 16. September bis 15. Oktober 1882 mehr Exemplare verkauft wurden, als zunächst geplant.[31] Auch der Illustrierte amtliche Führer durch die Berliner Gewerbe-Ausstellung von 1896 hatte längst nicht die Papierqualität des Berichtsbandes.[32] Der offizielle Katalog der II. Kraft- und Arbeitsmaschinen-Ausstellung München 1898 [Abb. 5] – eigentlich ein Führer – ist mit 50 Pfennig, der Führer zur Ausstellung für Elektrotechnik und Kunstgewerbe 1896 in Stuttgart ist mit einer Mark ausgepreist.[33] Diese Ausstellung hatte zwar vor allem eine regionale Bedeutung, ist aber nicht zuletzt aufgrund der Themenzusammenstellung für unsere Betrachtungen bemerkenswert. So verweist der Katalog darauf, dass „lediglich eine in bescheidene Form gefasste Sammlung der heimischen Industrie" gezeigt wurde, wobei „die gedeihliche Entwicklung des württembergischen Gewerbes als Ganzes" demonstriert werden sollte.[34]

Aktivitäten auf den Ausstellungen

Bis heute ist die Auswahl der Zielgruppen einer Ausstellung entscheidend und dabei waren auch im hier betrachteten Zeitraum durchaus Unterschiede zu finden. So hatten sich die Organisatoren der erwähnten Stuttgarter Ausstellung für Elektrotechnik und Kunstgewerbe 1896 [Abb. 6 und 7 siehe Kapiteleinstieg] bei der inhaltlichen Konzeption nicht an den allgemeinen Gewerbeausstellungen orientiert, da sie glaubten, dass deren Fülle an Themen, den beabsichtigten „Lehrzweck"[35] verfehlten. Für die aus heutiger Sicht ungewöhnliche Kombination von Elektrotechnik und Kunstgewerbe entschied man sich, da „hier der höchste technische Scharfsinn, dort das höchste künstlerische Können"[36] vorlag. Vor allem aber ging es darum, viele Besucher anzulocken, denen man eine interessante und ansprechende Präsentation versprach: „Die Deutung des Programms sicherte auch in dem engeren Rahmen der Fach-Ausstellung mannigfaltigste Abwechselungen, während doch gleichzeitig der industrielle Massenartikel, dessen endlose Reihen den Besuch allgemeiner Ausstellungen so ermüdend und so nutzlos machen, glücklich vermieden bleibt."[37]

Auch die elektrotechnische Ausstellung im Münchner Glaspalast von 1882 sollte – im Vergleich zur Pariser Ausstellung

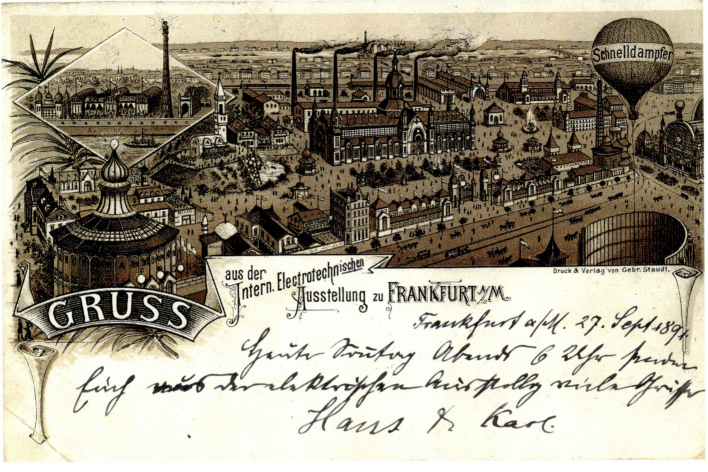

Abb. 8
Postkarte, Internationale Elektro-Ausstellung Frankfurt 1891, Umspannwerk Recklinghausen – Museum Strom und Leben

1881 – nicht primär eine Fachmesse für Elektrotechniker sein, sondern die breite Öffentlichkeit ansprechen und damit der Popularisierung der neuen technischen Möglichkeiten dienen. Dazu hatte Oskar von Miller das Konzept entwickelt, nicht einzelne Glüh- oder Bogenlampen in den Mittelpunkt zu stellen, sondern ihre praktische Verwendung in konkreten Kontexten zu präsentieren. Theater galten damals als ein großer Markt für elektrische Beleuchtung, da verheerende Brände mit vielen Toten dazu geführte hatten, dass die Behörden die Theater zur Umrüstung von Gaslicht auf elektrische Beleuchtung verpflichteten. Dem entsprechend wurde im Glaspalast ein Theater errichtet, und zwar mit Effektbeleuchtung. Auch an die Vermittlung des schwierigen Themas der unsichtbaren Elektrizität hatte Oskar von Miller gedacht. Junge Leute erhielten die Möglichkeit, ehrenamtlich den Besuchern die verschiedenen Ausstellungsobjekte zu erläutern. Sie selbst hatten dadurch die Gelegenheit, nützliche Kontakte zu knüpfen.[38] Daneben fanden öffentliche Vorträge statt, über die wiederum in der Tagespresse berichtet wurde.

Die Ausstellung 1891 in Frankfurt war dagegen als Fachausstellung konzipiert. Leopold Sonnenmann, der Initiator und Besitzer der Frankfurter Zeitung, beabsichtigte, die Entscheidung über ein städtisches Elektrizitätswerk voran zu bringen. Er favorisierte deshalb eine Spezialausstellung und engagierte Oskar von Miller, der schon die Ausstellung 1882 in München maßgeblich mitorganisiert hatte. Um aber die Besucherzahlen anzukurbeln und auch weniger Begüterten Einblick in die neue Technik zu erlauben, wurde erstmals in Deutschland das Ticketsystem eingeführt. Eintrittskarten konnten im Block erworben und einzeln weitergegeben werden. Fabrikanten und Geschäftsleute sollten auf diese Weise ihren Arbeitern und Angestellten den Besuch der Ausstellung ermöglichen.[39] Daneben gab es sog. „Billigtage" oder „20-Pfennig-Tage", an denen sich Besucherspitzen nachweisen lassen.[40]

Zugleich wurde versucht, die schwere wissenschaftliche Kost mit Volkstümlichkeit, Vergnügen und Entspannung zu verbinden. So waren z.B. auf der Frankfurter Ausstellung ein „Rennen mit automatischen Pferden", ein Panorama und ein Irrgarten zu sehen. Mit einem Fesselballon konnten 10 Personen bis maximal 600 m aufsteigen. Eine – selbstverständlich – elektrische Seilwinde holte die Besucher wieder

Abb. 10
Titelblatt der Stuttgarter Ausstellungsnachrichten vom 30. April 1896, Deutsches Museum, München

auf den Boden zurück [Abb. 8].[41] Weiterhin fanden Ballettaufführungen statt, die den antiken Pandora-Stoff adaptierte und mittels zeittypischer Metaphern einen deutlichen Fortschrittsoptimismus transportierte: Bekanntlich schuf Hephaistos Pandora auf Geheiß des Göttervaters Zeus, der mit ihrer Hilfe Rache nehmen wollte, nachdem Prometheus den Menschen verbotenerweise das Feuer gebracht hatte. Im ersten Akt des Balletts wurde die Übergabe des Feuers an die Menschen thematisiert und Pandora auf die Erde geschickt. Im zweiten Akt ging es um die „thierische Elektrizität", wobei an die Anekdote angeknüpft wurde, dass nicht der italienische Arzt Luigi Galvani den berühmten Froschschenkelversuch gemacht hat, sondern dessen Frau beim Hantieren in den Küche entdeckt haben soll, dass Froschschenkel zusammenzucken, wenn man sie mit einem Messer berührt. Im dritten Akt wurden die alten Leuchtmittel vertrieben und die Elektrizität als Helfer der Kultur eingeführt – also Telegrafie, Telefonie, Fotografie und Phonographie. Die Schlussszene schließlich zeigte eine Huldigung der fünf Kontinente und damit des universellen Anspruchs der Elektrizität.[42]

Im Mittelpunkt der Berliner Gewerbe-Ausstellung stand das Fremde, was mit der Präsentation der noch relativ unbekannten Elektrizität durchaus korrespondierte. Man hatte auf dem Ausstellungsgelände ein Stück der Altstadt von Kairo nachempfunden, mit Pyramiden im Hintergrund, Minaretten und klassischen arabischen Straßenzügen. Für die Kolonialausstellung wiederum waren ein „halbes Duzend Eingeborene" aus Neu-Guinea herbeigeschafft worden – wie der Ausstellungsführer berichtet.[43] Daneben standen Häuser aus dem alten Berlin und eine Spreewaldschänke. Es gab ein Alpenpanorama und ein Krematorium.[44] Gerade der Aspekt des Neuen, Unbekannten und Fremden faszinierte und wurde deshalb auch im Bereich der Technik aufgegriffen. So war die Ausstellung mit einer „Elektrischen Hochbahn" an die Hauptstadt angebunden.[45]

Um den Ausstellungsbesuch nachhaltig in den Köpfen der Besucher zu verankern und sicherlich auch, um weitere Einnahmen zu erhalten, produzierte die Ausstellungsleitung Souvenirs. So besitzt das Deutsche Museum eine Kassette mit einem Leporello, das Ausstellungsimpressionen abbildet. Die Kassette ist 25 mm x 30 mm x 10 mm groß und hat eine kleine Öse, an der sie z. B. um den Hals getragen werden konnte [Abb. 9].[46]

Abb. 11
Informationen zur Ausstellung Elektrotechnik und Kunstgewerbe in Stuttgart 1896
Deutsches Museum, München

Ausstellungszeitungen

Bei großen Ausstellungen war es durchaus üblich, eine eigene Zeitung zu produzieren. So erschienen z.B. anlässlich der Stuttgarter Elektrizitäts- und Kunstgewerbe-Ausstellung, die vom 6. Juni bis 5. Oktober 1896 stattfand, im Zeitraum vom 9. März bis zum 24. Dezember 1896 insgesamt 50 Ausstellungs-Nachrichten [Abb. 10].[47] Bis Juni wurde das Journal alle 14 Tage gedruckt und während der eigentlichen Ausstellungszeit 2 bis 3 Mal wöchentlich. Das Blatt war im Abo zu beziehen, wurde aber auch als Einzelnummer verkauft. Man kann vermuten, dass es nicht nur auf dem Ausstellungsgelände verteilt, sondern auch in Württemberg und vielleicht sogar darüber hinaus vertrieben wurde. Die Ausstellungs-Nachrichten enthielten Einführungsartikel, z.B. „Was ist Elektrizität?", Hintergrundbeiträge zu Stuttgart, seiner Kulturszene und Industrie, Ausstellungsrundgänge sowie Produktbeschreibungen und schließlich auch stets einen Anzeigenteil, in dem Unternehmen inserierten, die nicht notwendigerweise etwas mit Elektrotechnik oder Kunstgewerbe zu tun haben mussten. Einige Anzeigen verweisen auf Edisons Wunderwerke, andere verbreiten ausstellungsinterne Nachrichten [Abb. 11].

Das gleiche Konzept hatte man auch bei der Internationalen Elektrotechnischen Ausstellung 1891 in Frankfurt am Main verfolgt. Vom 15. April bis zum 31. Oktober 1891 erschien die Offizielle Zeitung unter dem Titel „Elektrizität".[48] Die Ausstellung selbst fand dagegen vom 15. Mai bis zum 15. Oktober statt. Das Blatt enthielt Hintergrundberichte zur Ausstellung selbst, zu den Gebäuden und zur Ausstellungsarchitektur, Erläuterungen zum Stand der damaligen Elektrotechnik, Beschreibungen von ausgestellten Produkten und stets auch Anzeigen. Sogar eingeführte Fachzeitschriften gaben anlässlich von großen Ausstellungen Sonderausgaben heraus. Genannt sei hier z.B. die Separatausgabe der „Elektrotechnischen Rundschau", die die Ausstellung in Frankfurt am Main in 31 Nummern würdigte.[49] Der Inhalt ähnelt jenem der Ausstellungszeitungen.

Resümeé

Betrachtet man die Entwicklung der Elektroindustrie bis kurz nach der Wende zum 20. Jahrhundert, wird deutlich, dass ihr ein Erfolg keineswegs in die Wiege gelegt war, stand sie doch im Verdrängungswettbewerb vor allem mit der Gasindustrie. Diese konnte nach der Einführung des Auer-Gasglühlichtes bzw. der Vermietung von Gasmotoren an Handwerks- und Gewerbetriebe ihre Position noch lange halten.

Die Elektrobranche musste auf verschiedenen Ebenen den Boden für ihre zukünftige Wirtschaftstätigkeit bereiten. Kernaufgabe war dabei, die Netze auszubauen und den Strompreis zu senken. Weiterhin mussten zukünftige Privatkunden über die Produkte informiert, mit der Elektrizität als neue und vor allem unsichtbare Energieform vertraut gemacht und auf das gegenüber anderen Techniken veränderte Nutzerverhalten hingewiesen werden. In dieser schwierigen

Situation half der Elektroindustrie – neben ihrer Innovationskraft – auch ihr symbolisches Kapital. Ausgehandelt nicht zuletzt auf Ausstellungen, stärkte die enge Verknüpfung von Elektrotechnik mit Modernität die Position der Branche, versprach sie doch Garant für eine helle, lichte Zukunft zu werden. Dazu musste die junge Elektroindustrie allerdings ihre Produkte zwecks Imagewerbung auf einer Vielzahl von allgemeinen Landes-, Industrie- und Gewerbeausstellungen präsentieren, was den Firmen – vor allem wirtschaftlich – nicht immer leicht fiel. Bis zum Ende des ersten Dezenniums des 20. Jahrhunderts festigte sich die Position der Elektroindustrie. Die Teilnahme an Ausstellungen war nun nicht mehr umstritten – mehr noch, die auf Privatkunden orientierte Werbung erhielt mit der Gefelek eine unternehmensübergreifende organisatorischen Basis.

1. Im deutschsprachigen Raum wird oft darauf verwiesen, dass der Deutsch-Amerikaner Heinrich Goebel 1856 die erste Glühlampe gefertigt hätte. Nach einer neueren Studie ist dies aber eher unwahrscheinlich: Rohde, Hans-Christian: Die Göbel-Legende. Der Kampf um die Erfindung der Glühlampe. Springe: zu Klampen, 2007.
2. Catalogue général officiel. Exposition Internationale d'Électricité Paris 1881. Paris: Lahure, (1881).
3. Miller, Oskar v.: Erinnerungen an die Internationale Elektrizitätsausstellung im Glaspalast zu München im Jahre 1882. In: Deutsches Museum, Abhandlungen u. Berichte 4 (1932), H. 6, S. 2.
4. Offizieller Bericht über die im Königlichen Glaspalaste zu München 1882 unter dem Protektorate Sr. Majestät des Königs Ludwig II. von Bayern stattgehabte Internationale Elektrizitäts-Ausstellung verbunden mit elektrotechnischen Versuchen. Red.: W. von Beetz. München: Autotypie-Verl., [1883].
5. Siehe z. B.: Weltausstellungen. Stuttgart: Belser, 1998; Kretschmer, Winfried: Geschichte der Weltausstellungen. Campus, Frankfurt/M. 1999; Wörner, Martin: Vergnügung und Belehrung. Volkskultur auf den Weltausstellungen ; 1851 – 1900. Münster: Waxmann, 1999; Weltausstellungen im 19. Jahrhundert. Leipzig: Univ.-Verl., 2000; Weltausstellungen 1933–2005. München, Dt. Verl.-Anst., 2008.
6. Hier besonders: „Eine neue Zeit...!" Die Internationale Elektrotechnische Ausstellung 1891. bearb. v. Jürgen Steen u. a. Frankfurt a.M.: Historisches Museum Frankfurt am Main, 1991; Steen, Jürgen (Hrsg.): Die zweite industrielle Revolution. Frankfurt und die Elektrizität 1800-1914. Bilder u. Materialien zur Ausstellung im Historischen Museum. Frankfurt/M.: Amt für Wiss. u. Kunst d. Stadt, 1981.
7. Haarmann, A.: Das Ausstellungswesen und die Industrie. In: Stahl und Eisen 1884, Nr. 1, S. 49-54, Zitat S. 50.
8. Ebenda S. 49.
9. Ebenda S. 54, im Original gesperrt.
10. Ebenda S. 53.
11. Kollmann, J.: Zur Reform des Ausstellungswesens. In: Technik und Wirtschaft 2, 1909, S. 241-255, S. 289-303, Zitate S. 241.
12. Ebenda S. 244.
13. Ebenda S. 250.
14. Kübler, Wilhelm: Die Notwendigkeit und die Möglichkeiten einer Reform der maschinentechnischen Preisgerichte auf Ausstellungen. In: ETZ 33 (1912), S. 952-954, Zitat S. 953.
15. Oetzel, Sabine: Der elektrische Haushalt. In: Wessel, Horst A. (Hrsg.): Das elektrische Jahrhundert. Essen: Klartext-Verl., 2002; S. 71-78, hier S. 71.
16. Horstmann, Theo: Die "Zweite Industrielle Revolution" in Westfalen. In: Wessel, H. A. (Hrsg.): Elektrotechnik für mehr Lebensqualität. Berlin, Offenbach: VDE-Verl., 1990, S. S. 13-30, S. 25.
17. Bericht von Oscar May über ein Reichsgerichtsurteil zum Diebstahl von Elektrizität. In: ETZ 17 (1896), S.727-728; Auch: Kohlrausch, W.: Ueber Diebstahl elektrischer Arbeit. In: ETZ 20, 1899, S. 546-548 sowie ETZ 23, 1902, S. 158.
18. Die Industrie- und Gewerbe-Ausstellung für Rheinland, Westfalen und Benachbarte Bezirke verbunden mit einer Deutsch-Nationalen Kunst-Ausstellung Düsseldorf 1902. Düsseldorf: Bagel, 1903.
19. Wilkens, K.: Ist das Kochen mit Elektrizität wirtschaftlich durchführbar? In: ETZ 31, 1910, S. 669-671, Zahlenbeispiel S. 669.
20. Vgl. Theo Horstmann: „Die Aufklärung der Massen über den Wert der Elektrizität im täglichen Leben' Elektrifizierung und Stromwerbung im Kaiserreich" in diesem Band. Siehe auch: Gründung einer Geschäftsstelle für Elektrizitätsverwertung. In: ETZ 32, 1911, S. 144-145; Die Geschäftsstelle

für Elektrizitätsverwertung. In: ETZ 32, 1911, S. 203.
21. Ausstellung "Die Elektrizität im Hause, im Kleingewerbe und in der Landwirtschaft", München 1911. In: ETZ 32, 1911, S. 145, ausführlich dazu: Paulus, Cl.: Die Ausstellung „Die Elektrizität im Hause, im Kleingewerbe und in der Landwirtschaft", München 1911. In: ETZ 32 (1911), S. 538-539, S. 1202-1204, S. 1230-1233. Der Vortrag von Georg Dettmar auf der VDE-Jahresversammlung ist abgedruckt in: Dettmar, G.: Die Elektrizität im Hause. In: ETZ 32, 1911, S. 631-633, 654-657, 690-693, 708-712, 739-743 und erschien auch als separates Buch.
22. Elektrizitätsausstellung für Haushalt und Gewerbe, Köln 1911. In: ETZ 32 (1911), S. 837; Ausstellungen [in Dortmund, Stuttgart und Leipzig]. In: ETZ 32 (1911), S. 1218.
23. Diefenbach, Julius von: Die Württembergische Landes-Gewerbeausstellung des Jahres 1881 in Stuttgart. Schlußbericht. Stuttgart, 1883, Tafel 1. Liezen-Mayer hatte an der Akademie der Bildenden Künste in Wien und München studiert, war zwischen 1880 und 1883 Direktor der Kunstschule in Stuttgart und lehrte danach an der Kunstakademie München. ADB Bd. 51, S. 709–715.
24. Steen, Die zweite industrielle Revolution, wie Anm. [6], S. 137-138.
25. Illustrierter amtlicher Führer durch die Berliner Gewerbe-Ausstellung 1896. Berlin: Verl. der Expedition des Amtl. Führers, [1896].
26. Thomson-Houston International Electric Co. Internationale Elektrotechnische Ausstellung Frankfurt 1891 [Hamburg, 1891]; Siemens & Halske auf der Internationalen Elektrotechnischen Ausstellung zu Frankfurt a. M. 1891, Siemens & Halske, 1891.
27. Schuckert & Co., Kommanditgesellschaft, Nürnberg. Internationale Elektrotechnische Ausstellung zu Frankfurt a.M. 1891. 2. Aufl. Nürnberg, 1891.
28. Offizieller Bericht, wie Anm. [4].
29. Diefenbach, Die Württembergische Landes-Gewerbeausstellung, wie Anm. [22].
30. Offizieller Bericht über die Internationale Elektrotechnische Ausstellung in Frankfurt am Main 1891. 2 Bde. Frankfurt a.M.: Sauerländer, 1893.
31. Carl, Ph.: Catalog für die Internationale Elektricitäts-Ausstellung, verbunden mit elektro-technischen Versuchen im K. Glaspalast zu München. 2. Aufl. München, Knorr & Hirth, 1882.
32. Illustrierter amtlicher Führer durch die Berliner Gewerbe-Ausstellung 1896. Berlin [1896].
33. Offizieller Katalog der II. Kraft- und Arbeitsmaschinen-Ausstellung. München, 1898; Offizieller Katalog zur Ausstellung für Elektrotechnik und Kunstgewerbe Stuttgart 1896. Stuttgart, Haasenstein & Vogler, 1896.
34. Ebenda S. XIII und XII.
35. Ebenda S. XIV.
36. Ebenda S. XIV.
37. Ebenda S. XIV.
38. Miller: Erinnerungen an die Internationale Elektrizitätsausstellung im Glaspalast zu München im Jahre 1882. In: Deutsches Museum, Abhandlungen u. Berichte 4 (1932), H. 6, S. 16-18.
39. Steen, Die zweite industrielle Revolution, wie Anm. [6], S. 127.
40. Ebenda S. 127. Zur Besucherstatistik siehe: Offizieller Bericht über die Internationale Elektrotechnische Ausstellung in Frankfurt am Main, wie Anm. 30, Bd. 1, S. 72-73 (Tafel VI).
41. Steen, Die zweite industrielle Revolution, wie Anm. [6], S. 151f.
42. Ebenda S. 212ff.
43. Illustrierter amtlicher Führer, wie Anm. [32], S. 155-161.
44. Ebenda S. 174-182 und 193-194.
45. Elektrische Hochbahn nach der Berliner Gewerbeausstellung im Jahre 1896. In: ETZ 15, 1894, S. 552.
46. Gewerbeausstellung Berlin 1896. Leporello in Kassette. Bibliothek des Deutschen Museums, 1900 A 2111.
47. Stuttgarter Ausstellungs-Nachrichten. Zeitung für die Elektrizitäts- und Kunstgewerbe-Ausstellung zu Stuttgart. Stuttgart 1896.
48. Elektrizität. Offizielle Zeitung der Internationalen Elektrotechnischen Ausstellung zu Frankfurt am Main 1891. Frankfurt a. M., Haasenstein & Vogler, 1891.
49. Internationale Elektrotechnische Ausstellung 15. Mai bis 15. Oktober 1891. Illustrierte Separat-Ausgabe der „Elektrotechnischen Rundschau". Frankfurt a. M.: Daube, 1891.

Plakat, Tungsram, Grafik: Géza Faragó, 1913
Umspannwerk Recklinghausen – Museum Strom und Leben

„Die Aufklärung der Massen über den Wert der Elektrizität im täglichen Leben."
Elektrifizierung und Stromwerbung im Kaiserreich bis 1918

Theo Horstmann

„Die Anfänge der Elektrotechnik liegen kaum ein Menschenalter zurück. Heute aber durchdringt die Elektrotechnik in tausend Verzweigungen unser gesamtes Wirtschafts- und Kulturleben, so dass wir ohne sie gar nicht mehr auskommen könnten. Diese in der ganzen Menschheitsgeschichte einzig dastehende Entwicklung erklärt sich in erster Linie aus dem Umstande, dass die Elektrizität eine Energieform ist, deren Umformung aus anderen bzw. in andere Energieformen leicht ausführbar ist und die sich vor allem auch ohne erhebliche Verluste auf ziemlich große Entfernungen übertragen lässt. Das hat die Elektrizität zum gefügigen Werkzeug des menschlichen Willens gemacht."[1] Als Max Kloss, Ordinarius für Elektrotechnik an der Technischen Hochschule Berlin-Charlottenburg, kurz vor dem Ersten Weltkrieg die Bedeutung der Elektrizität im Kaiserreich charakterisierte, sprach aus dieser Einschätzung nicht nur der Stolz eines Vertreters der technischen Avantgarde. Er beschrieb damit auch prägnant den beachtlichen Stellenwert, den die Elektrizität in den wenigen Jahrzehnten ihrer technisch-kommerziellen Nutzung in der modernen Industriegesellschaft gewonnen hatte. Tatsächlich hatten Elektrotechnik und Elektrizitätswirtschaft eine dynamische Entwicklung aus kleinsten Anfängen zu einem nicht nur im öffentlichen Bewusstsein bedeutsamen modernen Industrie-Sektor genommen. „Es hat sich wohl kaum ein Zweig der Technik mit solcher Geschwindigkeit entwickelt und sich so schnell überall unentbehrlich gemacht, wie die Elektrotechnik"[2], konstatierte zum gleichen Zeitpunkt wie Kloss der Generalsekretär des Verbandes deutscher Elektrotechniker, Georg Dettmar. Obwohl die Nutzung der neuen Energie noch in den Kinderschuhen steckte und die dramatischen sozioökonomischen Umbrüche durch die Elektrifizierung im 20. Jahrhundert noch nicht zu erahnen waren, zeigten sich bereits die ersten Auswirkungen auf Arbeits- und Alltagsleben vieler Menschen: „Durch die Elektrizitätsanwendungen haben sich die Lebensgewohnheiten der Menschen in letzter Zeit ganz erheblich geändert und es ist zu erwarten, dass dies auch in der kommenden Zeit noch in weitgehendem Maße geschehen wird."[3]

Der Elektrifizierungsprozess hatte in den achtziger Jahren des 19. Jahrhunderts zögerlich begonnen. Zunächst nahezu ausschließlich für Beleuchtungszwecke eingesetzt, verbreitete sich mit dem Aufstieg der Elektrizität auch deren Nutzungsspektrum. In Deutschland, das neben den USA zum Pionierland der Elektrizität und ihrer Anwendungen wurde[4], steuerte die Elektrizitätsverwendung in den Jahren vor dem Ersten Weltkrieg in ihrer Nutzungsvielfalt, ihrer ubiquitären Verbreitung und der Ausweitung ihres Nutzerkreises einem ersten Höhepunkt zu. Die Elektrizität stieß als technische Neuheit wegen ihrer universellen Einsatzmöglichkeiten und ihrer überzeugenden Vorteile auf ein breites Interesse und inspirierte die Zeitgenossen zu visionären Erwartungen einer glücklicheren und leichteren Zukunft. Am Beginn des 20. Jahrhunderts galt der elektrische Strom als das Medium und die Energie der Moderne schlechthin.[5]

Die Aneignung der Elektrizität in Wirtschaft und Gesellschaft war seit Beginn ihrer kommerziellen Nutzung durch gezielte Werbeaktivitäten unterstützt worden. Sie sollten helfen, der neuen Energie einen raschen Marktzutritt zu verschaffen. Der Charakter der Elektrizität als revolutionäre Innovation und ihre sinnliche Nicht-Wahrnehmbarkeit bildeten hierfür ebenso eine Barriere wie ihre technische Komplexität und die kostspieligen Investitionen, die für Erzeugung, Verteilung und Nutzung der neuen Energie erforderlich waren. Wie die Elektrizität war auch die moderne Werbung ein Kind des späten 19. Jahrhunderts.[6] Die Reklame entstand als eine

Abb. 1
Grafik, Pariser Weltausstellung 1881

spezifische Kommunikationsform, um die anonymisierten Marktbeziehungen im Kapitalismus zu überbrücken. Das der modernen Werbung innewohnende Potential für die Vermittlung und Popularisierung der neuen Energie, der stofflich nicht fassbaren Elektrizität, zu nutzen, war naheliegend. Die Bedürfnisse nach Licht, Kraft oder Wärme erfüllten auch die tradierten Energieträger. Was die Elektrizität aber besser oder zusätzlich leistete, musste dem Kreis der potentiellen Nutzer gezielt vermittelt werden. So erschloss sich die neue Energie ihren Markt gegen Vorbehalte, Kritiker und Wettbewerber auch durch eine aktive Kommunikation. Da die Verwendung von Elektrizität relativ rasch auch die Sphäre des privaten Konsums erreichte, wurden private Haushalte früh als Adressaten von Elektrizitätswerbung identifiziert und vielfältige Formen der Massenkommunikation eingesetzt.[7] Der nachstehende Beitrag untersucht die kommunikativen Methoden und Instrumente bei der Popularisierung der Innovation Elektrizität im Gefüge von technischem Fortschritt, Produzenteninteressen und Konsumentenverhalten in der Zeit bis zum Ende des Ersten Weltkrieges. Er fragt zunächst nach den treibenden Motiven und den Botschaften einer intentionalen Elektrizitätskommunikation in den ersten Jahrzehnten des Elektrifizierungsprozesses. In einem zweiten Schritt fokussiert sich die Untersuchung auf die Rahmenbedingungen und Beweggründe, die Akteure und Adressaten sowie Formen und Botschaften der um 1910 einsetzenden ersten Welle einer intensiven Konsumwerbung für Elektrizität. Die umfassenden Reklameaktivitäten, die mit dem Ersten Weltkrieg enden, werden am Beispiel der Geschäftsstelle für Elektrizitätsverwertung und des Städtischen Elektrizitätswerks Dortmund aufgezeigt. Abschließend zeigt der Beitrag die Auswirkungen des Ersten Weltkrieges auf die Werbeaktivitäten für Elektrizität auf.

Ausstellungen und Allegorien: Kommunikationsformen in der frühen Phase der Elektrifizierung

Die systematische Nutzung der Elektrizität für öffentliche, industrielle und private Zwecke begann in den 1880er Jahren, nachdem grundlegende Erfindungen den Weg hierfür geebnet hatten.[8] Der amerikanische Erfinder Thomas A. Edison entwickelte nicht nur die erste brauchbare elektrische Glühlampe, indem er eine verkohlte Bambusfaser im Vakuum zum Glühen brachte. Er fügte auch als erster verschiedene elektrotechnische Komponenten – Generator, Leitungsnetz, Schalter, Sicherungen, Zähler und Glühlampen – zu einem kohärenten System, das technisch funktionstüchtig und kommerziell nutzbar war. Edison errichtete 1882 in New York die weltweit erste öffentliche Stromversorgung, die jeden Interessenten mit elektrischer Energie belieferte.[9]
In den frühen Jahren dominierte weitgehend das elektrische Licht die Elektrizitätsanwendung und erschloss dem Strom ein Nutzungsgebiet mit einem schier grenzenlosen Bedarf. Mit der Kohlefaden-Glühlampe und der Bogenlampe standen gegen Ende des 19. Jahrhunderts elektrische Lichtquellen für nahezu jeden Zweck zur Verfügung. Sie bereiteten den traditionellen Leuchtmitteln, insbesondere dem Gas, trotz ihrer hohen Kosten heftige Konkurrenz. Strom wurde zeitweise so ausschließlich als ein Mittel zur Beleuchtung betrachtet, dass elektrische „Beleuchtungsanstalten" ihren Abnehmern „Licht" statt Kilowattstunden in Rechnung stellten.
Bei den Kommunikationsaktivitäten für die neue Energie spielten in den Anfangsjahren der Elektrifizierung öffentliche Ausstellungen eine zentrale Rolle. Sie bildeten im 19. Jahrhundert nach dem beeindruckenden Vorbild der Weltausstellungen die zeittypischen Plattformen für die spektakuläre

*Abb. 2
Plakat, Internationale Elektro-Technische
Ausstellung, Frankfurt,
Grafik: Frank Kirchbach, 1891*

Präsentation technischer Innovationen und stießen in der Öffentlichkeit auf eine breite Resonanz.[10] 1881 fand mit der Internationalen Elektrizitätsausstellung in Paris erstmals eine ausschließlich die neue Energie feiernde öffentliche Schau statt, die zu einem Markstein bei der Popularisierung der Elektrizität wurde. Hier stellte Edison sein Glühlicht in Europa vor und erregte beträchtliches Aufsehen. Oskar von Miller, einer der Pioniere der Elektrotechnik in Deutschland und seinerzeit Besucher in Paris, konstatierte: „Der Eindruck der Ausstellung war überwältigend. Die Beleuchtung übertraf jede Vorstellung. (...) Das allergrößte Aufsehen aber erregte doch eine Glühlampe von Edison, die man mit einem Schalter anzünden und auslöschen konnte, an welcher die Menschen zu Hunderten anstanden, um selbst diesen Schalter einmal bedienen zu können."[11] Die Ausstellung in Paris bedeutete für Edison und sein technisches Konzept einen überzeugenden Erfolg, der bei Zeitgenossen und Besuchern nachhaltige Wirkungen zeigte [Abb. 1].

Ein weiterer Besucher auf der Pariser Weltausstellung war der Berliner Maschinenfabrikant Emil Rathenau. Er sah in der elektrischen Beleuchtung das Licht der Zukunft und erwarb von Edison Patente für eine Verwertung im Deutschen Reich. 1883 gründete Rathenau die „Deutsche Edison-Gesellschaft für angewandte Elektricität", aus der die „Allgemeine Elektrizitäts-Gesellschaft" (AEG) hervorging.

Parallel zur allmählichen Aneignung der Elektrizität folgten auf die Pariser Ausstellung weitere Schauen, die die voran schreitenden technischen Entwicklungen demonstrierten; einige präsentierten sogar technologische Meilensteine. So fanden in Mitteleuropa in München 1882, Wien 1883, Frankfurt 1891, Karlsruhe 1895 und Stuttgart 1896 große und weithin beachtete Elektrizitätsausstellungen mit internationaler Beteiligung statt [Abb. 2]. Diese Präsentationen dienten vorrangig einem Fachpublikum zur generellen Orientierung über die neue Energie. Ziel der Ausstellungen war es, die Energieform Elektrizität bekannt zu machen. Weniger bei den privaten Konsumenten; Adressaten waren vielmehr private und öffentliche Investoren, denen die Vorteile der elektrischen Beleuchtung etwa für Fabrikanlagen und öffentliche Straßen anschaulich vermittelt werden sollten. Als Interessenten kamen im wesentlichen Gewerbetreibende und Industrielle in Frage, die eine helle und feuersichere Beleuchtung für Fabrikanlagen, Kaufhäuser oder Hotels ins Auge fassten. Auch Betreiber öffentlicher Gebäude, etwa von Theatern, zählten zu den frühen Interessenten für das elektrische Licht. Die elektrische Beleuchtung privater Häuser durch eine Einzelanlage war ein exklusiver Luxus weniger Wohlhabender.

Die Elektrizitätsausstellungen regten nicht zuletzt die Diskussionen über den Bau von öffentlichen Elektrizitätswerken an.[12] Ein öffentliches Netz mit zentraler Erzeugung und dezentraler Nutzung bildete die infrastrukturelle Grundlage für eine Verbreitung der Elektrizität auch beim privaten Publikum. In vielen Städten wurde zwischen Befürwortern und Gegnern der neuen Energie kontrovers diskutiert, denn die öffentliche Versorgung einer Stadt mit Elektrizität war

Abb. 3
Grafik, Reklame von Helios, 1886
Institut für Stadtgeschichte Frankfurt

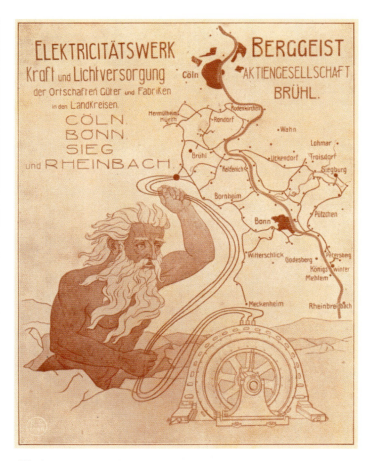

Abb. 4
Anzeige, Elektrizitätswerk Berggeist, 1905
Umspannwerk Recklinghausen – Museum Strom und Leben

technisch hoch komplex und teuer. Sie barg ein erhebliches Investitionsrisiko, das viele Kommunen mit dem Aufbau eines Netzes zögern ließ, zumal einem bereits in einer Stadt bestehenden Gaswerk Absatzeinbußen drohten. Einige Städte überließen das Risiko privaten Investoren, die – wie Rathenau ab 1885 mit den Berliner Elektricitäts-Werken – eine öffentliche Stromversorgung aufbauten. Häufig waren es die Hersteller der elektrotechnischen Anlagen selber, die auch zu Gründern von Elektrizitätswerken wurden.[13]

Die elektrotechnischen Ausstellungen verschafften der interessierten Öffentlichkeit durch die Beobachtung der elektrischen Anwendungen einen authentischen Eindruck von der ansonsten unsichtbaren Energie. War bis dahin noch jede Energie sinnlich wahrnehmbar gewesen, konnte die Elektrizität als „körperloses Lichtmedium"[14] nur in ihren Wirkungen erfasst werden. Die elektrischen Beleuchtungsanlagen mit ihrer bis dahin unbekannten Lichtfülle riefen immer wieder Äußerungen der Begeisterung und des Erstaunens hervor. Ausstellungen vollbrachten die Kommunikationsleistung, einem breiten Publikum eine reale Anschauung und beeindruckende Wahrnehmung der Elektrizität zu bieten. Diese für die Durchsetzung der Innovation so entscheidende Wirklichkeit konnte die damalige Publizistik nur unzureichend vermitteln. Sie war angesichts des relativ speziellen Adressatenkreises eher technisch-informativ als werblich angelegt. Allerdings suchte die zeitgenössische Bildsprache nach sinnlichen Ausdrucksformen, um etwas Nichtwahrnehmbares wie die Elektrizität visuell zu vermitteln. Sie wählte für die Darstellung – zeittypisch für den Historismus – antikisierende Metaphern, Symbole und Allegorien, um das neuartig Unsichtbare für den Betrachter vorstellbar zu machen,[15] das mit revolutionärer Wucht begann, die Welt zu verändern. Die symbolhafte Bildsprache wird insbesondere in den zeitgenössischen Plakaten deutlich, mit denen etwa Elektrizitätsausstellungen oder -unternehmen beworben wurden [Abb. 3]. Allegorische Darstellungen personifizierten die Elektrizität als überirdische Kraft und bedienten sich hierbei diverser Figuren aus der antiken Mythologie. Sie verkörperten symbolhaft Licht, strahlende Helligkeit, Kraft, Dynamik und Stärke, mit der die Elektrizität in die herrschende Dunkelheit einbrach. Die neue Energie wurde auf diese Weise bildhaft bekannt gemacht und symbolhaft aufgeladen [Abb. 4]. Technologie und Wirkungen der viel versprechenden Energie mussten bei denen platziert werden, die

Abb. 5
Plakat, AEG, Berlin, Grafik: Louis Schmidt, 1888

bereit waren, wirtschaftliche und technische Risiken einzugehen, um zu Pionieren der Elektrizität zu werden. Konkrete Nutzenversprechen für das breite Publikum fanden zu dieser Phase der Elektrifizierung in der Werbung keinen Nährboden. Die Kommunikation richtete sich an Investoren, die sich auf das Wagnis einer spektakulären und vielversprechenden, aber teuren und technisch noch in den Kinderschuhen steckenden Technologie einlassen wollten.

Metallfadenlampe und Konkurrenz: Eine neue Zeit für die Elektrizitätswerbung

Für die Elektrizitätswirtschaft, die noch am Ende des 19. Jahrhunderts als aufwändige und risikoreiche Unternehmung angesehen wurde, hatten sich die Rahmenbedingungen im ersten Jahrzehnt des 20. Jahrhunderts durch grundlegende Innovationen bei Stromerzeugung, -verteilung und –anwendung deutlich verbessert. Sie galt nun als fortschrittliche, aufstrebende Branche, die ein zunehmend begehrtes Gut bereitstellte, dessen Nutzen trotz seiner Kostspieligkeit von keinem Kritiker mehr ernsthaft angezweifelt wurde. Elektrizität war beim Publikum begehrt, aber sehr teuer. So kostete im Jahre 1900 die Kilowattstunde Strom für Licht beim Städtischen Elektrizitätswerk in Dortmund 60 Pfennig, während gleichzeitig der Schichtlohn eines Hauers auf einer Zeche etwa 4,00 Mark betrug.[16] Die Elektrizität und elektrische Geräte breiteten sich gegen manche politischen und ökonomischen Widerstände dynamisch aus, weil sie durch Sicherheit, Bequemlichkeit oder höhere Leistung einen Nutzen stifteten. Nicht zuletzt stellte der Gebrauch des Luxusgutes Elektrizität ein soziales Distinktionsmerkmal dar [Abb. 5]. Profiteure des Elektrifizierungsprozesses waren zum einen die elektrotechnische Industrie, die Maschinen, Geräte und Lampen für Erzeugung, Verteilung und Nutzung der Elektrizität produzierte, zum anderen die Elektrizitätswirtschaft, die die erforderliche elektrische Energie bereitstellte. Die zunehmende ubiquitäre Präsenz der Elektrizität spiegelt sich in der Anzahl der Elektrizitätsproduzenten wider, die in den Jahren vor dem Ersten Weltkrieg geradezu explosionsartig anwuchs. Die Zahl der öffentlichen Elektrizitätswerke stieg von 148 im Jahre 1895 über 768 im Jahre 1901 auf 4040 im Jahre 1913 und damit um das Zwanzigfache. Elektrizität war kein städtisches Phänomen mehr, sondern sogenannte Überlandzentralen begannen, auch ländliche Regionen zu erschließen. Die Leistung der in den Kraftwerken installierten Generatoren hatte sich im gleichen Zeitraum als Folge der steigenden Nachfrage auf 2096 Megawatt erhöht, d. h. um nahezu das Fünfzigfache der Leistung von 1895. In der gleichen Größenordnung, auf zuletzt 1227 Megawatt, stieg der Leistungswert für die an die Elektrizitätswerke angeschlossenen Glühlampen.[17]

Abb. 6
Plakat, Osram Metallfadenlampe, Grafik: Julius Klinger, 1908
Kunstbibliothek Staatliche Museen zu Berlin

Waren die frühen Betriebsjahre der Elektrizitätswerke noch stark von technischen Schwierigkeiten bei Stromerzeugung und -verteilung geprägt worden, konnten diese Probleme am Ende der ersten Dekade des 20. Jahrhunderts als weitgehend gelöst betrachtet werden. So konstatierte der Vorsitzende der Vereinigung der Elektrizitätswerke, des Branchenverbandes der Elektrizitätswirtschaft, im Jahre 1912: „Die Aufgabe der Direktoren der Elektrizitätswerke liegt jetzt nicht mehr so viel in der Erzeugung, als vielmehr in der Verwendung der Elektrizität. So ist demnach das Schwergewicht unserer Tätigkeit auf die wirtschaftliche Seite hinüber geglitten, wir sind nach und nach mehr und mehr Kaufleute geworden, deren erste Aufgabe es ist, das ihnen anvertraute Kapital so gut als möglich zu verzinsen."[18] In den Jahren vor dem Ersten Weltkrieg hatten Fragen nach der Rentabilität eines Elektrizitätswerks, der Wettbewerbssituation, nach Absatzsteigerungen oder der Tarifgestaltung die Oberhand gegenüber den lange dominanten technischen Problemen gewonnen [Abb. 6].

Vor diesem Hintergrund entwickelte sich etwa ab 1909 unter den Protagonisten der Elektrizitätswirtschaft eine breite Debatte über Mittel und Wege, die Nutzung der Elektrizität stärker zu popularisieren. Denn, so ein zeitgenössischer Beobachter, „die elektrische Beleuchtung ist zwar schon sehr verbreitet, aber ‚populär' im wahrsten Sinne des Wortes kann man sie (...) noch nicht nennen".[19] Die Debatte leitete einen neuen Abschnitt der Elektrizitätswerbung ein, der sich hinsichtlich seiner Intensität, seines Adressatenkreises, seiner Qualität, seines Umfangs, seiner Methoden und seiner Botschaften deutlich von der frühen Phase abgrenzte und erstmals alle Instrumente der modernen Reklame einsetzte. Für diese Entwicklung waren zwei Ursachen verantwortlich: zum einen die neu entwickelte Metallfaden-Glühlampe und zum anderen der zunehmende Wettbewerb zwischen den Energieträgern Gas und Elektrizität.

1905 war mit der elektrischen Metallfaden-Glühlampe eine wichtige lichttechnische Neuerung vorgestellt worden, die weitreichende Auswirkungen zeitigen sollte [Abb. 7]. Die Metallfaden-Glühlampe verwendete statt des bisher üblichen Kohlefadens einen Glühfaden aus Osmium, Tantal oder Wolfram.[20] Sie verbrauchte bei längerer Lebensdauer und besserer Lichtausbeute nur noch etwa ein Drittel des Stroms einer herkömmlichen Kohlefadenglühlampe.[21]

Abb. 7
Vignette,
AEG Metalldraht-Lampe,
Grafik: Peter Behrens, um 1910
Umspannwerk Recklinghausen –
Museum Strom und Leben

Abb. 8
Plakat, AEG Nitralampe, Grafik: Louis Oppenheim, 1913
Umspannwerk Recklinghausen – Museum Strom und Leben

Die neue Lampe bedeutete einen Durchbruch für die Wirtschaftlichkeit der elektrischen Beleuchtung und die Konkurrenzfähigkeit zu den Wettbewerbern Gas und Petroleum. Sie markierte den Anfang vom Ende des Luxusproduktes Elektrizität; die elektrische Beleuchtung wurde langfristig zum Allgemeingut.

Für die Elektroindustrie eröffnete die neue Metallfadenlampe unzweifelhaft große Geschäftschancen. Alle namhaften Hersteller entwickelten eigene Lampentypen, die sie unter verschiedenen Markenbezeichnungen vertrieben. So stellte die AEG die „Nitra"-Lampe [Abb. 8] her, die Auer-Gesellschaft produzierte die „Osram"-Lampe, Siemens bot die „Wotan"-Lampe an und Pintsch fertigte die „Sirius"-Lampe.[22] Die Metallfadenlampen wurden als Konsumgüter von der Elektroindustrie mit allen Mitteln der Reklame intensiv beworben [Abb. 9]. Die Werbung war stark absatzorientiert und zeichnete sich nun durch die gezielte Ansprache der Endverbraucher aus. Weil die Konsumenten zwischen verschiedenen Glühlampen wählen konnten, mussten sie durch Produktvorteile überzeugt werden. Deshalb bot „jede Änderung in der Haltbarkeit (...) oder Stromersparnis (...) der moderneren elektrischen Glühlampe Anlass zu neuer Werbetätigkeit."[23] Auch die Bildsprache der Werbung hatte sich gegenüber den frühen Ansätzen radikal modernisiert. Allegorien oder Symbole waren nicht mehr gefragt, sondern Sachcharakter und Funktionalität der beworbenen Produkte rückten optisch in das Zentrum der Kommunikation. Als Botschaften wurden die jeweiligen Produktvorteile hervorgehoben: Etwa die Zuverlässigkeit, die Stoßfestigkeit oder der geringe Stromverbrauch einer Ein-Watt oder Halb-Watt-Glühlampe [Abb. 10].[24] Die Unternehmen beauftragten renommierte Grafiker mit der Gestaltung ihrer Werbung. So arbeiteten Ernst Deutsch (1887–1938) für Siemens, Karl Schulpig (1884–1948) für Pintsch, Josef Loewenstein (=Joe-Loe) für die Auer-Gesellschaft und Peter Behrens (1868–1940) und Louis Oppenheim (1879–1936) für die AEG. Sie entwarfen grafisch anspruchsvolle Sachplakate, die als „vornehm und geschmackvoll"[25] galten. Insbesondere die AEG, die sich seit ihrer Gründung modernen, „amerikanischen" Management- und Vertriebsmethoden gegenüber aufgeschlossen gezeigt hatte,[26] pflegte eine langjährige und umfassende Zusammenarbeit mit dem Architekten Peter Behrens. Er gab der AEG ein geschlossenes, modernes Grafik- und Produktdesign, das die Warenästhetik wie die Werbeästhetik des Unternehmens nachhaltig prägte.[27]

Für die Elektrizitätswerke hingegen besaß die Metallfadenlampe einen ambivalenten Charakter: Einerseits bot die größere Wettbewerbsfähigkeit gegenüber Gas und Petroleum neue Chancen für die Verbreitung der Elektrizität und wirkte Absatz fördernd. Andererseits produzierten die weitaus meisten Elektrizitätswerke ihren Strom vor allem für Lichtzwecke. Die Strom sparende Metallfadenlampe barg für die Elektrizitätswerke das Risiko eines tendenziell sinkenden Stromabsatzes. So berichtete das Elektrizitätswerk Dortmund im Jahre 1909: „Die Stromabgabe ist mit der Anschlussbewegung nicht proportional gestiegen. (...) Dieses findet seinen Grund (...) in der mehr und mehr um sich greifenden Verwendung von Metallfaden-Glühlampen an Stelle der Kohlefaden Glühlampen."[28] Der geringere Stromverbrauch der Metallfadenlampe beim wichtigsten elektrischen Nutzungszweck bedeutete für die Stromerzeuger sinkende Umsätze und schürte die Furcht vor einer Gefährdung der Rentabilität der Elektrizitätswerke. Denn die Höhe des Absatzes, die Zahl der Benutzungsstunden und die möglichst gleichmäßige Belastung der technischen Anlagen im Tages- oder Jahresverlauf spielten für den wirtschaftlichen Erfolg

Abb. 9
Postkarte, Osram, Grafik: Herm(ann) Frenz, um 1911
Umspannwerk Recklinghausen – Museum Strom und Leben

Abb. 11
Werbeblatt, Elektrizitäts-Lieferungs-Gesellschaft (ELG), 1911
Umspannwerk Recklinghausen – Museum Strom und Leben

Abb. 10
Postkarte, Tungsram Drahtlampe, um 1910
Umspannwerk Recklinghausen – Museum Strom und Leben

der Elektrizitätswerke eine entscheidende Rolle.[29]
Als zweites Motiv für die Popularisierungs-Debatte lässt sich der zunehmende Wettbewerb zwischen den Energieträgern Elektrizität und Gas identifizieren, der sich im Gefolge der neuen Lichttechnologie deutlich verschärft hatte. Die Jahre nach der Jahrhundertwende waren geprägt von einer wachsenden wirtschaftlichen und technischen Rivalität zwischen der jungen, aufstrebenden Elektrizitätswirtschaft und der etablierten, ja tonangebenden Gaswirtschaft um die Zukunftschancen auf dem Beleuchtungsmarkt.[30] Das Gas hatte mit der Erfindung des Gasglühlichts 1891 einen technischen Wettbewerbsvorsprung gegenüber der elektrischen Kohlefadenlampe gewonnen, weil es heller leuchtete. Billiger als Elektrizität war das Gas ohnehin. Dennoch breitete sich das elektrische Licht in der Regel zu Lasten der Gasbeleuchtung weiter aus, weil es sicherer, hygienischer und prestigeträchtiger war.[31] Mit der Metallfadenlampe schmolz der technische und wirtschaftliche Vorsprung der Gasbeleuchtung weitgehend dahin. Die Gaswirtschaft realisierte die massive Bedrohung ihres wichtigsten Absatzmarktes und ergriff Gegenmaßnahmen. Sie gründete 1910 in Berlin die „Zentrale für Gasverwertung",[32] die die Gaswirtschaft werblich unterstützten sollte. Nach Einschätzung der Gasbranche hatte die „mächtig aufkommende Elektrizitätswirtschaft" mit einer „außerordentlich rührigen und geschickten Propaganda selbst bei Staat und Kommunen eine Art von ‚Elektro-Psychose'" hervorgerufen, die „dem Gas nachgerade gefährlich" geworden war. Für die Gaswirtschaft stellte sich damit „nichts Geringeres als die Lebensfrage: Fortentwicklung, Stillstand oder Rückgang!" Die Zentralstelle sollte deshalb „auf breitester Grundlage durch großzügige Werbung[33] für die Verwendung des Gases als Licht-, Wärme und Kraftquelle das Gasfach wieder in den Brennpunkt des öffentlichen Interesses" rücken.[34]

Die neue Metallfadenglühlampe mit ihren Chancen und Risiken sowie der wachsende Wettbewerbsdruck durch die Gaswirtschaft trieben am Ende der ersten Dekade des 20. Jahrhunderts die Elektrizitätsbranche in eine lebhafte Diskussion darüber, wie sie den skizzierten Herausforderungen begegnen konnte.[35] Dabei wurde klar, dass der sinkende spezifische Stromverbrauch bei der Beleuchtung nur durch die Erschließung eines breiteren Absatzpotentials kompensiert werden konnte. Hierfür zeichneten sich drei Wege ab: die räumliche Ausdehnung des Versorgungsnetzes, die Akquisition neuer Beleuchtungskunden und die Steigerung des Stromabsatzes bei bestehenden Licht-Kunden durch weitere Stromanwendungen. Zwar war Elektrizität ein begehrtes Gut, seine Nutzung war aber nicht billig und insbesondere der erhebliche Investitionsaufwand für die Installation einer

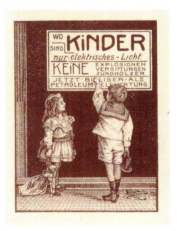

Abb. 12
Vignette der Gefelek, 1911
Umspannwerk Recklinghausen –
Museum Strom und Leben

Abb. 13
Vignette der Gefelek, 1911
Umspannwerk Recklinghausen –
Museum Strom und Leben

Abb. 14
Vignette der Gefelek, 1914
Umspannwerk Recklinghausen –
Museum Strom und Leben

elektrischen Anlage bildete für viele potentielle Kunden ein nahezu unüberwindbares Hindernis. Zudem stellte das Tarifsystem der Elektrizitätswerke ein intransparentes Sammelsurium von Einzellösungen dar, das eher verwirrend als Absatz fördernd wirkte. Die Branche stritt intensiv über Tarifmodelle und Preise, prüfte Wege, die Installationsfinanzierung zu erleichtern und erörterte nicht zuletzt die Möglichkeiten einer zielbewussten Propaganda. Alle absatzpolitischen Überlegungen dienten dem Ziel, den Absatz von Elektrizität zu forcieren. In der Diskussion wurde aber auch deutlich, dass die Elektrizitätswerke sich zwar technisch vervollkommnet hatten, sie ihre kaufmännisch-akquisitorischen Aufgaben hingegen nur unzureichend wahrnahmen und den „Verkauf (...) dem Zufall" überließen, weil „die wirtschaftliche bzw. Verkaufsorganisation der meisten Elektrizitätswerke noch sehr im argen" lag.[36] Der wachsende wirtschaftliche Druck zwang nun dazu, „die Missstände genau zu prüfen und Mittel und Wege zu ihrer Abhilfe zu suchen".[37]

Für dieses Ziel wurden, zunächst allerdings vereinzelt und recht zögernd, auch unterstützende Werbemaßnahmen eingesetzt. Zum AEG-Konzern gehörende Elektrizitätswerke wie die Berliner Elektricitäts-Werke (BEW) oder die Elektricitäts-Lieferungs-Gesellschaft (ELG) [Abb. 11] waren allerdings bereits werblich aktiv und hatten sogar – wie die ELG – „eine eigene Abteilung errichtet mit dem ausschließlichen Zweck, durch Propaganda den Konsum der Werke zu vermehren".[38]

Für die Exponenten einer aktiven Stromwerbung war klar, „dass die Popularisierung der Elektrizität die wichtigste Aufgabe jedes Elektrizitätswerkes ist, und dass es vor allem gilt, im Publikum das Bedürfnis nach Elektrizität zu wecken". Zu diskutieren sei lediglich, „welcher Weg am besten und raschesten dahin führt, eine Steigerung des Konsums an elektrischer Energie herbeizuführen".[39]

Dabei rezipierte die Branche auch Anregungen aus dem Ausland, aus England, Schweden oder den Vereinigten Staaten, wo die Elektrizitätsnutzung breiter angelegt, die Akquisitionsmethoden ausgefeilter und Werbemaßnahmen bei der Kundensuche selbstverständlicher waren.[40] Besonders beeindruckten Aktionen und Formen der Stromwerbung in den Vereinigten Staaten, die als beispielhaft und nachstrebenswert auch für die deutschen Verhältnisse angesehen wurden.[41]

Für die meisten Akteure in der Branche bedeutete es allerdings ein Novum, „dass man auch für Kilowattstunden werben"[42] und damit die Absatzmöglichkeiten der Werke verbessern konnte. Aber „unsere Elektrizität ist auch nichts anderes als jede andere Ware, die ihre Abnehmer sucht. Weil man sich in kaufmännischen Kreisen über den Wert der Reklame nicht mehr im Geringsten in Zweifel ist, (...) ist es nur zu verwundern, dass derartige (Werbe-)Mitteilungen über die Elektrizität noch immer ganz außerordentlich selten angetroffen werden".[43] Dabei sei „die Aufklärung der Massen über den Wert der Elektrizität im täglichen Leben der Grundstein, auf dem eine gedeihliche Entwicklung der Elektrizitätswerke aufgebaut werden kann. Und gerade jetzt, nach Einführung der Metallfadenlampe ist der Moment gegeben."[44] Die Elektrizitätswerke sahen sich also wirtschaftlich herausgefordert, neue Wege der Kundenakquisition zu gehen. Hatte sich bis dahin nahezu ausschließlich die Geräteindustrie bei der Werbung für Elektrizität engagiert, trat nun mit der Elektrizitätsbranche ein weiterer Akteur auf den Plan.

Abb. 15
Vignette, 1911
Umspannwerk Recklinghausen –
Museum Strom und Leben

Abb. 16
Elektrische Ausstellung der Gefelek, Berlin, 1911
Umspannwerk Recklinghausen – Museum Strom und Leben

Gefelek und Elektrizitätswerke: Neue Akteure für die Elektrizitätswerbung

Einen tiefgreifenden Einschnitt bei den weiteren Werbeaktivitäten für Elektrizität bis zum Ende des Ersten Weltkriegs markierte die Gründung der Geschäftsstelle für Elektrizitätsverwertung (Gefelek) mit Sitz in Berlin im Januar 1911.[45] Die Gefelek wurde die erste Einrichtung für eine gezielte und systematische Werbung der gesamten Elektrizitätsbranche. Sie kam auf Initiative der Vereinigung der Elektrizitätswerke zustande, die mit der Geschäftsstelle für Elektrizitätsverwertung eine zentrale Kommunikationsinstanz aller Elektrizitätsinteressenten etablieren und eine gemeinsame Werbetätigkeit institutionell verankern konnte.

Die Motivation für die Gründung der Gefelek beschrieb rückblickend deren Initiator Carl Döpke, Direktor des Städtischen Elektrizitätswerks Dortmund: „Die Gasbeleuchtungstechniker hatten es Jahre meisterhaft verstanden, sich die elektrische Beleuchtungskonkurrenz vom Leibe zu halten. Sie waren es auch, die zuerst die Gefahr der Ein-Watt-Lampen erkannten und aus dieser Erkenntnis heraus beizeiten zu Abwehrmaßnahmen griffen, indem sie die Zentrale für Gasverwertung gründeten. (...) Was die Gaswerke konnten, war den Elektrizitätswerken selbstverständlich nicht verboten, und nun begann bei den Elektrizitätswerken eine Entfachung aller verfügbaren Mittel"[46] [Abb. 12, 13 und 14].

Der Elektrizitätswirtschaft gelang es, die gesamte Elektro-Branche für die Gründung der Gefelek zu mobilisieren, indem sie auch die elektrotechnische Industrie, die Installateure und den Verband deutscher Elektrotechniker in die Trägerschaft der Gefelek einband, obwohl zwischen verschiedenen Akteuren offene Konflikte bestanden. Das Ziel einer breiteren Nutzung der Elektrizität bildete den gemeinsamen Nenner von Herstellern, Elektrizitätswerken und Installateuren, an dem letztlich alle ein wirtschaftliches Interesse hatten. Bei der Gründung der Gefelek obsiegte der zu erwartende Nutzen einer branchenweiten Gemeinschaftswerbung über die partikularen Positionen der Beteiligten. Diese Interessenidentität lud die Akteure ein, ihre Kräfte zu bündeln und den Markt gemeinsam zu bearbeiten. Denn „da die hierbei einzuschlagenden Wege und die zu erreichenden Ziele bei vielen Unternehmungen die gleichen sind, erweist sich ein gemeinsames Vorgehen von besonderem Vorteil, wie es durch die Geschäftsstelle für Elektrizitätsverwertung (...) ermöglicht worden ist."[47] Die Gefelek betrat mit ihren Kommunikationsaktivitäten Neuland für die Branche und übernahm eine Aufgabe, die insbesondere die meisten Elektrizitätswerke aus Mangel an Mitteln und Erfahrung nicht erbringen konnten. Zwischen der Gefelek und ihren Trägern war eine klare Aufgabenteilung vereinbart worden: Die Gefelek entfachte reichsweit eine Dachkampagne zu den Vorzügen der elektrischen Energie, die durch individuelle Aktivitäten der lokalen Elektrizitätswerke oder durch die Produktkommunikation der Hersteller ergänzt wurde. Sie sorgte für einen übergreifenden Rahmen, schuf bei den Werken ein vertriebliches Problembewusstsein, professionalisierte die Werbeaktivitäten und fungierte als kreatives Zentrum für modernes Werbematerial. Alle Aktivitäten dienten dem Ziel, einer stärkeren Nutzung der Elektrizität mit höheren Absatzchancen für Elektrizitätswerke und Elektroindustrie kommunikativ den Weg zu ebnen.

Die von der Gefelek formulierten Werbebotschaften konzentrierten sich zunächst auf das dominante Anwendungsgebiet für die Elektrizität im privaten Umfeld: die Beleuchtung. Die Gefelek beabsichtigte, „in erster Linie das Publikum über die leider noch nicht genügend beachteten Vorteile der

Abb. 17
Versuchsküche auf der Elektrischen Ausstellung der Gefelek, Berlin, 1911
Umspannwerk Recklinghausen – Museum Strom und Leben

elektrischen Beleuchtung und des elektrischen Antriebes aufzuklären und die seit Einführung der Metallfadenlampe gänzlich unbegründeten Vorurteile über die angebliche Kostspieligkeit derselben (zu) beseitigen. Sie will die Ungefährlichkeit der explosions- und feuersicheren elektrischen Beleuchtung und die sanitären Vorteile derselben hervorheben und auf die Einführung des elektrischen Lichts in die zahlreichen bürgerlichen Wohnungen, welche noch Petroleumbeleuchtung haben, und in die Wohnungen der breiten Volksschichten hinarbeiten."[48] Mit der Marktpenetration der elektrischen Beleuchtung wurden die Wettbewerber Petroleum und Gas heftig attackiert.

Die Beleuchtung stellte darüber hinaus das wichtigste Einfallstor für die Nutzung der Elektrizität im privaten oder gewerblichen Bereich dar und wirkte als Türöffner für ein ausgedehnteres Anwendungsspektrum. Deshalb ergänzte bald die Werbung für die elektrischen Anwendungen wie Kochen [Abb. 15], Bügeln oder Antriebe die Reklame für das elektrische Licht. Als Adressaten kamen die privaten Haushalte, das Handwerk, das Gewerbe und zunehmend die Landwirtschaft in Betracht, bei denen es Absatzpotentiale zu erschließen galt. So bildete eines der Hauptziele der Gefelek die Verbreitung der Kundenbasis der Elektrizitätswerke in die Arbeiterhaushalte hinein.

Die Gefelek wollte nach eigenem Verständnis aufklärend wirken „durch Zeitungsartikel, Flugblätter, Plakate, Demonstrationsvorträge, Ausstellungen usw."[49] Tatsächlich bediente sich die Gefelek für die Vermittlung ihrer Botschaften des gesamten verfügbaren Instrumentariums der Wirtschaftswerbung und nutzte es ausgiebig. Für ihren ersten öffentlichen Auftritt im Frühjahr 1911 setzte die Gefelek auf das Instrument der Ausstellung und gestaltete in Berlin eine umfassende Präsentation, die sich dezidiert

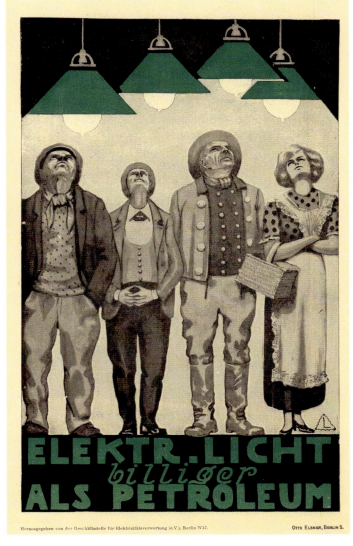

Abb. 18
„Gelbes Flugblatt" der Gefelek, 1913
Umspannwerk Recklinghausen – Museum Strom und Leben

an die privaten Haushalte richtete. Den Besuchern wurden elektrische Beleuchtungsanlagen und ein breites Spektrum elektrischer Haushaltsgeräte in Funktion vorgeführt. Die populär gestaltete Ausstellung erfuhr einen „überaus starken Zuspruch"[50] durch das Publikum. Sie bildete für die Elektrizitätswirtschaft zugleich ein Experimentierfeld für den Umgang mit diesem Medium. Es galt, „Erfahrungen über die beste Art der Anordnung solcher Ausstellungen zu gewinnen und festzustellen, welche Objekte die Allgemeinheit hauptsächlich interessieren, sowie vor allem den Elektrizitätsinteressenten einen Anstoß zu geben, die Anordnung ähnlicher Ausstellungen an verschiedenen Orten baldmöglichst zu veranlassen".[51] Die Schau wurde wegweisend für viele weitere verbraucherorientierte Elektrizitätsausstellungen in den folgenden Jahren, die von den jeweiligen Elektrizitätswerken ausgerichtet und von der Gefelek unterstützt wurden.[52] Die

Abb. 19
Broschüre der Gefelek,
Umspannwerk Recklinghausen – Museum Strom und Leben

Abb. 20
„Gelbes Flugblatt" der Gefelek, 1913
Umspannwerk Recklinghausen – Museum Strom und Leben

Erfolge dieser temporären Präsentationen führten an vielen Orten zur Einrichtung von Dauerausstellungen und ständigen Beratungseinrichtungen, wie sie von der Gefelek ebenfalls angeregt worden waren [Abb. 16 und 17].
Die Gefelek entfaltete auch eine rege Vortragstätigkeit. Weil nicht alle Wünsche nach Referenten erfüllt werden konnten, entwarf sie diverse Standardvorträge mit Themen wie „Die Aufgaben der Elektrizität im Hause", die sie ihren Mitgliedern als Manuskripte zur Verfügung stellte. Um die Vorträge auch illustrieren zu können, produzierte die Gefelek Hunderte von Diapositiven mit Abbildungen elektrischer Geräte.
Ausstellungen und Vorträge waren eher punktuell einzusetzende Kommunikationsinstrumente. „Regelmäßig erscheinende Inserate, Plakate, Flugblätter und ähnliches Propagandamaterial müssen das Interesse (des Publikums am elektrischen Strom) fortwährend wach halten"[53], empfahl die Gefelek ihren Mitgliedern für deren Werbearbeit. Hierfür stellte sie eine Fülle gedruckten Werbematerials zur Verfügung, das in seiner Vielfalt und Qualität zu einem Kennzeichen der Gefelek avancierte.
Monatlich erschienen die so genannten „Gelben Flugblätter" [Abb. 18], die verbrauchernahe Themen der elektrischen Anwendungen aufgriffen. Diese Blätter waren „nicht nur belehrend, sondern auch unterhaltend (…) gestaltet".[54] Sie wurden von den Elektrizitätswerken Rechnungen oder Briefen beigelegt und in großen Stückzahlen an Kunden verteilt. Illustrierte Flugblätter wie „An die Hausfrau" und „An den Landwirt" wurden in Millionen-Auflage gedruckt und richteten sich in erster Linie an potentielle Elektrizitätsnutzer.
Die Gefelek produzierte jährlich etwa ein Dutzend Broschüren, die monothematisch elektrische Anwendungen für eine bestimmte Nutzergruppe vorstellten. Sie waren gezielt auf verschiedene Gewerbe und Berufe zugeschnitten und sprachen fachmännisch deren individuelle Erfordernisse an. Publikationen wie „Die Elektrizität in der Landwirtschaft", „Die Elektrizität im Haushalt", „Die Elektrizität in der Tischlerei" [Abb. 19], „Die Elektrizität im Hotel" oder „Die elektrische Wasch- und Plättanstalt" adressierten die spezifischen Erwartungen der jeweiligen Zielgruppen mit Blick auf die Beleuchtung, den Motorantrieb oder den Kühl- und Wärmebedarf. Die Broschüren erschienen in einer hochwertigen Druck- und Papierqualität und waren von ausgezeichneter Gestaltung, die Modernität und Attraktivität ausstrahlte.
An der Themenwahl der Hefte lassen sich im Zeitverlauf deutliche Akzentverschiebungen bei den von der Gefelek angesprochenen Zielgruppen erkennen. Bei der Werbung für die elektrische Beleuchtung etwa hatten die in den Jahren 1911/1912 erschienenen und an Haushaltskunden gerichteten Publikationen in Abbildungen und Diktion noch den

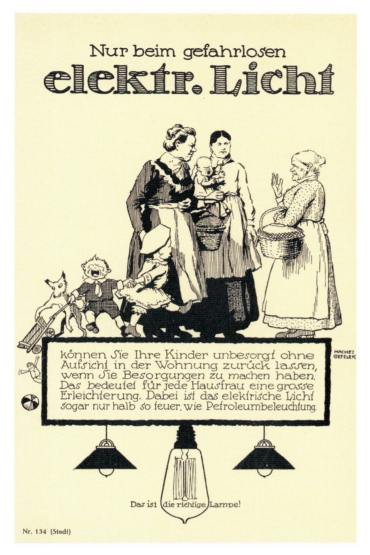

Abb. 21
„Gelbes Flugblatt" der Gefelek, 1913
Umspannwerk Recklinghausen – Museum Strom und Leben

Abb. 22
Druckvorlage der Gefelek für Rechnungen, 1912
Umspannwerk Recklinghausen – Museum Strom und Leben

bürgerlichen Haushalt im Blick. Bald aber erweiterte sich die Zielrichtung auch zu den unterbürgerlichen Schichten. So erschien 1914 etwa die Broschüre „Die Elektrizität im kleinen Haushalt" und die „Gelben Flugblätter" adressierten ihre Botschaften über die Vorteile der elektrischen Beleuchtung eindeutig an Arbeiterfamilien [Abb. 20 und 21].

Viel Beachtung fand die Standardreklame der Gefelek. Grafische Entwürfe wie „Elektrisches Licht – frisst weniger als Petroleum" [Abb. 22] für die Beleuchtungswerbung oder „Das ist mein bester Arbeiter" [Abb. 23] für den Motorantrieb in Handwerksbetrieben wurden als Plakate, Postkarten, Blechschilder und Reklamemarken in großen Stückzahlen vertrieben.[55]

Darüber hinaus entwickelte die Gefelek für ihre Mitglieder in großem Umfang einheitliche Kleinanzeigen für die Elektrizitätspropaganda.[56] Sie konnten als Aufdruck für Rechnungen, Anzeigen oder Briefbögen genutzt werden. Die Gefelek betrieb weiterhin eine systematische Pressearbeit, indem sie alle zwei Wochen Entwürfe für redaktionelle Beiträge in der Tagespresse lieferte, die die Mitglieder bei ihren Lokalblättern platzieren konnten. Für einige Elektrizitätsunternehmen produzierte die Gefelek zudem „Nachrichtenblätter" genannte Kundenzeitschriften, die an die Stromkonsumenten gratis ausgeliefert wurden. Die Nachrichtenblätter erschienen monatlich, hatten einen gemeinsamen Mantelteil und mussten von den Elektrizitätswerken auf dem Titelblatt nur noch mit ihrem Firmeneindruck versehen werden. 1913 ließ die Gefelek sogar einen eigenen Werbefilm produzieren, bei dem es sich um einen der frühesten Industrie- und Werbefilme in Deutschland handeln dürfte.[57] Der Film stand den Elektrizitätswerken leihweise für Vorführungen zur Verfügung.

Das Kommunikationskonzept der Gefelek war in vielfacher Hinsicht ausgesprochen modern. Die zeitgemäße Anmutung der Werbung korrelierte mit dem innovativen Charakter des Produktes. Sie atmete jenen „propagandistischen Geist", den die junge Elektrobranche seit Edisons Zeiten pflegen musste.[58] Die Werbung enthielt nicht die üblichen Appelle oder Anpreisungen, sondern vermittelte definierten Zielgruppen sachliche Botschaften mit einem konkreten Nutzenversprechen für ihre spezifischen Erwartungen. Bei den von der Gefelek eingesetzten Werbemitteln überrascht nicht nur die Vielfalt der Medien und Methoden. Herausragend war auch die ästhetische Gestaltung der Werbemittel, die alle ein ansprechendes, fortschrittliches Grafikdesign aufwiesen. Die Werbemittel waren hochwertig in ihrer Darstellungsform; die Papierqualität, der Farbdruck und die künstlerische Anmutung lockten die Leser. Elektrisches Licht und elektrische Geräte repräsentierten Luxusgüter, bei denen Nutzen und hohes Prestige miteinander verschmolzen. Werbung für Elektrogeräte wies deshalb häufig eine künstlerische

Abb. 23
Postkarte der Gefelek, 1913
Umspannwerk Recklinghausen – Museum Strom und Leben

Qualität auf, die dem Status der neuen Energie in nichts nachstand. Für die meisten gestalterischen Entwürfe der Werbematerialien der Gefelek zeichneten die Berliner Grafiker Hachez und Fritz Julian verantwortlich. Aber auch ein hoch renommierter Künstler wie Heinrich Zille arbeitete für die Gefelek. In seinen Zeichnungen ließ er seine Protagonisten im Arbeiter-Milieu für die Elektrizität werben und nutzte dafür Motive der Gefelek[59] [Abb. 24].

Die Entwicklung der Gefelek bis zum Ersten Weltkrieg war zweifellos eine Erfolgsgeschichte. 1913, dem Jahr mit der größten öffentlichen Präsenz, produzierte die Gefelek 4,1 Millionen Werbemedien unterschiedlichster Art. Die Bandbreite reichte von Broschüren über Postkarten, Plakate, Bierfilze, Reklamemarken, Blechschilder, Flugblätter, Taschenkalender, Stundenpläne für Schulkinder bis zu diversen Streuartikeln. Aus diesen Zahlen ging für die Gefelek „deutlich hervor, wie das Bedürfnis nach allgemein verständlichen Propagandadrucksachen bei den Elektrizitätswerken dauernd im Wachsen begriffen" war.[60]

1914 gehörten der Gefelek 508 in- und ausländische Mitglieder an. Der „die Erwartungen übertreffende Aufschwung" der Gefelek[61] machte nach Einschätzung der Geschäftsstelle „das steigende Interesse der elektrotechnischen Kreise für eine planmäßige Propaganda deutlich". Während vor 1909 so gut wie kein Elektrizitätswerk in Deutschland für sein Produkt warb, hatte sich die Situation wenige Jahre später deutlich verändert. „Es gibt kaum ein Elektrizitätswerk", stellte die Gefelek 1913 fest, „welches nicht in der einen oder anderen Form Propaganda macht; sei es durch Annoncen, Drucksachen, Ausstellungen oder durch andere Mittel. Die Zunahme der Propaganda bei allen Werken beweist, dass die Werke hierbei ihre Rechnung finden."[62]

In ähnlicher Weise, wie die Gefelek als Dachinstitution mit Stromwerbung experimentierte und sie praktizierte, entfalteten manche Elektrizitätswerke ihre Aktivitäten auf lokaler Ebene. Beispielhaft sei das am Elektrizitätswerk Dortmund aufgezeigt, dessen Leiter, Carl Döpke, vor dem Ersten Weltkrieg in der deutschen Elektrizitätswirtschaft zu den profiliertesten Pionieren und Verfechtern moderner Werbe- und Absatzmethoden zählte. Er ging vielfältige Wege der Reklame und der Akquisition, um die neue Energie zu popularisieren. Die Presse attestierte ihm, dass er durch eine „ausgezeichnet organisierte Propaganda die geschäftlichen Konjunkturen restlos auszunutzen verstehe. Unter diesem Gesichtswinkel dürfen wir in Direktor Döpke das sehen, was die amerikanischen Geschäftsleute einen ‚smarten Jungen' nennen."[63]

So führte das Städtische Elektrizitätswerk bereits 1907 für Haushalte mit geringem Verbrauch sogenannte Pauschaltarife ein. Die Kunden bekamen keinen Stromzähler, sondern zahlten einen festen monatlichen Betrag an das Elektrizitätswerk. Ebenfalls für Haushalte mit kleinen Budgets waren die 1913 eingeführten Münzzähler gedacht, von denen ein Jahr später bereits 4550 Stück installiert waren. Durch

Abb. 24
Grafik aus: Erholungsstunden: Berliner Bilder von Heinrich Zille, um 1912
(B.Z.V.-1968.495)
Sammlung Buchkunst, Museum für Kunst und Gewerbe, Hamburg

wirtschaftliche Anreize wurde Interessenten die Anschaffung elektrischer Geräte erleichtert. Dazu gehörte etwa das Angebot von Ratenzahlungen für elektrische Hausinstallationen, die mietweise Überlassung von Beleuchtungskörpern, der Verleih von Bügeleisen oder Mietkaufsysteme für elektrische Nähmaschinenmotoren.

1909 richtete Döpke beim Städtischen Elektrizitätswerk eine Stromverkaufsabteilung ein, die eine rege Akquisitionstätigkeit entfaltete. Nicht nur die deutlich steigende Zahl neuer Stromkunden ließ erkennen, dass die „Einrichtung der Stromverkaufsabteilung sich bewährt hat". Durch deren Aktivität wurde auch sichergestellt, „dass jetzt jeder Neubau, gleichviel ob für große oder kleine Wohnungen, mit einer elektrischen Lichtanlage versehen" wurde.[64]

Diese Erfolge wären, so Döpke, „nicht erreicht worden, wenn nicht noch ein anderes Mittel mit vorgespannt gewesen wäre, nämlich die Propaganda". Denn das Elektrizitätswerk habe sich „seit einigen Jahren in Wort und Schrift (...) eine zielbewusste Propaganda angedeihen lassen".[65] Es inserierte systematisch in Zeitungen [Abb. 25], Veranstaltungs- oder Theaterprogrammen und warb durch Plakate und Reklamebeleuchtungen für sein Produkt. Bereits 1910 gab Döpke eine

monatlich erscheinende Kundenzeitschrift, die „Mitteilungen des Städtischen Elektrizitätswerks Dortmund", heraus, die die Nutzung der Elektrizität „zu den verschiedensten Zwecken in Wort und Bild" vorführte.

Zu den spektakulärsten Aktionen Döpkes zählte eine große Ausstellung des Städtischen Elektrizitätswerks, die im Herbst 1911 unter dem Titel „Die Elektrizität im Hause" stattfand. Die Ausstellung lockte in 10 Tagen mehr als 70.000 Interessenten, die sich über die ausgestellten „Wunder der Elektrotechnik" informieren konnten.[66] Den Besuchern wurden nicht „wie bisher üblich, die verschiedenen Fabrikate der ausstellenden Firmen vor Augen geführt. (...) Es wird vielmehr gezeigt, auf welch vielseitige Weise die Elektrizität im Hause zu praktischen Dienstleistungen herangezogen werden kann. Dabei werden die einzelnen Gegenstände unter gleichzeitiger Bekanntgabe der Stromkosten im Gebrauche vorgeführt."[67]

Der überwältigende Erfolg der Ausstellung führte 1913 zur Einrichtung einer ständigen „Auskunftsstelle für alle in das Fach schlagende Fragen" [Abb. 26]. Die Dauerausstellung in einem repräsentativen Geschäftshaus sollte dem gestiegenen Informationsbedürfnis der potentiellen Elektrizitätsanwender „in moderner Weise entgegenkommen und (...) jedem Interessenten über alles, was auf die Verwertung und Abnahme von elektrischer Energie vornehmlich in Wohnungen Bezug hat, in Wort und praktischer Vorführung Auskunft erteilen können".[68] Die Resonanz auf die Auskunftsstelle war zeitgenössischen Berichten zufolge „überwältigend. So hat der von Tag zu Tag zunehmende Besuch von Interessenten die kühnsten Erwartungen weit hinter sich gelassen; ein Beweis dafür, wie sehr in weitesten Kreisen das Bestreben vorhanden ist, die neuesten Errungenschaften der Elektrotechnik kennenzulernen", zog der Geschäftsbericht für 1914 eine erste Bilanz. Die Beratungstätigkeit wurde allerdings bald durch den Ersten Weltkrieg abrupt unterbrochen und die Auskunftsstelle noch während des Krieges aufgelöst.

Zäsur und Ende: Elektrizitätswerbung im Ersten Weltkrieg

Der Beginn des Ersten Weltkrieges markierte für die Elektrizitätsindustrie eine Zäsur, die auch das weitgehende Ende für ihre bis dahin erfolgreichen Werbeanstrengungen

Abb. 25
Anzeige des Städtischen Elektrizitätswerks Dortmund,
in: „Tremonia" vom 20.4.1913
Institut für Zeitungsforschung, Dortmund

Abb. 26
Foto, Beratungsstelle des Städtischen Elektrizitätswerkes Dortmund, 1910
Historisches Konzernarchiv RWE

bedeutete. In den ersten Kriegsmonaten hatten weder die Elektrizitätswerke noch die Gefelek gravierende Einschränkungen ihrer Tätigkeiten hinzunehmen.[69] Im Gegenteil: Durch die von den Ententemächten sofort verhängte Kontinentalsperre wurde in Deutschland das importierte Petroleum knapp. Die Elektrizität hingegen – erzeugt aus heimischer Kohle – blieb weiterhin nahezu unbegrenzt lieferbar. Damit wurde die Elektrizität zu einer wichtigen Energie auch für Haushalte und Kleingewerbe, die bis dahin noch keinen Strom genutzt hatten. Die Zwangslage des Krieges brachte für die wirtschaftlich schwächeren Bevölkerungsgruppen, die bis dahin Petroleum genutzt hatten, den Durchbruch für die Anwendung der neuen Energie. Das „Schreckgespenst der sich überall bemerkbar machenden Petroleumknappheit" führte zu einer „mit großer Heftigkeit einsetzenden Nachfrage nach elektrischer Beleuchtung" bei denen, die bislang am wenigsten dazu in der Lage waren, sich dieses Licht zu leisten. Die „zahlreichen durch den Krieg noch bedeutend vermehrten Anschlüsse von Kleinabnehmern, besonders von Arbeitern und kleinen Landwirten"[70] machte diese in großen Scharen zu Nutzern des elektrischen Lichts. „Der gegenwärtige Krieg hat die Stromversorgung von Kleinwohnungen mit einem Schlage erledigt. Zur Zeit sind die Anmeldungen so groß, daß wir dieselben kaum noch bewältigen können."[71] Nach Beendigung des Krieges – so die Einschätzung des Elektrizitätswerkes – werde voraussichtlich kaum noch Petroleum für Lichtzwecke nötig sein und „diejenigen großen Summen, welche bislang für die Petroleumeinfuhr in das feindliche Ausland wanderten, in Zukunft dem Vaterlande zu Gute kommen".[72] Die starke Nachfrage nach Lichtstrom schlug sich auch in den Kundenzahlen der Werke nieder. Beim Städtischen Elektrizitätswerk Dortmund etwa verdoppelte sich zwischen 1914 und 1919 die Zahl der Stromabnehmer von 24.000 auf knapp 50.000.[73]

Knappheit und Teuerung des Petroleums schufen eine Versorgungslücke, die die Gefelek bei ihren Werbeanstrengungen nutzte. Bereits vor dem Ersten Weltkrieg hatte die Gefelek in ihrer Kampagne gegen das Petroleum patriotische Töne angeschlagen [Abb. 27]. Sie warb dafür, deutschen Strom anstelle amerikanischen Petroleums zu verwenden, um die Abhängigkeit von Importen zu mindern und volkswirtschaftliches Vermögen zu sichern. Nach Kriegsbeginn verkündete eines ihrer Flugblätter: „Deutsches elektrisches Licht kann uns von keinem Feinde verteuert oder gar entzogen werden; es ist nach jeder Richtung hin der beste und billigste Ersatz für Petroleumlicht." [Abb. 28] Die Gefelek stilisierte die Elektrizität zu einem vaterländischen Gut, das der Heimat half, den Kampf gegen die äußeren Feinde zu bestehen. So ruft in einem weiteren Flugblatt ein Soldat dem Leser zu: „Auf! Ihr Daheimgebliebenen. Es richtet sich gegen England! Bekämpft die Petroleumnot dadurch, dass Ihr deutsches elektr. Licht verwendet." [Abb. 29] In der Landwirtschaft und im Kleingewerbe

Abb. 27
Postkarte der Gefelek, 1914
Umspannwerk Recklinghausen – Museum Strom und Leben

Abb. 28
Flugblatt der Gefelek, 1916
Umspannwerk Recklinghausen – Museum Strom und Leben

bewirkte der Krieg die „Vermehrung der Anschlüsse infolge des Petroleummangels und als Ersatz menschlicher Arbeitskraft durch Elektromotoren".[74] Auch diesen potentiellen Nutzerkreis sprach die Gefelek gezielt an und warb: „40 Millionen Mark jährlich gehen ins Ausland durch die fremden Wanderarbeiter. Der Elektromotor ist das beste Mittel gegen die Leutenot auf dem Lande."

Während der ersten Kriegsjahre pflegte die Gefelek weiterhin einen recht offensiven Werbeauftritt, allerdings reduzierte sich der Umfang der Aktivitäten unter dem Einfluss des Krieges deutlich. Viele Werke machten keine Propaganda mehr, weil „der Mangel an Arbeitskräften es verbot, die Anschlussbewegung oder den Vertrieb von Apparaten durch besondere Agitation zu fördern".[75]

Die für die Elektrizitätswirtschaft vergleichsweise unkritische Situation änderte sich spätestens 1917, als Steinkohlen knapp und teuer wurden. Der Engpass bei der dominanten Primärenergie für die Elektrizitätserzeugung hatte gravierende Stromkürzungen für die privaten Haushalte zur Folge. Um den während des Krieges gestiegenen Verbrauch an Gas und Elektrizität einzuschränken, wurde 1916 eine Elektrizitätswirtschaftsstelle gebildet, die sich zunehmend verschärfende Maßnahmen zur Reduktion des Verbrauchs elektrischer Energie erließ.[76]

Deshalb ruhte angesichts der Spar-Bestimmungen bei den Elektrizitätswerken „die Propaganda infolge des Brennstoffmangels" vollständig.[77] Stattdessen rückte die Vermittlung von Methoden und Instrumenten für das Stromsparen in das Zentrum der Gefelek-Aktivitäten. Sie zeigte etwa „Mittel und Wege, wie die Ersparnis an Kohlen und Menschenkraft zugunsten unserer Rüstungsindustrie und aller zur Erhaltung unserer Volkskraft dienenden Zwecke möglich ist".[78]

Abb. 29
Flugblatt der Gefelek, 1916
Umspannwerk Recklinghausen – Museum Strom und Leben

Im September 1917 beteiligte sich die Gefelek in Berlin an einer „Sparausstellung für Kohlen, Gas und Elektrizität", bei der „lediglich solche Gegenstände und Einrichtungen vorgezeigt (...) wurden, durch deren Anwendung eine Ersparnis" an Energie erzielt wurde.[79] Auch die wenigen noch erschienenen Publikationen propagierten das Stromsparen. Gegen Ende des Krieges schliefen auch die reduzierten Aktivitäten der Gefelek vollständig ein.
Nach dem Friedensschluss unternahm die Gefelek zwar verschiedene Anläufe, um ihre Tätigkeit wieder zu aktivieren. Die ungünstigen Rahmenbedingungen beförderten aber das Ende der Gefelek ebenso wie Konflikte zwischen den Trägerverbänden und Dissonanzen unter den Elektrizitätswerken. Ende 1919 gab die Gefelek „ihren Mitgliedern bekannt, dass in der am 1.12.1919 abgehaltenen Mitgliederversammlung die Auflösung des Vereins einstimmig beschlossen" worden war.[80] Und die Elektrizitätsbranche als wichtigster Träger der Gefelek verkündete lakonisch: „Die Geschäftsstelle für Elektrizitätsverwertung wurde aufgelöst, (...) weil sie ihren Zwecken nicht mehr entsprach."[81]

Resümee

Zu Beginn der Elektrifizierung hatten die Kommunikationsaktivitäten primär das Ziel, die sphärische, unsichtbare und körperlose Energie Elektrizität durch Metaphern und Symbole für ein breites Publikum wahrnehmbar zu machen. Hierzu dienten vor allem Groß-Ausstellungen, in denen die neue Energie gefeiert und Investoren vorgestellt wurde.
Gegen diese frühe Phase der Elektrizitätswerbung heben sich die Kommunikationsaktivitäten in den prosperierenden Jahren kurz vor dem Ersten Weltkrieg deutlich ab. Vor dem Hintergrund einer wachsenden Konkurrenz zu den Energieträgern Gas und Petroleum und der wirtschaftlichen Notwendigkeit der Elektrizitätswerke, ihren Stromabsatz zu sichern, entfaltete die Elektrizitätsindustrie starke Werbeaktivitäten. In dieser Phase entstand im Jahre 1911 mit der „Geschäftsstelle für Elektrizitätsverwertung" (Gefelek) eine erste gemeinsame Werbeeinrichtung, die von allen an der Popularisierung der Elektrizität interessierten Akteuren getragen wurde. Die Gefelek startete die erste systematische, breit angelegte Werbekampagne für die Nutzung der elektrischen Energie bei den privaten Konsumenten. Sie konzentrierte, professionalisierte und intensivierte die Werbeanstrengungen für die Elektrizität auf ein bis dahin unbekanntes Niveau, indem sie reichsweit eine systematische Gemeinschaftswerbung für die neue Energie organisierte. Ihre Werbung und die der Elektrizitätswerke adressierte potenzielle Interessenten mit konkreten Leistungsversprechen.

Elektrizitätswerbung hatte zum Ziel, den Verbraucher von einer zwar interessanten und weithin begehrten, aber kostspieligen technischen Neuerung wie der Elektrizität zu überzeugen. Deshalb war die Gefelek vor dem Ersten Weltkrieg eine hochinnovative Lösung für ein gemeinsames Ziel: die breite Markterschließung bzw. Marktdurchdringung eines modernen, aber teuren Produktes kommunikativ zu flankieren. Die Aktivitäten der Gefelek zeigen exemplarisch die kommunikativen Methoden und Instrumente bei der Popularisierung einer technischen Innovation im Gemenge von technischem Fortschritt, Produzenteninteressen und Konsumentenbedürfnissen.

Die kritische Zeit des Ersten Weltkrieges und die von extremer Energieknappheit geprägte Nachkriegszeit bildeten kein opportunes Umfeld für eine aktive Stromreklame. Erst nach Überwindung der Inflation nimmt die Elektrizitätswirtschaft Mitte der 1920er wieder systematische Werbeaktivitäten auf.

1. Kloss, Max: Elektrotechnik, in: Sarason, D. (Hg.): Das Jahr 1913. Ein Gesamtbild der Kulturentwicklung, Leipzig Berlin 1913, S. 237.
2. Dettmar, Georg: Die Elektrizitäts-Industrie, in: Körte, Siegfried u.a. (Hg.): Deutschland unter Kaiser Wilhelm II., Zweiter Band, Das Wirtschaftsleben, Berlin 1914, S. 559.
3. Ebda.
4. Vgl. Kocka, Jürgen: Neue Energien im 19. Jahrhundert. Zur Sozialgeschichte der Elektrizitätswirtschaft; in: Gröbl-Steinbach, Evelyn (Hg.): Licht und Schatten. Dimensionen von Technik, Energie und Politik, Wien Köln 1990, S. 19.
5. Wolfgang Schivelbusch, Energie der Moderne, Der Spiegel, 17/1999, S. 116.
6. Vgl. Reinhardt, Dirk: Von der Reklame zum Marketing. Geschichte der Wirtschaftswerbung in Deutschland, Berlin 1993, S. 435ff., sowie Lamberty, Chistiane: Reklame in Deutschland 1890–1914. Wahrnehmung, Professionalisierung und Kritik der Wirtschaftswerbung, Berlin 2000, S. 19ff.
7. Bei der Popularisierung der Elektrizität spielte zeitgenössisch neben der Kommunikationspolitik die Preispolitik als weiteres absatzpolitisches Instrument eine wichtige Rolle Distributionspolitik und Produktpolitik blieben systembedingt – zumindest für den hier betrachteten Zeitraum – im Hintergrund.
8. Vgl. Horstmann, Theo: Eine unsichtbare Energie erobert die Welt. Zur Entdeckungsgeschichte und frühen Nutzung der Elektrizität; in: Döring, Peter (Hg): 100 Jahre Strom für Recklinghausen, Essen 2005, S. 9ff.
9. Lindner, Helmut: Strom. Erzeugung, Verteilung Anwendung der Elektrizität, Reinbek 1985, S. 142ff.
10. Vgl. König, Wolfgang/Weber, Wolfhard: Netzwerke Stahl und Strom 1840–1914; Propyläen Technikgeschichte, hg. v. Wolfgang König, Berlin 1990, S. 229ff. Götz, Norbert: Ausgezeichnet! Das System der Industrieausstellungen, in: Bäumler, Susanne (Hg.): Die Kunst zu werben. Das Jahrhundert der Reklame, München (Stadtmuseum) 1996, S. 29ff. Weltausstellungen im 19. Jahrhundert. Die Neue Sammlung, Staatliches Museum für angewandte Kunst München, München 1973.
11. Zitiert nach Lindner, Strom, S. 145.
12. Besondere Bedeutung hatte in diesem Zusammenhang die Ausstellung in Frankfurt im Jahre 1891. Vgl. „Eine neue Zeit ...!" Die Internationale Elektrotechnische Ausstellung 1891. Ausstellungskatalog Historisches Museum Frankfurt 1991, S. 44 ff.
13. Vgl. hierzu auch Kocka, Jürgen: Siemens und der aufhaltsame Aufstieg der AEG, in: Tradition (17) 1972, S. 130ff.
14. Schivelbusch, Wolfgang: Lichtblicke. Zur Geschichte der künstlichen Helligkeit im 19. Jahrhundert, Frankfurt 1986, S. 171.
15. Vgl. Binder, Beate: Elektrifizierung als Vision. Zur Symbolgeschichte einer Technik im Alltag, Tübingen 1999, sowie Osietzki, Maria: Die allegorischen Geschlechter der Energie, in: Spilker, Rolf (Hg.): Unbedingt modern sein. Elektrizität und Zeitgeist um 1900, Osnabrück 2001, S. 12ff.
16. Vgl. Horstmann, Theo: Die Vorläufergesellschaften der VEW, in: VEW AG (Hg.): Mehr als Energie. Die Unternehmensgeschichte der VEW 1925-2000, Essen 2000, S. 18f.
17. Zahlen nach Dettmar, Georg: Die Statistik der Elektrizitätswerke in Deutschland nach dem Stande vom 1. April 1913; in: Elektrotechnische Zeitschrift (ETZ) 1913, S. 1447ff. Vgl. auch Lindner, Strom, S. 216ff.
18. Hauptversammlung der Vereinigung der Elektrizitätswerke in Kiel am 12., 13. und 14. Juni 1912, Rechenschaftsbericht des Vorsitzenden Direktor Meng, in: Mitteilungen der Vereinigung der Elektrizitätswerke (Mitteilungen), Nr. 131, August 1912, S. 241f.
19. Wikander, Einar: Die Popularisierung der elektrischen Beleuchtung, in: ETZ 1909, S. 462.
20. Vgl. o. V.: Die Osram-Lampe, in ETZ, 1906, S. 749ff. Klingenberg, Georg: Die Zukunft der elektrischen Beleuchtung, in: ETZ, 1907, S. 805ff. Wedding, W.: Neuere Errungenschaften in der elektrischen Beleuchtung, in: ETZ, 1908, S. 729ff.
21. Lindner, 211f.
22. Vgl. Vent, Otto: Die Metalldrahtlampe. Eine technisch-wirtschaftliche Studie, Berlin 1913, S. 25ff. sowie Meyen, Fritz A.: Elektrizitäts-Propaganda; in: Mitteilungen des Vereins deutscher Reklamefachleute, Heft 1/1916, S. 4.
23. Meyen, Elektrizitäts-Propaganda, S. 4.
24. Die Größe bezieht sich auf die elektrische Leistungsaufnahme einer Lampe pro HK (= Hefner-Kerze), die damals normierte Lichtstärkeeinheit.
25. Meyen, Elektrizitäts-Propaganda, S. 4.
26. Vgl. Kocka, Siemens AEG, S. 133ff.
27. Vgl. Heidecker, Gabriele: Das Werbe-Kunst-Stück, Ausstellungen und Läden, Schriften und Werbegrafik für die AEG; in: Buddensieg, Tilmann (Hg.): Industriekultur. Peter Behrens und die AEG 1907–1914, Bonn 1979, S. 167ff. Buddensieg, Tilmann: Werbekunst und Warenästhetik; in: Bäumler, Kunst, S. 222ff.
28. Bericht über den Betrieb des Elektrizitätswerkes der Stadt Dortmund im 11. Betriebsjahre vom 1. April 1908 bis zum 31. März 1909, Dortmund 1909, S. 3.
29. Vgl. Lindner, Strom, S. 219ff., sowie König, Wolfgang: Geschichte der Konsumgesellschaft, Stuttgart 2000, S. 84f.
30. Vgl. Meyer-Coschütz: Das Vordringen der Elektrizitätsversorgung, in ETZ 1911, S. 257. Vgl. zur technischen Konkurrenz zwischen Gas und Elektrizität auch Lindner, Strom, S. 211ff.
31. Ross, F.: Gasanstalten und Elektrizitätswerke, in: ETZ 1911, S. 407f. und König, Konsumgesellschaft, S. 222f.
32. Franke, W. A.: Die Zentrale für Gasverwertung e. V. Der Gasverbrauch G.m.b.H. Ein Beitrag zur Geschichte der Gemeinschaftsarbeit im deutschen Gasfach, Berlin (1930), S. 5ff.
33. Die Begriffe Werbung, Reklame oder Propaganda werden in diesem Aufsatz – wie zeitgenössisch auch geschehen – weitgehend synonym verwendet. Die politische Konnotation des Begriffs Propaganda war vor dem Ersten Weltkrieg unbekannt. Vgl. zur Begriffsgeschichte Christiane Lamberty: Reklame in Deutschland 1890–1914. Wahrnehmung, Professio-

33. nalisierung und Kritik der Wirtschaftswerbung, Berlin 2000, 19f.
34. Franke, S. 6. Alle weiteren Zitate ebda.
35. Vgl. Wikander, Popularisierung sowie die nachfolgenden Diskussionsbeiträge ETZ 1909, S. 580, 612, 613, 626, 627, 653, 678, 706, 726, 733, 753, 754, 755, 839. Resümierende Zusammenfassung: Wikander, Einar: Ergebnisse der Umfrage über die Popularisierung der elektrischen Beleuchtung, ETZ 1909, S. 935.
36. Kinzbrunner, Carl: Die wirtschaftliche Organisation der Elektrizitätswerke und die Popularisierung der Elektrizität, in: ETZ 1910, S. 986.
37. Ebda.
38. Wikander, Einar: Über Maßnahmen zur Hebung des Stromabsatzes von Elektrizitätswerken, in: ETZ 1912, S. 327ff. sowie ein Diskussionsbeitrag zu diesem Vortrag von Siegel, Gustav: ETZ 1912, S. 356f.
39. Loewe, Alfred: Popularisierung der Elektrizität, in: ETZ 1911, Heft 40, S. 997.
40. Vgl. etwa: o. V.:Amerikanische Propaganda für Kraftstrom und elektrische Verbrauchsapparate; in: ETZ 1909, S. 839. Gensch, Max: Was man in den Vereinigten Staaten an elektrischen Hauseinrichtungen verwendet, in: ETZ 1910, S. 456f. Ders.: Wie man in den Vereinigten Staaten elektrische Hauseinrichtungen vertreibt, in: ETZ 1910, S. 541. Kinzbrunner, Carl: Elektrizität oder Gas in England und die Propagandafrage, in: ETZ 1910, S. 613.
41. Vgl. etwa o.V.: Amerikanische Propaganda für Kraftstrom und elektrische Verbrauchsapparate, in: ETZ 1909, Heft 35, S. 839, sowie H. Weber: Aus der Geschichte der Stromverbrauchswerbung, in: Der Werbeleiter, 1930/5-6, S.105ff.
42. Vgl. Bericht der Kommission für Erhöhung der Stromabsatzmöglichkeiten, in: Mitteilungen, Nr. 114, März 1911, 35ff.
43. Hauptversammlung der Vereinigung der Elektrizitätswerke in Kiel am 12., 13. und 14. Juni 1912, Rechenschaftsbericht des Vorsitzenden, in: Mitteilungen, Nr. 131, August 1912, 241f.
44. Kinzbrunner, Elektrizitätswerke und Popularisierung, S. 987.

45. Zu den Einzelheiten der Gründung der Gefelek und deren Aktivitäten vgl. Horstmann, Theo: „Es wird sofort eine großzügige Propaganda in Angriff genommen" – Frühe Gemeinschaftswerbung für Elektrizität in Deutschland am Beispiel der Geschäftsstelle für Elektrizitätsverwertung, in: Feldenkirchen, Wifried/Hilger, Susanne/Rennert, Kornelia (Hg.): Geschichte – Unternehmen – Archive. Festschrift für Horst A. Wessel zum 65. Geburtstag. Essen 2008, S. 341ff.
46. Carl Döpke: Erinnerungen aus der Entwicklung der Vereinigung, in: Vereinigung der Elektrizitätswerke 1892–1917; Hauptversammlung Berlin 1917, o.O.u.J., S. XII.
47. Gustav Siegel: Der Verkauf elektrischer Arbeit, Berlin, 1917, S. 51.
48. Die Geschäftsstelle für Elektrizitätsverwertung, in: ETZ 1911, Heft 9, S. 203.
49. Die Geschäftsstelle für Elektrizitätsverwertung, in: ETZ 1911, Heft 9, S. 205.
50. Ebda.
51. Elektrische Ausstellungen, in: Mitteilungen, Nr. 115, 1911, S. 63f.
52. Vgl. Geschäftsstelle für Elektrizitätsverwertung, Geschäftsberichte für die Geschäftsjahre 1911, April 1912, 1913 und 1914, Berlin 1912, 1913, 1914, 1915.
53. Geschäftsstelle für Elektrizitätsverwertung, Propaganda, 1.
54. Von der Geschäftsstelle für Elektrizitätsverwertung, in: ETZ 1912, Heft 6, S. 142.
55. Wikander, Elektrizitätspropaganda, S. 91.
56. Ebda., S. 91f.
57. Vgl. Reinhardt, S. 333ff. und Lamberty, S. 215.
58. Joachim Radkau, „Die Nervosität des Zeitalters". Die Erfindung von Technikbedürfnissen um die Jahrhundertwende, in: Kultur und Technik, 3/1994, S. 52.
59. Vgl. Heinrich Zille. Vom Milljöh ins Milieu. Heinrich Zilles Aufstieg in der Berliner Gesellschaft, Hannover 1979, S. 233ff.
60. Von der Geschäftsstelle für Elektrizitätsverwertung, in: ETZ 1914, Heft 13, S. 366.
61. Geschäftsstelle für Elektrizitätsverwertung, in: ETZ 1913, Heft 10, S. 288.

62. Erfahrungen der Geschäftsstelle für Elektrizitätsverwertung über Propaganda, Mitteilungen, Nr. 142, Juli 1913, S. 291.
63. General-Anzeiger für Dortmund, 1. März 1913, Kommunale Wochenschau.
64. Bericht über den Betrieb des Elektrizitätswerks der Stadt Dortmund, 15. Betriebsjahr vom 1. April 1912 bis zum 31. März 1912, S. 3.
65. Döpke, Carl: Das Städtische Elektrizitätswerk Dortmund und das Westfälische Verbands-Elektrizitätswerk AG Kruckel, in: Festschrift, XII. Jahresversammlung des V.E.I. zu Dortmund 1914, o.O. (Berlin) 1914, S. 14.
66. Werbetätigkeit und Ausstellungswesen; in: Mitteilungen der Vereinigung der Elektrizitätswerke Nr. XI, 1912, S. 41-44.
67. Mitteilungen des Städtischen Elektrizitätswerkes Dortmund, Heft 8/1911.
68. Bericht über den Betrieb des Elektrizitätswerks der Stadt Dortmund, 15. Betriebsjahr vom 1. April 1912 bis zum 31. März 1912, S. 3.
69. Vgl. etwa: Bericht über die 31. ordentliche Versammlung des Verbandes der Elektrizitätswerke Rheinlands und Westfalens am 30. September 1914 in Düsseldorf, Besprechung der aus der Kriegslage hervorgegangenen Fragen, in: Mitteilungen, Nr. 158, November 1914, 543.
70. Karl Strecker (Hg.): Jahrbuch der Elektrotechnik, Vierter Jahrgang, Das Jahr 1915, München 1916, S. 75.
71. Bericht über den Betrieb des Elektrizitätswerkes der Stadt Dortmund, 17. Betriebsjahr vom 1. April 1914 bis zum 31. März 1915, S. 5.
72. Mitteilungen des Städtischen Elektrizitätswerks Dortmund, Weihnachts-Nummer 1915, S. 3.
73. Vgl. Bericht über den Betrieb des Elektrizitätswerkes der Stadt Dortmund, 21. Betriebsjahr vom 1. April 1918 bis zum 31. März 1919, S. 6.
74. Strecker, Jahrbuch Elektrotechnik, 1916, München 1917, S. 74.
75. Geschäftsstelle für Elektrizitätsverwertung., Geschäftsbericht über das fünfte Geschäftsjahr 1915, S. 1.
76. Strecker, Jahrbuch Elektrotechnik, 1918, München 1919, S. 69.

77. Strecker, Jahrbuch Elektrotechnik, 1919, München 1920, S. 71.
78. Strecker, Jahrbuch Elektrotechnik, 1917, München 1918, S. 61.
79. Mitteilungen, Nr. 203, Oktober 1917, S. 355.
80. o. V.: Geschäftsstelle für Elektrizitätsverwertung, in: ETZ 1920, Heft 3, S. 61.
81. Tagung der Vereinigung der Elektrizitätswerke vom 20. – 22. September (1920) in Goslar, in: Mitteilungen, Nr. 274, Oktober 1920, S. 243.

Plakat, Elektrizität im Wärmgerät, Grafik: Fritz Julian, um 1927
Umspannwerk Recklinghausen – Museum Strom und Leben (Abb. 12)

Elektrizitätswerbung in den Zwanziger Jahren: Landwirte im Fokus und „Elektrizität in jedem Gerät" – eine Werbemarke für Strom

Christoph Weltmann

Abb. 1
Foto, Der Elektrohof der VEW GmbH, 1927
Historisches Konzernarchiv RWE

In den Zwanziger Jahren zeichnet sich eine systematische Professionalisierung der Werbeaktivitäten der deutschen Elektrizitätswerke ab. Besonders deutlich wird dies an zwei wesentlichen Strömungen: der zunehmenden Zielgruppenorientierung und der über den Dachverband Vereinigung der Elektrizitätswerke (VdEW) koordinierten Gemeinschaftswerbung sowie der damit verbundenen Entwicklung der eigenständigen Werbemarke „Elektrizität in jedem Gerät". Diese neue Qualität der Werbestrategie der Energieversorgungsunternehmen in der Zeit zwischen 1920 und 1930 soll im Folgenden am Beispiel der Vereinigten Elektrizitätswerke Westfalen GmbH (VEW GmbH) beleuchtet werden.
Die VEW GmbH ging 1925 aus dem Zusammenschluss der drei damals größten Energieversorger Westfalens, des Städtischen Elektrizitätswerks Dortmund, des Westfälischen Verbands Elektrizitätswerk und des Elektricitätswerks Westfalen hervor. Der neue rein kommunal verwurzelte Verbund kann durchaus als eine Art „Verteidigungsbündnis" gegen das stark auf Expansion ausgerichtete Essener Privatunternehmen Rheinisch-Westfälisches Elektrizitätswerk (RWE) verstanden werden. Der Recklinghäuser Landrat Klausener, Mitglied des Aufsichtsrates des Elektricitätswerks Westfalen, begründet seine Zustimmung zu dem Vorhaben gerade unter diesem Aspekt: „Man muß sich die Sache daraufhin ansehen, ob Westfalen in seiner Isolierung auf Dauer selbständig bleiben kann. Das RWE tut alles, was in seinen Kräften steht, um sein Versorgungsgebiet zu erweitern. (...) Es hat sich Stützpunkte in Letmathe geschaffen, sympathisiert mit dem Kreis Iserlohn und hat uns seinerzeit die Nike vor der Nase weggeschnappt. Daß das RWE alles daran setzen wird, Westfalen einzukesseln, ist ganz selbstverständlich."[1]
Die Entwicklung und das Erscheinungsbild der Elektrizitätswerbung der VEW GmbH basieren stark auf der durchdringenden kommunalen Verwurzelung des Unternehmens. Um zu verstehen, welch zentrale Rolle die Zielgruppe der Landbevölkerung in der Werbestrategie des westfälischen Energieversorgers spielt, ist ein kurzer Überblick über die Elektrifizierung Westfalens unabdingbar.[2] Im Versorgungsgebiet der VEW GmbH ging die Elektrifizierung vom östlichen Ruhrgebiet mit den Städten Dortmund und Bochum aus. Begünstigt durch die dortigen Steinkohlevorkommen und die vorhandene Montanindustrie entwickelten sich rasch Elektrizitätswerke, die in kurzer Zeit durch die zeitgemäß sehr fortschrittliche Drehstromtechnik die Versorgung angrenzender Gebiete mit elektrischer Energie übernahmen. Mit dem Münster- und dem Sauerland sowie Ostwestfalen waren beinahe zwei Drittel des VEW-Versorgungsgebietes überwiegend agrarisch geprägt. In den ländlichen Gebieten setzte die Elektrifizierung mit Verzögerung ein: Erst Mitte der Zwanziger Jahre war die infrastrukturelle Basis so weit ausgebaut, dass die Gewinnung neuer Abnehmer in der Landwirtschaft forciert werden konnte.
Die plakative Darstellung der heimatlichen Verwurzelung war zur Gewinnung der Landbevölkerung ein wichtiger Teil der Absatzstrategie der VEW GmbH – man wollte eben den „Nerv" seiner heimatverbundenen Zielgruppe treffen. Im öffentlich dargestellten Selbstverständnis der VEW GmbH war es nahezu eine „patriotische" Pflicht, die gesamte westfälische Region zu elektrifizieren. Für die VEW GmbH war die Elektrifizierung der Region – im Gegensatz zur privatwirtschaftlich geführten RWE – quasi ein „kommunaler Auftrag". Die definitiv vorhandenen ökonomischen Aspekte wie eine gesteigerte Wirtschaftlichkeit bei größerer Auslastung der Kraftwerke wurden in der Außendarstellung verschwiegen. Zweifel am ökonomischen Interesse der Unternehmen dürfen jedoch nicht aufkommen: Ziel der Werbeabteilungen

Abb. 2
Foto, Speisezimmer im Elektrohof,
1927
Historisches Konzernarchiv RWE
Zielgruppengerechte Inszenierung:
Im rustikal eingerichteten Speisezimmer des VEW-Elektrohofes stellte das Unternehmen elektrische Haushaltsgeräte aus.

der Elektrizitätswerke war es schließlich, eine „möglichst ausgiebige Durchdringung des ganzen Daseins mit elektrischem Strom" zu forcieren.[3] Wie plakativ die heimatliche Verbundenheit in der Elektrizitätswerbung in jener Zeit kommuniziert wurde, zeigt ein in der „Landwirtschaftlichen Zeitung für Westfalen und Lippe" erschienenes Unternehmensporträt. Dort stellt sich die VEW GmbH als verantwortungsbewusstes Unternehmen dar, das zum Nutzen der ansässigen Kommunen trotz angeblicher wirtschaftlicher Ineffizienz am Einsatz heimischer Energieressourcen festhält: „Ein großer Teil der Energieerzeugung ist auf die schwer verwertbare minderwertige Magersteinkohle abgestellt, deren Förderung mit der Gewinnung der hochwertigen Sorten untrennbar verbunden ist. Zu diesem Zwecke haben die VEW die bereits dem Untergang geweihten südlichen Randzechen Alte Haase, Gottessegen, Caroline und kleine Windmühle erworben, was für die mit diesen Zechen auf Gedeih und Verderb verbundenen Gemeinden von größter wirtschaftlicher Bedeutung gewesen ist."[4] Aber mit welchen Mitteln sollte diese Zielgruppe erreicht und vor allen Dingen vom großen Nutzen elektrifizierter Anwendungen überzeugt werden? Die VEW GmbH setzte auf zwei probate Mittel: die praktische Vorführung elektrischer Geräte und die technische Aufklärung.

Eine Stein gewordene elektrische Zukunftsvision: der VEW-Elektrohof

Um die Landbevölkerung über die Einsatzmöglichkeiten der Elektrizität in Haushalt und den ländlichen Tätigkeiten aufzuklären, unternahm die VEW GmbH besondere Anstrengungen. Getreu der Linie, die beste Werbung sei die direkte Vorführung elektrischer Geräte in einem authentischen Milieu, stattete das Unternehmen einen bestehenden Bauernhof mit den damals fortschrittlichsten elektrischen Anwendungen aus, um der Zielgruppe die neue Energie schmackhaft zu machen. Der 1927 während der Landwirtschaftlichen Wanderausstellung der Deutschen Landwirtschaftlichen Gesellschaft in Dortmund präsentierte westfälisch-urtümliche VEW-Elektrohof ist das herausragende Beispiel für diese Strategie in Westfalen [Abb. 1].

Im Frühjahr 1927 entschied sich die Unternehmensführung zu einer Teilnahme an der 33. Wanderausstellung der Landwirtschaftlichen Gesellschaft, die vom 24. bis 29. Mai 1927 in Dortmund stattfand. Generaldirektor Max Krone begründete den Schritt auf einer Sitzung des Verwaltungsausschusses wie folgt: „Bei der großen Bedeutung dieser jährlichen Ausstellungen, bei denen sehr große Besucherzahlen zu erwarten seien, auch für die Elektrizitätswerke als Werbemittel für die Steigerung des Stromabsatzes in der Landwirtschaft, hätten sich seit einigen Jahren auch die Elektrizitätswerke unter Führung des Landwirtschaftlichen Ausschusses der Vereinigung der Elektrizitätswerke als Aussteller dabei beteiligt."[5] Bis ins kleinste Detail bemühte sich die VEW GmbH, eine ansprechende Inszenierung zu präsentieren. Der Zielgruppe entsprechend wurden die Ausstellungsräume möglichst authentisch und gewohnt rustikal gestaltet [Abb. 2]. Gegenüber den im Vergleich früh elektrifizierten Haushalten, der Industrie und dem Gewerbe hatten die Landwirte einen enormen Nachholbedarf bezüglich des Umgangs mit Elektrizität. Um den nicht zu verachtenden Ressentiments entgegenzuwirken, kreierte die VEW GmbH eine für die potentiellen Kunden vertraute Umgebung zur Demonstration der neuartigen Technik.[6] Von der Blitzschutzanlage über die elektrische Melkmaschine bis zum elektrifizierten ländlichen Haushalt bot die Präsentation einen nahezu kompletten Überblick über die vielfältigen Möglichkeiten der

Abb. 3
Foto, Besuch des VEW-Aufsichtsrates auf dem Elektrohof, 1927
Historisches Konzernarchiv RWE

elektrischen Anwendungen in der Landwirtschaft. Einem zeitgenössischen Bericht zufolge entstand mit dem Elektrohof ein Ort, „wo der Landwirt in den Wohn- und Wirtschaftsräumen alle die Apparate und Werkzeuge antreffen kann, die seinen schweren Beruf angenehmer und leichter gestalten können".[7] Beworben wurden in besonderem Maße elektrische Motoren in den verschiedensten Ausführungen, „die die wirtschaftlichste Kraftquelle für den denkenden Landwirt ist, eine Kraftquelle, die in Bezug auf Feuer- und Betriebssicherheit sowie auf Einfachheit der Bedienung nicht ihresgleichen hat".[8]

Konzeptionell orientierte sich das Unternehmen bei seinem Auftritt an einer sehr erfolgreich umgesetzten Präsentation auf der ein Jahr zuvor stattfindenden Landwirtschaftsausstellung in Breslau, wo an Hand eines voll elektrifizierten Musterhofes die verschiedensten elektrischen Anwendungen in der Landwirtschaft vorgeführt wurden. Über 100.000 Besucher sahen die Ausstellung im Elektrohof während der Ausstellung, welcher über deren Ende hinaus bis zum 19. Juni 1927 betrieben und täglich von bis zu 2500 Menschen besucht wurde.[9] In einem Bericht heißt es dazu:

„Muß nach Ablauf der Ausstellung der größte Teil der errichteten Gebäude verschwinden, so wird der Elektrohof davon eine Ausnahme machen, da er später den Stadtbewohnern als Erholungsort dienen soll. Hierauf deutet auch die nach altwestfälischer Sitte in den Torbalken des östlichen Giebels angebrachte Inschrift hin: ‚As ollet Hus ut niger Tied, So kiek ek in de Lanne wiet, As Elektrohof stellt se mi hin, We weet, wat ek wuol muorgen bin?'"[10]

Der „mit allen Errungenschaften der Neuzeit" ausgestattete Hof wurde im Stil eines typisch westfälischen Bauernhauses gestaltetet und avancierte zu einem absoluten Höhepunkt der Ausstellung.[11] Äußerlich im westfälischen Fachwerkstil gehalten, stellte der Innenraum mit Wohnräumen, Tennenboden, Plättstube, Futter- und Waschküche sowie im Arbeitsbereich mit Werkstatt und verschiedenen Stallungen ein realistisches Bild eines zeitgenössischen westfälischen Gutshofes dar, der „schon von außen schmuck und anheimelnd" wirkte, wie ein Zeitungsbericht erklärte.[12] Fachliche Unterstützung bei der stilistischen Ausgestaltung bezog der Energieversorger u.a. vom Städtischen Kunst- und Gewerbemuseum in Dortmund, welches einige antiquarische Möbel

Abb. 4
Foto, VEW-Werbewagen, 1927
Historisches Konzernarchiv RWE
Vorführungsraum auf Rädern: Die VEW GmbH propagierte die Vorteile elektrischer Anwendungen in ländlichen Regionen des Versorgungsgebietes.

zur Verfügung stellte. Durch diese Zusammenarbeit entstand beispielsweise eine Kammer, „deren innere Ausstattung dank dem Entgegenkommen der Museumsleitung im Stile der ‚guten' alten Zeit eingerichtet worden ist, um in nicht ermüdender Abwechslung Altes und Neues in bester Harmonie zu zeigen".[13]

Die von der VEW GmbH stets betonte Heimatverbundenheit nahm im Elektrohof architektonische Form an. In einer zeitgenössischen „baukünstlerischen Betrachtung" der Ausstellungsstände wird deutlich, dass die gewünschte Wirkung durchaus von der Öffentlichkeit wahrgenommen und teilweise sogar überinterpretiert wurde; so sei der Elektrohof ein Gebäude, das „in seiner Gestaltung als westfälisches Bauernhaus wie ein lieber Gruß der Heimat anmutet und die völkischheimatliche Kunst an den ihr gebührenden Platz stellt".[14] Die Akzentuierung der Verwachsung mit dem Versorgungsgebiet tritt auch in einem begleitenden Artikel der Dortmunder Zeitung zu Tage, in welchem sich die Unternehmensführung zur hinter dem Projekt stehenden Philosophie äußert: „Recht sinnig bemerkte (...) der Generaldirektor Krone, daß man sich einmal vorstellen möge, ein frischer, aufgeweckter Westfalenjunge sei viel in der Welt herumgekommen, habe viel gesehen und manches gelernt, was er für seinen späteren Beruf einmal brauchen könnte. Nun, groß geworden, habe er sich seinen Bauernhof nach seinem Idealbild eingerichtet, um alles das an Maschinen und Apparaten jetzt zu verwerten, was menschliche Arbeitskraft zu schonen und zu erleichtern im Stande sei. Er habe erkannt, daß Maschinen, vor allem elektrisch betriebene, die stummen, willigen Knechte nicht nur des Gewerbes und der Industrie, sondern auch des Landwirts seien. Dieses Idealbild einmal vorzuführen, habe die Leitung des Elektrohofes sich bei der Einrichtung dieses Bauernhofes zum Ziele gesetzt" [Abb. 3].[15]

Elektrizitätsvorführung mobil: der VEW-Werbewagen

Zu den speziell auf die Landbevölkerung abgestimmten Werbemaßnahmen ist ebenso der VEW-Werbewagen zu zählen. Um auch die dünn besiedelten ländlichen Gebiete des Versorgungsgebietes zu erreichen, entschloss sich das

Unternehmen im Frühsommer 1929, einen „VEW-Werbewagen" einzusetzen [Abb. 4].
Die geografische Abgeschiedenheit vieler Höfe bedingte eine im Vergleich zur urbanen Abnehmerschaft ungleich aufwendigere Aufklärungsarbeit. Mit der Teilnahme an verschiedenen Konsumausstellungen und der Einrichtung von dauerhaften Vorführräumen in den Bezirksdirektionen Münster, Arnsberg, Bochum und weiteren Städten versuchte das Unternehmen die Aufklärung über den Umgang mit elektrischen Geräten zu intensivieren. Dennoch war das Einzugsgebiet der Vorführungsräume auf die nähere Umgebung der Standorte beschränkt, der Besuch der Einrichtungen blieb größtenteils der urbanen Bevölkerung vorbehalten. Wegen der Mitte der Zwanziger Jahre noch nicht vorhandenen Infrastruktur – fehlende Straßen und Autobahnen, weite Wege zum nächsten Installateur etc. – war der Landwirt traditionell darauf angewiesen, sich selbst zu helfen. Deshalb war eine ausführliche Beratung über die Funktionsweise elektrischer Geräte nicht nur sehr erwünscht, sondern beinahe notwendig. Beworben wurden unzählige elektrische Anwendungen, wobei der Elektromotor durch seine vielseitige Betriebsmöglichkeit zu einem der populärsten Geräte avancierte.[16] Bis zum Ende der Weimarer Republik waren in Westfalen 50.000 Geräte verbreitet, in einigen Gebieten verfügten sogar bis zu 65 % der landwirtschaftlichen Betriebe über einen Elektromotor.[17]
Mit dem auch als „rollender Vorführungsraum" bezeichneten Werbewagen wollte der Energieversorger dieses Informationsdefizit dezimieren und die Elektrifizierung der ländlichen Gebiete vorantreiben: „Die Landbevölkerung im Stromversorgungsgebiet der VEW ist durch den Werbewagen der Mühe enthoben, unter Aufwendung von Zeit und Geld die in der Großstadt etwa veranstalteten Elektro-Ausstellungen zu besuchen, da heute der Werbewagen mit seiner umfassenden Elektroausstellung die Landbevölkerung aufsucht. Hierdurch ist es selbst schwächlichen oder älteren Personen, denen eine Reise in die Stadt zu beschwerlich, möglich, mühelos und ohne Aufwendung von Zeit und Geld die neuesten elektrischen Geräte kennenzulernen. Durch seine stattliche Größe wie auch durch sein gediegenes Aeußere, insbesondere durch die in allen Teilen zweckmäßige Ausrüstung zieht der Werbewagen der VEW die Aufmerksamkeit von jung und alt überall, wo er sich sehen läßt, auf sich, so daß es auch für diejenigen unserer Stromabnehmer, welche noch nicht Gelegenheit gehabt haben, den Wagen aus persönlicher Anschauung kennenzulernen, von Interesse sein dürfte, sich ihn anzusehen, wozu die nicht nur in den VEW-Mitteilungen, sondern auch in den Tageszeitungen angezeigten Werbevorträge, bei denen der Wagen Verwendung findet, hinreichend Gelegenheit bieten."[8]
Die Nutzung eines mobilen Ausstellungsraumes zur Popularisierung elektrischer Energie zählte gegen Ende der 1920er Jahre zu den innovativsten Werbemaßnahmen der Elektrizitätswerke. In Potsdam setzten die Berliner Elektrizitätswerke, der älteste öffentliche Versorger elektrischer Energie in Deutschland, bereits um 1926 einen umgebauten Straßenbahnwagen als mobilen Besichtigungsraum ein, der „an einzelnen Stellen mit verfügbaren toten Gleisen (...) längere Zeit der Besichtigung zugänglich" war, wie ein zeitgenössischer Bericht erkennen läßt.[19] Die Werbeaktion war von großem Erfolg gekrönt, da „der Straßenbahnwagen als fahrender Ausstellungsraum (...) eine solche Neuigkeit" darstellte.[20] In der Juniausgabe der VEW-Mitteilungen des Jahres 1929 findet sich eine detaillierte Beschreibung der Ausstattung des umgebauten Mercedes-Transportwagens: „Dieser mit einem starken Motor ausgerüstete Wagen, der

Abb. 5
Werbeblatt der VEW, 1927
Historisches Konzernarchiv RWE

eine hinreichend große Reisegeschwindigkeit gestattet, besitzt zu beiden Seiten je ein Schaufenster, in denen die verschiedensten elektrischen Geräte, wie sie im täglichen Leben gebraucht werden, ausgestellt sind. Außer diesen Schaufenstern enthalten die beiden Längsseiten des Wagens eine Anzeigentafel, die zur Aufnahme der Bekanntmachungen dienen, an welchen Tagen und Orten die nächsten Werbevorträge stattfinden. Im Inneren des Wagens werden in starken Reisekoffern die verschiedensten elektrischen Geräte mitgeführt, wie z.B. Schnellkocher, Wasserkessel, Milchwärmer, Tauchsieder, Kochplatten, Teekessel, Kaffeemaschinen, ein mit drei Kochstellen versehener Küchenherd, ein Oekonom, ein Futter- und Kartoffeldämpfer, Heißluftduschen, Heizkissen, Staubsauger, elektrische Windfächer und viele andere mit Elektrizität zu betreibende Apparate, deren Aufzählung jedoch hier zu weit führen würde."[21]
Unterstützt wurden die praktischen Vorführungen von den damals modernsten Werbemitteln, unter anderem beherbergte das Fahrzeug verschiedene Möglichkeiten der Filmvorführung: „Der Wagen ist ferner mit einem kleinen Kino ausgerüstet, durch das kleine Scherz- und Trickfilme auf der neben dem Führersitz angebrachten Mattglasscheibe zur Darstellung gebracht werden können. Neben diesem kleinen Kinoapparat birgt das Innere des Wagens noch ein größeres Kinogerät, das die Vorführung langer Filme gestattet, wie dies bei den auf Ausstellungen stattfindenden Vorträgen erforderlich ist."[22] Des Weiteren war der Wagen mit einem „neuzeitlichen Rundfunkgerät" und einem „Großlautsprecher" ausgestattet, „welches gestattet, auch im Freien vor einer großen Versammlung für jeden hörbare Vorträge zu halten oder auch Musik aus dem Aether zu empfangen und im Ausstellungslokal zu Gehör zu bringen".[23] Zum Zeitpunkt der Vorstellung in den VEW-Mitteilungen muss der Wagen schon eine Zeit lang im Betrieb gewesen sein, wie ein resümierender Kommentar erkennen lässt: „Nach den bisher gemachten Erfahrungen hat sich der Ausstellungswagen so bewährt, daß er selbst die kühnsten an ihn gestellten Erwartungen bei weitem übertroffen hat. Die in den einzelnen Ortschaften nach vorheriger Bekanntgabe abgehaltenen Versammlungen haben sich eines überaus lebhaften Zuspruches erfreut, der sich häufig derart steigerte, daß sich polizeilicher Schutz erforderlich machte, um etwaige Unfälle durch allzu großes Gedränge zu vermeiden."[24] Eine Fotografie des Werbewagens gibt Aufschluss über die Betriebsweise des Fahrzeuges: Um die nötige elektrische Energie zur Vorführung der verschiedenen Anwendungen zu erhalten, befand sich an der rechten Seite des Wagens ein Anschlusskasten, der über ein Leitungskabel mit einem Strommast verbunden war (vgl. Abb. 4).[25] Neben dem erwähnten Kleinkino ist im hinteren Teil des Wagens ein kleines Schaufenster zu erkennen, in dem elektrische Apparate, möglicherweise eine Kochplatte und ein elektrischer Boiler, ausgestellt waren. Über welche Zeitspanne der Werbewagen eingesetzt wurde, kann auf Grund mangelnder Quellen nicht exakt bestimmt werden.

Abb. 6
Gabeln, Elektrizität in jedem Gerät,
um 1927
Umspannwerk Recklinghausen –
Museum Strom und Leben

Mit bewegten Bildern überzeugen: Elektrizitäts-Werbefilme

Auf der 1927 abgehaltenen Landwirtschaftsausstellung in Dortmund präsentierte die VEW GmbH den Besuchern auch ein damals seltenes und deshalb begeisterndes Bilderlebnis: Werbefilme für elektrische Energie. In der zeitgenössischen Berichterstattung zur Landwirtschaftsausstellung heißt es, dass die VEW GmbH ein separates Kinozelt errichtete, in dem „außer Filmen, die für die Landwirtschaft von Interesse sind, auch ein Werksfilm der Vereinigten Elektrizitätswerke Westfalen" gezeigt wurde [Abb.1].[26]

Durch den Film konnten elektrische Anwendungen ortsunabhängig im Betrieb vorgeführt werden, weshalb die Elektrizitätswerke in der Kinematographie ein für ihre Belange ideales Instrument sahen: „Ein durchschlagender Erfolg ist (...) zu erwarten, wenn elektrische Anlagen im Bilde vorgeführt werden, und zwar nicht im ruhenden Zustand, sondern in Bewegung. Diesen Vorteil bietet der Film. Der Laie kann sich von den Vorgängen in maschinellen Anlagen durch eine Beschreibung nicht immer die richtige Vorstellung machen. Eine Vorführung im Betriebe ist im großen Maßstabe wegen des Aufwandes von Kosten und Zeit nicht möglich. Wenn dem Interessenten daher durch den Film elektrische Einrichtungen im Betriebe vorgeführt werden, dann gewinnt er einen lebendigen Eindruck von den Vorteilen der Elektrizität."[27] Auf der Grundlage des Materials des erstmals 1914 in Freiburg „und späterhin anderweitig wohl schon tausendmal stets mit großem Beifall gezeigten Werbe- und Aufklärungsfilm(s) für Landwirtschaft und Gewerbe" des damaligen Vorsitzenden des VdEW-Werbeausschusses, Elektrizitätswerkdirektor Schuster, wurde unter dessen Leitung ein neuer Film erstellt.[28]

Ergänzt durch neue Aufnahmen, bestand der 50-minütige Film aus einem landwirtschaftlichen, einem gewerblichen und einem Haushaltsteil, die jeweils eigenständige Einheiten bildeten, so dass die Vorführung dem jeweiligen Publikum angepasst werden konnte. „Gegen eine mäßige Leihgebühr" wurde der Film „allen Interessenten (auch Nichtmitgliedern) zur Verfügung gestellt."[29] Für die Vorführung der von der VdEW in Auftrag gegebenen Werbefilme in öffentlichen Kinos gibt es keine gesicherten Quellen. Ein Hinweis in den Mitteilungen des Verbands lässt darauf schließen, dass eine solche Präsentation zumindest in der Diskussion stand: „Die Werbung hat sich derjenigen Mittel zu bedienen, die für das allgemeine Nachrichtenwesen von größter Bedeutung sind. Dies sind heute Presse, Film und Rundfunk. Unter ihnen spielt wiederum der Film eine besondere Rolle wegen der ausschließlich bildhaften und zugleich lebenden Darstellung, die die breite Masse der Bevölkerung fast vollständig in ihren Bann gezogen hat und – werbetechnisch außerordentlich wichtig! – stets auf aufnahmefreudige, in mehr oder weniger gehobener Stimmung befindliche Gemüter wirkt. Kein Wunder also, daß sich sehr schnell der Werbefilm von 4–5 Minuten Dauer Eingang in die Lichtspielhäuser verschafft hat."[30]

In der Folgezeit veranlasste der Werbeausschuss des VdEW die Produktion von mehreren zielgruppen-orientierten Filmen, die mit einfallsreichen Namen wie „Wenn Frauen sich verbünden!" oder „Der elektrische Schwiegersohn" betitelt wurden. Im landwirtschaftlichen Bereich sollten markante Titel wie der Zeichentrickfilm „Die schlaue Sau", in dem es um die Vorteile elektrischer Futterdämpfer geht, begeistern.[31]

Eine Weiterentwicklung der Filmtechnik war der sogenannte „Selbstvorführer, ein an ein kleines Kasperltheater erinnernder Apparat, der zu allen Tages- und Nachtzeiten auto-

matisch kurze Filmstreifen vorführt".[32] Der Beschreibung nach zu urteilen, könnte es sich bei dem im Bericht zum VEW-Werbewagen genannten und auch auf der Abbildung des Wagens links neben der Beifahrertür deutlich erkennbaren „kleinen Kino" um eine derartige Apparatur handeln.[33]

„Elektrizität in jedem Gerät": Gemeinschaftswerbung über eine Werbemarke

Das Beispiel der Landbevölkerung zeigt, wie aufwendig und umfangreich die zielgruppen-orientierten Werbemaßnahmen der VEW GmbH waren. Die Entwicklung der Werbestrategie des Unternehmens war kein westfälischer Alleingang – ganz im Gegenteil: Die VEW GmbH folgte dabei in hohem Maß den Empfehlungen der VdEW, die ab 1921 vehement den Aufbau einer systematischen Gemeinschaftswerbung anstrebte. In dieser Linie erweiterte das Unternehmen seine Werbetätigkeit zwischen 1920 und 1930 um zahlreiche neue Werbemedien, etwa den Werbewagen oder die Werbefilme. Man folgte damit dem unter den deutschen Elektrizitätswerken damals einmütig herrschenden Konsens, dass sich die Elektrizitätswerbung „an die breiteste Öffentlichkeit (richtet) und (...) folgerichtig alle Stufen der Reklame zu durchlaufen" hat[34]

[Abb. 5 bis 11, 12 siehe Kapiteleinstieg]. Die Bemühungen der Elektrizitätswerke um eine überregionale Koordinierung der Werbemaßnahmen resultieren aus dem Verständnis der Elektrizitätswerbung als klassische Gemeinschaftswerbung. Auf organisatorischer Ebene ist die Einrichtung der Gesellschaft für Elektrizitätsverwertung (Gefelek)[35] etwa mit dem Vorgehen der im gleichen Zeitraum ähnlich agierenden deutschen Sparkassen zu vergleichen, die ebenfalls eine „gemeinsame Herstellung von Werbemitteln, Einrichtung eines Werbeleihdienstes, Durchführung einer der Gesamtheit der Sparkassen zu Gute kommenden Werbetätigkeit sowie Leitung der Werbung für das ganze Reich" praktizierten.[36] Die Klassifizierung der Elektrizitätswerbung als Gruppenwerbung basierte auf einem stark ausgeprägten Meinungskonsens unter den beteiligten Wirtschaftszweigen: „Hier vereinigen sich ja nicht nur die Interessen eines bestimmten Industriezweiges, sondern die elektrotechnische Industrie geht Hand in Hand mit der Elektrizität liefernden; weiter aber auch mit dem Elektrohandel, dem Installationsgewerbe und – wenn auch äußerlich nicht so ins Auge springend – mit den Verbrauchern."[37] Auf dieser Basis war „die Auffindung eines Werbemotivs und einer zugkräftigen Marke" eines der primären Ziele des VdEW.[38]

Abb. 7
Emailleschild, Elektrizität in jedem
Gerät, um 1927
Umspannwerk Recklinghausen –
Museum Strom und Leben

Erste Ansätze zu gemeinschaftlich koordinierten Werbemaßnahmen gab es schon vor dem Ersten Weltkrieg über die von 1911 bis 1919 existierende Gefelek. Die extrem zentralisierte Vorgehensweise bei der Einführung der entwickelten Werbeaktivitäten erwies sich in der Umsetzung jedoch als nicht praktikabel.³⁹ Bereits zwei Jahre nach der Gründung wurden ernste Bedenken geäußert. Im Bericht der am 23. Oktober 1913 abgehaltenen Tagung des Verbandes der Elektrizitätswerke Rheinlands und Westfalens wird die Situation kommentiert: „In der Besprechung über den Weiterbestand der Gefelek wird allgemein zum Ausdruck gebracht, daß man sich keinen Erfolg verspricht, wenn die Gefelek wie bisher weiter arbeitet. Es wird insbesondere darauf hingewiesen, daß die allgemein gehaltenen Reklame-Drucksachen etc. in den meisten Fällen nicht recht verwendbar seien, daß sich in der Regel eine auf den einzelnen Ort zugeschnittene Propaganda besser mache. Es wird des weiteren bemerkt, daß die Tätigkeit der Gefelek sich zu sehr auf die Empfehlung eines einzelnen Tarifsystems beschränke und daß sowohl die Gefelek als auch die Zentrale für Gasverwertung mehr auf eine gegenseitige Preßfehde bedacht sind, als praktische Arbeit zu leisten."⁴⁰ Im Jahr 1919 wurde schließlich „die Auflösung des Vereins einstimmig beschlossen".⁴¹ Die Gründe für das Scheitern der Gefelek werden in einem nachträglichen Bericht genannt: „Wenn auch dieses Unternehmen sehr viel fruchtbare Arbeit geleistet hat, so blieb doch der Erfolg aus, weil es auf die verschiedenartigen Verhältnisse in der Elektrizitätswirtschaft nicht genügend Rücksicht genommen, vielmehr in der Zentralisation bei der Popularisierung der Elektrizität zu weit gegangen war."⁴²
Ab 1921 übernahm eine Unterabteilung des VdEW die Aufgabe, neue Formen der Gemeinschaftswerbung zu entwickeln. Ein zeitgenössischer Artikel nennt die Gründe für den Neuanfang: „Unter dem Druck der Zwangswirtschaft mußte während des Krieges die Werbetätigkeit, besonders die Beratung und Aufklärung der Stromabnehmer hinter dringenderen Aufgaben zurückstehen. Seitdem der freie Wettbewerb wieder nach und nach in seine alten Recht (sic) tritt, hat der Werbeausschuß der Vereinigung der Elektrizitätswerke seine Arbeiten wieder aufgenommen, um neue Mittel und Wege zu suchen, die eine gedeihliche Entwicklung der Elektrizitätswirtschaft fördern können. Diese Bestrebungen wurden von der Erwägung getragen, daß die Wirtschaftlichkeit und Lebensfähigkeit von Starkstromunternehmungen bei den enorm steigenden Ausgaben für Betrieb und Neubau nur aufrechterhalten werden kann, wenn der Absatz, besonders aber die Dichte der Stromabgabe gehoben wird."⁴³
Vorbild bei der Organisation und der Gestaltung der Werbemaßnahmen waren, wie in vielen anderen Bereichen der Wirtschaft, die USA. In den VdEW-Mitteilungen heißt es: „Dieses Land, das infolge seiner eigenartigen Struktur und Geschichte ein treffliches Studienobjekt für zahlreiche wirtschaftliche und technische Kernfragen bietet, erweist sich auch für die Elektrizitätswirtschaft und die Elektrizitätswerbung als überaus lehrreich und vorbildlich, weniger zwar für unmittelbare Nachahmung als für aufschlußreiche Erkenntnisse."⁴⁴
Im Gegensatz zur Gefelek, welche im Eigenverlag Plakate, Werbemarken und Broschüren herausgab und eine zentralisierte Werbearbeit aller in der Elektrizitätswirtschaft anteiligen Gruppen anstrebte, agierte die VdEW-Werbeabteilung im Hintergrund. Sie verstand sich vielmehr als „Moderator zwischen den Elektrizitätswerken" und sah ihre Aufgabe darin, „Erfahrungen und Anregungen auszutauschen und weiterzuleiten, gemeinsame Werbemittel ausfindig zu machen und bereitzustellen, die Zusammenarbeit mit der

Abb. 8
Vignette, Elektrizität im Dampfgerät,
Grafik: Fritz Julian, um 1927
Umspannwerk Recklinghausen –
Museum Strom und Leben

Abb. 9
Vignette, Elektrizität in jedem Gerät,
Grafik: Fritz Julian, um 1927
Umspannwerk Recklinghausen –
Museum Strom und Leben

Industrie zu fördern und in die richtigen Bahnen zu lenken und überhaupt der gesamten Tätigkeit der einzelnen lokalen Werbeabteilungen eine einheitliche Richtung zu geben".[45] Die Entwicklung einer einschlägigen Werbemarke für die Elektrizität war auf Grund des abstrakten und immateriellen Wesens des Produktes extrem problembehaftet, wie auch ein zeitgenössischer Bericht zusammenfasst: „Es läßt sich danach verstehen, daß die Schaffung einer Werbemarke für die Elektrizität eine überaus schwierige Aufgabe darstellt. Was Elektrizität ist, weiß weder Fachmann noch Laie; sehen kann man sie nicht, ihre Wirkungen sind überaus vielfältig. Mit dem Blitzpfeil, der übrigens viel als Warnungszeichen verwandt wird und sich schon deshalb nicht sehr eignet, ist es ebenso wenig getan wie mit einer Glühbirne u. dgl."[46] Für die grafische Gestaltung der Werbemarke wurde ein Wettbewerb ausgerichtet, an dem sich zahlreiche Werbegraphiker beteiligten.[47]

Die Wettbewerbsleitung der VdEW entschied sich schließlich für den Entwurf Fritz Julians mit dem Titel „Elektrizität in jedem Gerät". In einem Rundschreiben an die Mitglieder wurde die Marke am 19. Mai 1926 vorgestellt, wobei besonders ihre Bildhaftigkeit und Sinnfälligkeit hervorgehoben wurde: „,Elektrizität in jedem Gerät' ist ein in Kürze und Einprägsamkeit kaum überbietbarer Schlagsatz, dessen Bedeutung erst ermessen werden kann, wenn man seine vielseitige Abwandelbarkeit – Elektrizität im Hausgerät – im Küchengerät – im Heizgerät usw. – berücksichtigt. Als bildliches Leitmotiv dient der Stecker, ein überaus sinnfälliger, höchst populärer Gedanke, den der Künstler in klassischer Schlichtheit und Wuchtigkeit auszuführen verstanden hat. Er hat dabei Wort und Bild zu einer Einheit verschmolzen und zugleich nach außen hin abgeschlossen, wie dies von einer guten Werbemarke verlangt werden muß. Trotz der technischen Bedingtheit der Steckerform kann man die geschaffene Lösung als zeitlich und technisch auf absehbare Zeit unabhängig betrachten."[48]

Herbert Franz Mueller sieht die Vorzüge der Marke neben ästhetischen Aspekten speziell in ihrer Abwandlungsfähigkeit und betrachtet sie als optimale Lösung für die Elektrizitätswerbung: „In Form, Farbe und Schrift zeigen die Julianschen Entwürfe die gleiche Verbindung von Schönheit und Zweckmäßigkeit unter Verzicht auf gesuchte Modernismen, die der verlangten Dauergültigkeit nicht entsprechen würden. Bemerkenswert ist auch die sprachliche Seite der Marke. Das Wort Gerät, das schon die sonst weniger schöpferische Amtssprache zur Sammelbezeichnung für die verschiedensten Werkzeuge und Hilfsmittel erhoben hat, tritt hier beabsichtigtermaßen an die Stelle des fremdstämmigen Wortes Apparat, und im Interesse der Einheitlichkeit von Wortbildung und Werbung werden auch Neubildungen wie ‚Entstaubungsgerät' gewagt, keinesfalls schlimmer als die Namen vieler bekannter Marken dieses Gerätes! (...) Die Unsichtbarkeit der Elektrizität zwingt zur Propagierung von einzelnen Anwendungsmöglichkeiten und Stromverbrauchsgeräten. Darin liegt gerade der Wert der gezeigten Werbemarke, daß sie in Wort und Bild einheitlich die verschiedenen Propagierungsziele zusammenfaßt."[49] Die Werbemarke fand schnelle Verbreitung unter den deutschen Elektrizitätswerken und etablierte sich zu einem festen Bestandteil der auf den Straßen allgegenwärtigen Markenlandschaft.

Im Jahr 1927 hatten rund 350 Unternehmen die VdEW-Lizenz zur Nutzung der Marke erworben.[50] Vom Potsdamer Platz etwa „grüßt sie Einheimische und Auswärtige".[51] Im Versorgungsgebiet der VEW GmbH war sie u.a. auf den Außenwänden der Vorführungsstellen zu sehen. Besondere Verwendung fand sie im Bereich der Anzeigen, wo sie in bestehende

Abb. 10
Postkarte, Elektrizität im Arbeitsgerät, Grafik: Fritz Julian, um 1927, Umspannwerk Recklinghausen – Museum Strom und Leben

Abb. 11
Vignette, Elektrizität im Kochgerät,
Grafik: Fritz Julian, um 1927
Umspannwerk Recklinghausen –
Museum Strom und Leben

Konzepte integriert wurde. Mit der bereits im Vorfeld zitierten, anlässlich der DLG Ausstellung in Dortmund geschalteten VEW-Anzeige kann die Vorgehensweise eindrücklich nachvollzogen werden; dort heißt es unter Verweis auf die bestehenden Vorführungsräume: „Elektrizität in jedem Gerät (...) ist die Losung jedes wirtschaftlich denkenden Landwirts. Er hat erkannt, daß er mit Hilfe der Elektrizität die Erträgnisse aus Ackerbau und Viehzucht steigern kann."[52]
Die zur Ausstellung „Die Frau in Heim und Beruf" 1929 erschienene, ähnlich aufgebaute Anzeige offenbart im Vergleich, wie flexibel die Marke zur Ansprache verschiedener Zielgruppen eingesetzt wurde: „Elektrizität in jedem Gerät (...) muß heute der Leitsatz für jede Hausfrau sein, nachdem der VEW-Haushaltstarif neben einer nach der Zimmerzahl gestaffelten Grundgebühr nur noch 10 Pfennig für jede Kilowattstunde vorsieht und somit den unbeschränkten Gebrauch elektrischer Apparate gestattet."[53] Mit der VdEW-Werbemarke stand den Elektrizitätswerken ab 1926 ein Instrument zur Verfügung, das sich einerseits reibungslos in ihre individuellen Werbekonzepte einfügen ließ, und andererseits durch seine großflächige Verbreitung die Vorteile einer überregionalen Gemeinschaftswerbung implizierte.
Von einem „Markenartikel Elektrizität" kann aber nur bedingt gesprochen werden.[54] Zwar erfüllt das Produkt Elektrizität spätestens nach Ausbildung der Werbemarke mit seiner stets gleichbleibenden Qualität, seinem hohen Bekanntheitsgrad und der Aufladung mit dem Image des „modernen Heinzelmännchens" einige grundlegende Vorraussetzungen eines Markenartikels, die mangelnde Bindung des „Produktes Strom" an das fabrizierende Unternehmen sowie der bereits von Mueller dargelegte mangelnde Warencharakter geben der Klassifizierung als Markenware kein solides argumentatives Fundament. In den Bemühen zum Aufbau der Werbemarke „Elektrizität in jedem Gerät" ab 1926 zeigen sich lediglich Tendenzen einer zunehmenden vereinheitlichenden Visualisierung und Symbolisierung im Sinne der modernen Wirtschaftswerbung.
Die Zielgruppenfokussierung und die Bemühungen um eine gemeinsame Werbemarke waren zwei wichtige Meilensteine in der Entwicklung der Marketingstrategie der VEW GmbH. Beide Beispiele zeigen, wie detailliert das Unternehmen die Ansprache der Zielgruppe kreierte und auf welche Weise Motive der Gemeinschaftswerbung adaptiert und für das eigene Einzugsgebiet modifiziert wurden. Grundlage dieser Entwicklung ist der intensive Ideenaustausch über die Organe des VdEW wie die Zeitschrift „Elektrizitätswirtschaft". Zwischen 1920 und 1930 legten die Elektrizitätswerke die Basis für werbestrategische Strukturen, die bis heute in den modernen Marketingansätzen wiederzufinden sind.

1. Kreis Recklinghausen, Vermerk betr.: Elektricitätswerk Westfalen, 22.12.1924; zitiert nach: Horstmann, Theo: Die Vorläufergesellschaften der VEW, in: VEW, Mehr als Energie, S. 63.
2. Einen detaillierten und reich illustrierten Überblick über die Elektrifizierung in der Region liefert Horstmann, Theo (Hg): Elektrifizierung in Westfalen. Fotodokumente aus dem Archiv der VEW, Essen 2000.
3. Burri, A., Günther, H. (Hg.): Elektrizitätsverwertung. Zeitschrift für Werbung und Verkauf, Heft 1, 1926/27, Stuttgart 1927, S.1.
4. „VEW Vereinigte Elektrizitätswerke Westfalen G.m.b.H. Dortmund Bochum Münster Arnsberg", in: Landwirtschaftliche Zeitung für Westfalen und Lippe, Heft 51/52, 19.12.1929, S. 1217f.
5. VEW GmbH, Protokoll der Sitzung des Verwaltungsausschusses vom 3.2.1927.
6. Zur Einstellung der Landbevölkerung gegenüber der Elektrizität: Böth, Gitta: Elektrischer Strom: „Der Schrecken der Herren Landwirte", in: Weg ins Licht, S. 143-150.
7. Dortmunder Zeitung, 24.5.1927.
8. Ein elektrischer Musterhof als Beispiel für die deutsche Landwirtschaft, in: Elektrizitätsverwertung, Heft 5, 1927/28, S. 153f.
9. Vgl. Döring Peter: Bewegte Jahre: Die VEW von 1925 bis 1948. Die Expansion des Unternehmens: Die VEW GmbH von 1925 bis 1930, in: VEW, Mehr als Energie, S. 80-128, S. 101, Anm. 42.
10. VEW Mitteilungen, Sondernummer zur 33. Wanderausstellung der D.L.G., o.M., o.J. (Juni 1927), S. 4.
11. Ebenda, S. 1.
12. Dortmunder Zeitung, 27.5.1927.
13. VEW Mitteilungen, Sondernummer zur 33. Wanderausstellung der D.L.G., o.M., o.J. (Juni 1927), S. 4.
14. Reuter, Fritz: „Kunst und Geschmack auf der Ausstellung. Eine baukünstlerische Betrachtung", in: 33. Wanderausstellung der DLG, Sonderbeilage zur Dortmunder Zeitung, 27.5.1927.
15. Dortmunder Zeitung, 24.5.1927.
16. Ein detaillierter Überblick über die Anwendungen findet sich in: VEW Mitteilungen, Sondernummer zur 33. Wanderausstellung der D.L.G., o.M., o.J. (Juni 1927).
17. Theine, Burkhard: Westfälische Landwirtschaft in der Weimarer Republik. Ökonomische Lage, Produktionsformen und Interessenspolitik (Veröffentlichungen des Provinzialinstituts für Westfälische Landes- und Volksforschung des Landschaftsverbandes Westfalen-Lippe, B. 28). Paderborn 1991, S. 187f.
18. VEW AG (Hg.): VEW, Dortmund 1930, S. 159.
19. Werbung durch eigene Mittel, in: Elektrizitätswirtschaft, Mitteilungen der VDEW, Nr. 423, Dezember 1926, S. 554.
20. Ebenda.
21. Der Werbewagen der VEW, in: VEW-Mitteilungen, Juni 1929, S. 88f., S. 89.
22. Ebenda.
23. Ebenda.
24. Ebenda.
25. Ebenda.
26. 33. Landwirtschaftliche Wanderausstellung Dortmund. Ein Rundgang durch die Maschinen- und Gerätestände, in: Dortmunder Zeitung, 27.5.1927.
27. Elektrizitätswirtschaft, Mitteilungen der VDEW, Nr. 301, November 1921, S. 462-464, S. 463.
28. Der landwirtschaftliche und gewerbliche Aufklärungs- und Werbefilm der Vereinigung der Elektrizitätswerke, in: Elektrizitätswirtschaft, Mitteilungen der VDEW, Nr. 315, Juni 1922, S. 317-325, S. 318.
29. Ebenda.
30. Für die Werbung, in: Elektrizitätswirtschaft, Mitteilungen der VDEW, Nr. 386, Juni 1925, S. 279.
31. Neuer Film, in: Elektrizitätswirtschaft, Mitteilungen der VDEW, Nr. 432, Mai 1927, S. 185.
32. Elektrizitätswirtschaft, Mitteilungen der VDEW, Nr. 405, März 1926, S. 148.
33. Der Werbewagen der VEW, in: VEW-Mitteilungen, Juni 1929, S. 88f., S. 89.
34. Mueller, Herbert Franz: Elektrizitätswerbung, in: Die Reklame. Zeitschrift des Verbandes Deutscher Reklamefachleute e.V., April 1927, S. 256-258, S. 256.
35. Siehe dazu den Aufsatz von Theo Horstmann „Die Aufklärung der Masse über den Wert der Elektrizität im täglichen Leben" in diesem Band.
36. Mataja, Viktor: Die Reklame. Eine Untersuchung über Ankündigungswesen und Werbetätigkeit im Geschäftsleben, München, Leipzig 1926, S. 182.
37. Mueller: Elektrizitätswerbung, S. 257.
38. Mueller: Elektrizitätswerbung, S. 256.
39. Bunte, H.: Zur Statistik über die Verbreitung des elektrischen Lichtes im Versorgungsgebiet deutscher Gasanstalten und einiger Städte des Auslandes 1894, München, Leipzig o.J., S. 16.
40. Verband der Elektrizitätswerke Rheinlands und Westfalens, Bericht über die 26.ordentliche Versammlung am 23. Oktober 1913 in Godesberg, in: Elektrizitätswirtschaft, Mitteilungen der VDEW, Nr. 146, November 1913, S. 539.
41. Geschäftsstelle für Elektrizitätsverwertung, in: ETZ, Heft 2, Januar 1920, S. 61.
42. Werbung und Aufklärung des Stromverbrauchers in Wort und Bild, in: Elektrizitätswirtschaft, Mitteilungen der VDEW, Nr. 301. November 1921, S. 462f.
43. Werbung und Aufklärung des Stromverbrauchers in Wort und Bild, in: Elektrizitätswirtschaft, Mitteilungen der VDEW, Nr. 301, November 1921, S. 462ff., S. 462.
44. Tätigkeitsbericht des Werbeausschusses und der Werbeabteilung, in: Elektrizitätswirtschaft, Mitteilungen der VDEW, Nr.432, Mai 1927, S.182-185, S. 183.
45. Mueller, Herbert Franz: Grundzüge der Stromverbrauchswerbung, in: Elektrizitätswirtschaft, Mitteilungen der VDEW, Nr. 391, August 1925, S. 363f., S. 364.
46. Werbemarke „Elektrizität in jedem Gerät", in: Elektrizitätswirtschaft, Mitteilungen der VDEW, Nr. 409, Mai 1926, S. 235.
47. Mueller: Elektrizitätswerbung, S. 256f.
48. Werbemarke „Elektrizität in jedem Gerät" in: Elektrizitätswirtschaft, Mitteilungen der VDEW, a.a.O.
49. Mueller: Elektrizitätswerbung, S. 257.
50. Tätigkeitsbericht des Werbeausschusses, in: Elektrizitätswirtschaft, Mitteilungen der VDEW, Nr. 26, ohne Monat, 1927, S. 182-185, S. 182.
51. Verbreitung der Werbemarke, in: Elektrizitätswirtschaft, Mitteilungen der VDEW, Nr. 459, Juni 1928, S. 256.
52. Landwirtschaftliche Zeitung für Westfalen und Lippe, Heft 51/52, 19.12.1929, S. 1249.
53. Industrie-und Handelsblatt der Dortmunder Zeitung, 3.6.1929.
54. Vgl. Saran, Hans: Stromwerbung und Elektroberatung, in: Hauptberatungsstelle für Elektrizitätsanwendung e.V. (Hg.), Stromwerbung, Beratung und Wettbewerb, Frankfurt a. M. 1967, S. 7-72, S. 10.

Postkarte, Gasglühlicht billiger als Petroleum, billiger als Elektrizität, um 1915
Umspannwerk Recklinghausen – Museum Strom und Leben (Abb. 4)

Der Wettstreit zwischen Strom und Gas – gespiegelt in zeitgenössischer Werbung

Bettina Günter

„Die Hauptfortschritte der Beleuchtungstechnik verdanken wir dem heißen Kampfe, der zwischen Gaslicht und dem elektrischen Licht ausgefochten wird. Noch weiß man nicht, wer in diesem Kampfe Sieger bleiben wird, denn das ist sicher, der Kampf ist noch lange nicht zu Ende."
(Physik in Haus und Küche 1920)[1]

Beleuchtung wird heute ganz selbstverständlich mit dem elektrischen Licht gleichgesetzt. Doch begonnen hat die Industrialisierung der künstlichen Beleuchtung mit dem Gaslicht. In der zweiten Hälfte des 19. Jahrhunderts setzte sich in den europäischen Großstädten das Gaslicht als Standardbeleuchtung im öffentlichen und privaten Raum durch. Der durchschnittliche Gasverbrauch pro Einwohner verzehnfachte sich von 1835 bis 1870.[2] Die zu jener Zeit selbstverständlich gewordene Nutzung des Gaslichts trat im späten 19. Jahrhundert erst wieder ins Bewusstsein, als mit der elektrischen Beleuchtung eine neue Konkurrenzsituation entstand.
Am Beispiel der Werbung für Gas und Strom im Zeitraum von 1890 bis 1930 betrachte ich die Konkurrenz der Beleuchtungstechnologien im Bezug auf die Ansprache der Konsumenten.
Das elektrische Licht trat erst um 1880 auf den Plan und zwischen 1880 und 1930 bestand dann ein Nebeneinander von Gas- und elektrischer Beleuchtung.[3]
Auch wenn es aus unserem heutigen Blickwinkel so erscheint, dass die Durchsetzung des elektrischen Lichts nur eine Frage der Zeit war, konnte der Siegeszug des elektrischen Lichts keineswegs von vornherein angenommen werden. Erst um 1930 hatte sich die „Beleuchtungsfrage" zu Gunsten des elektrischen Lichts entschieden.
Die Durchsetzung der Beleuchtungsarten basierte nicht alleine auf technischen Faktoren. Gerade in der Konkurrenz stellte die Werbung ein wesentliches Instrument dar, um Akzeptanz für das eigene System zu gewinnen, ein positives Image zu generieren, Einwände und Bedenken auszuräumen etc.
Ich stütze mich auf ein Technikverständnis, das nicht von einer quasi automatischen Diffusion technischer Systeme von ihrer Entwicklung bis zur Verbreitung ausgeht. Stattdessen rückten die Vermittlungs- und Aneignungsprozesse in der Konsumgesellschaft stärker ins Blickfeld.[4]
Die Konkurrenz um das richtige Energiesystem erschließt sich heute vorwiegend über schriftliche Quellen und Bildquellen, die auch für die Werbung genutzt werden und zu denen Fachzeitschriften, Zeitungen, Plakate oder Broschüren gehören. Das elektrische Licht löste bei seiner Einführung eine Begeisterung aus, die sich vor allem in Berichten und Darstellungen von Weltausstellungen, Elektrotechnischen Ausstellungen und in der Presse findet. Der zeitgenössische Diskurs zur Lichteuphorie bildet eine wesentliche Quellengrundlage für die aktuelle kultur- und technikgeschichtliche Literatur. Da das Leuchtgas sich offenbar weniger für visionäre und allegorische Darstellungen und Beschreibungen eignete und eher pragmatisch genutzt wurde, ohne in aller Munde zu sein, ist es nicht verwunderlich, dass die Durchsetzung des industriellen Lichts wesentlich häufiger aus der Perspektive der Elektrifizierung betrachtet wird als aus der des Leuchtgases.[5]
Die überlieferten Werbepublikationen bieten sich auf besondere Weise an, um exemplarisch die zeitgenössischen Diskurse über die Nutzung von Strom und Gas im Haushalt zu betrachten.
Sie zeigen, wie sich der Systemstreit um die bessere Beleuchtung in den zwanziger Jahren allmählich durch die

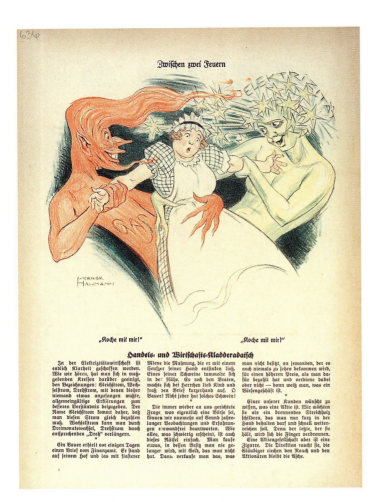

Abb. 1
Karikatur, Zwischen zwei Feuern,
Grafik: Werner Hahmann, in:
Kladderadatsch, Jg. 89, Nr. 40,
Oktober 1936
Universitätsbibliothek Heidelberg

Verbreitung von Haushaltsgeräten wandelte – die „Beleuchtungsfrage" zur „Energiefrage" wurde[6]. Auf diesem Feld war und ist das Gas durchaus konkurrenzfähig.
Eine Karikatur im Kladderadatsch thematisiert die Verlagerung des Wettstreits auf das Feld des Kochens [Abb. 1].

Gaslicht im Revier

Ab 1835 entstanden in vielen Städten so genannte Gas-Anstalten, die aus Holz oder später aus Steinkohle Gas destillierten.[7] Während die Kohle als Ausgangsprodukt meistens über weitere Strecken herangeschafft werden musste,[8] lagen Montanregionen wie das Ruhrgebiet quasi an der Quelle. Die Gaserzeugung erfolgte hier als Nebenprodukt der Kohleverkokung, denn Koks wird für die Eisenverhüttung benötigt.[9] Der größte Teil des entstehenden Gases galt lange Zeit als Abfall und wurde abgefackelt, d.h. ungenutzt verbrannt.[10] Im Laufe des Industrialisierungsprozesses stieg das Gas dann zu einem Hauptprodukt auf, das für Straßenbeleuchtung, Firmen und Haushalte weitergenutzt werden konnte. Auch andere bei der Verkokung anfallende chemische Produkte wie Teer und Ammoniak bildeten lukrative Nebeneinnahmequellen.[11]

So wundert es nicht, dass sich Gasbeleuchtung in den Montanregionen ebenfalls durchsetzte, ausgehend von den Kokereien, die die Werksgelände, Fabrikantenvillen und u.U. die nahe gelegenen Arbeitersiedlungen versorgten, später dann auch die Innenstädte.[12]

Die elektrische Beleuchtung

Fast 40 Jahre nach der Einführung der Gasbeleuchtung stand um 1870 mit der Differenzial-Bogenlampe die erste funktionsfähige elektrische Beleuchtung zur Verfügung.[13] Das Bogenlicht war zwar zu hell für die meisten geschlossenen Räume, im öffentlichen Raum begann jedoch der Wettbewerb:
„Auf dem Praterstern, (...) von der Spitze des Stephansturms, vom Carlstheater und von vielen anderen Häusern werden elektrische Sonnen ihr blendendes Licht über Häuser und Straßen gießen und dem Gas arge Concurrenz machen."[14]
Doch erst das elektrische Glühlicht bzw. die so genannte Glühbirne konnte ab 1879 mit dem Gaslicht im privaten Bereich konkurrieren. Thomas Alva Edison, einer der Entwickler des elektrischen Glühlichts und derjenige, der die Vermarktung in Gang setzte, formulierte sein großes Projekt als: „Herstellung eines nicht besonders großen oder blendenden, sondern eines kleinen Lichts, das so sanft wie das Gaslicht ist."[15]
Seine Erfindung wurde von der Fachpresse sofort als gelungene Imitation des Gaslichtes anerkannt und schlagartig fielen die Gasaktien.[16]
Die Werbung für die konkurrierenden Energieträger Gas und Strom fand zunächst vor allem auf dem Parkett der Weltausstellungen bzw. der Elektrischen Ausstellungen statt. Diese Veranstaltungen wendeten sich sowohl an

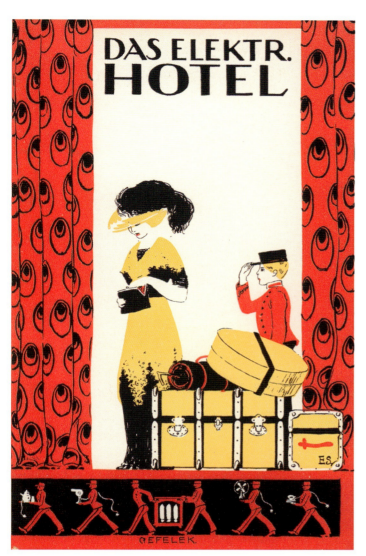

Abb. 2
Broschüre der Gefelek (Titelblatt),
Das elektrische Hotel, 1914
Umspannwerk Recklinghausen –
Museum Strom und Leben

Fachleute als auch an das interessierte Publikum. Da die Beleuchtungsobjekte aber noch kaum für den privaten Konsum zugänglich waren, beschränkte sich die Werbewirkung der Ankündigungsplakate und Zeitungsrezensionen zunächst vor allem auf ein allgemeines Interesse und die Förderung der Akzeptanz gegenüber der neuen Technik. Mit einem alltäglichen Umgang hatte die beworbene Licht- und Stromeuphorie wenig zu tun.

Luxus- oder Standardlicht?

Zunächst gab um 1885 eine technische Weiterentwicklung dem Gaslicht neuen Auftrieb. Das von Carl Auer von Welsbach entwickelte Gasglühlicht oder Auerlicht brannte heller und verbrauchte wesentlich weniger Energie als die bisherigen Schlitzbrenner.[17]
Doch gleichzeitig wurde elektrisches Licht z.B. in den feinen Schweizer Hotels zu einer Attraktion und zum Symbol für Exklusivität und Modernität [Abb. 2]. Seine Einführung geschah zunächst nicht aufgrund von technischen oder wirtschaftlichen Vorteilen. Da diese Beleuchtung bis zu 70 % teurer als Gaslicht war, lässt sich diese Investition vor allem vor dem Hintergrund ihrer distinguierenden Wirkung erklären.[18]
Doch der Reiz des Neuen verflüchtigte sich innerhalb eines Jahrzehnts.[19] In den Publikationen der Gasindustrie tauchen schadenfrohe Berichte über Beispiele auf, in denen elektrische Beleuchtungen aus Kostengründen wieder gegen Gasbeleuchtung ausgetauscht wurden. Eine Streitschrift für die Errichtung von Gaswerken führt die böhmische Stadt Karlsbad an, wo trotz eines Elektrizitätswerkes die Kapazitäten zum Bau eines zweiten Gaswerkes beständen: „Dies beweist nur", schließt der anonyme Verfasser 1896, „daß man auch in einem berühmten Curort, der allen Luxus bietet und in dem die vornehme Gesellschaft aus allen Theilen der Welt zusammenfindet, zur Einsicht gekommen ist, welche Vorzüge das Gaslicht hat und welche Vortheile ein Gaswerk einer Gemeinde bietet."[20]
Der Verfasser der oben genannten Streitschrift stellt weiterhin fest: „Dieser Rückschlag [des elektrischen Lichts] zu Gunsten des Gaslichtes zeigt sich jedoch nicht nur im Grossen, bei den städtischen Beleuchtungsanlagen, sondern auch im Kleinen, bei privaten Consumenten. Die meisten Gast- und Kaffeehäuser, Geschäfts, Vergnügungs- und öffentlichen Locale, die sich zur Einführung des elektrischen Glühlichts hatten bestimmen lassen, sind auch wieder zum Gaslicht – u. zw. speciell zum Gasglühlicht – zurückgekehrt."[21]
Noch 1904 berichtet das Journal für Gas- und Wasserversorgung beispielsweise darüber, dass das elektrische Bogenlicht im Bahnhof Viktoria-Station in London durch Gasglühlicht ersetzt wurde.[22]
Die Pläne zur Errichtung von Gasanstalten und Elektrizitäts-

Abb. 3
Broschüre der Gefelek,
Die Elektrizität im kleinen Haushalt,
1914
Umspannwerk Recklinghausen –
Museum Strom und Leben

Beide Verbände entwickelten professionelle, überregionale Werbekampagnen, die mit hohen Auflagen, z.B. zusammen mit der Rechnung an die Kunden, verteilt bzw. versendet wurden. So druckte die Gefelek innerhalb von drei Jahren 6,5 Mio. Broschüren und Werbepostkaten sowie 3,5 Mio. Vignetten, also briefmarkengroße Werbeaufkleber [Abb. 3].[26] Ähnlich hoch waren die Auflagen der Druckerzeugnisse der Gaszentrale, die ebenfalls Vignetten, Faltblätter und Kalender herausgab.[27] Während zuvor in Fachkreisen und mit vereinzelten Anzeigen geworben wurde, wendet sich die Propaganda nun verstärkt direkt an Kunden und potenzielle Konsumenten.

zentralen wurden in der Öffentlichkeit kontrovers diskutiert. Den neu errichteten Gasnetzen drohte durch ein parallel gezogenes Stromnetz die Entwertung. Gas galt zudem als Beleuchtung für die breite Masse, elektrisches Licht dagegen als Luxus. Vertreter der Arbeiterbewegung wendeten sich gegen die Errichtung von Elektrizitätszentralen und favorisierten dagegen den Bau weiterer Gaswerke. Sie forderten Gas als preisgünstiges Massenprodukt und „mehr Licht für alle" anstelle von Luxusbeleuchtung für Wenige.[23] Die Gasbranche wies zwar vor allem auf den günstigen Preis der Gasnutzung hin, bemühte sich aber, das Bürgertum ebenfalls anzusprechen. Sie warb mit „Eleganz und Wirtschaftlichkeit".[24]
1911 ging der Verdrängungswettbewerb der Energieversorger in eine neue Phase über. Zunächst gründeten verschiedene Gasanbieter die „Zentrale für Gasverwertung" zum Zweck der gemeinschaftlichen Werbung.[25] Kurze Zeit später reagierten die Vereinigung der Elektrizitätswerke und der Verband der deutschen Elektrotechniker mit der Gründung der „Gesellschaft für Elektrizitätsverwertung" (Gefelek).

Der Preiskampf

Für die Gasindustrie stellte der vergleichsweise niedrige Gaspreis das zugkräftigste Werbeargument bis in die 1920er Jahre dar. Die Elektrobranche reagierte auf das Preisargument und konnte mit Recht auf sinkende Strompreise verweisen [Abb. 4 siehe Kapiteleinstieg].
Kurz nach der Jahrhundertwende kamen außerdem Metallfadenlampen auf den Markt, die wesentlich heller und stromsparender waren als die herkömmlichen Kohlefadenlampen [Abb. 5].[28]
Auch die Autoren der Haushaltsratgeber griffen das Preisargument auf, oft verbunden mit dem Appell, „Licht" zu sparen.[29] Trotz der Kosten sei gute Beleuchtung eine sinnvolle Ausgabe:
„Da (…) kann der Stromaufwand wohl leicht in Kauf genommen werden, wenn die Arbeit nun so viel besser, sicherer und gesünder verläuft. (…) Und lohnt es sich denn wirklich mit dem Küchenlicht zu sparen? (Es) kostet der ganze Lichtaufwand bei normaler Beanspruchung (…) in einer

Abb. 5
*Postkarte, Metallfaden-Lampe
Bergmann, 1911
Umspannwerk Recklinghausen –
Museum Strom und Leben*

Woche nicht mehr, als eine einzige Flasche Bier. Wer würde diesen manchmal recht zweifelhaften Genuß höher stellen wollen, als eine tadellos beleuchtete, helle, freundliche Küche, wo immer alles sauber bleibt, weil gutes Licht keine schmutzigen Winkel, schlecht gewaschenen Töpfe und staubiges Geschirr duldet, weniger zerschlagen und nichts verdorben wird, jede Arbeit flott und leicht von der Hand geht und mit besserem Licht auch frohe Stimmung als ständiger Hausgenosse Einzug hält."[30]

Verfügbarkeit und Preis sprachen wohl lange für die Gasbeleuchtung. Aber lassen sich in der Werbung für Strom auch Faktoren finden, die letztendlich die Durchsetzung des elektrischen Lichts andeuten?

Reale und gefühlte Sicherheit

Eine große Rolle bei der Akzeptanz von Lichttechniken spielt das Thema Sicherheit. Hier muss zwischen dem objektiven Gefährdungspotential und tatsächlichen Unfällen auf der einen Seite und dem Gefühl von Sicherheit auf der anderen Seite differenziert werden.

Im Vergleich zu Petroleumlampen und offenem Feuer hatte die Brand- und Explosionsgefahr durch das festinstallierte Gaslicht abgenommen, war jedoch nicht gebannt. Doch auch elektrische Installationen waren noch nicht mit heutigen Standards zu vergleichen: Sicherungen fehlten oder wurden überbrückt, die dünnen für Lichtstrom ausgelegten Kabel wurden durch den Anschluss von Elektrogeräten zu stark belastet und die aus Papier, Gummiarabikum und Baumwolle bestehenden Isolierungen durften nicht feucht werden oder knicken, sonst konnten Kabelbrüche, Kurzschlüsse und Kabelbrände auftreten.

Bei der Einführung der elektrischen Glühlichtbeleuchtung übertrugen die technikfremden Nutzer teilweise ihr Wissen auf die neue Technik. Eine Leserin der Schweizer Frauen-Zeitung erkundigte sich 1902, ob man „die elektrischen Lampen (...) in einem Schlafzimmer ungefährdet wegen Geruch oder Explosionsgefahr Tag und Nacht stehen lassen" könne.[31]

Doch im Allgemeinen haftete der Elektrizität der Ruf an, nicht feuergefährlich zu sein. Das lag im Wesentlichen daran, dass elektrisches Glühlicht weder mit einer offenen Flamme arbeitet noch Stoffe in die Luft freisetzt. Auch die Elektrizitätswerbung versprach Sicherheit. In der Werbung für Strom findet sich immer wieder der Hinweis auf die Sicherheit der elektrischen Beleuchtung im Gegensatz zu anderen Energieträgern: „Wo Kinder sind, nur elektrisches Licht. Keine Explosionen, Vergiftungen, Zündhölzer." [vgl. Abb. 6][32]

Erst ab den späten 1920er Jahren setzten Aufklärungskampagnen dem allzu sorglosen Umgang mit der Elektrizität etwas entgegen.[33] Dagegen existierte schon in den Anfängen der Gasnutzung eine diffuse Angst vor Gasexplosionen. Da Gas unsichtbar und damit nicht greifbar war, richtete sich der Unmut z.B. gegen die sichtbaren Repräsentanten des Gasnetzes im Stadtbild, die Gasometer.[34] Um 1900 geriet die Gasbeleuchtung durch spektakuläre Theaterbrände in Wien, Nizza, Paris und in Chicago in Misskredit.[35]

Traurige Berühmtheit erhielten auch Gasvergiftungen und Explosionen, weil „den Gashahn aufdrehen" eine der verbreitetsten Selbstmordarten war, wobei es unbeabsichtigt zusätzlich durch Funken zu Explosionen kommen konnte. Erst die Sicherheitsventile, die die Gaszufuhr unterbrachen, wenn das Gas nicht brannte, und zugesetzte Geruchsstoffe dämmten diese Suizidvariante deutlich ein. Auch unbeabsichtigte Vergiftungen waren bis zum Zusatz von Geruchsstoffen im Stadtgas immer wieder möglich. Um diesem

negativen Image entgegenzuwirken, berief sich die Gasbranche in ihrer Werbung auf die statistische Unfallhäufigkeit: „Wenn auch die Gefahrenmöglichkeit bei der Benutzung von Gas nicht größer als bei der von Elektrizität oder einer anderen Energieart, welche uns die moderne Technik zur Verfügung stellt, ist, so strebt die Gastechnik doch danach, auch die bestehende Gefahrenmöglichkeit auf das denkbar geringste Maß herabzusetzen."[36] Die Gasbranche wurde außerdem nicht müde, auf mögliche Stromschläge und Kabelbrände hinzuweisen – mit mehr oder weniger guten Argumenten. Beispielsweise warnte die Zeitschrift für Heizung, Lüftung und Beleuchtung 1907 unter der Überschrift „Über die Gefährlichkeit elektrischer Hängelampen" davor, die Kabel von Hängelampen gleichzeitig als Stromleiter und als Tragseil zu nutzen: „Ist die Isolierung schadhaft, so kann zwischen den nackten Drähten Kurzschluss entstehen, die Drähte brennen durch, und die Lampe fällt zu Boden. – Trifft die Lampe dabei einen Menschen, so kann sie [an] erheblichen Verletzungen Schuld tragen. Die Möglichkeit eines solchen Vorkommnisses beruht nicht auf Einbildung, sondern ist aus Tatsachen hergeleitet."[37]

Licht im Lichte des Hygienediskurses

Verknüpft mit dem Sicherheitsargument ist der Hinweis auf die Sauberkeit der Elektrizität im Gegensatz zum Gas. Hier stützte sich die Elektrobranche auf einen um 1900 sehr populären Reformdiskurs. Ende des 19. Jahrhunderts erfolgte durch die Entdeckungen von bakteriellen Krankheitserregern ein Paradigmenwechsel im Hygienediskurs.[38] Die Bakteriologie löste die Miasmentheorie ab, die noch davon ausgegangen war, Krankheiten würden durch schädliche Ausdünstungen verursacht. Die verbesserten Möglichkeiten, Mikroorganismen mittels Mikroskopiertechnik zu visualisieren und die Ergebnisse fotografisch festzuhalten, beschleunigten auch die Verbreitung von Bildern des „Unsichtbaren" in den populären Medien.[39] Da Arbeiter- und bürgerliche Hausfrauen, an die sich Appelle der Ratgeberliteratur richteten, die gefürchteten Bakterien nicht selber sichtbar machen konnten, wurde Sauberkeit zur populären Hygienestrategie erhoben.[40]

Nebeneffekt dieses Diskurses war eine diffuse Angst vor dem Unsichtbaren in der Luft. Die beim Gaslicht objektiv vorhandene Verbrennung von Sauerstoff, die Entstehung von Ruß, Wärme und unsichtbaren Abgasen hat zwar mit Mikroorganismen nichts zu tun. Die diffuse Angst griffen die Werbetexter der Elektroindustrie jedoch gerne auf mit dem

*Abb. 6
Kalender der Gefelek,
Elektrisches Licht, 1914
Umspannwerk Recklinghausen –
Museum Strom und Leben*

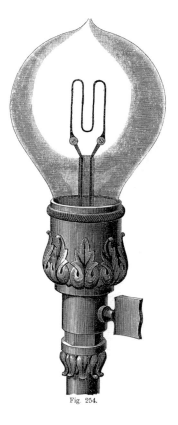

*Abb. 7
Buchabbildung, Glühbirne mit
Drehschalter, in: Bericht über die
Erste Elektrische Ausstellung Wien
1883, Wien 1885*

Hinweis, Strom sei eine saubere Energie, die keine Stoffe in die Umgebung entlasse.[41] Die Gasbranche bemühte sich im Gegenzug darum, diese Argumente zu entkräften: „so herrscht über die beim Wettkampf der beiden Beleuchtungsarten viel erörterte Frage, welche von ihnen die hygienisch einwandfreiere sei, noch an manchen Stellen Unklarheit. Dem Gase wird von seinen Gegnern vielfach vorgeworfen, daß es, da der Sauerstoff der Luft durch die Flamme verzehrt wird, die Luft in den Wohnräumen verschlechtere (...) Tatsächlich ist durch einwandfreie, von berufenen Hygienikern angestellte Versuche nachgewiesen, daß nicht die Verbrennungskohlensäure der Gaslampen, sondern die durch den Atemprozeß des Menschen erzeugte, mit giftigen organischen Stoffen beladene Kohlensäure die Luft verschlechtere."[42]

„Dieselbe Bequemlichkeit wie das elektrische Licht"

Die Vereinfachung der Nutzung ist eine Voraussetzung zur Aneignung von technischen Geräten im Haushalt. Diese Trivialisierung der Technik ist heute unter dem Begriff „Benutzerfreundlichkeit" in aller Munde.[43] Am Beispiel von elektrischem und Gaslicht zeigt sich, wie stark die Vorstellungen der Bequemlichkeit von Alltagstechniken dem historischen Wandel unterliegen. Jahrzehntelang war die einfache Verfügbarkeit von Gas im städtischen Raum das schlagkräftigste Argument der Gasindustrie:
„Uns Stadtbewohnern wird das Gas fertig ins Haus geliefert, wir öffnen den Hahn, halten ein brennendes Streichholz an die Mündung des Rohrs und unsere Arbeiten, um ein Licht zu erhalten, sind beendigt. (...) Das ist außerordentlich bequem, (...) Ganz anders beim electrischen Licht; der Strom, den wir zur Erzeugung desselben gebrauchen, muß von uns selber hergestellt werden, da sich vorläufig noch keine Gesellschaft mit der Lieferung eines electrischen Stromes befaßt."[44]
Edison erkannte, dass die Vermarktung der Glühbirne die Verfügbarkeit der Ware Elektrizität voraussetzt und er eröffnete nicht nur das erste Elektrizitätswerk nach dem Vorbild der Gasanstalten, sondern entwickelte auch das gesamte Zubehör für ein funktionsfähiges Lichtleitungsnetz, wie Schalter, Sicherungen, Stromzähler und Fassungen.[45]
Mit der Etablierung des Stromnetzes verlagerte sich die Frage der Bequemlichkeit von der Ebene der Verfügbarkeit zur Ebene der Bedienung. Eine der faszinierenden Eigenschaften des elektrischen Glühlichts war das einfache Ein- und Ausschalten. Bereits auf der Pariser Weltausstellung von 1881, auf der Edison seine Entwicklung vorstellte, entstanden Schlangen vor einer Vorrichtung, an der Besucher eine Glühbirne schlicht an- und ausdrehen konnten [vgl. Abb. 7].[46]
Die ersten elektrischen Schalter befanden sich noch an der Fassung, ähnlich wie die Gashähne in der Nähe des Brenners angebracht waren. Doch bereits hier entfiel das Anzünden mit Streichholz oder Feuerzeug. Dann folgte die räumliche Trennung von elektrischer Lichtquelle und Schalter. Mit dem Schalter neben der Tür verband sich nun eine Bequemlichkeit, die neue Standards setzte [Abb. 8 und 9].
Doch auch die Gastechnik blieb nicht stehen – seit 1900 existierten verschiedene automatische Gaszündungen und Fernzündungsverfahren für den privaten Gebrauch;

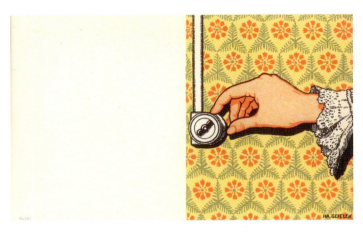

Abb.8
Postkarte der Gefelek, Elektrischer Drehschalter, 1914
Umspannwerk Recklinghausen – Museum Strom und Leben

Abb. 9
Broschüre der Gefelek (Rückseite), Nachtbeleuchtung vorgesehen, 1913
Umspannwerk Recklinghausen – Museum Strom und Leben

Verfahren, die ursprünglich aus der Straßenbeleuchtung kamen.[47] Das Anzünden mit dem Streichholz erübrigte sich nun, und mittels Seilzügen konnte das Gaslicht auch von der Tür aus betätigt werden.
„Der Gasfernzünder LUCIFER (...) gibt dem Gasglühlicht die Bequemlichkeit des elektrischen Lichtes, indem aus beliebiger Entfernung (...) eine beliebige Anzahl von Gaslampen gemeinsam, in Gruppen oder einzeln gezündet und gelöscht werden kann, wodurch das Gasglühlicht dem elektrischen Licht, in Bezug auf Bequemlichkeit der Handhabung gleichwertig, doch wegen seiner grösseren Lichtstärke viel billiger als letzteres wird."[48]
Die Gasbranche geriet offenbar unter Zugzwang, so dass sie Einwände vorwegnahm und die technischen Neuerungen vergleichend bewarb: „Wie aber fast stets, ist der Fortschritt einer Industrie für die konkurrierende nur ein Anlass, selbst neue Wege zu wandeln, und so haben wir denn auch in der Gasindustrie eine Reihe von Fernzündungen heranreifen sehen, die dieselbe Bequemlichkeit wie das elektrische Licht verbürgen. Nunmehr genügt ein Druck oder die Umstellung des Hebels, um Licht zu erzeugen, ein zweiter, um die Gaszufuhr wieder abzustellen, ähnlich wie beim elektrischen Licht, nur mit dem Unterschied, dass man für dasselbe Geld ungleich mehr Licht erhält, die Gasbeleuchtung sich also wesentlich billiger stellt wie die elektrische."[49]
Mit der Entwicklung des hängenden Gasglühlichts konnte ein gravierender Nachteil des Gaslichts gegenüber dem elektrischen Licht ausgeglichen werden – die Tatsache, dass elektrische Lampen in jeder Lage brennen, auch von oben nach unten, wie es für Deckenlampen sinnvoll ist. Dagegen brennt die offene Gasflamme immer nach oben. Mit den neuen Glühstrümpfen, dem „hängenden Gaslicht", entstanden nun Deckenleuchten, die den elektrischen Lampen ähnelten.[50]

Ein weiterer Vorteil des elektrischen Lichts war das hohe Maß an Flexibilität durch die Verwendung biegsamer Kabel im Gegensatz zu starren Gasrohren. Verschiedene Patente von Gasschläuchen und flexiblen Rohren ermöglichten hier zwar eine größere Beweglichkeit als das starre Rohrsystem, konnten jedoch nicht an die Flexibilität von Kabeln heranreichen.[51]
Mit der Herstellung von transportablen Gaslampen und Gasapparaten stellte sich ebenfalls die Frage nach einer sichereren, aber einfach zu handhabenden Verbindungstechnik. Das Verbindungsproblem begleitete auch die frühe Phase der Haushaltselektrifizierung, denn Steckdosen gehörten zunächst lediglich zur Ausstattung von bürgerlichen Wohnungen. Doch die technische Handhabbarkeit des elektrischen Lichts setzte auch Zeichen für das Gaslicht. Im Fall der so genannten „Gassteckdose" zeigt bereits der Name die Wahlverwandtschaft zur elektrischen Infrastruktur [Abb. 10].[52] Ebenso wurde das elektrische Licht zum Maßstab auf der Ebene der Produktgestaltung: Edison hatte mit seinen ersten Glühbirnen noch auf die vorhandene Formensprache des Gaslichts zurückgegriffen. Seine Fassungen

*Abb. 10
Kalender, Gassteckdose,
Überall Gas, 1914
Zentrale für Gasverwertung e.V.
Berlin*

*Abb. 11
Auerlicht, Zeitungsanzeige der Auerlichtgesellschaft Berlin,
in: Die Jugend 1906*

orientierten sich an den Gasgewinden der Schalter an den drehbaren Gashähnen.[53]

Später übte das elektrische Licht eine solche Faszination aus, dass nun umgekehrt Gaslampen den elektrischen Leuchtern nachempfunden wurden. In Abbildungen sind beide kaum zu unterscheiden. Aus dem zylinderförmigen Glasrohr der älteren Gaslampen wurden runde Kugeln, die dem Kolben der Glühbirnen ähnelten, abgesehen von Luftlöchern, die den Zustrom von Sauerstoff ermöglichen [Abb. 11].

Vernetzungsschub im Ersten Weltkrieg

Im Ersten Weltkrieg unterlagen alle Energieträger der staatlichen Bewirtschaftung. Petroleum in Form von Benzin war besonders wichtig für die Kriegswirtschaft und sollte nicht durch den privaten Konsum aufgezehrt werden, zumal es importiert und mit Devisen bezahlt werden musste. Kohle als Ausgangsstoff von Gas und Elektrizität galt zwar ebenfalls als kriegswichtig, die heimische Kohle war jedoch leichter verfügbar als das Petroleum. Es musste also im Interesse der Kriegswirtschaft sein, die ländlichen und vorstädtischen Haushalte, die bisher Petroleumlicht nutzten, an das Gas- oder Stromnetz anzuschließen.[54] In Dortmund stieg beispielsweise die Zahl der Stromabnehmer zwischen 1914 und 1918 von 24.000 auf fast 50.000.[55] Von dieser Kampagne profitierten vor allem die Elektrizitätswerke, aber auch die Gasanstalten. Die massive Werbung für Gas und Strom appellierte nun sowohl an den Geldbeutel als auch an den Patriotismus der Verbraucher [Abb. 12].

„120 000 000 Mark gehen für Petroleum jährlich ins Ausland."[56] „Kein ausländisches Petroleum!! Sondern elektrisches Licht! Jede Petroleumlampe lässt sich mit Hilfe der Aufsteckfassung leicht und billig in eine elektrische Lampe verwandeln."[57] Aus der Perspektive der Gasbranche: „Unser Heer im Kampfe und unsere wirtschaftliche Kraft stärkt jeder, der Gas verbraucht."[58]

Haushaltsgeräte statt Licht

Ende der 1920er Jahre setzte sich das elektrische Licht langsam durch und der Systemstreit verlagerte sich von der Beleuchtung auf die Haushaltsgeräte. Der inzwischen unzeitgemäße Begriff „Leuchtgas" wich der Bezeichnung „Stadtgas".

Die vermehrte Produktion von Konsumgütern und das Wachstum einer neuen städtischen Mittelschicht begründeten eine steigende Nachfrage nach Haushaltsgeräten. Da junge Frauen nun verstärkt Beschäftigung in Fabriken und im sich entwickelnden Dienstleistungssektor suchten, anstatt als Dienstmädchen zu arbeiten, mussten bürgerliche Haushalte nun häufig ohne Dienstpersonal auskommen. Die Werbung griff das Dienstbotenproblem auf und versprach Abhilfe durch Haushaltsgeräte, die jegliches Personal ersetzen sollten.[59] Der Verbreitung von Elektrogeräten standen allerdings zunächst nicht nur hohe Anschaffungspreise, sondern auch die hohen Strompreise entgegen.[60] Daher versuchten die Elektrizitätswerke in Deutschland nach dem Ersten Weltkrieg mit günstigeren Tarifen einen Massenmarkt zu erschließen. So sollten die Kunden zum vermehrten Stromkonsum durch Gerätenutzung animiert werden und die Elektrizität endgültig ihr Luxus-Image verlieren. Neben der Änderung des Tarifsystems setzten die Energieversorger auf die vermehrte Werbung für Haushaltsgeräte. Gas- und Elektrizitätswerke errichteten zudem Verkaufsstellen für die Vorführung und den Verkauf ihrer jeweiligen Geräte.[61]

Gas- und strombetriebene Haushaltsgeräte, die Wärme

Abb. 12
Broschüre der Gefelek (Rückseite),
Der beste Schutz, 1916
Umspannwerk Recklinghausen –
Museum Strom und Leben

Abb. 13
Vignette, Plätte elektrisch!, um 1910
Umspannwerk Recklinghausen – Museum Strom und Leben

Abb. 14
Vignette, Gashaube „Brema", um 1910
Umspannwerk Recklinghausen – Museum Strom und Leben

erzeugen wie Herd, Heizöfen, Heizplatten und Bügeleisen, existierten (und existieren nach wie vor) parallel [Abb. 13, 14 ,15 und 16]. Ein Blick auf die Werbung für das Kochen zeigt Übereinstimmungen sowohl in den Slogans, der grafischen Gestaltung als auch im Produktdesign. Gerade bei den relativ ausgereiften Gas- und Elektroherden, deren Handhabung sich nur minimal unterschied, entbrannte der Streit um Marktanteile.[62]

Trotz der massiven Werbung für das Kochen mit Gas und Strom erfolgte die massenhafte Durchsetzung der Elektro- bzw. Gasherde erst in den 1960er Jahren. Zum einen war der alte Kohleherd ein Multifunktionsgerät, das nicht ohne weiteres durch ein einzelnes neues Gerät ersetzt werden konnte, denn das ständig brennende Feuer heizte zusätzlich die Küche, immer stand warmes Wasser zur Verfügung und die Wäsche konnte getrocknet werden. Die Anschaffung von nur temporär genutzten Gas- und Elektroherden erforderte also die Anschaffung weiterer Geräte zum Heizen und für die Warmwasserbereitung.

Im Ruhrgebiet erfolgte die Umstellung des Kochens auf Gas oder Strom besonders spät, da die Beschäftigten im Bergbau ein Anrecht auf günstige Deputatkohle hatten. Wer rechnen musste, nahm eher einen höheren Zeitaufwand als höhere Kosten in Kauf.[63]

Das erste Wärmegerät, das als Massenartikel bezeichnet werden kann, war das Bügeleisen. Seit 1892 auf dem Markt, verbreitete es sich bis in Arbeiterhaushalte, denn das elektrische Bügeln hatte große Vorzüge gegenüber den Eisen, die auf der Herdplatte warm gemacht wurden oder bei denen ein Metallkern ins Feuer gelegt wurde. Hier geschah es häufig, dass Asche oder Glut die Wäsche verschmutzte oder sogar Löcher hineinbrannte. Je nach Zugang zum Gas- oder Stromnetz etablierten sich neben den elektrischen auch die Gasbügeleisen.[64]

Während sich Gas- und elektrische Wärmegeräte nur geringfügig unterschieden, eröffnete der Elektrokleinmotor ein Feld für elektrische Haushaltsgeräte, auf das die Gasgeräte nicht folgen konnten. Es existierten zwar parallel Gasmotoren, doch konnten sich Verbrennungsmotoren verständlicherweise wegen der entstehenden Abgase im häuslichen Bereich nicht durchsetzen. Die massenhafte Verbreitung von Staubsauger und Küchenmaschine erfolgte zwar erst nach dem Zweiten Weltkrieg, doch bereits durch die massive Präsenz der Geräte in der Werbung der 20er Jahre wurde Elektrizität als die bequemere und flexiblere Geräteform wahrgenom-

Abb. 15
Broschüre, Meurer Gasherd, um 1930
Umspannwerk Recklinghausen – Museum Strom und Leben

Abb. 16
Vignette, Elektroherd, um 1935
Umspannwerk Recklinghausen – Museum Strom und Leben

men, der die Gasbranche wenig entgegenzusetzen hatte. Waren elektrische Leitungen für das Licht bereits vorhanden, mussten sie evtl. verstärkt und um Steckdosen ergänzt werden, um Elektrogeräte anzuschließen. Für Kleingeräte genügte ein Fassungsstecker, ein Adapter, der in die Glühbirnenfassung eingeschraubt wurde.[65] In Haushalten, die mit Gas beleuchtet hatten, könnte der Wunsch, ein Gerät anzuschaffen, bei der Entscheidung zur Umstellung der Beleuchtung von Gas auf Strom eine bedeutende Rolle gespielt haben.

Aus dem Blickwinkel der Beleuchtung ging es seit den 1920er Jahren mit dem Gasnetz bergab. Faktisch fand jedoch eine Differenzierung der Energieträger statt. Auf der einen Seite bewirkten Licht und Elektrogeräte eine Ausweitung des Stromnetzes. Auf der anderen Seite führten der Übergang zum Erdgas und die verstärkte Nutzung von Gas als Wärmequelle nach dem Zweiten Weltkrieg zu einem steigenden Gasverbrauch.[66]

1. Speitkamp, Heinrich: Physik in Küche und Haus, Zweite Auflage, Leipzig/Berlin 1920, S. 75f.
2. Blochmann, Georg Moritz: Beiträge zur Geschichte der Gasbeleuchtung, Dresden 1871, S. 111.
3. Vgl. Bettina Günter: Künstliches Licht als Massenprodukt – Einblicke in die „black box of diffusion", in: Blätter zur Technikgeschichte, Bd. 66/67, 2004/2005.
4. Vgl. z.B. Bluma, Lars / Pichol, Karl / Weber, Wolfhard (Hg.): Technikvermittlung und Technikpopularisierung. Historische und didaktische Perspektiven, Münster 2004, sowie Hengartner, Thomas / Rolshoven, Johanna (Hg.): Technik – Kultur. Formen der Veralltäglichung von Technik – Technisches im Alltag, Zürich 1998. Die Technikgeschichte profitiert hier auch von der neueren Konsumgeschichte, vgl. Siegrist, Hannes/Kaelble, Hartmut/Kocka, Jürgen (Hg.): Europäische Konsumgeschichte. Zur Gesellschafts- und Kulturgeschichte des Konsums, Frankfurt/New York 1997. Der Sammelband umfasst auch Beiträge der auf diesem Gebiet führenden angelsächsischen und französischen Konsumforschung, vgl. Schwartz-Cowan, Ruth: The Consumption Junction, A Proposal of Research Strategies in the Sociology of Technology, in: Bijker, Wiebe E./Hughes, Thomas/Pinsch, J. Trevor (Hg.): The Social Construction of Technological Systems, Cambridge 1984, S. 263.
5. Zur Stromeuphorie: Vgl. Binder, Beate: Elektrifizierung als Vision. Zur Symbolgeschichte einer Technik im Alltag, Tübingen 1999, sowie Zängl, Wolfgang: Deutschlands Strom. Die Politik der Elektrifizierung von 1866 bis heute, Frankfurt am Main/New York 1989.
6. Vgl. Geiser, Ruth: Mehr Licht! Leselust und Beleuchtungsnot in Lebensberichten von Frauen, in: Brunold-Bigler, Ursula / Bausinger, Hermann (Hg.): Hören Sagen Lesen Lernen. Bausteine zu einer Geschichte der kommunikativen Kultur, Bern u.a. 1995, S. 87.
7. Die englische „Imperial Continental Gas Association" (I.C.G.A.) baute und betrieb in vielen Großstädten auf dem europäischen Kontinent die ersten Gasanstalten, so auch in Wien. England war durch seinen Kohlereichtum und das frühe Einsetzer der Industrialisierung führend auf dem Gebiet der Steinkohledestillation, vgl. Günter, Bettina: Das Licht der Gründerzeit. Beleuchtung im 19. Jahrhundert, in: Deutsches Historisches Museum Berlin: Gründerzeit 1848–1871. Industrie & Lebensräume zwischen Vormärz und Kaiserreich. Begleitbuch zur gleichnamigen Ausstellung, Dresden 2008, S. 86.
8. Vgl. z.B. Wagner, Christoph: Vom Kienspan zum Gaslicht. Die Entwicklung der vorelektrischen Beleuchtung, in: Bremen wird hell. 100 Jahre Leben und Arbeiten mit Elektrizität, Hofschen, Heinz-Gerd (Redaktion), Bremen 1993, S. 124.
9. Vgl. Buschmann, Walter (Hg.): Koks, Gas, Kohlechemie: Geschichte und gegenständliche Überlieferung der Kohleveredelung, Essen 1993, sowie Sonne, Mond und Sterne – Kultur und Natur der Energie; Borsdorf, Ulrich (Hg.): Katalog zur Ausstellung auf der Kokerei Zollverein in Essen im Rahmen des Finales der Internationalen Bauausstellung Emscher Park, Essen 1999, S. 256.
10. Rahner, Stefan/Schmidtmann, Peter: Der Riese am Kanal. Der Oberhausener Hochofengasbehälter im Verbund mit Kohle und Chemie, Rheinisches Industriemuseum Oberhausen, Köln/Bonn 1994, S. 23, siehe auch Radkau, Joachim: Technik in Deutschland. Vom 18. Jahrhundert bis zur Gegenwart, Frankfurt a.M. 1989, S. 81.
11. Radkau stellt fest, dass einige chemische Farbstoffe auf der Grundlage der Kohlenebenprodukte des Bergbaus entstanden, vgl. Radkau, Technik in Deutschland, S. 81.
12. Rieker, Yvonne / Zimmermann, Michael: Licht und Dunkel. Der Beginn der öffentlichen Beleuchtung in Essen, in: Wisotzky, Klaus/Zimmermann, Michael (Hg.): Selbstverständlichkeiten: Strom, Wasser, Gas und andere Versorgungseinrichtungen. Die Vernetzung der Stadt um die Jahrhundertwende, Essen 1997, S. 61.
13. Die Durchsetzung der Bogenlampe im öffentlichen Raum erfolgte ab 1878 mit dem Differenzialregulator, der den Abstand der Kohlestifte regelte, und dem Ausbau des Stromnetzes, vgl. Braunbeck, Joseph: Das elektrische Jahrhundert, in: Künstlerhaus Wien (Hg.): Lichtjahre. 100 Jahre Strom in Österreich, Wien 1986, S. 25.
14. Neue Freie Presse Wien 8.5.1881.
15. Zit. nach Lindner, Helmut: Strom. Erzeugung, Verteilung und Anwendung der Elektrizität, Reinbek 1985, S. 148f.
16. Vgl. Schivelbusch, Wolfgang: Lichtblicke. Zur Geschichte der künstlichen Helligkeit im 19. Jahrhundert, München/Wien 1983, S. 63.
17. Vgl. Bärthel, Hilmar: Die Geschichte der Gasversorgung in Berlin – eine Chronik, Berlin 1997, S. 32. Auer von Welsbach war einer der wenigen Erfinder, die sowohl im Bereich der Gasbeleuchtung als auch der elektrischen Beleuchtung arbeiteten. Er entwickelte 1902 mit der Osmiumlampe die erste elektrische Glühbirne mit einem metallenen Glühdraht – abgesehen vom zu kostspieligen Platinfaden – und 1905 den Wolframglühfaden, der bis heute im Gebrauch ist, vgl. Veigel, Hans-Joachim: Licht wird produziert, in: Nentwig, Franziska: Berlin im Licht, Stiftung Stadtmuseum Berlin, Berlin 2008, S. 29.
18. Vgl. Gugerli, David (Hg.): Redeströme. Zur Elektrifizierung der Schweiz 1880–1914, Zürich 1996, S. 49.
19. Vgl. Gugerli, Redeströme, S. 45, sowie Binder, Beate: Stadt im Licht: Künstliche Beleuchtung in der Diskussion, in: Nentwig, Franziska (Hrsg.): Berlin im Licht, Stiftung Stadtmuseum Berlin, Berlin 2008, S. 37.
20. Anonymer Verfasser: Mehr Licht! Ein Beitrag zur Frage der Errichtung von Gaswerken, Wien 1896, S. 6.
21. Mehr Licht! S. 6.
22. Vgl. Journal für Gas- und Wasserversorgung (JGW) Nr. 21, 21. Mai 1904, S. 462.
23. Vgl. Höflein, Harald: Elektrifizierung aus der Sicht der „Peripherie". Die Stromversorgung der Umlandgemeinde Ober-Ramstadt bis 1914, in: Böhme, Helmut/Schott, Dieter (Hg.): Wege regionaler Elektrifizierung in der Rhein-Main-Neckar-Region. Geschichte und Gegenwart, Darmstadt 1993, S. 85.
24. Wiehler, Rudolf: Zwölf Jahre Gaspropaganda, in: Gaswoche, Juni 1922, o.S.
25. Wiehler, Zwölf Jahre Gaspropaganda, o.S.
26. Döring, Peter/Weltmann, Christoph: „Die Erweckung von Stromhunger". Elektrizitätswerbung im 20. Jahrhundert, in: Wessel, Horst A. (Hg.): Das elektrische Jahrhundert, Entwicklungen und Wirkungen der Elektrizität im 20. Jahrhundert, Essen 2002, S. 94.
27. Wiehler, Zwölf Jahre Gaspropaganda, o.S.
28. Vgl. Wegener, Christoph: Überall Gaslicht, in: Feuer und Flamme für Berlin. 170 Jahre Gas in Berlin. 150 Jahre Städtische Gaswerke, Deutsches Technikmuseum Berlin (Hg.), Berlin 1997, S. 70.
29. Wutschl, Maria Elisabeth: Die elektrische Küche. Praktisches Elektrokochbuch, Hg. Verband der Elektrizitätswerke Wien, o.J., S. 85.
30. Wutschl, Die elektrische Küche, S. 87.
31. Stadelmann, Kurt: Umgangsformen mit technischen Neuerungen am Beispiel der elektrischen Energie, in: Blumer-Onofri, Florian: Soziale Rezeption der Elektrotechnik im Baselgebiet, in: Allmächtige Zauberin 1994, S. 134.

32. Vgl. Horstmann, Theo: Die Vorläufergesellschaften der VEW, in: VEW AG (Hg.): Mehr als Energie. Die Unternehmensgeschichte der VEW 1925–2000, Essen 2000, S. 28.
33. Vgl. z.B. Warnende Zeichnungen in Elektroschutz von Stefan Jellinek, 1931.
34. Vgl. Schivelbusch, Lichtblicke, S. 38.
35. Vgl. Journal für Gasbeleuchtung, 4/1914, S. 65, sowie Braunbeck: Das elektrische Jahrhundert, S. 31.
36. Überall Gas. Kundenkalender 1914, S. 83.
37. Zeitschrift für Heizung, Lüftung und Beleuchtung (ZHLB), 1907, Hf. 13, S. 140.
38. Vgl. Sarasin, Phillipp (Hg.): Bakteriologie und Moderne, Studien zur Bioplastik des Unsichtbaren 1870–1920, Frankfurt am Main 2007.
39. Vgl. Berthe, Berit: Sichtbare Spuren / Spuren der Sichtbarkeit – Betrachtungen zur hygienischen Volksbelehrung in der Weimarer Republik anhand von Lichtbildreihen des deutschen Hygiene Museums, München 2007, S. 30.
40. Zum Hygienediskurs, wie er in der Wohnreformbewegung an die Frauen herangetragen wurde, vgl. Frevert, Ute: „Fürsorgliche Belagerung". Hygienebewegung und Arbeiterfrauen im 19. und frühen 20. Jahrhundert, in: Geschichte und Gesellschaft 11, 1985, Hf. 4, sowie Heßler, Martina: Modernisierung wider Willen: Wie die Haushaltstechnik in den Alltag kam, in: Bluma, Lars/Pichol, Karl/Weber, Wolfhard (Hg.): Technikvermittlung und Technikpopularisierung. Historische und didaktische Perspektiven, Münster 2004, S. 249.
41. Vgl. Schivelbusch: Lichtblicke, S. 55.
42. Oberingenieur Kampe: Zur Ästhetik und Hygiene der Gasbeleuchtung: in: Illustrierte Zeitung. Gas-Jahrhundert-Nummer 1911, S. 25.
43. Weingart, Peter: Differenzierung der Technik oder Entdifferenzierung der Kultur, in: Joerges, Bernward (Hg.): Technik im Alltag, Frankfurt am Main, 1988.

44. Bernstein, Alex: Die Elektrische Beleuchtung, Berlin 1880, S. 61.
45. Vgl. Poll, Helmuth: Der Edisonzähler, Deutsches Museum München, o.J., S. 8.
46. Vgl. Lindner: Strom, S.145
47. Frenzel, Paul: Das Gas und seine moderne Anwendung, Wien, Pest, Leipzig 1902, S. 220 ff.
48. Anzeige Gas-Fernzündung Lucifer, Metallwerk Colonia GmbH Köln, in: Frenzel, Paul: Das Gas und seine moderne Anwendung, Leipzig 1902, Anhang o.S.
49. Überall Gas, Kundenkalender 1914, S. 62, vgl. auch: Das Gas 1916, S. 63f.
50. Vgl. Wegener, Christoph: Überall Gaslicht, in: Feuer und Flamme für Berlin. 170 Jahre Gas in Berlin. 150 Jahre Städtische Gaswerke, Deutsches Technikmuseum Berlin (Hg.), Berlin 1997, S. 63. Vgl. ZHLB 1905, S. 193.
51. Vgl. bspw. Journal für Gasbeleuchtung 1900, S. 857.
52. Frenzel, Paul: Das Gas und seine moderne Anwendung, Wien, Pest, Leipzig 1902, S. 196 ff. Sowie Überall Gas, Kundenkalender 1914, S. 83.
53. Noch 1920 wird im Siemens-Schuckert-Katalog eine Standard-Lampenfassung als „Edisonfassung, mit und ohne Hahn (…) mit 3/8′′ Gasgewinde" bezeichnet, vgl. Österreichische Siemens-Schuckert Werke, z.B. Preisliste 1920, S. 172, vgl. auch Schivelbusch: Lichtblicke, S. 70.
54. Vgl. Blumer-Onofri, Florian: Soziale Rezeption der Elektrotechnik im Baselgebiet, in: Allmächtige Zauberin 1994, S. 200.
55. Vgl. Horstmann: Die Vorläufergesellschaften der VEW, S. 50.
56. Wiehler: Zwölf Jahre Gaspropaganda, Abb. 17, o.S.
57. Vgl. Horstmann: Die Vorläufergesellschaften der VEW, S. 50.
58. Wiehler: Zwölf Jahre Gaspropaganda, Abb. 16, o.S.
59. Oetzel, Sabine: Der elektrische Haushalt, in: Wessel, Horst A. (Hg.): Das elektrische Jahrhundert. Entwicklungen und Wirkungen der Elektrizität im 20. Jahrhundert, Essen 2002, S. 72.
60. Vgl. Döring, Peter: Bewegte Jahre: Die VEW von 1925 bis 1948, in: VEW AG (Hg.): Mehr als Energie. Die Unternehmensgeschichte der VEW 1925–2000, Essen 2000, S.103.
61. Stadelmann, Christian: Strom für alle. Schritte der Elektrifizierung und Geräteausstattung des Haushalts bis zur Mitte des 20. Jahrhunderts, in: Blätter zur Technikgeschichte, Bd. 66/67, 2004/2005, S. 120.
62. Stadelmann, Christian: Strom für alle, S. 131.
63. Vgl. Günter, Bettina: Schonen – Schützen – Scheuern. Zum Wohnalltag von Arbeiterfamilien im Ruhrgebiet der zwanziger Jahre, Münster / New York 1995, S. 54.
64. Vgl. Stadelmann: Strom für alle, S. 120.
65. 1928 verfügte erst jeder zweite Haushalt in Berlin über einen Stromanschluss, vgl. Stadelmann: Strom für alle, S. 128.
66. Vgl. Wiehler: Zwölf Jahre Gaspropaganda, o.S.

Plakat, Protos-Staubsauger der Firma Siemens&Halske, Grafik: René Ahrlé, um 1925
Umspannwerk Recklinghausen – Museum Strom und Leben (Abb. 2)

Maschinen für die moderne Frau
Werbung für elektrische Haushaltsgeräte in den 1920er und 1930er Jahren

Martina Heßler

„Werbung als Selbstverständlichkeit" hatte Dirk Reinhardt ein Kapitel zur Werbung in der Weimarer Republik überschrieben.[1] Was heute ganz selbstverständlich erscheint, nämlich, dass Produkte beworben werden, war es um die Jahrhundertwende bis in die Zeit nach dem Ersten Weltkrieg keineswegs. Vielmehr war Werbung von einem starken Widerstand begleitet. Die negativen, kulturkritischen Wertungen der „Reklame"[2], für die prominent Werner Sombarts Aussage steht, Reklame setze den „Schwachsinn der Massen"[3] voraus, verloren erst in den 1920er Jahren an Einfluss. Zwar wurde Reklame oder Werbung auch dann noch von einigen Unternehmen nur als notwendiges Übel angesehen,[4] zwar hatte sie bei vielen Zeitgenossen noch immer einen zweifelhaften Ruf und galt als unnötig oder gar unseriös,[5] doch wurde ihre Bedeutung zunehmend erkannt und anerkannt. Es setzte eine Professionalisierung ein, Fachdiskussionen wurden geführt,[6] und um 1925 begann eine intensive absatzwirtschaftliche und verbrauchsorientierte Forschung.[7]
Dem korrespondierte der Beginn oder die Frühphase der Konsumgesellschaft in der Weimarer Republik mit dem Bestreben vieler Unternehmen, Produkte, so auch elektrische Haushaltstechnik, als Massenware auf den Markt zu bringen. Der Haushalt wurde von Geräteherstellern und von Energieversorgungsunternehmen nach dem Ersten Weltkrieg als Absatzmarkt für elektrische Geräte entdeckt. Es bestanden kaum Zweifel über die immensen Absatzmöglichkeiten, man sprach vom „Anfang zu einer großen Entwicklung".[8] In der Elektrotechnischen Zeitung 1926 war von einer Technik die Rede, der noch eine „außergewöhnliche Entwicklung"[9] bevorsteht. Es war nicht zuletzt die Größe des potentiellen Absatzmarktes, die die Hersteller und Energieversorgungsunternehmen beeindruckte und Visionen von einem ausgesprochen profitablen Markt entstehen ließ. Während nach Ende des kurzen Nachkriegsbooms die mangelnde Kaufkraft einen massenhaften Absatz der Geräte hemmte, glaubte man Mitte der 1920er Jahre, die Krise der Wirtschaft und vor allem die „Kaufkraftkrise" sei überwunden. Die scheinbare wirtschaftliche Konsolidierung führte zu euphorischen Prognosen. Die Elektroindustrie erhoffte sich in der nächsten Zeit, „in der sich normale wirtschaftliche Verhältnisse erwarten lassen", einen steigenden Absatz an elektrischen Haushaltsgeräten.[10]
Allerdings galt, bei aller Euphorie, wie beispielsweise die Firma Siemens festgestellt hatte, der Haushaltsgerätemarkt als ein schwieriger Markt.[11] Denn selbst wenn die finanziellen Voraussetzungen gegeben waren, bestehe häufig wenig Interesse am Kauf der elektrischen Geräte. Die verstärkte Produktion von Konsumgütern war daher mit der Einsicht verknüpft, dass diese "weitgehender Unterstützung durch die Werbung" bedurfte.[12]
Vorurteile und Desinteresse mussten überwunden werden. Es reichte nicht aus, den Kunden zu beweisen, dass sie elektrisch vollwertig kochen, sondern man musste sie überzeugen, dass sie mit einem elektrischen Herd besser kochen können. Werbung galt daher als unabdingbar. Und nicht zuletzt der Vergleich mit anderen Ländern, vor allem den USA, zeige, welchen Verkaufserfolg man mit Werbung erzielen könne, so der Tenor in den Fachzeitschriften.[13]
Energieversorgungsunternehmen und Elektroindustrie warben gleichermaßen, teils auch gemeinsam, für elektrische Haushaltsgeräte. Dabei nutzen sie die gleichen Strategien und die gleichen Bilder.[14]
Bereits zu Beginn des 20. Jahrhunderts hatte die Firma Miele die erste Zeitungswerbung veröffentlicht, AEG lud 1909 in ihrer Kundenzeitschrift zum Gang durch ein elektrisches Wohnhaus ein. Während vor dem Ersten Weltkrieg Werbung

Abb. 1
Broschüre, Protos-Elektroherd der Firma
Siemens&Halske,
Grafik: Armbruster, 1934
Umspannwerk Recklinghausen –
Museum Strom und Leben

in Form von Anzeigen dominierte, vervielfältigen sich die Werbemittel in der Zwischenkriegszeit. Anzeigen in Zeitungen, vor allem in Frauenzeitschriften, Werbebotschaften auf den Stromrechnungen,[15] auf den Schutzumschlägen von Büchern der Stadtbücherei, Plakate, Preisausschreiben[16] wurden genutzt, um die Geräte bekannt zu machen und mit Bedeutung zu versehen, um „aufzuklären und zu überzeugen".[17] Broschüren wurden verfasst, Flugblättern entworfen, Inserate geschaltet, Postkarten und Werbebriefe versandt.[18] Man wählte auch ausgefallene Werbemethoden. Spektakulär war beispielsweise ein 1929 von Siemens veranstalteter Staubsaugertransport, bei dem 20 mit Geräten beladene Pferdegespanne von Siemensstadt zur Berliner Geschäftsstelle fuhren; anlässlich der Leipziger Messe 1926 richtete Siemens auf einem zentralen Platz der Stadt einen Pavillon ein, der durch einen riesigen staubsaugerförmigen Aufbau auffiel.[19] Unternehmen erfanden eigens Figuren, die für elektrische Geräte warben. Miele kreierte die „Miele-Tante". Im „Dritten Reich" warben Heinzelmännchen und das eigens entworfene Strommännchen, eine Zeichnung in Form einer lachenden Steckdose, das forderte „Laß mich hinein, dir dienstbar zu sein" für elektrische Haushaltsgeräte.[20] Einige Unternehmen – wie AEG und Siemens – ließen bekannte Schauspielerinnen für elektrische Geräte werben. Zwar waren in den 1920er Jahren Printmedien die wichtigsten und quantitativ häufigsten Werbeträger der Zeit, Radio- und Filmwerbung stellten einen verschwindend geringen Teil dar,[21] doch gehörten sie zu den spektakulärsten Werbemitteln. Rundfunkwerbung, Reportagen und Vorträge, teils im Schulfunk, teils in der „Hausfrauenstunde", priesen die Vorteile elektrischer Haushaltsgeräte an.[22] Elektrizitätswerke und Unternehmen produzierten Werbefilme, die im Kino als Vorprogramm gezeigt wurden. Ein Film schilderte beispielsweise bereits 1922 die Vorteile der Waschmaschine: „Die große Wäsche einst und jetzt" war der Titel.[23] Ein Trickfilm „Tobias Ohneschwung", Filme mit Titeln wie „Heinzelmännchen", der „Der elektrische Schwiegersohn" oder „Wenn Frauen sich verbünden" zeigten die vielfältigen Anwendungsmöglichkeiten der Elektrizität im Haushalt.[24] Ähnliche Werbemittel fanden sich in dieser Zeit gleichermaßen für andere Produkte. Fragt man dagegen nach den Besonderheiten der Werbung für elektrische Haushaltsgeräte, so lassen sich drei Aspekte benennen.

Erstens wurde eine neue Technik beworben, eine Technik, von der die Nutzer, oder besser die Nutzerinnen, offensichtlich nicht einsahen, warum sie sie kaufen sollten, die aber gleichzeitig, so die Einschätzung der Unternehmen, das Potential für einen Massenmarkt versprach. Unternehmen mussten daher über diese neue Technik informieren, ihre Nutzung erklären und sie vor allem auch in gesellschaftliche und kulturelle Kontexte einbetten.

Zweitens handelte es sich um eine Technik für Frauen, und zwar für Frauen im privaten Heim, das auch zu Beginn des 20. Jahrhunderts – in der bürgerlichen Logik des 19. Jahrhunderts – als technikfreie Oase gedacht wurde, als Gegenpol zur Maschinenwelt. Die Kategorie Gender

*Abb. 3
Plakat, Protos-Staubsauger
der Firma Siemens&Halske,
Grafik: Eugen Spiro, 1927
Umspannwerk Recklinghausen –
Museum Strom und Leben*

und das Verhältnis Gender und Technik spielt daher für die Betrachtung der Werbung für elektrische Haushaltsgeräte eine zentrale Rolle.
Drittens, und damit wird dieser Beitrag enden, ging die Werbung für diese neue Technik deren Massenverbreitung um einige Jahrzehnte voraus. Erst in den 1960er und den 1970er Jahren wurden die Geräte in der Bundesrepublik und der DDR zur Selbstverständlichkeit.

Werbung für eine neue Technik

Elektrische Haushaltsgeräte wie Kochapparate, Wasserkocher oder Bügeleisen waren seit den 1880er Jahren auf elektrotechnischen Ausstellungen zu sehen und seitdem bemühten sich Unternehmen wie AEG und Siemens um deren Entwicklung. Vor dem Ersten Weltkrieg waren sie jedoch sehr teuer, galten als Luxusprodukte und waren nur für eine kleine Oberschicht bezahlbar. Als Massenprodukt mit der Zielgruppe „Volk" stellte die Palette elektrischer Geräte in der Weimarer Republik eine technische Neuheit dar, für die die Unternehmen Werbestrategien entwickeln mussten. Fasst man Werbung als Kommunikation, wie Dirk Reinhardt bereits 1993 formuliert hat, so lassen sich im Hinblick auf die Werbung für elektrische Haushaltsgeräte in den 1920er und 1930er Jahren drei Ebenen der Kommunikation analytisch unterscheiden.
Erstens die Kommunikation von Informationen, zweitens die Kommunikation von kulturellen Vorstellungen und Normen und Werten, in die die neue Technik eingebettet wurde, und drittens die Vermittlung von Rollenbildern für Männer und Frauen.

Information: Aufklärung über den „elektrischen Gasherd"

Eine Umfrage von Unternehmen der Elektroindustrie ergab einen „Mangel an Aufklärung", der als ein Grund für die Nichtanschaffung von Geräten bezeichnet wurde.[25] Die Werbung für elektrische Haushaltsgeräte diente daher vor allem auch dazu, die neuen Geräte überhaupt erst bekannt zu machen, ihre Funktionsweise und ihren Nutzen zu erklären. Der Wissensstand der Bevölkerung, vor allem der Frauen, sollte erhöht werden, denn Unternehmen hatten die Erfahrung gemacht, dass dieser sehr gering war. So fragte eine Zuschauerin während einer Werbevorführung für elektrische Herde der Firma AEG im Jahr 1927, ob man den Apparat auch an eine Gasleitung anschließen könne.[26] Auf der Bauausstellung 1931 rief ein Hausfrau überrascht aus: „Ach, da ist ja ein elektrischer Gasherd."[27] Erfahrungen dieser Art verdeutlichten den Unternehmen, dass das Wissen über die neuen Geräte nicht hoch genug war. Daher sollte das Wissen erhöht und dabei den Frauen vor allem auf adäquate Weise vermittelt werden; und die Hersteller vergaßen nie, dass sie Frauen informieren wollten. Zusammengefasst griffen sie auf drei unterschiedliche Werbeformen bzw. -praktiken zurück: Zum einen nutzten sie in Anzeigen Bilder, die zumeist Kinder zeigten, wie sie elektrische Geräte bedienten. Dies war ein beliebtes Werbemotiv, das gegen den angeblich ängstlichen Umgang der Frauen mit Technik eingesetzt wurde und häufig gleichzeitig über die Funktionsweise informierte und deren Einfachheit demonstrieren sollte. Konnte ein Kind die Geräte bedienen, so die Logik, sollten es auch die Frauen schaffen. „Kinderhände können mich lenken!" verkündete eine Staubsauger-Werbung aus dem Jahr 1935. Eine Werbung der Bewag verkündete: „Elektrisch Kochen kinderleicht!"

Zum zweiten verfassten Unternehmen Kurzgeschichten, die zu vermitteln suchten, wie das Kochen auf dem elektrischen Herd funktionierte.[28] Information wurden dabei unterhaltsam verpackt.

Zum dritten sollten durch praktische Vorführung Berührungsängste abgebaut werden. In Kochkursen konnten Frauen elektrisch kochen lernen, Haushaltsberaterinnen wurden eingesetzt, die beim Kochen halfen, um, so die Formulierung, den „inneren Widerstand bei Hausfrauen zu brechen".[29] Mit praktischen Vorführungen, Ausstellungen, Vorträgen, dem Aufbau von Beratungsstellen sollten die Kunden direkt angesprochen werden. Die Bewag richtete beispielsweise 1924 die erste Beratungsstelle mit Vorführungsraum ein und dehnte die Zahl dieser Stellen kontinuierlich aus. Dort wurden Geräte vorgeführt, Kochveranstaltungen und Kochkurse angeboten, Vorträge gehalten. 1924 hatten die Beratungsstellen 155 000 Besucher.[30]

Traditionelle Werte und eine moderne Technik

Die Forschung zur Werbung seit den 1990er Jahren hat vielfach aufgezeigt, wie Werbung nicht nur Produkte mit Bedeutung versieht und sie in soziale und kulturelle Kontexte einbettet, sondern sie hat vor allem deutlich gemacht, dass Werbung auch neue soziale Welten, Bilder, Imaginationen, Bedeutungen erzeugt, Wunschwelten präsentiert, Identifikationsangebote liefert und kulturelle Werte und Konzepte vermittelt.

Eines der zentralen und durchgängig zu findenden Konzepte der Werbung der 1920er und 1930er Jahre war die Modernität der elektrischen Haushaltsgeräte. Es wurde bereits vielfach betont, dass Elektrizität seit den 1880er Jahren eine Chiffre für Modernisierung, eine Metapher für Fortschritt und Modernität war.[31] Elektrizität und Fortschritt galten geradezu als Synonyme.[32] Auch die frühe Werbung für elektrische Haushaltsgeräte argumentierte in diesem Sinne mit dem Beginn einer „neuen Zeit", mit der Zukunft, die der Elektrizität gehöre. Oft finden sich Gegenüberstellungen, die mit den Dichotomien traditionell – modern arbeiteten. Kohle- oder Gasgeräte galten als, moderat ausgedrückt, traditionell oder deutlicher als „reichlich primitiv".[33] Die Aufgabe war es, so ein Zitat in der Zeitschrift Werbeleiter, die Arbeit der Hausfrau, „die heute noch zum größten Teil auf recht konservativen und veralteten Methoden beruht, auf eine neue und zeitgemäße Basis zu stellen".[34] Firmen zeichneten ein spöttisches Bild der „unmodernen" Menschen, die dies noch immer nicht begriffen hatten, die in Großmutters Zeiten lebten, während ringsherum das moderne Leben Einzug erhielt: „Elektrisch waschen? Muss man heute noch beweisen, daß man mit dem Fahrrad schneller und bequemer vom Fleck kommt als auf Schusters Rappen? Oder muss man noch beweisen, daß das Waschen mit der elektrischen Waschmaschine müheloser, schonender, schneller und billiger geschieht als das Waschen nach Großmutters Methode?"[35] Der technische Fortschritt erschien als so selbstverständlich, dass er aufgrund seiner Überlegenheit gegenüber traditionellen Methoden, Verhaltens- und Arbeitsweisen keinerlei Begründung mehr bedurfte. Die Selbstverständlichkeit, die dem Nutzen elektrischer

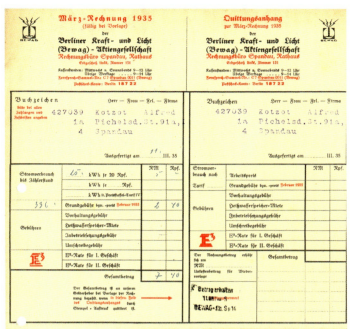

Abb. 4
Bewag-Stromrechnung, 1939
Vattenfall Europe AG,
Bewag-Firmenarchiv

Geräte eigen sei, war eines der grundlegenden Motive der Werbung.
Diese Orientierung der Werbung an Modernität ist nicht nur in Kontinuität zum Mythos der Elektrizität als Inbegriff des Fortschritts und des Modernen zu sehen; wie Roland Marchant für die USA zeigte, war die Fokussierung auf Modernität auch in anderen Produktkontexten typisch für die 1920er und 1930er Jahre. Werbemacher betrachteten sich, so Marchand, als „missionaries of modernity (...), they championed the new against the old, the modern against the old-fashioned."[36]
Doch was meinte diese Modernität, das Moderne hier genau? Das Argument des Modernseins bezog sich in erster Linie auf die Nutzung der Technik, auf Elektrizität und die Geräte selbst. Werbung betonte also die Modernität der Geräte, verknüpfte sie dabei jedoch mit traditionellen Genderkonzepten und Familienbildern. Elektrische Haushaltstechnik wurde im Kontext von vertrauten sozialen (Familien-)Situationen gezeigt. Roland Marchand, um ihn noch einmal zu zitieren, verwandte für diese Werbestrategie den Begriff des „sozialen Tableaus"[37]. Er bezeichnete damit Werbung, die Menschen in sozialen Zusammenhängen und in Beziehungsstrukturen zeigt und dabei das Bild eines größeren sozialen und dem Betrachter vertrauten Zusammenhangs evoziert.[38] Er entlehnte den Begriff des sozialen Tableaus dem „tableau vivant" oder den „living pictures", also den Darstellungen von Werken der Malerei und Plastik durch lebende Personen, wie es gegen Ende des 18. Jahrhunderts Mode war, und die zumeist vertrauten Szene, seien es bekannte Gemälde, historische oder biblische Szenen, darstellten.[39] Die sozialen Tableaus der Werbung zeigten, so sein Argument, ganz ähnlich vertraute Szenen, die jeder sofort erkannte und einordnen konnte. Entsprechend waren die elektrischen Haushaltsgeräte fast ausschließlich im Kontext harmonischer Familiensituationen zu sehen. Es handelte sich fast immer um Frauen oder Frauen mit Kindern; Männer sind auffällig abwesend, während moderne und glückliche Hausfrauen ihre Arbeit erledigen. Zwar finden sich auch Werbebilder, die zeigen, wie die Hausfrau dank des Technikeinsatzes elegant gekleidet ausgehen kann, wie also die Arbeitserleichterung durch die Maschine zu mehr Freizeit, zur Entlastung von den Mühen zugunsten des Amüsements führt, auch die Darstellung einer mondänen, extravaganten Weiblichkeit kommt vor, doch ist der gesellschaftliche Kontext der Technik, der überwiegend in den Werbebotschaften transportiert wird, eindeutig der einer Harmonisierung des Familienlebens. Es dominieren mithin Bilder einer Familienidylle. Die abgebildeten Hausfrauen sind zu sehen, wie sie mühelos in Gegenwart ihrer Kinder mit den neuen Geräten ihre Hausarbeit erledigen. Am Herd stehend, das Geschirr spülend, die Wäsche waschend, die Wohnung saugend, verbringen sie ihren Tag in Erwartung des Mannes.[40] [Abb. 1, 2 siehe Kapiteleinstieg und 3]
Eine Bewag-Stromrechnung zeigt, wie mit dem elektrischen Herd leckere Sonntagsbraten zur Freude der ganzen Familie gebraten werden.[41] Eine gut gekleidete Mutter und zwei

Abb. 5
Bewag-Stromrechnung, 1939
Vattenfall Europe AG,
Bewag-Firmenarchiv

adrette Kinder probieren begeistert Weihnachtsgebäck, das elektrisch gebacken wurde.[42] Eine Frau sitzt strickend im Liegestuhl im Garten, während ihr Kind zu ihren Füßen spielt; eingeblendet ist der Spruch: „Während das Essen auf dem Elektroherd ohne Aufsicht gar wird, können Sie sich angenehmeren Aufgaben widmen." [Abb. 4]

Werbung spiegelt somit eine Vorstellung der Geschlechterbeziehungen wider, die Ehe und Liebe auf einer klaren Arbeitsteilung basierend darstellt. Die Zuneigung des Mannes hängt davon ab, wie die Hausfrau ihre Aufgaben bewältigt. Der Waschtag beispielsweise sei der ungemütlichste Tag in jedem Haushalt. Dieser Waschtag könne dem Hausherrn den ganzen Hausstand verleiden, weshalb er es an solchen „unruhevollen Tagen" oft vorziehe, seinen Stammtisch oder Klub aufzusuchen, um der unerquicklichen Waschtagsatmosphäre zu entgehen.[43] Auch schlechter Kaffee könne den Hausfrieden stören: „Jeden Mittag giftete sich der Vater über den Kaffee, den ihm die Mutter nach dem Essen brachte. Dieses labrige Gesöff sei kein Kaffee. (...) Die Hausfrau grämte sich über die schwindende Liebe des Gatten." Die Lösung, eine Möglichkeit, die Liebe des Gatten wieder zu erobern, ist die elektrische Kaffeemaschine.[44] Ähnlich zeigt eine Bewag-Stromwerbung das Foto einer erfolgreichen und daher strahlenden Frau mit Tablett in der Hand, die verkündet: „Sein Lieblingsgericht schmeckt ihm noch mal so gut, seitdem es auf dem Elektroherd gekocht wird". [Abb. 5] Nicht zuletzt ein Blick in die Werbefachzeitschriften und die dort geführten Diskussionen zeigt, dass Werbung nach Vorstellung der Werbemacher auch die Aufgabe hatte, gesellschaftliche Normen und Werte zu vermitteln. Es ging in dieser Logik nicht nur darum, den Absatz von Produkten zu heben, sondern auch darum, sie in einem bestimmten Kontext zu präsentieren, um so spezifische Werte und Normen zu kommunizieren und zu stärken. Die Modernisierung des Haushalts wurde in traditionelle Werte und Geschlechterrollen eingebettet, ihr wurde eine Funktion als herkömmliche Geschlechtervorstellungen stabilisierende Technik zugeschrieben. Die sozialen Tableaus bedienten sich traditioneller, vertrauter und idyllischer Bilder von Familien. Elektrische Haushaltsgeräte wurden daher in der Werbung als Mittel dargestellt, das die Frau von der Mühsal des Alltags befreit und ihr die eigentliche Aufgabe, als „Gattin und Mutter" erleichtert.[45]

Technik für Frauen

Elektrische Haushaltsgeräte sollten also Frauen die Arbeit erleichtern, damit sie sich besser der Familie widmen konnten. Dies bedeutete jedoch, so die Wahrnehmung der Zeitgenossen, dass erstmals in großem Umfang eine Technik im privaten Haushalt genutzt würde und, so formulierten einige Bedenken, den Haushalt zu einem Maschinenpark und die Frau zur Maschinenbedienerin machen könnte. Jenseits kulturkritischer Ängste um die Weiblichkeit und Natürlichkeit der Frau, die im Umgang mit Maschinen gefährdet sein könnte, entstanden aus Sicht der Unternehmen

Abb. 6
Broschüre „Die Hausfrau geht aus",
Protos-Waschmaschine, 1929
Siemens Corporate Archives,
München

aus der angeblichen Technikferne der Frauen zwei grundsätzliche Probleme: zum ersten, dass die Nutzung der neuen Technik mit kulturellen Vorstellungen über das private Heim als technikfreie Oase in einer bedrohlich technisierten Welt in Einklang gebracht werden musste. Dies gelang mit den gerade geschilderten sozialen Tableaus, die die Technik einem höheren Zweck, nämlich der Stabilität der Familie unterordneten. Zum zweiten, dass, so die Überzeugung der Produzenten, Frauen aufgrund ihrer Technikferne die neuen Geräte nur schwer zu vermitteln seien: Unternehmen konstatierten „eine in manchen hauswirtschaftlichen Kreisen noch immer vorhandene traditionelle Einstellung", die der „neuen Kraftquelle noch nicht jenes Verständnis entgegenbringe, das einer durchgreifenden Ausgestaltung aller für den Haushalt vorhandenen Verwendungs-Möglichkeiten des Stroms förderlich wäre".[46] Die „psychische Eigenart unserer Hausfrauen, krampfhaft am Althergebrachten festzuhalten", ihre „Maschinenfremdheit", „ihre psychologischen Hemmungen" müssten überwunden werden.[47] Werbung sollte helfen, die Einstellung der Hausfrau zur Technisierung zu „reformieren".[48]

Das Bild von Weiblichkeit, das der Werbung zugrunde lag, war eindeutig: Hausfrauen galten als konservativ, traditionell, technikfeindlich und emotional. Problematisch sei vor allem, dass „theoretische Erörterungen" von Sinn und Funktion der Technik oder die sachliche Darstellung der technischen Vorteile bei Frauen den „gewünschten Zweck nicht oder nur mangelhaft erfüllten". In der Zeitschrift „Werbeleiter" wurde konstatiert, dass die Frau „auf allen anderen Gebieten bisher intensiver beschäftigt (ist) als auf dem Felde der Technik. (...) Die technisch bewanderte Hausfrau ist auch im Zeitalter der autofahrenden Frau nicht so häufig zu finden."[49]

In der zeitgenössischen Sicht lag dies im Wesen der Frauen begründet. Denn bei Frauen handele es sich nicht um „intellektuelle Mensche(n), sondern um Hausfrauen, Menschen also, deren Schwerpunkt im Irrationalen ruht". Daher, so die Schlussfolgerung, müsse man bei der Haushaltswerbung „den geraden Weg zum Herzen der Hausfrau gehen".[50] Die Ansprache über das Gefühl, so die Einschätzung der Werbefachleute, war der einzig denkbare Schlüssel zum Erfolg. Diese Beschreibungen, die Frauen als wenig interessiert oder vielmehr inkompetent in technischen Fragen, kindlich, emotional und unintellektuell konstruierten, basierten auf einem traditionellen, an der Vorstellung von getrennten männlichen und weiblichen Sphären, kurz, einem der bürgerlichen Ideologie des 19. Jahrhunderts verhafteten Bild, nach dem Frauen für Emotionalität, Privatheit, das Soziale zuständig waren, Männern dagegen Eigenschaften wie Rationalität, Sachlichkeit, Intellektualität zugeschrieben und vor allem eine Hierarchie zwischen den Geschlechtern hergestellt wurde. Diese Vorstellungen waren der Hintergrund, vor dem die Werbung versuchte, Frauen anzusprechen, sie „zu verstehen" und vom Gebrauch der Geräte zu überzeugen.

Welche konkreten Frauendarstellungen entstanden nun vor dem Hintergrund dieser Annahmen in der Werbung?

Die Frauenbilder in der Werbung

Wie bereits anklang, war die Werbung vor allem an die „Nur-Hausfrau" gerichtet und zeigte diese zumeist in ihrem häuslichen Kontext. Die Werbebilder boten Hausfrauen ein Identifikationsangebot. Die Hausfrau war zu sehen als gepflegte Erscheinung, die in Würde, mit großem Stolz und zugleich als „moderne Frau" ihre Hausarbeit erledigte. Die Werbung arbeitete mit der spezifischen Konstellation

Abb. 7
Broschüre, Protos-Staubsauger,
1930, Grafik: René Ahrlé
Siemens Corporate Archives,
München

einer modernen Hausfrau, die traditionellen Werten verhaftet ist, zugleich aber moderne Technik nutzt, gepflegt, modisch und elegant auftritt. So zeigt die Werbung keineswegs hausbackene, mütterliche Frauentypen. Zum einen findet sich die etwas ältere, eher damenhaft-elegante Hausfrau, die in würdevoller Pose ihre Hausarbeit erledigt oder als ausgesprochen gepflegte Erscheinung Gäste empfängt. Zum zweiten, und das ist der dominierende Typus, zeichnet die Werbung junge, gutaussehende, gutsituierte Hausfrauen, oft elegant, nach der neuesten Mode gekleidet, huttragend und selbstbewusst. Was sie jedoch vom Stereotyp der „neuen Frau" der zwanziger Jahre unterschied, war das demonstrative Glück, mit dem sie Hausfrau ist. Man verband die traditionelle Frauenrolle mit einem äußerlich „modernen Frauentyp", der, gut gekleidet, auch dem Vergnügen nicht völlig abhold ist und auch dank Technik unbesorgt in die Oper gehen kann, während die Waschmaschine wäscht. Doch letztlich folgte sie der eigentlichen weiblichen Bestimmung und bestätigte das traditionelle Rollenmuster. [Abb. 6]

Im Nationalsozialismus dominierte zwar ein ähnlicher, aber doch etwas anderer Frauentyp. Auch hier findet sich die elegante und damenhafte Frau, doch wird sie eine Nuance biederer. Die Werbung zeigt eher hausbackene, gleichwohl natürlich wirkende, um Fragen des Kochens, der Familie, des leiblichen und seelischen Wohls des Ehemannes besorgte Frauen. [Abb. 7, 8]

Erving Goffman hatte in seinem Artikel „Gender Advertisments" auf die Gesten, Posen und Haltungen von Frauen hingewiesen, die, so Goffman, tendenziell eine Unterordnung unter Männer demonstrieren würde.[51] Im Fall der elektrischen Haushaltsgeräte finden wir selten Männer und Frauen in einem Bild. Die Gesten und Haltungen der Frauen signalisieren vor allem die Leichtigkeit der Arbeit, betonen aber zugleich die Weiblichkeit der abgebildeten Frauen, aber eben nicht in erotisch-sinnlicher Weise. Sie stützen die Arme auf die Hüfte, halten den Kopf meist geneigt und den Blick gesenkt, meist haben sie ihr Körpergewicht auf ein Bein verlagert, während Männer, so die Beobachtung Goffmans, die für die Werbung für elektrische Haushaltsgeräte zutrifft, mit beiden Beinen fest am Boden stehen raumgreifende Schritte tun oder raumgreifende Gesten zeigen. [Abb. 9]

Da elektrische Haushaltsgeräte in einer als typisch weiblich betrachteten Sphäre genutzt wurden, waren Männer in der Werbung wesentlich seltener abgebildet. Der Haushalt war der Raum der Frauen, in dem Männer nur in ganz spezifischer Weise auftraten. Entsprechend kann man in der Werbung zwei grundlegende Strategien unterschieden, wie Männer in der Werbung für elektrische Haushaltsgeräte angesprochen wurden. Zum einen zeigte man sie als Entscheidungsträger über die Verwendung des Haushaltsgeldes, als schenkenden oder als unter der überforderten Hausfrau leidenden Ehemann. Bei all diesen Motiven steht die Vorstellung Pate, dass der Haushalt auch im Interesse des berufstätigen Ehemannes reibungslos zu funktionieren habe, dass es letztlich darum geht, ihm ein harmonisch-angenehmes

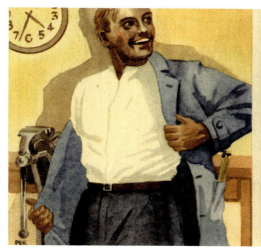

Abb. 9
Bewag-Stromrechnung, 1937
Vattenfall Europe AG,
Bewag-Firmenarchiv

Abb. 8
Zeitschrift „Der Anschluß", 1934
Siemens Corporate Archives, München

Zuhause als Ausgleich für sein strapaziöses Berufsleben zu bescheren.

Zum anderen ist die Ansprache an Männer gerätespezifisch. Während Männer bei fast allen Geräten lediglich als Ehemänner (oder als Verkäufer) abgebildet wurden, zeigte die Kühlschrankwerbung gut gekleidete Männer, die z.B. den Besuch empfangen. Bügeleisen, Staubsauger oder Elektroherd wurden dagegen niemals mit Männlichkeit belegt. Werbung spiegelt damit traditionelle Rollenmuster deutlich wider, sie griff vorherrschende zeitgenössische Vorstellungen auf und versuchte mit ihnen den Verkauf der Geräte zu legitimieren. Gleichzeitig verstärkte die Werbung die herkömmlichen Klischees und Stereotype und einige der Werbemacher verstanden es sogar als ihre verantwortungsvolle Aufgabe, mittels Werbung die traditionelle, geschlechtlich segregierte Arbeitsteilung zu festigen. [Abb. 10]

Inszenierte Welten vor dem Massenmarkt

Waschmaschine, Kühlschrank, Staubsauger etc. wurden in den sechziger und siebziger Jahren des 20. Jahrhunderts Bestandteil fast jeden Haushaltes. Gilt diese Zeit üblicherweise als die Phase der Massenkonsumgesellschaft, in der es zu einer Demokratisierung des Konsums kam, so ist allerdings die Bedeutung der Zwischenkriegszeit für diese Durchsetzung der Massenkonsumgesellschaft nicht zu unterschätzen. In dieser Zeit wurden Konsumwünsche geweckt und die Nutzung technischer Konsumgüter mental vorbereitet. Werbung war ein Teil dieses Diskurses. Peter Borscheid und Clemens Wischermann hatten bereits Mitte der 1990er Jahre betont, dass Stil und Kultur einer Konsumgesellschaft in der Werbung ausgebildet und dargestellt wurden, bevor es einen Übergang in eine Konsumgesell-

Abb. 10
Broschüre, Santo-Kühlschrank,
um 1930
Stiftung Deutsches Technikmuseum,
Historisches Archiv, Berlin

Nationalsozialismus wurde diese Werbestrategie verstärkt, ohne dass sie allerdings der Realität der enormen Anschaffungs- und Stromkosten entsprochen hätte.
Werbung für elektrische Haushaltsgeräte war also Teil eines Diskurses, der deren Massenverbreitung vorausging und zugleich vorbereitet hat und dabei auch die Bilder der Zwischenkriegszeit, die traditionellen Genderrollen sowie die gesellschaftliche Bedeutung des Wohls der Familie mitprägte, verfestigte und in die Bundesrepublik transportierte.

schaft mit Massenbasis gegeben hatte.[52] Erst komme die Ausdruckswelt der Werbung, dann die Kaufkraft, so hatten sie formuliert.
Das Argument wird unterstützt, wenn man nach der sozialen Schicht fragt, an die die Werbung gerichtet und die auf den Werbebildern zu sehen war. Werbung in den 1920er und 1930er Jahren diente dazu, die Geräte im „Volk" zu popularisieren; Unternehmen waren bemüht, den Absatz in „breiten Bevölkerungsschichten" zu sichern. Aus Unternehmenssicht war es von außerordentlicher Bedeutung, die Einschätzung, es handle sich bei den elektrischen Geräten um Luxusgegenstände, zu entkräften. So bemühten sich viele Unternehmen, diese stärker als Alltagsgegenstände zu zeigen.[53] Seit Mitte der 1920er Jahre versuchte man, mit der Werbung die Mittelschichten zu erreichen, indem man deren Milieu, Alltag und Probleme wiedergab und mit dem jeweils angebotenen Produkt eine Problemlösungsstrategie für deren tägliche Sorgen vorstellte.[54] Die Orientierung hin auf weniger wohlhabende Schichten zeigt sich, um nur ein Beispiel zu nennen, im Hinweis, man könne mit den elektrischen Haushaltsgeräten sparen, z.B. Kohle, Fett zum Braten, Zeit, die gleich Geld sei etc. Vor allem während des

1. Reinhardt, Dirk: Von der Reklame zum Marketing. Geschichte der Wirtschaftswerbung in Deutschland, Berlin 1993, S. 441
2. Die Begriffe „Reklame" und „Werbung" wurden früher synonym verwendet, seit den 20er Jahren war Reklame eher abwertend konnotiert, vgl. Römer, R.: Die Sprache der Anzeigenwerbung, 3. Auflage 1973, S. 11f.
3. Zitiert in: Westphal, Uwe: Werbung im Dritten Reich. Berlin 1989, S. 8. Zur Skepsis und Kritik an Werbung und Reklame vgl. Heidrun Homburg, Werbung – „eine Kunst, die gelernt sein will", in: Jahrbuch für Wirtschaftsgeschichte (1997) II, S. 11-52, hier S. 14f.
4. Werbeleiter 1930, Heft 1, S. X.
5. Vgl. Berghoff, Hartmut: Von der „Reklame" zur Verbrauchslenkung. Werbung im nationalsozialistischen Deutschland, in: ders. (Hg.): Konsumpolitik. Die Regulierung des privaten Verbrauches im 20. Jahrhundert, Göttingen 1999. S. 77-112., hier S. 77-81.
6. Vgl. Weisser, Michael: Deutsche Reklame. 100 Jahre Wirtschaftswerbung 1870-1970, München 1985, S. 27.
7. Reinhardt, Reklame, S. 442. vgl. auch Reinhardt, Dirk: Vom Intelligenzblatt zum Satellitenfernsehen: Stufen der Werbung als Stufen der Gesellschaft, in: Borscheid, Peter / Wischermann, Clemens (Hg.): Bilderwelt des Alltags, Stuttgart 1995, S. 44-63, hier S. 52.
8. ETZ, Heft 17/1928, S. 650f.
9. Ebenda.
10. ETZ, Heft 20/1927, S. 677f.
11. Siemens-Archiv München (im Folgenden SAA) 15 lg 961.
12. SAA 68/li 146. Vor der Weimarer Republik hat die Firma Siemens nur vereinzelt inseriert. Erst im Jahre 1922 wies eine Verfügung der Direktion auf die Bedeutung der Werbung hin. Eine „Hauptwerbeabteilung" wurde mit dem Eintritt von Hans Domitzlaff eingerichtet. Vgl. Zipfel, Astrid: Public Relations in der Elektroindustrie. Die Firmen Siemens und AEG 1847 bis 1939, Köln 1997, S. 39.
13. ETZ, Heft 49/ 1925 S. 1855, vgl. auch Elektrizitätswirtschaft, 1936, Nr. 27, S. 703 und ETZ, Heft 40/1929. S. 1429.
14. Vgl. dazu den Beitrag von Christoph Weltmann in diesem Katalog, der explizit auf die Werbung der Energieversorgungsunternehmen eingeht.
15. Jahrbuch der Verkehrsdirektion Bewag, 1926, S. 35, in Bewag-Archiv, Berlin.
16. Zipfel, Public Relations, S. 206.
17. Siegel, Gustav: Der Verkauf elektrischer Arbeit, Berlin 1917. S. 59
18. Werbeleiter, 1930, 5-6, S. 107ff.
19. Zipfel, Public Relations, S. 208.
20. Konrad, Ilona: Bilder einer neuen Welt. Eine Betrachtung zur Werbung in der Elektrizitätswirtschaft, in: Museum der Arbeit (Hg.): „Das Paradies kommt wieder...". Hamburg 1993, S. 46-61. hier S. 56. vgl. auch Tetzlaff, Sven: „Laß mich hinein...!" Die Eroberung der Haushalte durch die Elektrizitätswirtschaft, in: Museum der Arbeit (Hg.): „Das Paradies kommt wieder...", Hamburg 1993, S. 10-25.
21. Westphal, Werbung im Dritten Reich, S. 7.
22. Jahrbuch der Verkehrsdirektion, Bewag-Archiv, Berlin, 1933, S. 42.
23. Mitteilungen der Vereinigung der Elektrizitätswerke, Juni 1922, S 324.
24. Elektrizitätswirtschaft (1927), S. 183-185.
25. ETZ (1929), Heft 30, S. 1091.
26. Spannung. Die AEG-Umschau, Januar 1928.
27. Werbeleiter (1931), Heft 6-7, S. 138.
28. Siemens-Mitteilungen (1928), Nr. 110, S. 13ff.
29. Haase, Ricarda: „Das bißchen Haushalt...". Zur Geschichte der Technisierung und Rationalisierung der Hausarbeit, Stuttgart 1992, S. 18
30. Elektrizität (1929) Heft, S. 110-113; vgl. auch Jahrbuch der Verkehrsdirektion (1932), S. 35-41 und Jahrbuch der Verkehrsdirektion (1933), S. 37, in: Bewag-Archiv, Berlin.
31. Binder, Beate: Elektrifizierung als Vision. Zur Symbolgeschichte einer Technik im Alltag, Tübingen 1999, S. 12, Gugerli, David (Hg.): Allmächtige Zauberin unserer Zeit. Zur Geschichte der elektrischen Energie in der Schweiz, Zürich 1994, S. 143-153, S. 51ff. Zur Symbolik von Elektrizität als Fortschritts- und Modernitätssymbol des späten 19. Jahrhunderts siehe auch: Asendorf, Christoph: Ströme und Strahlen. Das langsame Verschwinden der Materie um 1900, Gießen 1989, Schivelbusch, Wolfgang: Lichtblicke. Zur Geschichte der künstlichen Helligkeit im 19. Jahrhundert, München / Wien 1983. Ders.: Licht, Schein und Wahn, Berlin 1992.
32. Gugerli, Allmächtige Zauberin, S. 53.
33. Siemens-Mitteilungen (1928), Nr. 110, S. 13ff.
34. Werbeleiter (1928), Heft 4, S. 92.
35. Miele, Firmenschrift 1939, o.S.
36. Roland Marchant, Advertising the American Dream. Making Way for Modernity 1920-1940, Berkely 1985, S.xxi.
37. Marchant, S. 165f.
38. Marchant, S. 165.
39. Marchant, S. 166.
40. Weisser, Michael: Die Frau in der Reklame, Bremen 1981, S. 11.
41. Vgl. Bewag-Stromrechnung vom August 1933, in: Bewag-Archiv, Berlin.
42. Vgl. Bewag-Stromrechnung vom November 1927, in: Bewag-Archiv, Berlin.
43. Daheim (1927), Nr. 46, S. 20.
44. Daheim (1924), Nr. 38, S.18.
45. Werbeleiter (1928), Heft 4, S. 92.
46. Spannung. Die AEG-Umschau, Januar 1928.
47. Bielfeld, Greta: Die Mechanisierung des Haushaltes und ihre volkswirtschaftliche Bedeutung, Langensalza 1930, S. 54f.
48. Ebenda.
49. Ebenda.
50. Elektrowärme, Dezember 1931, S. 124.
51. So die These von Erving Goffman in „Gender"
52. Borscheid /Wischermann, Bilderwelt, S. 14.
53. Konrad, Bilder, S. 53.
54. Reinhardt, Reklame, S. 395.

Plakat, Le confort par l'électricité, Grafik: Konlein, um 1930
Kunstbibliothek Staatliche Museen zu Berlin (Abb. 24)

„Le confort par l'électricité"
Phänomene der Werbesprache im Dienst des Fortschritts 1900 bis 1950

Anita Kühnel

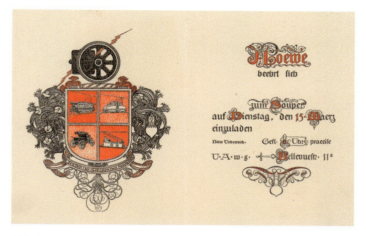

Abb. 1
Einladungskarte der Gesellschaft für elektrische
Unternehmungen (Gesfürel), Grafik: Richard Boehland, 1898
Kunstbibliothek Staatliche Museen zu Berlin

Die enorm wachsende Elektroindustrie seit dem Ende des 19. Jahrhunderts hatte der Werbebranche ein sehr großes Betätigungsfeld eröffnet. Allein in Deutschland stieg die Zahl der Elektrizitätswerke zwischen 1890 und 1913 von 5 auf 4000, die an 17.500 Ortschaften mit insgesamt 44 Millionen Einwohnern Strom lieferten[1]. Kundenzeitschriften wie die „Mitteilungen der Berliner Elektricitaetswerke (BEW)" berichteten regelmäßig über wachsende Stromabnehmerzahlen. So waren am 30.6.1907 in Berlin 75.5117 Glüh- und Nernstlampen angeschlossen, 31.777 Bogenlampen, 16.966 Motoren und 3183 Apparate. Am Schluss des Berichtsjahres 1906 verzeichneten die BEW 19.701 Abnehmer und 11.929 Hausanschlüsse. Die meisten Hausanschlüsse betrafen Wohn- und Geschäftshäuser und dienten vor allem der Außen- und Flurbeleuchtung sowie für elektrisch betriebene Aufzüge. Bekanntermaßen nutzte nur ein Bruchteil der Einwohner Elektrizität privat. Doch die Strom erzeugende Industrie konnte nur rentabel sein bei einer größeren Stromabnehmerzahl. Werbung für Strom war deshalb besonders intensiv, nicht nur im Plakat, vor allem auf Ausstellungen und in Schauräumen der Elektrizitätsfirmen, im Inserat und auf anderen Werbeträgern wie Firmenkalendern, der Reklamemarke oder den 1892 von Robert Sputh eingeführten bedruckten Papp-Bieruntersetzern, schließlich im öffentlichen Raum durch Leuchtreklame. Selbst Kinder wurden Adressaten von Werbung. In den „Mitteilungen des Vereins Deutscher Reklamefachleute" wird berichtet, dass der „Verlag der Geschäftsstelle für Elektrizitätswerbung" Märchenbücher herausgab wie „Das Märchen von der blonden Prinzessin und den drei leuchtenden Freiern" (Petroleum, Gas und Elektrizität), worin die Vorteile letzterer hervorgehoben wurden.[2]

Der Anteil an Inseraten und Plakaten, an Kundenzeitschriften und anderen werbenden Drucksachen für die Elektrizitätswirtschaft sowie Strom verbrauchende Industrie bzw. für elektrische Geräte ist, gemessen an anderer Produktwerbung, höher als vielleicht gemeinhin angenommen wird. Einiges ist gerade in den letzten Jahren hierzu veröffentlicht worden[3]. Im Folgenden sollen an ausgewählten Beispielen Fragen von Werbestrategien und ikonografische Aspekte behandelt werden, ebenso die Wechselwirkung von Elektrizität und Werbung.

Ende des 19. Jahrhunderts ist noch die Vorliebe für Allegorien, Personifikationen der Elektrizität, die Mystifizierung und gleichzeitige Glorifizierung des Phänomens Strom z.B. in Verbindung mit der Prometheus-Figur zu beobachten[4]. Solche Personifizierungen und Allegorisierungen sind jedoch nicht nur an das Thema Strom gebunden. In den 80er und 90er Jahren des 19. Jahrhunderts sind allegorische Darstellungen der Künste oder des Handwerks auf Plakaten für Kunst, Gewerbe und Handwerkerausstellungen ebenso anzutreffen wie Personifikationen von Ländern und Regionen. Häufig sind sie noch in das typische Ornamentwerk des Historismus eingebunden, in dem tradierte Symbole und Wappen eine wichtige Rolle spielen. Das gleiche findet man auch in Akzidenzdrucken. Mit der Aufschrift im „Zeichen des elektrischen Verkehrs" lud Isidor Loewe 1898 mit einer von Richard Boehland gestalteten Karte zum Souper der „Gesellschaft für elektrische Unternehmungen" (Gesfürel) ein [Abb. 1]. Diese Gesellschaft wurde 1894 von Loewe, der AEG und verschiedenen Banken gegründet, um mittels Kapitalhilfen Firmen bei der Einführung auf Elektrizität basierender Technologien zu unterstützen. Illustriert ist die Karte mit einem programmatischen Wappen, das Darstellungen verschiedener elektrisch betriebener Verkehrsmittel enthält. Es ist bekrönt mit dem Rad, das durch den im Blitz symbolisierten elektrischen Strom angetrieben wird. Er trifft auf das

Abb. 2
Firmenschrift der AEG zur Weltausstellung Paris 1900,
Grafik: Otto Eckmann
Kunstbibliothek Staatliche Museen zu Berlin

Abb. 3
Plakat, AEG Metallfadenlampe,
Grafik: Peter Behrens, 1907
Kunstbibliothek
Staatliche Museen zu Berlin

reiche – zugleich leitende – Ornamentwerk, in das blütengleich Glühlampen eingeflochten sind. Diese kleine Arbeit hat sowohl werbenden als auch bekennenden Charakter und kündet vom visionären Aufbruchgeist dieser Jahre. Davon zeugt auch das Festblatt, das Joseph Sattler aus gleichem Anlass entwarf. Er konfrontiert darauf die mittelalterliche mit der modernen Industriestadt, aus der das Licht kommt. Im Kegel des Lichtes bricht sich eine elektrisch betriebene Straßenbahn den Weg durch die Mauern der alten Stadt, in die sie als Botschafter der neuen Zeit einfährt, während die aufgeschreckten Bewohner fliehen. Neben dieser den Fortschritt durch Elektrizität propagierenden Werbung, die man auch auf Inseraten und Plakaten für Ausstellungen zum Thema Elektrizität findet, ist Werbung vor allem für konkrete Firmen und Produkte entstanden. Formal unterscheidet sie sich nicht von der für andere Produkte. Das moderne Bildplakat hatte sich seit 1900 von dem Illusionismus der Malerei und vom Zierrat des Historismus endgültig befreit und ist künstlerisch eigene Wege gegangen. Die Konzentration auf wenige Farben, die Fläche und eindeutige reduzierte Formen garantierte eine rasche Wahrnehmung inmitten hektischer werdender Großstädte. Originalität, Witz, Sachlichkeit und Schlagkraft waren gefragt, um geschäftlich erfolgreich zu sein. Zunächst hatte die Formensprache von Art nouveau und Jugendstil die Werbekunst beeinflusst.
In seinen für die Pariser Weltausstellung 1900 gestalteten Firmenschriften für die AEG hatte Otto Eckmann nicht nur die von ihm entwickelte Schrifttype eingesetzt, sondern auch das passende Ornamentwerk [Abb. 2]. Die sonst so glatte schwungvolle Linie umrankt hier als Strom symbolisierendes vibrierendes Linienornament den Titel und bindet die als flächiges Bildzeichen dargestellten Isolatoren in den Zierrat ein. Eckmann entwarf auch für die Helios-Elektrizitätswerke

Köln-Ehrenfeld das Erscheinungsbild und entwickelte ein an Blüten erinnerndes flammendes Sonnensymbol. Die Sonne und vor allem der Blitz sollten bald zum Formenvokabular gehören, das in der Elektrizitätswerbung wiederholt aufgegriffen wurde. Hans Busch hatte in seinem an Einfachheit unübertroffenen AEG-Plakat den Blitz als zentrales Motiv verwendet und ihn bereits zur möglichen Firmenmarke stilisiert. Damit erhielt er 1916 den 1. Preis eines von der AEG ausgerufenen Wettbewerbs für die Nitra-Lampenwerbung[5]. Solche Wettbewerbe von Firmen waren gängige Praxis, um nach begabten Werbegrafikern Ausschau zu halten. Auch in der Reklame für die Elektroindustrie setzten sich Grafiker durch, die allgemein das künstlerische Niveau in diesem Bereich bestimmten. So arbeiteten in Deutschland für die AEG Peter Behrens, Jupp Wiertz und Louis Oppenheim, für die Auer-Gesellschaft, die 1906 das Warenzeichen Osram (Osmium und Wolfram) für die Waren Elektrische Glüh- und Bogenlampen beim Patentamt angemeldet hatte, Julius Klinger, Joe Loe und Lucian Bernhard, für Siemens zunächst Ernst Deutsch, für Pintsch (Sirius-Lampen) Karl Schulpig und Karl Klimsch, für die Bayrische Glühlampenfabrik Augsburg (Just-Wolfram-Lampen) das Atelier Eduard Hans Beyer-Preusser und Fritz Glasemann, Ludwig Hohlwein für die Lech-Elektrizitätswerke. Kunstworte wie Wotan (für die bei Siemens produzierte Lampe aus Wolfram und Tantal) oder Osram sind werbetypische Begriffe, die als Markennamen funktionierten.

Die Glühlampe

ist wohl das am häufigsten beworbene Produkt und beliebtes Motiv weit über die Werbung hinaus. Neben der Helligkeit und Sauberkeit wurde bald die Haltbarkeit von Glühlampen

Abb. 4
Plakat, AEG Nitralampe, Grafik: Jupp Wiertz, 1915
Kunstbibliothek Staatliche Museen zu Berlin

Abb. 5
Postkarte, Just Wolfram, Beilage in Mitteilungen des Vereins
Deutscher Reklamefachleute (MVDR) 1913, H. 37,
Grafik: Eduard Hans Beyer-Preusser und Fritz Glasemann
Umspannwerk Recklinghausen – Museum Strom und Leben

Abb. 6
Plakat, Tungsram, Grafik: Karl Schlegel, um 1920
Kunstbibliothek Staatliche Museen zu Berlin

thematisiert wie die Leistung und Energieersparnis im Vergleich zu einem Produkt des Konkurrenten. Schon früh, seit etwa 1908, hat sich vor allem in Deutschland bildnerisch eine Tendenz zur Stilisierung und zum Sachplakat hin herausgebildet, das Produkt und Markennamen klar und vereinfacht darstellt. Im Unterschied zu anderer Produktwerbung ist bei der Werbung für Glühlampen zu beobachten, dass oft auch die Wirkung als gestalterisches Element benutzt wird. Gern wird deshalb mit schwarzen Hintergründen gearbeitet, vor denen sich die hell leuchtenden Glühlampen abheben. Als Beispiele seien hier die bekannten Plakate von Julius Klinger, Peter Behrens und Jupp Wiertz angeführt. Während Klinger die Textinformation in den Vordergrund rückt und mit herabhängenden, zum Bogen gereihten klar gezeichneten Glühlampen umrahmt[6], hat man bei Behrens den Eindruck von einer groß beleuchteten Fassade mit Konturenbeleuchtung durch zum geometrischen Ornament angeordnete Lichtquellen, von denen eine als Glühlampe klar herausgestellt in den Mittelpunkt gerückt ist [Abb. 3]. Bei Jupp Wiertz, dessen Plakat im oben erwähnten Wettbewerb als zweitbestes prämiert wurde, verwandeln die diffus gezeichneten Lichtstrahlen das Schwarz in einen atmosphärischen Raum, aus dem die Lichtquelle himmelskörpergleich erstrahlt [Abb. 4]. Das gleiche Motiv wurde mit abweichender Lampenform auch für die Drahtlampenwerbung der AEG verwendet.[7] Der Vergleich mit der Strahlkraft der Sterne ist ein beliebtes Motiv in der Werbung für Glühlampen. Hans Beyer-Preusser und Fritz Glasemann, die über viele Jahre ein gemeinsames Atelier hatten, haben ihre humoristische Darstellung gleich in den Himmel verlegt und lassen die Engel die Sterne gegen Glühlampen austauschen [Abb. 5]. Diese Beilage der „Mitteilungen des Vereins der Reklamefachleute"[8] ist Teil einer 1913 erschienenen Serie von Werbe-Postkarten für die Just-

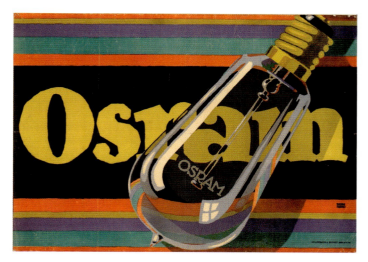

Abb. 7
Plakat, Osram, Grafik: Lucian Bernhard, 1919
Kunstbibliothek Staatliche Museen zu Berlin

Wolfram-Lampe. Hell, sparsam, dauerhaft sind die darin angepriesenen Vorteile dieses Produkts.
Auch der Schweizer Karl Schlegel misst die Leuchtkraft des elektrischen Lichts mit denen der Sterne und lässt die seit 1909 unter dem Markennamen Tungsram (Tungsten und Wolfram) eingetragene Glühlampe aus Budapest von der Eule anpreisen, dem Nachttier und Symbol der Weisheit [Abb. 6]. Besonderen Aufschwung nahm die Werbung für Glühlampen in den ersten Kriegsjahren des Ersten Weltkrieges. Während Gas und Strom zeitgleich um die Gunst der Verbraucher wetteiferten, war in privaten Haushalten die Petroleumlampe immer noch eine häufig gebrauchte Beleuchtungsquelle. Der Aufruf zum Verzicht auf den kriegswichtigen Brennstoff war an eine breite Kampagne für den elektrischen Strom gekoppelt und wurde zugleich zum patriotischen Anliegen erklärt. 1915/16 gab die Geschäftsstelle für Elektrizitäts-Verwertung (Gefelek) zahlreiche Werbefaltblätter gegen das ausländische Petroleum heraus, die auf narrative und verständliche Weise über die Nachteile von Petroleum und die Vorteile von elektrischem Licht aufklärten.[9] Im Vordergrund stehen hier Sauberkeit, Bequemlichkeit, Gefahrlosigkeit und Preisvorteile.
Die Glühlampenherstellung war einer der am schnellsten wachsenden Bereiche innerhalb der Elektroindustrie, der sich frühzeitig auch internationaler Konkurrenz stellen musste. Bereits vor dem Ersten Weltkrieg setzten sich Glühlampen dank der Werbung international als Markenartikel durch. Erinnert sei hier auch an Ferrowatt, Vertex und Philips. Osram hatte sehr umfangreich und erfolgreich mit Inseraten geworben, die mehrfach im Ausland plagiiert wurden.[10] Nach dem Verlust der Auslandsmärkte im Ersten Weltkrieg traten Siemens & Halske und die AEG 1920 der von der deutschen Gasglühlicht AG 1919 gegründeten OSRAM

Abb. 8
Plakat, Daimon Autolampe, Grafik: Ernst Paul Weise, 1928
Kunstbibliothek Staatliche Museen zu Berlin

GmbH bei, die nun zur OSRAM Kommanditgesellschaft wurde. Die Lampenformen der verschiedenen Typen hatte man bereits 1911 vereinheitlicht. Die ins Leben gerufene „Werbegemeinschaft der Glühlampen-Industrie" hatte sich 1928 neben anderen an der Konstitution der „Zentrale für Lichtwerbung" beteiligt, die sich die Schaffung guter Beleuchtung in den Arbeitsräumen des Heimes zum Ziel gesetzt hatte.[11]
Besonderen Einfluss auf die Bildsprache der Werbung für die technische Industrie und damit auch für die Elektroindustrie hatte Lucian Bernhard. In den Jahren 1912 bis etwa 1922 entwarf er Plakate für die Firma Bosch. Seine Art, unter Verzicht auf narrative Bilder allein mit dem Produkt und dem Firmennamen zu werben, hatte Bernhard schon mit seinem 1903 entstandenen Plakat für Priester Zündhölzer eingeführt und mit der Werbung für Stiller Schuhe berühmt gemacht. Er hatte sie auch erfolgreich für die Zigarettenwerbung der Firma Manoli praktiziert. Hier verzichtete er oft sogar ganz auf die Darstellung des Produkts. Der bekannte Name sprach für sich. Schon um 1912 entwarf Bernhard die ersten Plakate für Vertex-Glühlampen, später folgten verschiedene

Abb. 9
Plakat, Lichtfest Karlsruhe, Grafik: Alfred Kusche, 1928
Kunstbibliothek Staatliche Museen zu Berlin

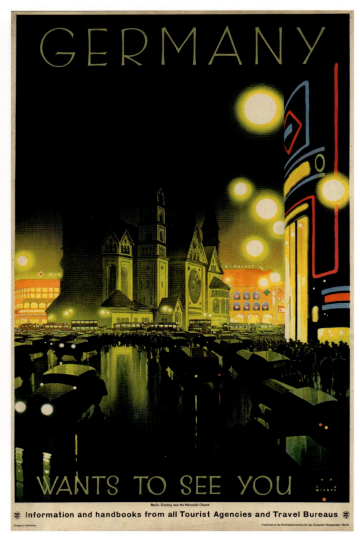

Abb. 10
Plakat, Germany wants to see you, Grafik: Jupp Wiertz, 1929
Kunstbibliothek Staatliche Museen zu Berlin

Plakate für Osram – sowohl als reine Schriftplakate als auch mit dem gezeichneten Produkt. Anders jedoch als in seinen Plakaten, worin er stilisierte, oft als Silhouette dargestellte Produkte zeichnete, betonte er bei der Darstellung der Glühlampe deren Materialität. Ein besonders schönes Beispiel ist das nicht genau datierte, vermutlich 1919 entstandene Plakat [Abb. 7]. Das transparente, spiegelnde Glas (hier ist die Spiegelung eines Fensterkreuzes dargestellt) wurde ein beliebtes Motiv, nicht nur bei Bernhard, und stellte eine besondere Herausforderung an die Geschicke des Zeichners sowie des Druckers dar. In diesem Beispiel umso mehr, als von hinten der Markenname, wie auf einem Transparent geschrieben, durchscheint und an den Stellen, wo er von der Lampe verdeckt wird, farbig leicht gedämpft und somit räumlich dahinter erscheint. Ganz in der Tradition Bernhards stand auch Walter Nehmer. Er hatte teilweise bei Bernhard studiert und sich frühzeitig auf Industriewerbung spezialisiert. Für Osram arbeitete er seit 1924 bis in die frühen fünfziger Jahre. Aus dieser Zeit stammt vermutlich sein (gemeinsam mit Jupp Wieland?) entworfenes Plakat für die bereits in den dreißiger Jahren entwickelte Leuchtstoffröhre. Neben dem Produkt ist auch die Verpackung Bildgegenstand. Als wesentlicher Bestandteil des Corporate Designs hat die Verpackung bereits vor der Jahrhundertwende dazu beigetragen, eine Marke im Bewusstsein des Verbrauchers einzuführen. Sie wurde vereinzelt in den frühen Bildplakaten abgebildet und tritt verstärkt seit 1910 in der Produktwerbung auf. Schließlich geht es um den Hinweis auf die „richtige" Verpackung, nach der der Verbraucher bei ähnlichen Produkten greifen soll. Auch Ernst Paul Weise nahm die Packung in seine Motivwelt auf. Er entwickelte in den 1920er Jahren für die Firma Daimon das komplette Erscheinungsbild, Logo, Schriftmarke, Verpackung, Inserat und Plakatwerbung [Abb. 8] und bewegt sich in seiner Werbeästhetik in der Bernhardschen Tradition. Bei aller sachlichen Reduktion kommt mit der Darstellung der Verpackung noch eine zusätzliche Komponente ins Spiel, die die haptischen Sinne anspricht. Damit

Abb. 12
Plakat, Wir fahren nach Amerika, Grafik: Albert Fuß, 1938
Kunstbibliothek Staatliche Museen zu Berlin

Abb. 11
Plakat, Im Winter nach Wien, Grafik: Atelier Veit, um 1934
Kunstbibliothek Staatliche Museen zu Berlin

arbeitet auch die Philipswerbung von 1928[12]. In der Zeitschrift „De Reclame" finden sich regelmäßig Werbeheftchen von Philips als Beilage. Die 1891 gegründete Firma hatte zunächst begonnen, in bescheidenem Umfang Glühlampen herzustellen, und wurde nach erfolgter Expansion 1912 in N.V. Philip's Gloeilampenfabrieken umbenannt. In den 1920er Jahren wuchs das niederländische Unternehmen zu einem der international erfolgreichsten Elektrogerätehersteller.

Licht als Mittel und Motiv der Werbung

Neben der Darstellung Licht erzeugender Produkte wurde das Phänomen Licht noch auf ganz andere Weise für die Bildsprache der Werbung interessant. Schon sehr früh, mit der Verwendung elektrischer Beleuchtung für Schaufenster wurde der Ruf nach elektrisch beleuchteter Außenwerbung laut, schickte sich die Werbeindustrie an, die Segnungen der Elektrizität für sich zu nutzen.[13] In Fachzeitschriften wurden Empfehlungen für die ideale Beleuchtung von Schaufenstern gegeben[14] und Probleme der Außenwerbung neu diskutiert.

Zunächst mit sehr einfachen Lichtquellen arbeitend, wurden elektrisch beleuchtete Außenreklamen immer raffinierter. In Deutschland wurde regelmäßig in Zeitschriften wie „Seidels Reklame", „Mitteilungen des Vereins Deutscher Reklamefachleute" oder später der Zeitschrift „Gebrauchsgraphik" darüber berichtet. Neuheiten wurden vorgestellt, so auch der Elektrograph, der automatisch hintereinander Glühlampen einschaltete und auf diese Weise bewegte Reklame-Bilder erzeugte. Bis zu 3000 Glühlampen konnten in so einer Anlage installiert sein, was zumindest in der Zeitschrift MVDR 1912[15] hervorhebenswert war. Solche elektrisch betriebenen und noch dazu bewegten Werbebilder waren durchaus umstritten. Als „gemeingefährliche Künste" und „infernalische Lichtattentate" stießen sie teils auf massive Ablehnung, was dazu führte, dass sie in einigen Städten zunächst von den Behörden verboten wurden. Schon früh schaute die Werbebranche nach dem Vorbild Amerika. Hier investierte man viel größere Summen in Reklame. So berichtet „Seidels

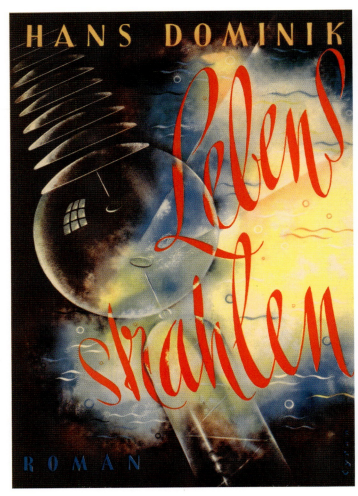

Abb. 13
Plakat, Werbung für das Buch „Lebensstrahlen", Grafik: Cyran, 1938
Kunstbibliothek Staatliche Museen zu Berlin

Abb. 14
Plakat, Der Volksempfänger für Alle auch für Dich,
Grafik: Rudolf Rüffer, 1933
Kunstbibliothek Staatliche Museen zu Berlin

Reklame", dass in New York die Preise für eine ca. 50 Fuß im Quadrat messende Lichtreklameanlage bei einem Jahresvertrag zwischen 2800 und 8000 Mark monatlich schwankten.[16] Zugleich wurden hier bereits Riesenanlagen betrieben mit Buchstaben von 1½ m Höhe, 30.000 Glühlampen, 50.000 m Leitungsdraht und 3000 verschiedenen Schaltungen.[17] Solche Zahlen lassen vermuten, dass die vielfältige und umfangreiche Werbung für Glühlampen vor allem auch die Konsumenten in der Werbeindustrie erreichte. Tatsächlich wurde die Werbebranche ein wichtiger Verbraucher von Strom und Elektroartikeln. Für etwas bescheidenere Werbezwecke bot die Industrie spezielle, eigens für die Reklame produzierte Lampen an, wie etwa die Osram-Lettern[18] oder die Osram-Schriftglimmlampe.[19] Auch die Beleuchtung von Litfasssäulen wurde eingeführt. Jede öffentliche Beleuchtung, auch die Leuchtwerbung für ein Geschäft oder ein Produkt, war letztlich immer auch Werbung für die Elektroindustrie. Der Aufwärtstrend der beleuchteten Außenwerbung kam in den Jahren des Ersten Weltkrieges zum Erliegen und setzte sich erst in den Zwanziger Jahren vehement fort. Spezielle Werbewochen widmeten sich dem Thema Licht. Sie wurden oft, wie auch die Lichtfeste verschiedener Städte [Abb. 9] oder für „Berlin im Licht"[20], in Kooperation mit der Elektroindustrie initiiert bzw. von dieser gesponsert.[21] Lichtreklame hatte längst das Bild der Städte verändert. Neue Formen hatten das städtische Mobiliar bereichert: Eigens für Reklamezwecke hergestellte Laternen und Lichtsäulen, die frei im Stadtraum aufgestellt werden konnten, fanden seit der Jahrhundertwende rasche Verbreitung. In den Zwanziger Jahren begann künstliches Licht auch eine bedeutende Rolle in der Konzeption moderner Architektur zu spielen. Darin wurden Lichtreklame, Außenbeleuchtung und Architektur als gestalterische Einheit begriffen, d.h. das beleuchtete Haus in seiner architektonischen Gesamtwirkung geplant.[22] Hinter diesen Bestrebungen stand vor allem der Wunsch, die bisweilen chaotisch sich aufdrängende Reklame in gestalterische und ordnende Strukturen der modernen Stadt zu bringen. Walter Dexel sprach von „einheitlicher Durchformung von Architektur und Werbung" und führte als bestes Beispiel das Rotterdamer „Café de Unie" von Oud an.[23] Doch ordnende Konzepte

Abb. 15
*Plakat, Signal Successes,
Grafik: Raoul Marton, 1936
Kunstbibliothek Staatliche Museen zu Berlin*

Abb. 16
*Plakat, Licht in Heim Büro Werkstatt, Grafik: Alfred Willimann, 1932
Kunstbibliothek Staatliche Museen zu Berlin*

Abb. 17
*Plakat, ASG Elektrische und mechanische Sicherungsanlagen,
Grafik: Johannes Safis, 1921
Kunstbibliothek Staatliche Museen zu Berlin*

ließen sich nur in neu errichteten Stadtteilen und in Einzelbauten verwirklichen. Miteinander konkurrierende gigantische Werbeauftritte suggerierten die Vorstellung vom Reichtum und Luxus einer Stadt. Die beleuchtete Stadt wurde zum Sinnbild modernen Lebens schlechthin. Licht versprach Verlockungen, Fortsetzung des Tages, Lebendigkeit. Von Anbeginn war Kunstlicht Motiv für Maler, Zeichner und natürlich für Werbegrafiker, die gern neueste Lichtwerbung, zuweilen unterstützt durch die Darstellung von dichtem Autoverkehr, als Symbol des Fortschritts zitierten. Besonders willkommen war das Motiv der beleuchteten Stadt in der Städtewerbung, wie die Beispiele aus Berlin und Wien in ganz ähnlichen Plakaten zeigen [Abb. 10 und 11]. Vorbild moderner Leuchtreklame schlechthin wurde schließlich der Times Square in New York. Er wurde zum Pilgerort für Grafikdesigner und ist wohl einer der am häufigsten fotografierten Plätze nicht nur der studien-reisenden Reklamezeichner. Albert Fuß griff dieses Symbol des modernen Amerika als Motiv für sein Plakat von 1938 auf [Abb. 12]. Hinter der Leuchtreklame verschwinden nachts die Konturen der Häuser. Scheinbar frei vor dem Dunkel stehen die Werbebotschaften im Raum, der sich in eine große Lesefläche verwandelt. Reklame als Motiv von Reklame ist nicht neu (man denke an den Ausrufer als Motiv). Hier feiert die Branche bewusst ihre neuen Errungenschaften. Wurde vordem das Feuer mit Leben gleichgesetzt, war es nun das künstliche, vorwiegend elektrische Licht. So schaffte es die Glühlampe auch auf Buchschutzumschläge als Werbung für Bücher, wie hier auf dem Plakat für Hans Dominiks Roman „Lebensstrahlen" [Abb. 13].

Schon vor dem Ersten Weltkrieg wurde in den Kinematographentheatern Reklame durch Lichtprojektion gemacht. Schließlich kam der Reklamefilm zum Einsatz. Pionier auf diesem Gebiet war das Berliner Filmreklameatelier

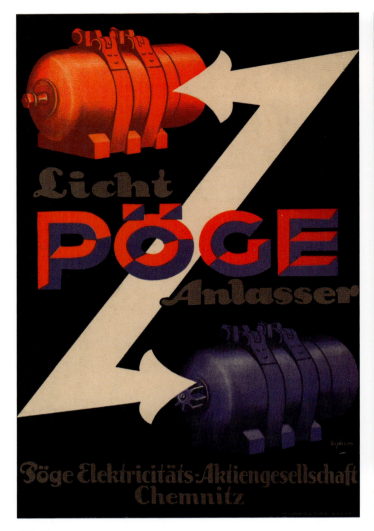

Abb. 18
*Plakat, Pöge Elektricitäts-Aktiengesellschaft Chemnitz,
Grafik: Julius Gipkens, um 1910
Kunstbibliothek Staatliche Museen zu Berlin*

Abb. 19
*Plakat, Aufbau des DEAC Stahlsammlers, des Edison Sammlers,
Grafik: Felix Jacob, 1936
Kunstbibliothek Staatliche Museen zu Berlin*

Abb. 20
*Plakat, Accumulateurs Fulmen, Grafik: Achille Lucien Mauzan, o.J.
Kunstbibliothek Staatliche Museen zu Berlin*

Julius Pinschewer und Walter Reimann. Bereits vor der groß angelegten Aktion „Berlin im Licht" 1928 sowie den oben erwähnten Lichtfesten anderer Städte wurden auch durch kurzzeitiges Anstrahlen von Fassaden und des Himmels Reklamesprüche in den öffentlichen Raum getragen. Die Industrie bot hierfür u.a. den Atrax Reklame Projektor an. Auf einem Inserat von 1921[24] wird er als „Optisches Meisterwerk für erfolgreiche Lichtbildreklame auf der Straße, im Schaufenster und im Laden" angepriesen und erklärt: „Das wundersame Atrax-Reklamelichtbild lenkt mit unwiderstehlicher Werbekraft die Aufmerksamkeit des Passanten auf den angekündigten Artikel und macht ihn zum Käufer." Ein anderes Gerät war der Pantotrop – ein automatischer Zwölfbildprojektor. Die Illux-Elektro-Apparatebau GmbH bot Apparate und Zubehör für Flugzeug-Lichtreklame an.[25] Rudolf Rüffer hat dieses Phänomen der Schriftprojektion als Plakatmotiv aufgegriffen[26], um für den Volksempfänger zu werben, der anlässlich der Funkausstellung 1933 zum ersten Mal verkauft wurde [Abb. 14].

In der modernen Verkehrstechnik setzten sich rasch auch elektrisch betriebene Lichtsignalanlagen durch. Lichtsignale

Abb. 22
Standardplakat (Aufkleber) in Dreiecks-Form, Hier wirkt Elektrizität,
Grafik: Fritz Julian, um 1925
Kunstbibliothek Staatliche Museen zu Berlin

Abb. 23
Werbeblatt, AEG, Beilage aus MVDR, 1912, H. 33, nach S. 8,
Grafik: Atelier Lehmann-Steglitz
Kunstbibliothek Staatliche Museen zu Berlin

Abb. 21
Plakat, Protos Staubsauger, Grafik: Ernst Semmler, 1927
Kunstbibliothek Staatliche Museen zu Berlin

fanden einerseits als Zeichen und Achtungssymbole Eingang in die Motivwelt der Werbung,[27] andererseits konnten sie auch als unmissverständliches Motiv in der Bahnwerbung die Darstellung der Eisenbahn ersetzen [Abb. 15]. Der Schweizer Alfred Willimann baute sein Plakat für die Ausstellung „Licht in Heim und Büro" von 1932 [Abb.16] ausschließlich aus dem verlaufenden Schwarz-Weiß-Kontrast und benutzte Licht als Gestaltungsmittel. Es strahlt gleichsam von hinten in das Schwarz eines imaginären Raumes. Der Schriftzug „Licht" erinnert an Leuchtschriftbuchstaben, die hier objekthaft hervortreten und Schatten werfen. Willimann verzichtet gänzlich auf Motivisches. Lucian Bernhard, der in seinem 1920 erschienenen Plakat „Heimlicht" ebenfalls mit der Wirkung von Licht und Schatten spielt, arbeitete mit zum Piktogramm stilisierten Figuren, die sich dunkel abheben im Kegel des projizierten Lichts. Bezogen auf die Elektrizitätswerbung blieb das Thema Licht für die Werbegrafiker sicher eines der ergiebigsten, da es stets sinnfällig aus unmittelbaren Fragen der Gestaltung entwickelt werden konnte. Einen Eindruck von der bildnerischen Vielfalt zu diesem Thema gibt auch der 1995 erschienene Mailänder Katalog „I segni della luce".[28]

Narration kontra Sachlichkeit

Schwieriger verhält es sich mit der Darstellung von Wirkungsweisen elektrischer Maschinen und Installationen. Bei etwas spröderen Themen wie Werbung für Sicherungen, den „Merkurator" oder für elektrische Sicherungsanlagen [Abb.17] wurden populäre Formen der Werbung bevorzugt, in denen es vor allem um die nachvollziehbare Darstellung von Eigenschaften wie Widerstandskraft und Ausdauer geht. Tier, Mensch oder Zauberwesen werden bisweilen auf humorvolle Weise und als mehr oder weniger poetische Metapher zum Vergleich herangezogen, um eingängig und einfach die Leistungsfähigkeit der angepriesenen Produkte zu demonstrieren. So halten Hexa-Sicherungen der Kraft eines Nilpferdes[29] stand oder haben Panther Autolampen[30] von Philips die Kraft und Ausdauer der zitierten Großkatze. Gern wird auch der Vergleich mit dem Adler – das Symboltier für Kraft und Geschwindigkeit schlechthin – benutzt[31], wie in der Zugspitzbahnwerbung von 1926. Wiederholt fand der Adler in der Automobil- und Flugzeugwerbung Verwendung. Lucian Bernhard benutzte das Adlermotiv schon 1913 in seinem Plakat für Adler Automobile. Dagegen bleibt Bernhard in seinem Plakat für Bleicherts Drahtseilbahnen wieder sachlich, produktbezogen und in der Farbe äußerst zurückhaltend. Aufgefangen wird diese Sachlichkeit im Weichbild der Landschaftsdarstellung im Hintergrund.[32] Eine eher technikbetonte Nüchternheit ist auch auf vielen anderen

Abb. 25
Plakat, Schenkt Elektro-Geräte, Grafik: Ernst Victor Kania, 1939
Kunstbibliothek Staatliche Museen zu Berlin

Abb. 26
Plakat, AEG Heisswasserspeicher, Grafik: anonym, um 1935
Kunstbibliothek Staatliche Museen zu Berlin

Plakaten zu beobachten, die für Bohrmaschinen, Landwirtschaftsmaschinen, Motoren o.ä. werben. Beispielhaft soll das für den Pöge-Anlasser [Abb. 18] oder das 20 Jahre später entstandene Plakat für das Tubus Messgerät erwähnt werden. Adressaten sind hier nicht die privaten Verbraucher, sondern Fachleute und Ingenieure. Solche Werbeplakate haben sicher nicht den Weg an die Litfasssäulen gefunden, sondern sind auf Messen und im Fachhandel zum Einsatz gekommen. Entsprechend ist ihre Bildsprache. Im Falle des Plakates von Felix Jacob für den Stahl-Sammler nimmt sie sogar den Charakter einer technischen Zeichnung an [Abb.19]. Dagegen versucht Mauzan eine sinnliche Deutung für die Wirkung des Akkus zu zeigen [Abb.20]. Im Vergleich zu Deutschland überwog in Frankreich und Italien lange das humoristisch-narrative Moment in der Werbung für Strom und für die Elektroindustrie, meist gepaart mit Symbolfiguren.[33] Zumindest kann man diesen Eindruck aus dem bisher veröffentlichten Material gewinnen. In der Werbung für die Elektrizitätswirtschaft, für Hersteller elektrischer Großgeräte und Maschinen ist überwiegend das Inserat oder die Werbebroschüre zum Einsatz gekommen. „Es liegt in der Natur der Sache, dass für Maschinenfabriken und ähnliche Unternehmungen das Straßenplakat geringere Propaganda-Erfolge verspricht als das Werbeblatt, das mit den Fachzeitschriften allen Interessenten zwangsläufig vor Augen gerückt wird. Das Werbeblatt soll sie mit dem Fanfarenton des Straßenplakats begrüßen und ihnen zugleich alles Wissenswerte im knappsten textlichen Rahmen eröffnen."[34] Diese Art von Industriewerbung ist in den Jahren nach dem Ersten Weltkrieg sprunghaft angestiegen. Der Aufschwung der Wirtschaft war begleitet von einem neu einsetzenden freien Wettbewerb. Bezeichnenderweise widmete sich die erste Nummer der 1924 gegründeten Zeitschrift „Gebrauchsgraphik" dem Thema Industrie-Reklame, in der sie, die jüngste Vergangenheit resümierend, unterschiedliche Werbegrafiker vorstellte. Darunter waren Lucian Bernhard, Walter Nehmer, der nicht nur für Osram arbeitete, sondern auch für die Gebrüder Sulzer A.G. in Ludwigshafen oder die PREMAG (Pressluftmaschinenbau A.G. Berlin) und in den dreißiger Jahren für Siemens & Halske sowie für Lorenz-Radios; Franz Peffer und Erwin Reusch,

Abb. 27
Inserat zur Gesolei, in: Gebrauchsgraphik 1926, H. 8,
Grafik: Max Burchartz
Kunstbibliothek Staatliche Museen zu Berlin

Abb. 28
Plakat, Telefunken,
Grafik: Andreas Karl Hemberger, 1937/38
Kunstbibliothek Staatliche Museen zu Berlin

der selbst gelernter Maschinenbau-Ingenieur war und aus technischer Sachkenntnis heraus Werbeprospekte zeichnete. Mit Walter Kulina, Rudolf Allner und Ernst Semmler stellte die Zeitschrift wenige Jahre später wiederholt Grafiker vor, die alle für Siemens & Schuckert für die unterschiedlichsten Elek-trogeräte warben.[35] Ernst Semmler leitete das Werbeatelier bei Siemens und gestaltete die seit 1921 herausgegebene „Siemens-Zeitschrift". Er entwarf etliche Plakate für Bohrmaschinen und den Protos-Staubsauger [Abb. 21]. Diesen Grafikern ist es zu danken, dass sie die lange überwiegend reine „Ingenieurpropaganda", wie Hermann Karl Frenzel[36] sie nannte, aufgebrochen hatten. So bekannte Erwin Reusch: „Als Graphiker suche ich aber das Leben, welches der Maschinenbauer dem toten Material eingehaucht hat, in künstlerischer Gestaltung zum Ausdruck zu bringen."[37]
Dem Vorbild Bernhards folgend, stellen viele die Ästhetik der Gebrauchsform einzelner Geräte heraus, die auf besondere Weise ins Bild gesetzt, ja präsentiert sind. Oft geschieht das durch die Verwendung leuchtend farbiger Hintergründe. Schönheit und Zweckmäßigkeit sind gleichermaßen betont.

Elektrizität im Haushalt

Die meisten elektrischen Haushaltsgeräte sind schon Ende des 19. Jahrhunderts erfunden worden. Den Weg zu den Verbrauchern fanden sie jedoch erst sehr spät. Staubsauger, Waschmaschinen, Kühlschränke, Radios u.ä. blieben Luxusgüter, die lange Zeit nur für wenige erschwinglich waren. Wenngleich die Zahl der an Strom angeschlossenen Haushalte stetig wuchs, erfolgte die nahezu flächendeckende private Stromversorgung erst nach dem Zweiten Weltkrieg. Dennoch, jede Werbung für ein elektrisch betriebenes Haushaltsgerät war Werbung für die Leistungsfähigkeit der Elektroindustrie und für den Fortschritt. Wie andere auf private Verbraucher orientierte Werbung auch, war sie mit dem Versprechen verbunden, die Lebensqualität zu verbessern. Dazu gehörte Bequemlichkeiten, Komfort, Sicherheit, Sauberkeit, Haltbarkeit, Genuss, Luxus, Schönheit, Schnelligkeit und sogar Gesundheit. Man hat gern versucht, möglichst viele dieser Komponenten miteinander zu verbinden. (Gesellschaftsutopische Dimensionen bekam das Versprechen auf

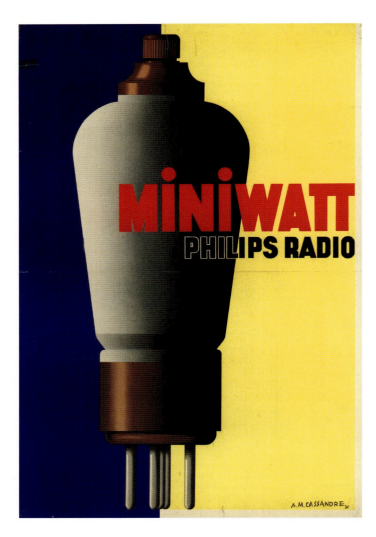

Abb. 29
*Plakat, Miniwatt Philips Radio,
Grafik: Cassandre (Adolphe Mouron), 1931
Kunstbibliothek Staatliche Museen zu Berlin*

eine bessere Zukunft in dem zugespitzten Satz Lenins: Sowjetmacht + Elektrifizierung = Kommunismus.)
Ein wichtiges Moment ist die leichte Handhabarkeit der die Hausarbeit erleichternden und das Leben angenehm gestaltenden Geräte: Stecker rein und das Gerät ist funktionsbereit. Sehr schnell wurden dann auch die unentbehrlichen Utensilien, wie Kabel und Stecker, beliebte Motive in der Werbung. Sie gehörten zum neuen Formenvokabular, mit dem Grafiker auch spielerisch umgingen. So bilden Karl Klimsch und Lucian Bernhard aus der Kabelschnur die Schriftzüge des Plakattextes, während Fritz Julian mit Kabel und Stecker in immer gleicher Weise das Wort Elektrizität einrahmt und so – wie eine Marke – hervorhebt [Abb. 22]. Kabel und Stecker sind wichtiges Erkennungsmerkmal, das die neuen Haushaltsgeräte eindeutig als Elektrogeräte kennzeichnet. Sie fehlen selbst auf den piktogrammartig gezeichneten Geräten nicht, die die Brüder Lehmann-Steglitz als Angebotspalette der AEG auf ihrem Plakat für die Firma zeigen [Abb. 23]. Interessant ist, dass hier auch die Reklame ein eigenes Feld erhält. Was bei Lehmann-Steglitz so schön aufgereiht wurde, versammelt der Franzose Konlein bis unter das Dach eines stilisierten Hauses. Hier wächst das Kabel aus der weißen Aufschrift Thomson, die vor der leuchtend roten Fläche steht [Abb. 24, siehe Kapiteleinstieg]. Viktor Kania verwendet die Silhouette eines Steckers stempelhaft als Zeichen, das dem Betrachter ins Auge fällt. Über Kabel und Stecker hinaus musste natürlich der Werbeslogan entsprechend gewählt sein. Gesund, leicht und praktisch sind die häufig zitierten Vorzüge elektrischer Geräte, die auch Kania aufführt [Abb. 25]. Haushaltsgeräte wie der Elektroherd oder der Heißwasserspeicher unterschieden sich äußerlich kaum von ihren mit Gas betriebenen Konkurrenten. Solche Geräte werden deshalb immer mit dem Firmennamen oder dem ausdrücklichen Hinweis auf ihre Eigenschaft als Elektrogerät angepriesen [Abb. 26]. Direkte Vergleiche mit anderen Geräten blieben meist aus. Seit 1937 war die öffentliche Herabsetzung von Geräten, die mit anderen Energiequellen arbeiteten, im Werbewesen ausdrücklich untersagt.[38] Besonders häufig ist die Werbung für Staubsauger. Zumindest finden sich hierfür viele Belege in Plakatsammlungen, so für Protos, Elektrolux und Vampyr. Auf einem Inserat, das als Beilage der Zeitschrift „De Reclame" erschien, halten St. Niklas und der Weihnachtsmann jeweils einen Staubsauger in der Hand. Gerade zur Weihnachtszeit wurden Luxusgeräte als besondere Geschenkidee angepriesen. Max Burchartz zeigt seinen Orion-Staubsauger als bewundertes, ja von vielen angebetetes Statussymbol, das als Messe-Ausstellungsstück gezeigt wird. Im Gespräch zweier eleganter Frauen davor preist eine die Vorzüge des „Orion" an und erklärt: „Ich habe das Gefühl, alles ist sauberer als früher und meine Wohnung ist gesünder." [Abb. 27] Während Burchartz Frauen zeigt, die dem Betrachter gänzlich abgewendet sind und ihn so zum eher zufälligen Lauscher des Gesprächs machen, was die Neugierde auf das Gesagte erhöht, nehmen in den

Abb. 30
Plakat, Telephonieren,
Grafik: Hugo Laubi, 1935
Kunstbibliothek Staatliche Museen zu Berlin

meisten Plakaten und Inseraten dargestellte Verbraucher die anpreisende Haltung und Geste an. Neu an Burchartz' Inserat ist die Verwendung der Fotografie. Die Arbeit mit dem Foto suggeriert den Anschein von Objektivität und Authentizität. Ungewöhnlich für diese dem Konstruktivismus nahestehende Werbung ist das erzählerische Moment. Wie in der Werbung für Mode, Genussmittel oder Kosmetikartikel hat sich seit den späten zwanziger Jahren auch in der Reklame für elektrische Haushaltsgeräte die Methode der direkten Ansprache durchgesetzt. Modisch gekleidete, gut aussehende Damen, manchmal aber auch handfeste Volkstypen – die guten Seelen bürgerlicher Haushalte – sollen das Kaufinteresse wecken und darüber hinaus ein neues, erstrebens- und nachahmenswertes Lebensgefühl transportieren.[39]

Kommunikation durch Strom

Für die Entwicklung der Nachrichtenübermittlung hatten die AEG und Siemens & Halske in Konkurrenz geforscht und zunächst um Patente gestritten, bis es auf Betreiben Wilhelms II. 1903 zur Gründung des Gemeinschaftsunternehmens „Gesellschaft für drahtlose Telegraphie m.b.H. System Telefunken" kam. Das bekannteste Werbeplakat für diese Gesellschaft ist das von Richard Jaretzki. Stilistisch wurde es immer in eine frühere Zeit, zunächst vor 1914, dann 1914 datiert. Im April 1923 wurde der Name der Firma in „Telefunken Gesellschaft für drahtlose Telegraphie m.b.H." geändert und dann 30 Jahre beibehalten. Vermutlich ist Jaretzkis Plakat aus Anlass dieser neuen Namensgebung entstanden, denn es führt den Namen exakt so auf, wie das Unternehmen seitdem hieß. Die Übertragung von Nachrichten setzte Jaretzki als Blitzgewitter ins Bild. Es wird vom Sendemast des Schiffes in alle Richtungen über den Ozean ausgestrahlt. Telefunken hatte tatsächlich zunächst vor allem für die Marine, sowohl für die zivile als auch die Kriegsflotte gearbeitet. An der Entwicklung von Aufnahmegeräten und Radios waren neben Telefunken maßgeblich die Carl Lindström AG und der Rundfunkpionier Sigmund Loewe beteiligt. So entwickelte Lindström einen Parlographen mit elektrisch betriebener Walze. Angepriesen als Ersatz für die Stenographie kam er auf den Markt und wurde ab 1913 in verschiedenen Ländern verkauft. Mit nur wenigen Mitteln macht Louis Oppenheim in seinem Plakat auf die Einfachheit der Benutzung aufmerksam, indem er die Schrift, als Zeichen gesprochenen Wortes, mit einem Pfeil in den Aufnahmetrichter lenkt.

Mit der Entwicklung des Rundfunkgerätes wurde nicht nur für das fertige Radio geworben, sondern auch für Radioröhren. Frühe Beispiele der 1923 gegründeten Firma Loewe Audion GmbH sind typische Ingenieurplakate, die beim Laien wenig sinnliche Vorstellungskraft wecken. Ihre Größe deutet darauf hin, dass sie als Innenwerbung in Fachgeschäften

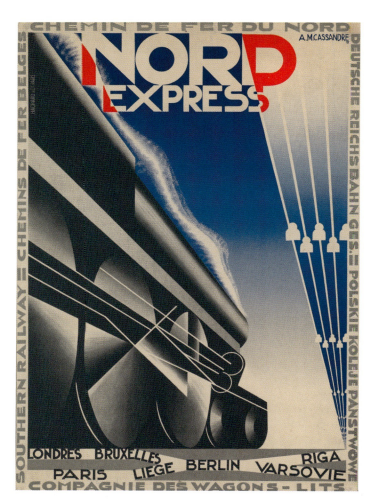

Abb. 31
Plakat, Nord Express,
Grafik: Cassandre
(Adolphe Mouron), 1925
Kunstbibliothek
Staatliche Museen zu Berlin

benutzt wurden. Dagegen ist Cassandres Plakat für Philips Radio Röhren von 1931 [Abb. 28] nicht nur außergewöhnlich groß. Mit ihm als wichtigstem Vertreter des Art Déco kam eine neue Komponente in die Werbung. Mit seinen klaren Kompositionen setzte Cassandre immer auf die emotionale Wirkung farbiger Kontraste. Raffinierte Farbverläufe suggerieren eine gewisse räumliche Präsenz des dargestellten Produkts, zugleich stellen sie in ihrer Noblesse Schönheit und Eleganz seiner Form heraus. Radioröhren waren natürlich nicht fasslich wie Glühlampen. Ihre Wirkung war ein größeres Mysterium für private Verbraucher, als die der Glühlampen. So ist Hemberger in seinem Plakat [Abb. 29] darum bemüht, eine Beziehung zur Wirkung herzustellen, die das unspektakulär scheinende technische Utensil hervorbringen kann. Um solche Wirkungen geht es auch in den Plakaten von Rolf Frey und Max Reimer. Hinter dem von Frey gezeichneten Radiogerät scheinen die Silhouetten der Musiker und Darsteller geisterhaft auf, die man als Kind immer in diesem geheimnisvollen Kasten vermutete, während Reimer das Radio zum Gerät deutscher Gemütlichkeit macht, vor dem man selbst- und weltvergessen still genießt. Philips Radio gab Werbefaltblätter und die regelmäßig erscheinenden „Radio Nieuws" heraus. Darin wird das neue Radio als unentbehrlich für die moderne Einrichtung propagiert, das sich stilvoll ins Mobiliar einpasst und sogar von der einfachen Haushaltshilfe bedient werden kann.

Wie man den Strom gern durch den zuckenden Blitz symbolisierte, hat man Radiowellen gern als konzentrische Kreise dargestellt, etwas, was sich durch den Äther ausbreitet. Erwin Reusch benutzte sie schon 1924 für eine Titelzeichnung der „Elektrotechnischen Zeitschrift" (ETZ).[40] Meist sind sie leicht aus der Mittelachse verschoben, was den Eindruck grenzenloser Ausbreitung erweckt. Dieses In-die-Welt-hinaus-Senden hatte Walter Nehmer in einem Plakat, das zur Zeit der Olympiade 1936 erschien, noch mit der Weltkarte und den Olympischen Ringen im Hintergrund verstärkt.[41] Der Schweizer Hermann Eidenbenz verzichtete gänzlich auf die Darstellung des Radiogerätes oder der Rundfunkstation, wie sie Nehmer zeichnete. Durch optische Täuschungen, erreicht durch den Wechsel von Schwarz, Gelb und Weiß, sind sie bei ihm als dreidimensionale Ausdehnung zu erfahren.

Ein anderes sich ausbreitendes Kommunikationsmittel war das Telefon, das zunehmend auch private Nutzer fand. Mit Hugo Laubi und Herbert Leupin sei hier auf die in der Werbung wiederholt auftretenden konträren Haltungen verwiesen: Die Darstellung des das Telefon benutzenden Verbrauchers in Form der elegant posierenden Frau [Abb. 30] und die lakonische Darstellung des Telefonhörers als Inbegriff neuer Nachrichtenübermittlung, der das veraltete Schreiben (dargestellt im antiquierten Federkiel) ersetzt bzw. durchstreicht. Markantestes Zeichen für den Aufbruch in die elektrisierte Gesellschaft war der Strom- und Telegrafenmast. Schnell fand er Eingang in die Motivwelt der Plakate, die für Stromanbieter warben. Der Telegrafenmast hatte das Bild der Städte und Landschaften massiv verändert, nicht selten zum Ärger mancher Zeitgenossen. Die räumliche Ausdehnung der Kabel war sichtbare Verbindung zur modernen Welt und wurde zum Symbol rascher Nachrichtenübermittlung. Deshalb nutzte vor allem die Zeitungs- und Zeitschriftenwerbung das Motiv des Telegrafenmastes mit den weit gespannten Drähten als Sinnbild für die angepriesene Aktualität gedruckter Nachrichten. Bald gab es Zeitungen die sich Telegraf(ph) nannten und mit ihrem Namen exklusive Nachrichtenübermittlung versprachen. Cassandre schaltete zwischen Telegrafendraht und dem Rest der Welt sozusagen noch den Rufer – ein beliebtes Motiv in der Plakatgeschichte. Schließlich wurde der Telegrafendraht ein Symbol für Geschwindigkeit schlechthin, mit der sich auch die Eisenbahn messen konnte [Abb. 31]. Errungenschaften des modernen Lebens durch Elektrizität werden gern zitiert in ganz anderen Werbezusammenhängen (wie etwa der Modewerbung, wenn ein eleganter Herr, der für Anzüge wirbt, lässig in der öffentlichen Telefonzelle steht und telefoniert) und haben auf sehr vielfältige Weise Eingang in die Bildwelt der Werbung gefunden. Als Zeichen von Modernität und Botschaften eines Fortschrittsglaubens haben sie wesentlich das Selbstbild des letzten Jahrhunderts geprägt.

1. Lit.: Fritz A. Meyer: Elektrizitätspropaganda. In: Mitteilungen des Vereins Deutscher Reklamefachleute (MVDR) 1916, H. 1, S. 3–5 und H. 2, S. 41-42.
2. Vgl. MVDR 1916, H. 1, S. 5.
3. Die elektrisierte Gesellschaft, hg. vom Badischen Landesmuseum in Karlsruhe 1996; Das elektrische Jahrhundert, hg. von Horst Wessel. Essen 2001 oder Unbedingt modern sein. Elektrizität und Zeitgeist um 1900, hg. von Rolf Spilker für das Museum Industriekultur in Osnabrück 2001.
4. Vgl. Maria Osietzki: Die allegorischen Geschlechter der Energie. In: Unbedingt modern sein. Elektrizität und Zeitgeist um 1900, hg. von Rolf Spilker für das Museum Industriekultur in Osnabrück 2001, S. 12-25.
5. Siehe dazu: Bildteil im Katalog.
6. Vgl. Abbildung: Plakat, Osram-Lampe 70% Stromersparnis, Grafik: Julius Klinger, 1908 im Aufsatz von Theo Horstmann in diesem Band.
7. Vgl. David Klemm. „Damit will die AEG Lampen verkaufen?". Zur Darstellung der Elektrizität auf Plakaten bis 1930. In: Unbedingt modern sein. Elektrizität und Zeitgeist um 1900. Bramsche 2001, S. 99.
8. MVDR 1913, H. 37, Beilage nach S. 64 .
9. Oft erschienen als Beilage in: MVDR 1915; vgl. auch Peter Döring und Christoph Weltmann: Die Erweckung von Stromhunger. Elektrizitätswerbung im 20. Jahrhundert. In: Horst A. Wessel (Hg.): Das elektrische Jahrhundert. Essen 2001, S. 96.
10. Vgl. Seidels Reklame 1914, H. 7, S. 324.
11. Vgl. Gerhard Schmidt. Lichtwerbungen im Ausland. In: Die Reklame 1928, H. 18, S. 676-677.
12. De Reclame 1928, H. 8, S. 407.
13. Vgl. Dirk Reinhardt: Licht lockt Leute. Die Anfänge der Lichtwerbung 1890-1930. In: Unbedingt modern sein. Elektrizität und Zeitgeist um 1900. a.a.O. S. 76-87.
14. Wie etwa in Seidels Reklame im Septemberheft 1914.
15. Ludewig: Die Elektrizität im Dienste der Reklame. In: MVDR 1912, H. 28, S. 12-18, Vgl. auch Arthur von Alkier: Elektrische Lichtreklame. In: Seidels Reklame 1914, H. 4, S. 181-191.
16. Vgl. Seidels Reklame März 1914, S. 124.
17. MVDR 1912, H. 28, S. 17.
18. Inserat in: Die Reklame 1923, H. 157, S. 159.
19. Inserat in: Die Reklame 1921, H. 143, S. 469.
20. Vgl. Blau, A. W.: Berlin im Licht. In: Die Reklame1928, H. 21, S. 795-800; Berlin im Licht. Katalog zur Ausstellung im Märkischen Museum. Hrsg. Franziska Nentwig. Stiftung Stadtmuseum Berlin 2008.
21. Solche Aktionen fanden beinahe zeitgleich auch im Ausland statt und wurden gemeinsam von den Akteuren beworben. Vgl. Gerhard Schmidt: Lichtwerbungen im Ausland. In: Die Reklame 1928, H. 18, S. 673-677.
22. Vgl. N. A. Halbertsma: De Lichtarchitectuur. In: De Reclame H. 5 1934, S.154 -159.
23. Walter Dexel: Der Bauhausstil – ein Mythos. Texte 1921-1965. Starnberg 1976, S. 125.
24. In: Die Reklame, November 1921, Nr. 142, S. 418.
25. Inserat in: Seidels Reklame 1928, H. 1, S. A1.
26. Solche Schriften wurden tatsächlich jedoch meist mit Kleinflugzeugen der „Deutschen Himmelsschrift-Gesellschaft" mittels künstlicher Kondensstreifen erzeugt.
27. Herbert Leupin benutzte das Ampel-Motiv für ein Bata-Plakat, auf dem es heißt: „Fußgänger warte, gehe auf Bata".
28. Vgl. Antonelli, Giogio: I segni della luce. Un percorso attraverso i manifesti e la pubblicità 1890-1040. Milano 1995.
29. Siehe dazu: Dokumentationsteil in diesem Katalog.
30. Inserat aus: De Reclame H. 4 1931, S. 181.
31. S. auch das Plakat von Ludwig Hohlwein für die LEW Lech-Elektrizitätswerke Augsburg 1913. Vgl. David Klemm. a.a.O, S. 94.
32. Siehe dazu: Bildteil in diesem Katalog.
33. Vgl. Antonelli, Giorgio: I segni della luce. a.a.o.
34. Walter F. Schubert: Schwerindustrie und Gebrauchsgraphik. In: Gebrauchsgraphik 1924, H.1, S. 3.
35. Frenzel, Hermann Karl: Werbemittel der Großindustrie. In: Gebrauchsgraphik 1930, H. 1, S. 5-21.
36. Frenzel, Hermann Karl, a.a.O.
37. Reusch, Erwin: Erwin Reusch/Berlin. In: Gebrauchsgraphik 1924, H. 1, S. 45.
38. S. Bestimmung des Werberates der deutschen Wirtschaft über die Werbung auf dem Gebiete der Elektrizität, des Gases sowie der Brenn- und Kraftstoffe aller Art. Vom 15. Februar 1937. Reichsanzeiger Nr. 38, vom 16.2.1937.
39. Vgl. Martina Heßler: Maschinen für die moderne Frau in diesem Katalog.
40. Sonderheft zur Funktagung des Verbandes Deutscher Elektrotechniker Berlin, April 1924. abgebildet in: Gebrauchsgraphik 1924, H.1, S. 49.
41. Vgl. Gebrauchsgraphik 1937, H. 2, S. 9.

Plakat, Strommännchen, 1935
Umspannwerk Recklinghausen – Museum Strom und Leben (Abb. 7)

Strommännchens Gleichschaltung
Elektrizitätswerbung in der NS-Zeit

Peter Döring

Die Geschichte der Wirtschaftswerbung seit der Industrialisierung stellt noch weitgehend eine Terra incognita dar, die bislang nur in einzelnen Aspekten erschlossen wurde.[1] Diese Feststellung galt bis vor kurzem auch für die Werbung während der Zeit des Nationalsozialismus. Aktuell erfreut sich das Verhältnis von Wirtschaftswerbung und politischer Propaganda während der NS-Zeit einer lebhaften Diskussion.[2]
Die Nationalsozialisten tilgten den bis 1933 gängigen Begriff der „Reklame" und denunzierten ihn als „liberalistisch", „jüdisch" und undeutsch. Zugleich hatte sich keine andere politische Bewegung so sehr an den Strategien kommerzieller Reklame orientiert wie die Nationalsozialisten. Auch war niemand anderem die politische Relevanz moderner Massenkommunikationsmittel als Manipulationsinstrumente zur Loyalitätsstiftung und zur Herrschaftssicherung so bewusst gewesen wie Hitlers „Reichsminister für Volksaufklärung und Propaganda". Nicht umsonst erfolgte dann auch im Gleichschritt mit der Machtergreifung der Nationalsozialisten 1933 die Vereinnahmung von Radio, Presse, Verlagswesen und Kunst. Auch die die NS-Propaganda zuvor inspirierende Reklamebranche stellte eine potentielle Gefahrenquelle dar, die daher einer machtpolitisch und ideologisch motivierten Regulierung unterworfen wurde. Die Gleichschaltung der Medien bereitete dem NS-Propagandamonopol den Boden, sie gehörte zur Durchsetzung des nationalsozialistischen Machtanspruchs.
Der folgende Beitrag widmet sich der Werbung für Elektrizitätsanwendung während der NS-Zeit. In ihm sollen die Organisationsform der Elektrizitätswerbung, ihre Mittel, Inhalte und Ziele vorgestellt werden. Er widmet sich der Frage, ob und inwieweit Elektrizitätswerbung in der NS-Zeit propagandistisch überlagert wurde bzw. Elektrizitätswerbung den Zweck einer Vermittlung zwischen Produzent und Konsument verfolgen konnte. Diese Fragestellung ist zunächst einmal insofern von Belang, als die nationalsozialistische Gesellschaft unstrittig eine Konsumgesellschaft war.[3] Zum anderen ist diese Frage in Bezug auf das Produkt Elektrizität bedeutungsvoll. Hatte schon der Edison-Lizenznehmer und AEG-Gründer Emil Rathenau erkannt, dass „die Umgestaltung eines großen Teiles der modernen Lebensverhältnisse", die die elektrotechnischen Anwendungen hervorriefen, „nicht vom Konsumenten ausging, sondern vom Produzenten organisiert und gewissermaßen systematisch aufgezwungen werden musste",[4] so konstatierte rund vierzig Jahre später ein Editorial in der Zeitschrift „Der Werbeleiter": „Aber der Verbraucher kann von seinem Glück nichts wissen, wenn man ihm nichts davon sagt. Elektrizität ist für ihn eine geheimnisvolle Sache, er denkt an Gewitter, Hochspannungsmasten und Kurzschluss, er ahnt nicht, dass es nichts Gefügigeres, nichts Bequemeres, nichts Gefahrloseres geben kann als den elektrischen Strom in seinen tausendfältigen Verwendungsformen für Licht, Kraft und vor allem auch Wärme. Die Stromwerbung hat daher bis auf weiteres ein gut Teil versäumten Schulunterricht nachzuholen [...]."[5]
Der Beitrag legt zunächst die politisch-ideologischen Prämissen des NS-Staates für die Werbetätigkeit dar und betrachtet darauf aufbauend die Tätigkeit der zentralen Werbeorganisation für die gesamte Elektrizitäts- und Elektrobranche. Ferner werden Quellen zur Elektrizitätswerbung des Rheinisch-Westfälischen Elektrizitätswerkes (RWE) und der Vereinigten Elektrizitätswerke Westfalen (VEW) herangezogen, die hinsichtlich der Endkundenbeziehung das größte bzw. sechstgrößte deutsche Versorgungsunternehmen waren. Dies soll es ermöglichen, die Relevanz der Werbestrategie der 1934 installierten zentralen Branchen-

Abb. 1
Plakat, Blaupunkt Radio,
um 1935
Umspannwerk Recklinghausen –
Museum Strom und Leben

einrichtung für die Versorgungsunternehmen und damit auch für deren Kunden zu reflektieren. Methodisch orientieren sich die Ausführungen an einem gesellschaftsgeschichtlichen Ansatz, der eine Verbindung zwischen der Entwicklung der Werbung und der gesamtgesellschaftlichen Entwicklung ermöglichen soll.[6]

Die Gleichschaltung der Werbebranche 1933

Die Gleichschaltung der Werbebranche verlief 1933 weitgehend reibungslos. Ein Großteil ihrer Mitglieder sowie werbewirtschaftliche Verbände fügten sich widerstandslos in den NS-Staat ein oder inszenierten gar – wie im Frühjahr 1933 der Deutsche Reklame-Verband (DRV), der wichtigste Berufsverband des deutschen Werbewesens – öffentlich ihre Selbstgleichschaltung.[7] Die Mitglieder traten geschlossen in die neugegründete Nationalsozialistische Reichsfachschaft Deutscher Werbefachleute (NSRDW) ein.[8] Das „Gesetz über die Wirtschaftswerbung" vom 12. September 1933 sicherte dem NS-Regime frühzeitig den umfassenden Zugriff auf das gesamte Werbewesen.[9] Es stellte die Grundlage für die Bildung des Werberates der Deutschen Wirtschaft dar, eine mit Hoheitsrechten ausgestattete Anstalt des öffentlichen Rechts, bei der es sich rechtlich um eine dem Propagandaministerium nachgeordnete Dienststelle handelte.[10] Der Zugriff des Werberates erstreckte sich auf das gesamte Werbewesen. Mit der „Genehmigungspflicht" für alle auf dem Gebiet der Werbung tätigen Berufsgruppen existierte eine zentrale Steuerungsmöglichkeit für die gesamte Branche.[11] Allerdings verfügte der Werberat nicht über die rechtlichen Zwangsmittel, um seine Anordnungen auch durchzusetzen. Aufgrund der Gleichschaltung von Institutionen und der Platzierung von Nationalsozialisten an den Schaltstellen konnte der Werberat in der Branche jedoch ideologieprägend wirken.[12]

Unmittelbar nach der Machtergreifung erfolgte eine Selbstverständnisdiskussion über die Rolle der Wirtschaftswerbung innerhalb des NS-Wirtschaftssystems. Die Auffassung, Werbung als „kapitalistischen Auswuchs" abzulehnen, konnte sich schon allein aufgrund des hohen Stellenwertes der Propaganda, deren Lehrmeisterin die Werbung war, nicht durchsetzen. Vielmehr wurde ihre Berechtigung auch im Nationalsozialismus anerkannt, da die Überwindung der Krisen- und Mangelerscheinungen infolge der Weltwirtschaftskrise zur Stabilisierung und Legitimierung der NS-Herrschaft beitragen sollte.[13] Allerdings sollte sich die Werbung von der bisherigen Praxis abgrenzen. Die Wirtschaftswerbung der Weimarer Republik wurde als Ausdruck des liberalistisch-kapitalistischen Wirtschaftssystems denunziert, das mit marktschreierischen Methoden die Kunden irreführe, falsche Versprechungen tätige und die Konkurrenz herabsetze. Der zuvor wertneutrale Begriff der Reklame erfuhr nun eine Bedeutungsverschiebung, galt als Erscheinungsform „zügellosen Wettbewerbs" und erhielt das pejorative Attribut „jüdisch".[14] „Dem Wort Reklame", so heißt es dann auch im „Werbeleiter", „haftet in der öffentlichen Meinung doch ein unangenehmer Beigeschmack an (...)"[15] Dem gegenüber gestellt wurde der Begriff der Werbung. Er stellte nicht lediglich die Eindeutschung des Wortes Reklame dar, sondern wurde eingepasst in das ideologische Konstrukt der „Deutschen Werbung".[16] Hierzu erließ der Werberat der deutschen Wirtschaft eindeutige Richtlinien: „Die Werbung hat in Gesinnung und Ausdruck deutsch zu sein. Sie darf das sittliche Empfinden des deutschen Volkes, insbesondere sein religiöses, vaterländisches und politisches Fühlen und Wollen nicht verletzen."[17] Wer Wirtschaftswerbung ausführe,

Abb. 2
Plakat, Freude am Kochen,
Grafik: Dore Corty, um 1935
Umspannwerk Recklinghausen –
Museum Strom und Leben

habe als „ehrbarer Kaufmann zu handeln". Dabei habe er nicht nur Rechtsvorschriften zu beachten, sondern sich „in Einklang mit den Anschauungen und Pflichten (zu begeben), die Staat und Volksgemeinschaft an ihn zu stellen berechtigt sind".[18] Alle Angaben müssten „klar und wahr sein und die Möglichkeit einer Irreführung vermeiden. (…) Sie darf weiter nicht in marktschreierischer Weise oder durch Übertreibung verlocken, sondern soll in sachlicher Beweisführung die Vorteile der eigenen Leistung hervorheben. Der Wettbewerber darf nicht herabgesetzt werden."[19] Ergänzend heißt es hierzu im „Werbeleiter": Werbung habe eine tiefgreifende Bedeutung „für die geistige und seelische Struktur der Nation", entsprechend hoch seien die Anforderungen an Art und Inhalt der Werbung sowie die Verantwortung des Werbers.[20] „Unmittelbar verbunden mit dieser Grundeinstellung ist die Überzeugung, dass nicht das Eigeninteresse einzelner Industriezweige, sondern nur das Gemeinwohl aller Gruppen und Stände richtunggebend für gesunde Werbung im Sinne wirklich nationaler Wirtschaftsauffassung sein kann."[21] Wirtschaftswerbung wurde in diesem Rahmen ein transzendentaler Charakter zugesprochen: „Von der Werbung, ihrer äußeren Form wie ihrem inneren Gehalt, gehen stärkste Wirkungen aus, die auf Empfinden und Erleben des Volkes von größtem Einfluss sind. Der Werber ist fortgesetzt Priester – Priester des guten oder schlechten Geschmacks, Priester der lauteren oder unsauberen Kampfes-, also Lebensweise, Priester des Du oder des Ich."[22] Die „Deutsche Werbung" stellte kein Konzept für die Werbepraxis dar, sie bildete vielmehr ein „programmatisches Propagandakonstrukt", um Werbung propagandistisch „in den theoretischen Rahmen der nationalsozialistischen Ideologie" einzuordnen.[23] Um Menschen zu binden, setzten die Nationalsozialisten auch auf eine Visualisierung simplifizierter Denkschemata der NS-Ideologie. Die Darstellung von marschierenden, zu Kolonnen formierten Menschenmassen verweist auf die zunehmende Militarisierung der Gesellschaft. Der Rückgriff auf völkische Bilderwelten, in denen der traute Familienkreis um ein neu erworbenes Elektrogerät gruppiert ist, repräsentiert die ethnisch homogene Volksgemeinschaft oder: den Mikrokosmos einer heilen deutschen NS-Welt. Das NS-Frauenbild korreliert mit dem des arischen Mannes: blond, blauäugig, hohe Stirn und kräftig. Schließlich wird selbst die Werbesprache germanisiert bis hin zum Rückgriff auf – die Rezeption eigentlich behindernde – gotische und deutsche Schrifttypen.[24] [Abb. 1 und 2]

Absatzwerbung, Arbeitsbeschaffung und ideologische Formierung 1933 bis 1936

Der Wirtschaftssektor bildete für die Nationalsozialisten etwas Sekundäres. Mit der Machtergreifung 1933 postulierten sie den „Primat der Politik", die Wirtschaft hatte sich den Interessen des als „völkischer Organismus" verstandenen Staates unterzuordnen. Bildeten das Gewinnstreben, die Partikularinteressen und das Konkurrenzprinzip die Symbole

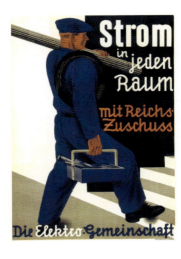

Abb. 3
Plakat, Strom in jeden Raum,
Grafik: Dore Corty, um 1934
Umspannwerk Recklinghausen –
Museum Strom und Leben

Abb. 4
RWE-Kundenzeitschrift
„elektrisches" (Rückseite),
Eile tut not, 1934
Historisches Konzernarchiv RWE

des Feindbildes der Wirtschaftsordnung der „Weimarer Systemzeit", so sollte nun der Staat entsprechend der sozialdarwinistischen Wirtschaftsauffassung eine Gemeinschaft physisch und seelisch gleichartiger Lebewesen erhalten und fördern. Nur in dieser Einbettung blieb individuelles Erwerbsstreben geschützt, wurde privater Wirtschaftstätigkeit ein großer Spielraum gewährt. Nicht mehr das Einzelinteresse respektive der Egoismus sollte die Triebkraft wirtschaftlichen Handelns sein, sondern ein Gemeinschaftsethos, das sich aus der NS-Gemeinschaftsideologie ableitete.

Schon im Sommer 1933 trafen unter dem Formierungsdruck des Staates die Akteure der Elektrowirtschaft eine Vereinbarung zur Gemeinschaftsarbeit, die mit der Bildung von Elektrogemeinschaften einen seit Beginn der Elektrifizierung herrschenden Streit zwischen Elektrizitätsversorgern einerseits und Installateuren und Elektrofachhandel andererseits beilegen sollte.[25] Sie wurde in Anlehnung an den sechs Jahre zuvor geschlossenen „Elektrofrieden" zwischen dem Preußischen Staat und dem RWE nun als „Gewerbefrieden" nach außen hin vertreten.[26] In der Folgezeit bildeten sich in den Versorgungsgebieten der Elektrizitätswerke flächendeckend Elektrogemeinschaften.[27] Die Hauptaufgabe der Elektrogemeinschaft bestand zunächst in der „Förderung der Arbeitsbeschaffung und der gesunden Regelung gegenseitiger Beziehungen zwischen Handel, Handwerk" und Versorgungsunternehmen.[28] Zugleich verständigten sich die Mitglieder der Elektrogemeinschaften darauf, „eine möglichst zuverlässige und vorteilhafte Versorgung der Bevölkerung mit Geräten und Einrichtungen für den Gebrauch der modernen Energien sicherzustellen".[29] Dazu sollten die Elektrogemeinschaften gemeinschaftlich werben und die Mitglieder hierfür ihre Beratungsstellen, Ausstellungsräume und Läden zur Verfügung stellen. RWE unterhielt im westlichen Ruhrgebiet fünf Kunden-Beratungsstellen, hinzu kamen in dem großräumigen Versorgungsgebiet entsprechende Einrichtungen in rund zehn Betriebsverwaltungen. Auch die VEW unterhielt in ihrem wesentlich kleineren Versorgungsgebiet fünf Kunden-Beratungsstellen. Sie enthielten neben einer Verkaufsausstellung auch eine Lehrküche, in denen für die Elektrizitätsnutzung praktisch geworben wurde. Die bislang von den Versorgungsunternehmen eingeführten Ratenzahlungs-Kredit-Systeme wurden nun dahingehend modifiziert, dass sich alle Mitglieder der Elektrogemeinschaft an dieser Absatzfinanzierung beteiligen konnten.[30] Die Elektrizitätsversorger vertrieben ursprünglich auch Elektrogeräte, da der im Regelfall als Familienbetrieb geführte Fachhandel räumlich und von seiner Kapitalausstattung her gar nicht in der Lage war, ein breites Produktrepertoire vorzuhalten, das eine angemessene und diverse Bedürfnisse befriedigende Auswahl ermöglichte und dadurch zur Elektrizitätsanwendung animierte.[31] Bei einem Verkauf von Elektrogeräten durch ein Elektrizitätswerk hatte dieses nun einen angemessenen Teil des Gewinns in die Kasse der Elektrogemeinschaft einzuzahlen. Die Praxis pendelte sich aber dahin ein, dass die Werber der Versorgungsunternehmen zwar Elektrogeräte verkauften, allerdings ausschließlich für die Mitglieder der Elektrogemeinschaft.[32] Häufig trugen die Versorger auch die Kosten für Veranstaltungen, die werbenden Charakter besaßen wie Koch- und Lehrvorträge oder die Schulwerbung.

Zugunsten der Elektroinstallateure verpflichteten sich die Versorgungsunternehmen, ihre Installationsarbeiten nur bis zum Hausanschluss durchzuführen. Diese Beschränkung der Elektrizitätswerke auf ihr engeres Arbeitsfeld sollte die Gemeinschaftsarbeit fördern und der Arbeitsbeschaffung

*Abb. 5
Plakat, Die Elektrofront, 1934
Umspannwerk Recklinghausen –
Museum Strom und Leben*

*Abb. 6
RWE-Kundenzeitschrift
„elektrisches" (Rückseite), Schafft
Arbeit durch Ausbau eurer elektrischen Anlagen, 1935
Historisches Konzernarchiv RWE*

dienen. Der Hintergrund bestand darin, dass das Berufsfeld der Elektroinstallateure noch aus der Zeit des Ausbaus der Elektrizitätswirtschaft in den 1920er Jahren stark übersetzt war. [Abb. 3]

Ein weiteres Element, das die Gemeinschaftsarbeit in der Elektrowirtschaft stärkte, bildete die Gründung der „Arbeitsgemeinschaft zur Förderung der Elektrowirtschaft (AFE)". Sie wurde am 1. Juni 1934 durch den Zusammenschluss der Werbeabteilung des Reichsverbandes der Elektrizitätsversorgung (RVE) – hierin war die Vereinigung der Elektrizitätswerke (VdEW) aufgegangen – mit der Arbeitsgemeinschaft zur Förderung des Elektro-, Installateur- und Beleuchtungsgewerbes gegründet. Die Werbeabteilung des RVE hatte bis dahin die Gemeinschaftswerbung der Verbandsmitglieder mit maßgebenden Firmen der elektrotechnischen Industrie organisiert. In der AFE schlossen sich nun unter dem staatlichen Druck Spitzenverbände der Elektrowirtschaft zur Gemeinschaftsarbeit und vor allem zur Gemeinschaftswerbung zusammen.[33]

Bislang hatten diese Verbände bzw. ihre Vorgängerorganisationen schon in lockerer Form zusammengearbeitet.[34] Die AFE bildete in der Elektrowirtschaft die umfassende Organisation, die auf eine Absatzförderung für Elektro-Installationen, Elektrogeräte und elektrischen Strom hinzielte.[35]

Seit der Weltwirtschaftskrise stellte die Arbeitslosigkeit das größte gesellschaftliche und politische Problem dar. Auch die Hitler-Regierung konnte eine Stabilität und Legitimation ihrer Diktatur nur bei einer gleichzeitigen Zurückdrängung der Arbeitslosigkeit gewinnen. Die Elektrowirtschaft und die AFE sollten zunächst einmal an der Umsetzung der propagandistisch als „Arbeitsschlacht" titulierten Arbeitsbeschaffungsmaßnahmen mitwirken.[36] 1933 waren noch über 6 Mio. Menschen arbeitslos, ein Jahr später hatte sich die Zahl auf knapp 4 Mio. reduziert. Darunter befanden sich noch 200.000 bis 300.000 Facharbeiter, Kaufleute und Fachhandwerker aus der Elektrowirtschaft.[37] Nach dem ersten „Reinhardt-Gesetz"[38] vom 1. Juni 1933, das für bestimmte Aufgaben Darlehen und Reichszuschüsse in Aussicht stellte, legte das zweite „Reinhardt-Gesetz" vom 21. September 1933 einen Schwerpunkt auf die Förderung von Wohnungsinstandsetzungen. Diese Maßnahmen zur Arbeitsbeschaffung wurden flankiert von einer mit martialischen und kriegsmäßigen Tönen inszenierten Werbung, die das Installationsgewerbe, den Fachhandel und die Elektrizitätsversorger einbezog. Schon im Sommer 1933 startete von Berlin ausgehend eine Kam-pagne der „Elektrofront", eine großangelegte, ganz Deutschland erfassende Gemeinschaftswerbung der Elektrizitätswerke, der elektrotechnischen Industrie, des Großhandels und der Installateure [Abb. 4, 5 und 6]. Hierauf rekurrierend leitete die inzwischen gegründete AFE im Folgejahr den „Elektro-Angriff 1934/35" ein, der sich in fünf „Angriffs-Wellen" über das Reich erstreckte und von Plakaten und Flugblättern mit Millionenauflage flankiert wurde.[39] Die erste Phase bzw. Welle, der „Elektro-Hauptangriff", konzentrierte sich auf das Instandsetzen vorhandener Anlagen sowie auf Neuanschlüsse, es folgten die Lichtwerbung (Heim- und

Abb. 8
Broschüre, Elektrizität dem ganzen Volke, um 1936
Historisches Konzernarchiv RWE

Werkstättenbeleuchtung), die Weihnachtswerbung, die Elektrowärme-Werbung und abschließend als fünfte „Angriffs-Welle" die Elektrokälte-Werbung.⁴⁰ Die Kampagne wurde flankiert von Aufrufen an Hausbesitzer und Gewerbetreibende, ihre Häuser und Werkstätten zur Arbeitsbeschaffung elektrotechnisch zu modernisieren.⁴¹

Zur elektrizitätswerblichen Popularisierung entwickelte die AFE das Werbesymbol des Strommännchens, das die Nachfolge des Steckersymbols von Fritz Julian aus den 1920er Jahren antrat. Das Werbesymbol griff erneut auf den Stecker zurück: Die Gestaltung des Symbols schloss nun aber eine kommunikative Personifizierung des elektrischen Stroms ein, indem der Stecker in der Form des Heinzelmännchens verlebendigt und dadurch ein Anknüpfungspunkt für eine volkstümliche Stromwerbung gefunden wurde: „Unsichtbar, geheimnisvoll und zauberhaft, die Hilfe der Handwerker und der Traum aller geplagten und überlasteten Menschen, ist das Heinzelmännchen geradezu eine Vorahnung des elektrischen Stromes in seiner heutigen vielfachen und volkstümlichen Anwendung."⁴² [Abb. 7 siehe Kapiteleinstieg]

An der Basis lief die Werbepropaganda in ruhigeren Bahnen ab. Versorgungsunternehmen griffen vor allem die Anfang 1935 von der AFE ausgegebene Losung „Elektrizität dem ganzen Volke!" [Abb. 8, 9 und 10] auf, eine plagiative, dem Volksgemeinschaftsgedanken der NS-Ideologie angepasste Abwandlung der Kampagne „Elektrizität in jedem Gerät!" aus den 1920er Jahren. Sie nutzten die Losung jenseits der Ideologie, um ihre Interessen nach einer vermehrten Elektrizitätsanwendung in den Haushalten umzusetzen. Im Vordergrund standen dabei der Absatz und die Nutzung elektrischer Großgeräte. Größere Versorgungsunternehmen beschäftigten hauptamtliche Werber. Ihr Ziel war es, über eine vermehrte Elektrizitätsanwendung in Privathaushalten und in Gewerbebetrieben eine verbesserte Auslastung der zu einem Teil noch brachliegenden Leistungskapazitäten der Kraftwerke zu erreichen bzw. die Lastkurven abzuflachen. Zur Förderung des Strom- und Gasabsatzes sowie des Umsatzes an Elektro- und Gasgeräten zahlte die VEW den in der Werbung tätigen Mitarbeitern eine Prämie von einem Prozent des Verkaufspreises der Geräte.⁴³

Mit der staatlichen Regulierung und der Schaffung von Elektrogemeinschaften waren aber die Konflikte zwischen den Elektrizitätswerken einerseits und vor allem den Installateuren und ihren Verbänden andererseits keineswegs ausgeräumt. Sie waren zunächst einmal mehr eine Zwangs- als eine Zweckgemeinschaft zum gegenseitigen Vorteil. Die Elektrizitätswirtschaft warf den Installateuren vor allem vor, am Geräteverkauf uninteressiert und mit wenig Sachverstand für die Problemlage der Elektrizitätswerke ausgestattet zu sein.⁴⁴ Erst im Laufe der Zeit verbesserte sich die Zusammenarbeit zwischen Elektrizitätswerken und den anderen Mitgliedern der Elektrogemeinschaften. Da die Elektrogemeinschaften eine flächendeckende Präsenz vor Ort bedeuteten, entwickelten sie sich teilweise zum Motor der Elektrizitätswerbung und des Geräteabsatzes, mit dem oftmals

*Abb. 9
RWE-Kundenzeitschrift
„elektrisches" (Rückseite),
Elektrizität dem ganzen Volke, 1935
Historisches Konzernarchiv RWE*

auch Installationsarbeiten (Anschluss, Leitungsquerschnitte etc.) verbunden waren.[45] Die örtlichen Elektrogemeinschaften führten Informationsveranstaltungen durch. Falls es dabei nicht direkt zu Abschlüssen kam, besuchten Werber der Elektrizitätswerke die Interessenten. Für eigenständig durchgeführte Veranstaltungen der Installateure und des Fachhandels gewährte die Elektrogemeinschaft Westfalen einen Zuschuss von 20 RM. Durch das Ratenzahlungs-Kredit-System, das sowohl das RWE als auch die VEW anboten, wurde die Werbetätigkeit erheblich erleichtert. Die Tätigkeit der Elektrogemeinschaften bedurfte der finanziellen und der organisatorischen Kraft der sie maßgeblich tragenden Elektrizitätswerke, die den Nukleus der Elektrogemeinschaften bildeten.

Gelegentlich erschienen auch wieder Kundenzeitschriften[46], nachdem diese während der Weltwirtschaftskrise eingestellt worden waren. RWE knüpfte mit der Herausgabe einer Kundenzeitung 1934 an die Praxis der zweiten Hälfte der 1920er Jahre an. Das Unternehmen nahm den überlieferten Titel „Elektrisches" wieder auf, die Zeitung im handlichen Groschenheftformat unterschied sich allerdings in ihrer Aufmachung und auch vom Adressatenkreis her von dem Vorgängerblatt. War „Elektrisches" in den 1920er Jahren koloriert, großformatig und ausschließlich auf den Kunden ausgerichtet, so diente die einfarbige Zeitschrift in den 1930er Jahren, wie die Herausstellung von Jubilaren des Unternehmens nahelegt, auch der internen Information. Die stark politikzentrierte, von der NS-Ideologie durchsetzte Elektrizitätswerbung der AFE fand sich in der RWE-Kundenzeitung nur teilweise und dann nur in dezenten Ansätzen wieder.[47] Das Unternehmen konzentrierte sich auf eine absatzorientierte Stromwerbung. Es widmete sich frühzeitig der Elektro-Kühlung.[48] Mit der Herausstellung des Baues schornsteinloser Häuser warb RWE für den vollelektrifizierten Haushalt.[49] Ende Mai 1935 organisierte das Unternehmen gemeinsam mit der Elektrogemeinschaft in der Essener Börse eine groß angelegte, einwöchige Veranstaltung, in deren Mittelpunkt neben einer volkstümlichen Unterhaltungsshow die Werbung für die Haushaltselektrifizierung stand.[50]

Die VEW gab ab Anfang 1934 mit den „VEW Mitteilungen" eine Mitarbeiterzeitschrift heraus, die Informationen über die Werbetätigkeit des Unternehmens und der Mitarbeiter enthielt. Im Vordergrund stand dabei anfänglich die Orientierung der Mitarbeiter auf eine Zusammenarbeit mit dem Elektrohandel und den Installateuren in den Elektrogemeinschaften.

Die Auseinandersetzung mit der Konkurrenzenergie Gas

Beherrschte die Arbeitsbeschaffungspropaganda anfänglich die zentrale Elektrizitätswerbung, so blieb die Werbung der örtlichen und regionalen Elektrizitätswerke davon doch relativ wenig geprägt. Hier tobte vielmehr die Auseinandersetzung mit der Konkurrenzenergie Gas. Anders als beim RWE, das ausschließlich auf Strom setzte, machte sich der stets latent vorhandene Konflikt zwischen den beiden Energien bei der VEW nicht sonderlich bemerkbar, da das Unternehmen sowohl in der Strom- und in Teilen ihres Versorgungsgebietes auch in der Gasversorgung tätig war. [Abb. 11]

Die verstärkte Elektrizitätswerbung provozierte schließlich die Gaswirtschaft zu Werbemaßnahmen, die die Rahmenbedingungen der von der NS-Ideologie geprägten Gemeinschaftswerbung überschritten. Damit lebte die werbliche Konkurrenz der beiden Energieformen wieder auf, nachdem

Abb. 10
Foto, Werbewagen der VEW Münster, 1934
Historisches Konzernarchiv RWE

sie 1931 erstmals in einem Abkommen zwischen dem Verein Deutscher Gas- und Wasserfachmänner und der Vereinigung der Elektrizitätswerke beigelegt worden war.[51] Die Gaswirtschaft veranlasste die Entwicklung eines Gas-Kühlschrankes. Er fand zwar einen noch geringeren Absatz als der Elektrokühlschrank, seine Bewerbung wirkte verwirrend und dürfte den Absatz des Elektrokühlschrankes belastet haben. In den Mittelpunkt der Auseinandersetzung rückte jedoch die Frage, ob ein Elektro- oder Gasherd sich zu Kochzwecken besser eigne.[52] Da einer vergleichenden Werbung aufgrund der Richtlinien des Werberates sehr enge Grenzen gesetzt waren, kam es zu versteckten Anfeindungen mit gelegentlich skurrilen Darstellungen.[53] Die sich häufenden rechtlichen Auseinandersetzungen der beiden Parteien thematisierten vor allem eine subjektiv empfundene und verbotene Herabsetzung in der Werbung der jeweils anderen Seite.[54] Um den Dauerstreit der beiden Branchen beizulegen, untersagte ihnen der Deutsche Werberat eine vergleichende Werbung.[55] Beide Seiten schlossen daraufhin 1936 einen Burgfrieden. Wenig später relativierte der Deutsche Werberat jedoch seine Position, indem er den Vergleich zuließ, „wenn und soweit die Vorteile der eigenen Leistung anders nicht werbewirksam verständlich gemacht werden können". Eine Bezugnahme auf ein Konkurrenzprodukt habe sachlich und ohne Herabsetzung zu erfolgen. Auf dessen Nachteile dürfe nicht hingewiesen werden, „wenn die Vorteile der eigenen Leistung auch anders werbewirksam verständlich gemacht werden können".[56] Diese weich formulierte Wettbewerbsregelung bedeutete keine Lösung für die strittigen Fragen zwischen der Gas- und Elektrizitätswirtschaft.[57] Eine tatsächliche Befriedung der Werbetätigkeit der Gas- und Elektrowirtschaft trat erst aufgrund der durch den Vierjahresplan veränderten politischen Rahmenbedingungen für die Energiewirtschaft ein. In vorsichtiger Form distanzierte sich die Elektrowirtschaft von vorangegangenen, Ängste schürenden Behauptungen über Gefahren bei der Gasverwendung.[58]

Der Werbefilm

Zunehmende Bedeutung bei der Elektrizitätswerbung erlangte der Film. Er wurde in den Vorprogrammen der Kinos eingesetzt, diente aber auch zur Unterstützung von Werbeveranstaltungen in den Beratungsräumen der Elektrizitätsversorger. Allerdings konnte der Werbefilm das in ihm steckende Potenzial zunächst nicht ausreizen. Anfang der 1930er Jahre vollzog sich der Übergang vom Stumm- zum Tonfilm. Aufgrund der Wirtschaftskrise waren zum Zeitpunkt der NS-Machtergreifung Elektrizitäts-Werbefilme mit Ton noch fast überhaupt nicht produziert worden.[59] Ein Stummfilm erfüllte aber in den Begleitprogrammen der Kinos kaum noch seinen Werbezweck. In den Beratungsräumen der Versorgungsunternehmen konnten Tonfilme erst allmählich ab Mitte der 1930er Jahre eingesetzt werden, da die Unternehmen keine modernen Tonfilm-Vorführgeräte besaßen und sich mit der teuren Anschaffung noch geraume Zeit zurückhielten. 1934 nahm die AFE die Produktion von Werbefilmen in ihr Arbeitsprogramm auf.[60] Im selben Jahr erschien (noch als Stummfilm) der Kurzdokumentarfilm „Käpt'n Seemanns Siedlungshaus", der unter anderem die Ausstattung von Siedlungshäusern mit Elektrizität hervorhob.[61] Zwei Jahre später lief dann – im Zusammenhang mit der Kampagne „Kampf dem Verderb" stehend – der von der Ufa produzierte Werbetonfilm „Allzuliebe Sonne", ein Werbefilm für Elektro-Kühlschränke.[62] Ebenfalls 1936 produzierte die Ufa den Werbetonfilm „Eine feuchte Geschichte". Regisseur Curt Schumann propagierte die elektrische Warmwasserversorgung in Privathaushalten. Derartige Filme kamen, nachdem sie in den Kinos ihre Zwecke erfüllt hatten, dann einige Jahre später bei der Schulwerbung zum Einsatz.[63]

Elektrizitätswerbung unter dem Vierjahresplan

Mit dem Rückgang der Arbeitslosigkeit und der Stabilisierung des NS-Herrschaftssystems lockerte sich die stark

Abb. 11
Werbeanzeigen für den Elektro- und den Gasherd, in: „Der Werbeleiter", 1936

propagandistisch ausgerichtete Elektrizitätswerbung der AFE auf. In den Vordergrund rückte 1935/36 die Werbung für die Elektrizitätsanwendung beim Schweißen, beim Kühlen und im Verkehrswesen.[64] Auch auf die Elektromobilität richtete sich das absatzorientierte Interesse: „Weil der elektrische Strom edelster heimischer Treibstoff" sei, sollte er in der Verkehrswirtschaft eingesetzt werden und Deutschland „für Krieg und Frieden von fremder Treibstoffeinfuhr unabhängig machen."[65] Die gewählten Themen erhielten ihre Begründung aus der Autarkiepolitik von Reichsfinanzminister Hjalmar Schacht.

Für die Zeit von Mai bis Oktober 1936 ließ der Werberat der deutschen Wirtschaft die elektrowirtschaftliche Gemeinschaftswerbung zum „Kampf dem Verderb" zu, eine Kampagne, die Bestandteil einer Aktion des Reichsnährstandes unter demselben Motto war.[66] Zwei Gesichtspunkte speisten zunächst diese Kampagne. Mit der Gewährleistung einer Versorgungssicherheit sollte ein Trauma aus dem Ersten Weltkrieg überwunden werden, als in Deutschland Mangel und Hunger grassierten. Zum anderen gehörte es zum Anspruch des Regimes, den Lebensstandard der „Volksgemeinschaft" mit einer Konsumgesellschaft zu verknüpfen. Dazu propagierte das NS-Regime das strategische Ziel, Deutschland von Lebensmittelimporten unabhängig zu machen und dabei gleichzeitig die Versorgung der Bevölkerung mit Nahrungsmitteln zu gewährleisten. Mit immensem Propagandaaufwand wurde dazu die Lebensmittelerzeugung, -verarbeitung, -verteilung und die Lebensmittelverwendung kontrolliert und dirigiert.[67] Zum Teil aufgrund ihres Absatzinteresses, zum Teil aber auch, weil sie sich einer derart groß angelegten Kampagne kaum entziehen konnte, gliederte sich die Elektrobranche mit der Propagierung der Elektrokühlung in die Kampagne des Reichsnährstandes ein.[68] Vor allem bei der Schaufenster-Gestaltung in den Beratungslokalen der Versorgungsunternehmen fand die Kampagne Berücksichtigung.[69]

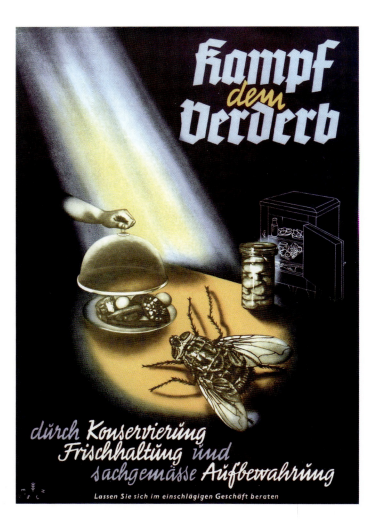

Abb. 12
Plakat, „Kampf dem Verderb durch Konservierung, Frischhaltung und sachgemäße Aufbewahrung", 1938
Umspannwerk Recklinghausen – Museum Strom und Leben

Mit der Verabschiedung des Vierjahresplanes[70] im Oktober 1936 unterlag die Elektrizitätswerbung einem tiefgreifenden Wandel: War sie zuvor fungibel im Rahmen der NS-Arbeitsbeschaffungskampagne sowie der Hebung des Konsumstandards, so übernahm sie nun verbrauchslenkende Aufgaben im Sinne des Vierjahresplans. Sie sollte die Spannungen zwischen Erzeugung und Verbrauch ausgleichen. Oder anders ausgedrückt: Es ging um das kaum umsetzbare Unterfangen, den Primat der Rüstungswirtschaft, auf die nun die gesamte Volkswirtschaft ausgerichtet wurde, mit einer integrativen (Volks-)Konsumgesellschaft zu verknüpfen. Die zentral gesteuerte Elektrizitätswerbung der AFE hatte schon in der vorausgegangenen Phase ihren Charakter als Vermittlungsinstanz zwischen Verbraucher und Produzent eingebüßt. Jetzt wurde der Werbung gar die „Daseinsberechtigung" abgesprochen, wenn sie „nicht auf die großen wirtschaftlichen und insbesondere energiewirtschaftlichen Aufgaben und Ziele ausgerichtet ist".[71] Die „eigentliche, dominierende Aufgabe" der AFE sollte nun „die Eingliederung der gesamten Elektrowirtschaft in das nationalwirtschaftliche Programm des Dritten Reiches" sein.[72] Die AFE und die Elektrowirtschaft sollten dazu beitragen, die „Leistungs- und Lebensfähigkeit des Deutschen Volkes" zu steigern und die „Rohstoff- und Devisenpolitik durch Einsatz der elektrischen Energie" zu fördern.[73] Dazu stellten die AFE und die mit ihr zusammenarbeitenden Elektrogemeinschaften, elektrotechnischen Unternehmen, Elektrohandel und -handwerk sowie Elektrizitätswerke die Motorenwerbung, die Werbung für Kühlung, die Heißwasserfrage sowie Installationserweiterungen und die Gewinnung von Großküchen für die Elektrizitätsnutzung in den Vordergrund ihrer Tätigkeit.

Das propagandistische Augenmerk war ausgerichtet auf die unter dem Motto „Kampf dem Verderb" stehende Kampagne. [Abb. 12 und 13] Sie ließ sich von der Elektrobranche absatzfördernd mit der NS-Ideologie verbinden, wollte sie doch darauf hinwirken, dass alle Tätigkeiten der Elektrowirtschaft, soweit diese in Erzeugung, Bewegung, Lagerung, Verteilung und Verwertung von Lebensmitteln eingriffen, unter dem Gesichtspunkt der „Ernährungsfreiheit" und der Werterhaltung zu betrachten waren. Dabei stand der Kühlgedanke im Vordergrund: Politische Bestrebungen zielten auf die Entwicklung eines „Volkskühlschrankes", ein Gedanke, der von den rund 40 verschiedenen Herstellern reserviert aufgenommen wurde, da viele von ihnen inzwischen Entwicklungsarbeiten für eigene Modelle erbracht hatten und hofften, sich nun im Wettbewerb durchzusetzen. Allerdings blieben der Kühlschrankabsatz und damit auch der Werbeerfolg für elektrotechnische Unternehmen, für den Handel und die Elektrizitätsversorger hinter den Erwartungen zurück. Kühlschränke kosteten relativ viel Geld, die Menschen anerkannten ihren Nutzwert nur für die Sommermonate. Die Entwicklung eines „Volkskühlschrankes" scheiterte 1941 an den Interessengegensätzen zwischen Nationalsozialisten, vor allem der Deutschen Arbeitsfront,

Abb. 13
Foto, „Kampf dem Verderb",
Schaufenstergestaltung einer VEW-
Kundenberatungsstelle, um 1937
Historisches Konzernarchiv RWE

und der elektrotechnischen Industrie.[74]
Erfolgreicher verlief die Werbung für den Einsatz des Elektroherdes. Seine Nutzung ließ sich zwar politisch nicht sonderlich ausschlachten, jedoch sahen die Käufer seinen Vorteil – im Unterschied zum Kühlschrank, der in der Speisekammer billige Konkurrenz besaß – in einer ganzjährigen Nutzung. Die VEW verwies in einer Werbeaktion im Juli 1937 auf den Anschluss des 10.000. Elektroherdes in ihrem Versorgungsgebiet.[75] Auch das RWE führte in seinen Betriebsverwaltungen entsprechende Aktionen durch. Trotz der im Vordergrund stehenden „Kampf dem Verderb"-Propaganda blieb der Elektroherd der klare Favorit beim Absatz der Elektrogroßgeräte.[76] Daran änderte sich bei der VEW auch nichts durch eine Änderung der Modalitäten für die Zahlung von Werbeprämien, die teilweise die politischen Ziele der „Kampf dem Verderb"-Kampagne berücksichtigte und den Kühlschrank-Vertrieb relativ besser honorierte als den Absatz anderer Elektrogeräte.[77] Die VEW erwies damit formal den staatlichen Erwartungen ihre Reverenz, zum „Must-have"-Produkt avancierte der Kühlschrank durch die Änderung des internen Anreizsystems natürlich nicht. Vielmehr setzte sich 1938 der Trend zugunsten des Elektroherdes unbeeindruckt fort. Die Mitglieder der Elektro-Gemeinschaft Westfalen verkauften in diesem Jahr 2.393 Elektroherde mit einem Anschlusswert von 10.638 kW, 643 Heißwasserspeicher (Anschlusswert: 911 kW) und 648 Kühlschränke (Anschlusswert: 259 kW).[78] Der geringe Wert der Kühlschränke legt die Vermutung nahe, dass die Elektrizitätsversorger jenseits der politisch inspirierten Kühlschrank-Kampagne den Absatz von Elektroherden aufgrund ihres höheren Anschlusswertes, d.h. aus wirtschaftlichen Gründen favorisierten, wie die Werbung für Kochstrom in den 1930er Jahren zeigt. [Abb. 14 und 15]

Der im Vordergrund stehenden und der NS-Politik verpflichteten „Kampf dem Verderb"-Kampagne stellte die AFE 1937/38 eine eigenständige, elektrowirtschaftlich ausgerichtete Werbekampagne zur Seite, die sogenannte „Billig"-Kampagne.[79] Mit der Losung: „Und billig ist es außerdem!" sollte die „billigstmögliche Belieferung aller Abnehmerkreise mit elektrischer Energie" popularisiert werden.[80] [Abb. 16] Schließlich proklamierte das Energiewirtschaftsgesetz von 1935 nicht nur eine sichere, sondern auch eine möglichst billige Elektrizitätsversorgung. Die Strompreise für die Haushaltskunden waren aber noch immer so hoch, dass sie die Elektrizitätsnutzung im privaten Bereich stark einschränkten.[81] Mit der Kampagne wollten vor allem die Elektrizitätsversorger dem nachdrücklichen Drängen der Politik auf Preisermäßigungen entgegenwirken. Erst die Einführung eines Grundpreistarifes auf der Basis der Tarifordnung von 1938 führte allmählich zu einer Verbilligung der elektrischen Energie auch für Haushaltskunden. Dies erleichterte einen vermehrten Einsatz elektrischer Energie und Geräte, den die Werbung aufgriff. [Abb. 16 und 18]
Doch nicht nur die relativ hohen Tarife bildeten ein Hindernis. Konterkariert wurde die „Billig"-Kampagne durch das Anlaufen der Rüstungsindustrie. Anfang 1938 traten die ersten Engpässe in der Stromversorgung auf. Die „Billig"-Werbung wurde daher drastisch zurückgefahren. Hinzu kam, dass mit der weitgehenden Umstellung des Produktionssektors zugunsten der Rüstungsindustrie ab 1938 auch große Lieferprobleme bei den elektrotechnischen Haushaltsgeräten auftraten, so dass die gesamte Absatzwerbung zunehmend unglaubwürdig wurde.
Das im Herbst 1938 vorgestellte Aktionsprogramm der AFE verlagerte die Schwerpunkte der Elektrizitätswerbung zugunsten einer Elektrizitätsberatung. Dieser Wandel wurde

Abb. 15
Foto, RWE-Werbewagen, um 1936, Historisches Konzernarchiv RWE

Abb. 14
Plakat, Freude bringt ein Elektroherd, um 1937
Umspannwerk Recklinghausen – Museum Strom und Leben

1939 beschäftigten die deutschen Elektrizitätswerke 600 bis 800 Elektroberaterinnen, ein Tätigkeitsfeld, das vor allem seit 1938 personell kräftig ausgebaut worden war.[86] Mit dieser Umorientierung der Werbung ordneten sich die AFE und die Elektrizitätswerke erneut den politischen und wirtschaftlichen Anforderungen des NS-Reiches unter. Elektrizitätswerbung blieb abhängig von der energiewirtschaftlichen Entwicklung, die vor allem durch den Strombedarf der Rüstungswirtschaft geprägt wurde.

Elektrizitätswerbung in der Kriegszeit

Die schon 1938 sichtbare Tendenz, die Werbung aufgrund des Materialmangels der elektrotechnischen Industrie sowie des Leistungsmangels der Elektrizitätswirtschaft von der absatzorientierten Bedarfsweckung zur Bedarfslenkung, u.a. durch verstärkte Beratungstätigkeit, zu entwickeln, setzte sich mit Kriegsausbruch dann vollends durch.[87] Das blieb allerdings nur eine kurze Episode. Denn der schnell eintretende Personalmangel, hervorgerufen durch die Einberufungen zur Wehrmacht, verhinderte schon zur Jahreswende 1939/40 zunehmend die Beratungstätigkeit.[88] Die gesamte Werbebranche und damit auch die Elektrizitätswerbung befanden sich in einer Zwickmühle. Sie hatten die Frage zu beantworten, „warum das Publikum werblich erfaßt werden soll für Bedarfsfälle, deren Deckung zur Zeit nicht einmal erwünscht ist (...)"[89] Die VEW zog daraus die Konsequenz, die Zahlung von Prämien für den Verkauf von Elektrogeräten drastisch zu kürzen.[90] Die AFE wollte nun anstelle einer verkaufsfördernden Werbung eine „Erinnerungswerbung" und eine „Vertrauenswerbung" etablieren. So sollte beispielsweise die „Billig"-Werbung der Elektrizitätsversorger fortgesetzt werden „als Unterbewusstseins-Werbung zur

ideologisch verbrämt als „das Bekenntnis zur Verantwortung für die Wohlfahrt der Abnehmer". Die in den vorangegangenen Jahren stark in den Mittelpunkt gestellte Werbung für elektrische Wärme-Großgeräte unterzog die AFE jetzt – nicht ohne Hintergedanken – einer kritischen Revision: „Aber lassen wir uns doch ehrlich sein: wir sind doch in der Gefahr gewesen, durch die Wärmewerbung aus Werbern zu Herdverkäufern zu werden. Der Dienst am Abnehmer, wie wir ihn heute fordern, stellt andere Anforderungen an uns. Wir müssen dem kleinen Abnehmer das kleine Gerät, dem großen Abnehmer das große Gerät bringen und sie beide mit der gleichen Liebe betreuen."[82] Und den eigentlichen Sinn der Ausführungen wieder nur andeutend fährt Müller fort: „Es steht nirgends geschrieben, dass nur der elektrisch kochende Haushalt Anspruch auf persönliche Hilfe und Beratung hat." Insgesamt erhielt die Verbrauchs- oder Absatzlenkung nun eine neue Facette: „Es muss Energiehunger gleichzeitig geweckt und gestillt werden. Das letztere aber in ‚diätetischer' Form. Genau so, wie man einen Verhungernden nicht wahllos füttern darf, kann auch der erwachte Energiehunger nicht wahllos befriedigt werden."[83] So rückte die allgemeine Elektrizitätsberatung in den Mittelpunkt des Werbeauftrages.[84] Schulwerbung war plötzlich en vogue.[85]

Abb. 16
Anzeige, Werbesymbol „Strommännchen", 1935
Historisches Konzernarchiv RWE

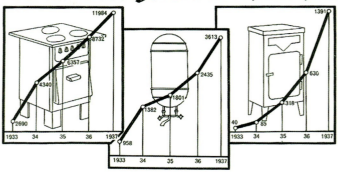

Abb. 17
Anschlussentwicklung von Elektrogroßgeräten
bei der VEW, 1937
Historisches Konzernarchiv RWE

Aufklärung etwa über die Auswirkung neuer Tarife".[91] Oder die Elektroindustrie sollte über Werbemaßnahmen „das Vertrauen zu den Leistungen und zu der Güte der Geräte" aufrechterhalten bzw. dafür Sorge tragen, dass durch Beratung die Elektrogeräte „pfleglichst behandelt werden, dass die Reparaturanfälligkeit auf ein Mindestmaß gesenkt (...) wird".[92] Ähnlich argumentierte Richard Stuhm für die VEW und begründete damit „die Pflicht" der Versorgungsunternehmen, „gerade jetzt in der Kriegszeit eine umfangreiche Werbetätigkeit zu entfalten".[93]

Das waren, wie der „Werbeleiter" wenig später – allerdings nicht selbstreferentiell gemeint – in einem Leitartikel festhielt, „Krämpfe" zur Rechtfertigung von Werbung.[94] In das Gewand der „Erinnerungs-" und „Vertrauenswerbung" waren die Reste der absatzorientierten Werbung geschlüpft. Sie sollten in die Nachkriegszeit hinübergerettet werden. Weil aber die Grenzen zwischen einer nicht mehr gewollten absatzorientierten Werbung und einer verbrauchslenkenden bzw. einer „Erinnerungs"- und „Vertrauenswerbung" fließend waren, konnte diese sich mit einer verschlechternden Kriegs-lage kaum durchsetzen.

Der RWE-Haushaltskalender

Diese Entwicklung lässt sich auch anhand des RWE-Haushaltskalenders nachvollziehen. Seine Analyse gibt Aufschluss über die Struktur und Zielsetzung der Elektrizitätswerbung des RWE. Als ganzjährig begleitendes und insofern wirksameres Nachfolge-Werbemittel für die Kundenzeitschrift „Elektrisches", die während der NS-Zeit zwischen 1934 und 1936 drei- bis viermal jährlich erschien,[95] gab RWE zwischen 1937 und 1941 jährlich einen Haushaltskalender heraus. Er war auf Wochenbasis angelegt und besaß rund

Abb. 18
Foto, Werbung für den Einsatz von
Elektroherden im Haushalt, Brilon, 1937
Historisches Konzernarchiv RWE

55 Abreiß- bzw. 1938 und 1939 Umlegeblätter. Der Kalender sprach vor allem die Hausfrau an, auf die sich die Hoffnungen für den verstärkten Stromeinsatz im Haushalt konzentrierten.[96] Der Kalender stellte mit einem Fotomotiv folgende Elektrizitätsanwendungen in den Vordergrund:

	1937	1938	1939	1940	1941
Licht	3	1	1	5	-
Radio	1	1	1	-	-
Kühlschrank	2	2	3	-	-
Elektroherd, Backofen, Kochplatten	21	23	21	9	4
Warmwasserspeicher	2	4	1	1	1
Staubsauger, Bohnermaschine	3	2	3	2	-
Elektroheizung, -strahler	1	-	1	1	-
Küchengeräte (1)	8	3	3	5	2
Lehrküchen	-	-	-	2	2

(1) u.a. Toaster, Waffeleisen, Warmhalteplatte, Entsafter, Kaffeemaschine, Fleischwolf, Grill.

Abb. 19
Back-Rezept aus dem RWE-Haushaltskalender, 1939
Historisches Konzernarchiv RWE

Die Konzentration des Haushaltskalenders [Abb. 19] auf den Elektroherd sowie kleinere elektrische Küchen- und Haushaltsgeräte bot sich für die anwendungsorientierte Werbung geradezu an, enthielt der Kalender doch wöchentlich ein Kochrezept sowie Tipps für den richtigen Umgang mit den dafür benötigten Elektrogeräten. Frappierend ist aber die relativ geringe Bedeutung, die der Kalender der Elektrokühlung widmet. Dies steht in einem krassen Missverhältnis zu ihrem Stellenwert in der staatlich protegierten und zeitweise omnipräsenten „Kampf dem Verderb"-Kampagne. Die Haushaltskalender transportierten die NS-Ideologie nur in dezenten Ansätzen. Das Frauenbild, das dem Kalender zugrunde lag, entsprach dem klassischen, auf den Haushalt beschränkten Muster, das auch in der Weimarer Zeit dominant gewesen war. Der „Kampf dem Verderb"-Kampagne wurde in äußerst sparsamer Form unmittelbar Tribut gezollt. „Politischer" waren hingegen die unterbreiteten Kochrezepte. Sie trugen deutlich die Handschrift der auf Autarkiewirtschaft und die Maßgaben des Vierjahresplans zurückgehenden Verbrauchslenkung: Ersatz importierter Waren durch einheimische Produkte, Einsparung von Fetten, Ölen, Verzehr von „Wildgemüsen" (Brennnesseln und Löwenzahn etc.), Reduzierung des Fleischkonsums durch Fischverzehr, Propagierung von Eintöpfen („Sonntagseintopf") und dem Einkochen etc. In den Kalendern für 1940 und 1941 ist – ganz im Einklang mit den Vorgaben der AFE – ein deutlicher Rückgang der anwendungsorientierten Elektrizitätswerbung zu konstatieren. Vor allem im Haushaltskalender für 1941 sind rund die Hälfte der Blätter mit Landschafts- und Stadtfotografien aus dem RWE-Versorgungsgebiet versehen.

Stromeinspar-Werbung

Als die „Blitzkriegs"-Strategie gescheitert war und die Wehrmacht Ende 1941 im russischen Winter vor Moskau feststeckte, häutete sich die Werbung erneut. Der „Werbeleiter" propagierte eine „wehrhafte Werbung": Elektrizitätswerbung diene nicht eigennützigen Interessen, „sondern gemeinnützigen Zielen, die überwiegend (...) zur Wehrhaftigkeit, zur Kriegsentscheidung beitragen".[97] Hierzu diene eine „Stromeinschränkungswerbung", die „zwangsläufig dort (mündet), wo die Stromverbrauchswerbung mündet: in der Sorge um den bestmöglichen Energieeinsatz."[98] Dieser Versuch einer Ehrenrettung der Elektrizitätswerbung bei einer sich verdüsternden Kriegslage ging nicht gut. Schon Anfang 1942 propagierten der „Werbeleiter" und Elektrizitätsversorger eine intensive Stromeinspar-Werbung.[99] [Abb. 20]
Weder „Vertrauenswerbung", „Erinnerungswerbung" noch die „Stromeinspar-Werbung" ließen sich eindeutig von der absatzorientierten Werbung abgrenzen.[100] Die Vorstellung, Sparsamkeits- bzw. Erinnerungswerbung ohne Kaufanreiz betreiben zu können, zeuge, so urteilt Hartmut Berghoff, von einem tiefen Unverständnis der zu regulierenden Materie.[101] Da allerdings die Stromeinspar-Werbung konform ging mit den politischen Zielen des NS-Regimes, konnte sie sich ab

Abb. 20
Werbemarke, um 1942
Umspannwerk Recklinghausen – Museum Strom und Leben

Abb. 21
Werbeblatt, um 1942
Umspannwerk Recklinghausen – Museum Strom und Leben

1942 recht breit entfalten. In vielen ihrer Erscheinungsformen drückte sich dann allerdings auch schon frühzeitig das Scheitern des kurzlebigen tausendjährigen Reiches aus. [Abb. 21]

Resümee

Die Ziele der zentral gelenkten Elektrizitätswerbung leiteten sich aus der politischen und wirtschaftlichen Entwicklung des NS-Staates her, sie diktierte auch die wechselnden Schwerpunkte der Werbung. In einer ersten, bis Anfang 1935 gehenden Phase unterstützte die Elektrizitätswerbung die der Legitimationsbeschaffung des NS-Staates dienende Bekämpfung der Arbeitslosigkeit.

Nur für eine kurze Zeit, die von der wirtschaftlichen Stabilisierung ab Ende 1935 bis zum Herbst 1936 dauerte, schien die Elektrizitätswerbung sich aus der staatlichen Umklammerung zu lösen und die Absatzinteressen ihrer Auftraggeber in den Vordergrund stellen zu wollen. Doch sollte sich auch hier zeigen, dass die zentrale Elektrizitätswerbung in der „Ära Schacht" vor allem die „Wehrhaftmachung" des Staates unterstützte. Mit der Verkündung des Vierjahresplans im Oktober 1936 rückte die von der AFE inszenierte Elektrizitätswerbung verstärkt die Verbrauchslenkung zur Unterstützung der politischen Autarkiepläne des NS-Staates in den Mittelpunkt ihres Interesses. Die letzte Phase der Elektrizitätswerbung während des „Dritten Reiches" setzte mit dem Ausbruch des Krieges ein. Sie schränkte die Werbetätigkeit weitgehend ein, in den Vordergrund rückte die „Elektrizitätswerbung im Dienste der Wehrhaftigkeit".[102] Sie berücksichtigte die Strategie Speers einer „totalen Kriegswirtschaft", die die wirtschaftlichen Strukturen zugunsten einer Steigerung der Rüstungsproduktion zentralisierte und rationalisierte. Entsprechend schwenkte die Elektrizitätswerbung auf Energiesparappelle um. Im Unterschied zu der zentral gesteuerten Werbekampagne der AFE hielten sich die Versorgungsunternehmen vor Ort mit der ideologisch und propagandistisch motivierten Einbindung der Elektrizitätswerbung bedeckt. Bis zuletzt bemühten sie sich, die Elektrizitätswerbung in irgendeiner Form aufrecht zu erhalten.

Sonderlich erfolgreich war die Werbung für elektrische Haushaltsgeräte in der NS-Zeit nicht. Das Volkseinkommen war zu gering, als dass Werbestrategien die Konsumtion von Produkten, die nach wie vor das Flair des Luxuriösen besaßen, maßgeblich beeinflussen oder gar lenken konnten. Hier ist Wolfgangs Königs These vom Scheitern der NS-Konsumgesellschaft ebenso zuzustimmen wie jener von Christian Kleinschmidt, der von einer Pseudo-Massenkonsumgesellschaft spricht. Ein Wandel erfolgte erst im „Wirtschaftswunderland" der 1950er Jahre, in dem der Elektrizitätswerbung größerer Erfolg beschieden war.

1. Siehe Bäumler, Susanne (Hrsg.): Die Kunst zu werben. Das Jahrhundert der Reklame. Köln 1996. Borscheid, Peter; Clemens Wischermann (Hrsg.): Bilderwelt des Alltags. Werbung in der Konsumgesellschaft des 19. und 20. Jahrhunderts. Festschrift für Hans Jürgen Teuteberg. Stuttgart 1995.
2. Siehe die populär aufgebaute Darstellung von Westphal, Uwe: Werbung im Dritten Reich. Berlin 1989. Reinhardt, Dirk: Von der Reklame zum Marketing: Geschichte der Wirtschaftswerbung in Deutschland. Berlin 1993. Berghoff, Hartmut: Von der „Reklame" zur Verbrauchslenkung. Werbung im nationalsozialistischen Deutschland. In: Ders. (Hrsg.): Konsumpolitik. Die Regulierung des privaten Verbrauchs im 20. Jahrhundert. Göttingen 1999. S. 77–112. Schindelbeck, Dirk: Werbung für alle? Kleine Geschichte der Gemeinschaftswerbung von der Weimarer Republik bis zur Bundesrepublik Deutschland. In: Clemens Wischermann u.a. (Hrsg.): Unternehmenskommunikation im 19. und 20. Jahrhundert. Neue Wege der Unternehmensgeschichte. Dortmund 2000. S. 63–97. Eine rechtshistorische Untersuchung legte vor: Rücker, Matthias: Wirtschaftswerbung unter dem Nationalsozialismus. Rechtliche Ausgestaltung der Werbung und Tätigkeit des Werberats der deutschen Wirtschaft. Frankfurt/M. 2000. Neuerdings, sehr profund und grundlegend Sennebogen, Waltraud: Zwischen Kommerz und Ideologie. Berührungspunkte von Wirtschaftswerbung und Propaganda im Nationalsozialismus. München 2008. Heßler, Martina: „Mrs. Modern Woman". Zur Sozial- und Kulturgeschichte der Haushaltstechnisierung. Frankfurt/M. 2001. Kleinschmidt, Christian: Konsumgesellschaft. Göttingen 2008.
3. Siehe grundlegend König, Wolfgang: Volkswagen, Volksempfänger, Volksgemeinschaft. „Volksprodukte" im Dritten Reich. Vom Scheitern einer nationalsozialistischen Konsumgesellschaft. Paderborn 2004. Die Diskussion über die auseinandergehende Einschätzung der Konsumpolitik des NS-Staates muss hier unberücksichtigt bleiben. Siehe die konträren Positionen von Abelshauser, Werner: Kriegswirtschaft und Wirtschaftswunder. Deutschlands wirtschaftliche Mobilisierung für den Zweiten Weltkrieg und die Folgen für die Nachkriegszeit. In: Vierteljahrshefte für Zeitgeschichte 47 (1999) S. 1–36 sowie Buchheim, Christoph: Die Wirtschaftsentwicklung im Dritten Reich – mehr Desaster als Wunder. In: Vierteljahrshefte für Zeitgeschichte 49 (2001) S. 653–664.
4. Brief Emil Rathenau an seinen Sohn Walther Rathenau, zitiert nach: Kocka, Jürgen: Neue Energien im 19. Jahrhundert. Zur Sozialgeschichte der Elektrizitätswirtschaft. In: Evelyn Gröbl-Steinbach (Hrsg.): Licht und Schatten. Dimensionen von Technik, Energie und Politik. Wien. Köln 1990. S. 17–31, hier S. 21.
5. Trommeln und Lehren. In: Der Werbeleiter 8 (1933) S. 113 f., hier S. 113.
6. Reinhardt, Dirk: Vom Intelligenzblatt zum Satellitenfernsehen: Stufen der Werbung als Stufen der Gesellschaft. In: Borscheid, Wischermann (Hrsg.): Bilderwelt des Alltags, S. 44–64.
7. Vgl. den propagandistisch-legitimierenden Artikel von Mueller, Herbert F.: „Es ist der Geist, der sich den Körper baut". In: Der Werbeleiter 8 (1933) S. 89 f.; ferner die Mitteilung über die Kundgebung des Deutschen Reklame-Verbandes, die der Selbstaufgabe gleichkam: Ebd., S. 104; Sennebogen, Zwischen Kommerz und Ideologie, S. 134 ff.; Wündrich, Hermann: Wirtschaftswerbung während der NS-Zeit. Versuch einer Analyse. In: Werbung als Geschichte: Geschichte der Werbung. Hrsg. von Rainer Gries, Volker Ilgen, Dirk Schindelbeck. Bonn 1992. S. 5–12. Die Zeitschrift „Der Werbeleiter" wurde ab 1927 von der Werbeabteilung der Vereinigung der Elektrizitätswerke (VdEW) herausgegeben. Als Schriftleiter fungierte der Ingenieur Herbert F. Mueller (1901–1971), der diese Position auch nach der Gleichschaltung der Medien 1933 ausübte. Mueller erwies sich als ein ausgesprochener Werbefachmann der Branche. Siehe seine grundlegenden Ausführungen zur Elektrizitätswerbung: Herbert F. Mueller: Grundlagen und Aufbau der deutschen Stromwerbung. In: Der Werbeleiter 5 (1930) S. 100–105. Auf seine Idee geht der bei der Berliner Weltkraft-Konferenz 1930 uraufgeführte Film „Das Hohelied der Kraft" zurück. Seine Position als Schriftleiter des „Werbeleiters" konnte Mueller nur aufgrund einer Kooperation mit dem nationalsozialistischen Propagandaapparat halten. Nach 1945 initiierte Mueller die Gründung der „Gesellschaft für praktische Energiekunde", die er am 29. März 1949 gemeinsam mit Vertretern des RWE, der Steag und der Ruhrgas gründete. Diese Gesellschaft sollte energieträgerneutral praktische Energiekunde durch Forschung, Lehre und Aufklärung fördern. Die „Gesellschaft für praktische Energiekunde" richtete 1952 eine „Forschungsstelle für Energiewirtschaft" ein, die wenig später ein Institut der Technischen Hochschule Karlsruhe wurde. Die Forschungsstelle widmete sich vor allem Fragen der Energieanwendung. Ihr Geschäftsführer wurde Herbert F. Mueller, der diese Aufgabe bis 1966 wahrnahm.
8. Berghoff, Von der „Reklame" zur Verbrauchslenkung, S. 83.
9. Ebd., S. 85. Zur Entstehung des Gesetzes siehe Sennebogen, Zwischen Kommerz und Ideologie, S. 136 ff.
10. Berghoff, Von der „Reklame" zur Verbrauchslenkung, S. 85. Zum „Werberat der deutschen Wirtschaft" vgl. grundlegend: Rücker, Wirtschaftswerbung unter dem Nationalsozialismus, S. 103 ff.
11. Hier liegt eine Parallelität zur Regulierung in anderen Wirtschaftsbereichen vor, so wurde auch für die Energiewirtschaft 1934 eine Genehmigungs- und Auskunftspflicht zugunsten des gleichgeschalteten Wirtschaftsverbandes eingeführt.
12. Berghoff, Von der „Reklame" zur Verbrauchslenkung, S. 81 ff.
13. Werbung „bleibt unentbehrlich und ist lebensberechtigt als die anerkannte und notwendige Verbreitung von Kenntnissen über Erzeugnisse der Wirtschaft u.a.m." Trommeln und Lehren. In: Der Werbeleiter 8 (1933) S. 113 f., hier S. 113.
14. Sennebogen, Zwischen Kommerz und Ideologie, S. 126 ff.
15. Trommeln und Lehren. In: Der Werbeleiter 8 (1933) S. 113 f., hier S. 113.
16. Siehe hierzu Sennebogen, Zwischen Kommerz und Ideologie, S. 122 ff.; Berghoff, Von der „Reklame" zur Verbrauchslenkung, S. 94.
17. Zweite Bekanntmachung des Werberats der deutschen Wirtschaft vom 1. November 1933, Reichsanzeiger vom 1. 11. 1933, Nr. 256, zitiert nach A. Kaufmanns: Querschnitt durch die werberechtlichen Bestimmungen. In: Der Werbeleiter 9 (1934) S. 194–197; 10 (1935) S. 26 – 28, hier S. 195.
18. Ebd.
19. Ebd.
20. Mueller, Herbert F.: „Es ist der Geist, der sich den Körper baut". In: Der Werbeleiter 8 (1933) S. 90.
21. Ebd.
22. Ebd.
23. Sennebogen, Zwischen Kommerz und Ideologie, S. 131 f.
24. Zum NS-Werbestil siehe Berghoff, Von der „Reklame" zur Verbrauchslenkung, S. 96 f.
25. Aufgrund eines Erlasses des Reichswirtschaftsministers vom 9. Oktober 1933 wurde die Gründung von Elektro- und Gasgemeinschaften angeordnet. Neben dem Energieversorger konnten Mitglied einer Elektrogemeinschaft vor allem Elektroinstallationsbetriebe, Beleuchtungs- und Elektro-Einzelhändler und Elektrogroßhändler werden. Zu den intensiven politischen und juristischen Auseinandersetzungen der VEW mit dem

Elektrohandel bzw. der Westfälischen Kaufmannsgilde siehe den einschlägigen Schriftverkehr 1926 ff: Kreisarchiv Recklinghausen, Bestand Elektricitätswerk Westfalen, Nr. 149a; Landesarchiv NRW, Abt. Westfalen, Bestand Oberpräsidium Wirtschaft, Nr. 6913.
26. Gewerbefriede. In: Der Werbeleiter 8 (1933) S. 173-175.
27. Die einzelnen Hefte der Zeitschrift „Der Werbeleiter" widmeten der Gründung und der Tätigkeit der Elektrogemeinschaften eine eigene Rubrik.
28. Was versteht man unter „Elektro-Gemeinschaft Westfalen" (EGW) bzw. „Gas-Gemeinschaft Westfalen" (GGW)? In: VEW Mitteilungen 1 (1934), H. 4, S. 4-6, hier S. 5. Die VEW hatte die örtlichen Elektro- bzw. Gas-Gemeinschaften in zwei Dachorganisationen für ihr Versorgungsgebiet zusammengefasst. Die EGW bzw. die GGW wurden von einem VEW-Vorstandsmitglied geleitet. Beim RWE blieb die örtliche Autonomie der Elektrogemeinschaften erhalten.
29. Richtlinien für die Gemeinschaftsarbeit zwischen Versorgungsbetrieben und den zugelassenen Installateuren sowie den Fachhändlern. In: Gewerbefriede. In: Der Werbeleiter 8 (1933) S. 173 f., hier S. 173.
30. Das RWE ermöglichte die Ratenzahlungs-Vereinbarung für den Kauf von Elektrogeräten sowie für Installationsarbeiten. Von einer Ratenzahlungs-Vereinbarung ausgeschlossen waren elektrische Kleingeräte wie Bügeleisen, Haartrockner und Staubsauger. In Wirklichkeit reduzierte sich die Kreditierungsmöglichkeit auf den Kauf von Elektroherden, Warmwasserspeichern, später kam der Kühlschrank und aus politischen Erwägungen das Radio hinzu. Dies hatte einen zweifachen Hintergrund: Aus wirtschaftlichen Gründen favorisierte das Unternehmen die vermehrte Nutzung der Elektrowärme, zum zweiten machte es für die kreditierten Geräte einen Eigentumsvorbehalt geltend, der bei Kleingeräten im Konfliktfall nur schwer geltend zu machen war. Der Kredit konnte in 18 gleichen Monatsraten abgetragen und beim Hauskassierer des RWE mit der Stromrechnung bezahlt werden. Beim Verkauf eines Elektroherdes oder eines Warmwasserspeichers durch den Installateur erhielt dieser eine Prämie von 10 bis 15% des Verkaufspreises. Siehe: Richtlinien für das Ratenzahlungs-Geschäft des R.W.E. Historisches Konzernarchiv RWE, Bestand R 3, Nr. 158. Siehe auch Buderath, Josef: Strom im Markt. Die Geschichte des Rheinisch-Westfälischen Elektrizitätswerks AG Essen 1898-1978. Eine Dokumentation. (Essen 1978) S. 249.
31. Zur Problematik dieses Vorhabens siehe den Bericht über die Praxis im Versorgungsgebiet der Vereinigten Elektrizitätswerke Westfalen AG von Becker, Jul.: Werbe-Wege der VEW. Zusammenarbeit mit den Installateuren in der „Interessen-Gemeinschaft Westfalen zur Förderung des Elektrizitätsverbrauches G.m.b.H." In: Der Werbeleiter 5 (1930) S. 246-249. Ferner ders.: Elektrogeräteverkauf in Gemeinschaft zwischen Elektrizitätswerk und Elektroinstallateur. In: Der Werbeleiter 8 (1933) S. 214-217.
32. Was versteht man unter „Elektro-Gemeinschaft Westfalen" (EGW) bzw. „Gas-Gemeinschaft Westfalen" (GGW)? In: VEW Mitteilungen 1 (1934), H. 4, S. 4-6, hier S. 5.
33. Dazu gehörten der Reichsfachverband der elektrotechnischen Industrie; der Reichsverband der Elektrizitäts-Versorgung; der Reichsverband des deutschen Elektro-Installateurgewerbes; der Reichsverband des Elektro-Großhandels; der Verband des Beleuchtungs- und Elektro-Einzelhandels Deutschlands und der Reichsverband der Handelsvertreter für Elektrotechnik.
34. Anfang 1925 hatte sich bei der Vereinigung der Elektrizitätswerke (VdEW) eine Werbeabteilung gebildet, die im Unterschied zu ihrem Vorgänger aus der Vorkriegszeit, der Gesellschaft für Elektrizitäts-Verwertung (Gefelek), nicht mehr einen Verein von Einzelmitgliedern bildete, sondern erstmalig für die Gesamtheit des Wirtschaftsverbandes die Gemeinschaftswerbung organisierte. Zu einer Verbindung der Versorger mit der Elektroindustrie und dem Handwerk kam es erst, als 1928 die VdEW der „Zentrale für Lichtwerbung" und der Arbeitsgemeinschaft zur Förderung des Elektro-, Installateur- und Beleuchtungsgewerbes (AFI) beitrat. 1929 erfolgte ein weiterer Schritt, als maßgebende Unternehmen der elektrotechnischen Industrie unter der Federführung ihres Zentralverbandes mit der VdEW die Gemeinschaftswerbung des Elektrofaches organisierte, deren Wirkungskreis sich auf Installateure und Fachhändler erweiterte. Siehe Weber, H.: Aus der Geschichte der Stromverbrauchswerbung. In: Der Werbeleiter 5 (1930) S. 105-111. Zur Gefelek siehe Horstmann, Theo: „Es wird sofort eine großzügige Propaganda in Angriff genommen" – Frühe Gemeinschaftswerbung für Elektrizität in Deutschland am Beispiel der Geschäftsstelle für Elektrizitätsverwertung. In: Wilfried Feldenkirchen, Susanne Hilger, Kornelia Rennert (Hrsg.): Geschichte – Archive – Unternehmen. Festschrift für Horst A. Wessel zum 65. Geburtstag. Essen 2008. S. 341-364.
35. Zur Gründung der AFE siehe: Arbeitsgemeinschaft zur Förderung der Elektrowirtschaft (A.F.E.). In: Der Werbeleiter 9 (1934) S. 85. Leroi, W.: Die Aufgaben der A.F.E. In: ebd., S. 90 f.; Mueller, Herbert F.: Die nächstliegenden Aufgaben der Gemeinschaftswerbung – Fortentwicklung der bisherigen Gemeinschaftswerbung. In: ebd., S. 91 f.
36. Wehler, Hans-Ulrich: Deutsche Gesellschaftsgeschichte. Vierter Band. Vom Beginn des Ersten Weltkrieges bis zur Gründung der beiden deutschen Staaten 1914-1949. München 2003. S. 642 ff.
37. Siehe: Arbeitsbeschaffung. In: Der Werbeleiter 9 (1934) S. 145 f.; Leroi, W.: Die Aufgaben der A.F.E. Arbeitsplan für künftige Werbeaktionen. In: Ebd., S. 90 f.
38. Benannt nach dem NSDAP-Staatssekretär im Finanzministerium, Fritz Reinhardt, der Motor der NS-Arbeitsbeschaffungspolitik war.
39. Elektrofrontgeist im Elektro-Angriff 1934/35 der A.F.E. In: Der Werbeleiter 9 (1934) S. 128 f.; Die AFE im Jahre 1935. In: Der Werbeleiter 10 (1935) S. 1 f.; Du mußt es dreimal sagen ...! In: Der Werbeleiter 10 (1935) S. 21 f.; Jensen, Chr. P.: Bei rechtem Gemeinschaftsgeist wird die Schlacht gewonnen! In: Der Werbeleiter 10 (1935) S. 41 f.; Vom Sinn der Welle. Ein Nachwort zum AFE-Elektro-Angriff 1934/35. In: Der Werbeleiter 10 (1935) S. 105 f.
40. Siehe hierzu diverse Artikel im Werbeleiter 9 (1934) S. 61 ff.
41. Siehe Heßler, „Mrs. Modern Woman", S. 343 ff.
42. Zur Entstehung und zum Sinngehalt des Werbesymbols siehe: Das Strommännchen. In: Der Werbeleiter 9 (1934) S. 125 f., hier S. 126; siehe die ausführliche Darstellung der Werbekampagne bei den Hamburgischen Electricitätswerken bei Saran, H[ans]: Das Strommännchen lebt! In: Der Werbeleiter 10 (1935) S. 37-40. Siehe Tetzlaff, Sven: „Laß mich hinein ...!" Die Eroberung der Haushalte durch die Elektrizitätswirtschaft. In: Museum der Arbeit Hamburg (Hrsg.): „Das Paradies kommt wieder ..." Zur Kulturgeschichte und Ökologie von Herd, Kühlschrank und Waschmaschine. Hamburg 1993. S. 10-24. Schindelbeck, Werbung für alle, S. 75 f.
43. VEW Hauptverwaltung, Anordnung des Vorstandes Nr. I/19, 14. Nov. 1934, Historisches Konzernarchiv RWE, Bestand V 5, 241 a.
44. Einen tiefen Einblick in den Konflikt zwischen Elektrizitätswerken und Installateuren gewährt am Beispiel der VEW Becker, Jul.: Elektrogeräteverkauf in Gemeinschaft zwischen Elektrizitätswerk und Elektroinstallateur. In: Der Werbeleiter 8 (1933) S. 214-217.

45. Der Vorsitzende der Elektrogemeinschaft Westfalen bezifferte den Jahresumsatz der EGW beim Geräteverkauf auf rund 750.000 RM, hinzu kamen 250.000 RM für Installationsarbeiten. Siehe Bruchmann, W.: Vier Jahre EGW, vier Jahr Leistungssteigerung. In: VEW Mitteilungen 5 (1938) H. 3, S. 30 f., hier S. 31.
46. Siehe zu Kundenzeitschriften der Elektrizitätsbranche Trurnit, Hanno: Geschichte(n) hinterm Zähler. Die Beziehungen zwischen Energieversorgern und ihren Kunden. München 1996.
47. Siehe Rückseite des Heftes 1, 1934; Deutscher Treibstoff fördert die deutsche Wirtschaft. In: Elektrisches, 1936, H. 1, S. 1´-14.
48. Elektrische Kühlung im Haushalt. In: Elektrisches, 1934, H. 2, S. 4 f.
49. Das elektrische Haus der Zukunft. In: Elektrisches, 1934, H. 3, S. 20 f.
50. Werbung in neuem Stil! In: Elektrisches, 1935, H. 2, S. 6 f.
51. Siehe zu diesem Abkommen: Der Werbeleiter 6 (1931) S. 165.
52. Siehe Mueller, Herbert F.: Der Mut zur Schlussfolgerung. In: Der Werbeleiter 9 (1934) S. 174–176; Raiß, W.: Gas- oder Elektroherd? Vergleichsuntersuchungen über den Energieverbrauch von gas- und stromversorgten Haushaltsküchen. In: Ebd., S. 176 f.
53. So aktivierte die Stromseite die im 19. Jahrhundert diskutierte „Küchenkrankheit" als Folge fortgesetzter Kohlenoxydeinatmung, siehe Dorstoff, Hanns: Zur Frage der chronischen Kohlenoxydvergiftung. In: Der Werbeleiter 10 (1935) S. 9 f.
54. Siehe: Verbot des Vergleichs in der Werbung? In: Der Werbeleiter 10 (1935) S. 6–9.
55. Siehe die Bestimmung des Werberates der deutschen Wirtschaft vom 26. Oktober 1936 einschließlich der Begründung: Der Burgfrieden. In: Der Werbeleiter 11 (1936) S. 234–236.
56. Bestimmung des Werberates der deutschen Wirtschaft über die Werbung auf dem Gebiete der Elektrizität, des Gases sowie der Brenn- und Kraftstoffe aller Art, 15. Februar 1937. In: Der Werbeleiter 12 (1937) S. 47.
57. Siehe die Einschätzung der neuen Regelung in dem Beitrag: Wettbewerbsregelung. In: Der Werbeleiter 12 (1937) S. 54–57.
58. Siehe den Artikel: Auch Gas gefahrlos. In: Der Werbeleiter 13 (1938) S. 16. Eine Klärung des Werbeverhältnisses der beiden Energien erfolgte anschließend in dem Artikel: Energiewirtschaft und Stromwerbung. In: Der Werbeleiter 13 (1938) S. 57 f.; 77–79; 109–111.
59. Eine Ausnahme bildete der 1933 erschienene, von der Ufa im Auftrag der VdEW produzierte Tonwerbefilm „Gebändigte Kraft", der an seinem Schluss auch einen Hinweis auf die Elektrowärme-Ausstellung 1933 in Essen gibt. Siehe hierzu: Gebändigte Kraft – ein Werbetonfilm der Ufa. In: Der Werbeleiter 8 (1933) S. 171.
60. Siehe Mueller, Herbert F.: Die nächstliegenden Aufgaben, in: Der Werbeleiter 9 (1934) S. 92.
61. 35 mm, Länge 143 Meter. Regisseur und Produzent war Heinrich August (Svend) Noldan, ab 1933 ein NS-Propagandist im Filmwesen.
62. Regie Curt Schumann, Länge: 93 Meter. Einen ähnlichen, ebenfalls Elektro-Kühlschränke bewerbenden Film hatte der Berliner Elektrizitätsversorger Bewag in Auftrag gegeben. Der 75 Meter lange Film wurde 1939 in den Vorprogrammen der Berliner Kinos eingesetzt. Siehe O. Düker: Kampf dem Verderb .... Jetzt erst recht! In: Der Werbeleiter 14 (1939) S. 181–185, hier S. 184 f.
63. Siehe: Erfolgreiche Schulwerbung. In: Der Werbeleiter 14 (1939) S. 93–95.
64. Mueller, Herbert F.: Die nächstliegenden Aufgaben der Gemeinschaftswerbung – Fortentwicklung der bisherigen Gemeinschaftswerbung. In: Der Werbeleiter 9 (1934) S. 91 f.
65. Werbung für Elektrofahrzeuge. In: Der Werbeleiter 10 (1935) S. 125 f., hier S. 125. Siehe zur Elektromobilitätswerbung das Schwerpunktheft 7/8 der Zeitschrift: Der Werbeleiter 10 (1935) S. 125 ff.
66. Der Startschuss. In: Der Werbeleiter 11 (1936) S. 81 f.
67. Angeblich ging auf dem Weg von der Erzeugung bis zum Verbrauch Nahrungsgut im Wert von 1,5 Mrd. RM jährlich verloren. Siehe: Warum „Kampf dem Verderb"? In: Der Werbeleiter 11 (1936) S. 154–156, hier S. 154.
68. Eine und eine halbe Milliarde Reichsmark jährlicher Verlust. In: Elektrisches 1936 H. 1, S. 15–17; Düker, O.: Gedanken beim Beginn des Werbefeldzuges für Elektro-Kühlschränke. In: Der Werbeleiter 11 (1936) S. 27–30, hier S. 27. In Deutschland gab es keine zuverlässige Statistik über den Einsatz von Elektrogeräten. Realistische Annahmen gingen davon aus, dass in den 12,5 Mio. Haushaltungen in Deutschland lediglich rund 50 – 80.000 Elektrokühlschränke vorhanden waren, d.h. in nur 0,4 bis 0,6 % der Haushaltungen. Die Erwartungshaltung wurde durch die Elektrokühlung in den USA geweckt, wo 30% der Haushalte über einen Elektrokühlschrank verfügen sollten. Siehe auch: Warum „Kampf dem Verderb"? In: Der Werbeleiter 11 (1936) S. 154–156.
69. Siehe hierzu auch die Handreichung von Ing. Schäfer: „Kampf dem Verderb" im Schaufenster. In: Der Werbeleiter 13 (1938) S. 102 f.
70. Im Herbst 1936 wurde eine aufwändige bürokratische Institution als Vierjahresplanbehörde eingesetzt, die mit immer weiterreichenden Machtbefugnissen ausgestattet war und den Status einer Obersten Reichsbehörde hatte. Die in ihrer personellen Zusammensetzung stark nationalsozialistisch geprägte Vierjahresplan-Organisation, in der Teile der traditionellen Staatsbürokratie, nationalsozialistische Parteikader, Militärs und Manager der Großindustrie verschmolzen, trat in Konkurrenz mit den Bürokratien der Großindustrie, der Wehrmacht und der staatlichen Wirtschaftsverwaltung. Mit Hilfe von Sonderbeauftragten löste sie mit immer weiterreichenden Vollmachten das bisherige Lenkungssystem der Grundstoffindustrien ab. Das Ziel der Vierjahresplan-Politik bestand in einer Autarkisierung der Wirtschaft und in der forcierten Erweiterung des rüstungswirtschaftlichen Potenzials. Siehe Petzina, Dietmar: Autarkiepolitik im Dritten Reich. Der nationalsozialistische Vierjahresplan. Stuttgart 1968. S. 24 ff. Diese Politik sollte gemäß dem Auftrag Hitlers die deutsche Wirtschaft innerhalb von vier Jahren kriegsfähig und die Wehrmacht „einsatzfähig" machen. Görings neue Institution legte Hitler Mitte August 1936 umfangreiche Berechnungen für die benötigten wesentlichen Rohstoffe vor, auf deren Basis Hitler eine geheime Vierjahresplan-Denkschrift verfasste, in der er neben der politischen und militärischen nun auch die wirtschaftliche Aufrüstung verlangte. Siehe hierzu Petzina, Autarkiepolitik im Dritten Reich, S. 48 ff.; Treue, Wilhelm: Hitlers Denkschrift zum Vierjahresplan 1936. In: Vierteljahrshefte für Zeitgeschichte 3 (1955) S. 184–210; Tooze, Adam: Ökonomie der Zerstörung. Die Geschichte der Wirtschaft im Nationalsozialismus. München 2007. S. 261 ff. Danach sollte die Eigenproduktion überall dort erfolgen, wo Devisen eingespart werden konnten, um diese dann zur Deckung unabdingbarer Importe umzuleiten. Zum anderen sollte sie sich schwerpunktmäßig auf Produkte beziehen, die für den Kriegsfall besonders bedeutungsvoll waren. Durch den Bau großer Treibstoffsynthese-Werke sollte bereits Ende 1938 eine weitgehende Mobilisierungs-Versorgung einer modernen motorisierten Armee gesichert sein. Ebenso wurde die Massenherstellung von synthetischem Kautschuk (Buna) angeordnet. Eisenerz, Textilrohstoffe, und Leichtmetalle (hier vor allem Aluminium und Magnesium als Ersatz für Schwermetalle) zählten ebenso wie die Sicherung der Ernährungsgrundlage zu den

Schwerpunkten der Autarkisierungspolitik. Siehe Volkmann, Hans-Erich: Die NS-Wirtschaft in Vorbereitung des Krieges. In: Wilhelm Deist, Manfred Messerschmidt, Hans-Erich Volkmann, Wolfram Wette: Ursachen und Voraussetzungen der deutschen Kriegspolitik. Stuttgart 1979. S. 175–368. S. 264 ff. [64]
71. Aus dem Tätigkeitsbericht der Arbeitsgemeinschaft zur Förderung der Elektrowirtschaft (A.F.E.) für das Geschäftsjahr 1.1.1938 bis 31.3.1939. In: Der Werbeleiter 14 (1939) S. 137 – 146, hier S. 138.
72. Der Vierjahresplan. In: Der Werbeleiter 11 (1936) S. 213 f., hier S. 213.
73. Ebd., S. 214.
74. König, Volkswagen, Volksempfänger, Volksgemeinschaft. „Volksprodukte" im Dritten Reich, S. 150.
75. VEW Mitteilungen 4 (1937) H. 3, S. 23
76. Siehe hierzu auch: Auszug aus dem Bericht der Elektro-Gemeinschaft Westfalen über die Tätigkeit im Kalenderjahr 1938. In: VEW Mitteilungen 6 (1939) H. 2, S. 21–23.
77. Ab 1. Januar 1937 erhielten hauptamtliche Werber vom Geräteverkaufspreis 1% bei Elektroherden, 2% für Elektrokühlschränke und 3% für Speicher und Futterdämpfer. Siehe: VEW Hauptverwaltung, Anordnung des Vorstandes I, 19 b, 11. Dezember 1936, Historisches Konzernarchiv RWE, Bestand V 5, 241 a.
78. Auszug aus dem Bericht der Elektro-Gemeinschaft Westfalen über die Tätigkeit im Kalenderjahr 1938. In: VEW Mitteilungen 6 (1939) H. 2, S. 21–23, hier S. 22.
79. Der neue Auftrag an die A.F.E. In: Der Werbeleiter 12 (1937) S. 145 f.
80. Ebd., S. 146. Siehe hierzu den Bericht von Bruchmann, W.: VEW-Ausstellungsstand auf der Reichsausstellung für Nahrungs- und Genussmittel in Dortmund. In: VEW Mitteilungen 4 (1937) H. 4, S. 48 f.
81. 1935 erreichten 24% der VEW-Haushaltskunden den 20-Pfg-Tarif für die Kilowattstunde Strom, nur 7% erreichten die viel propagierte 8-Pfg-Preisstufe. Siehe: Auszug aus dem Bericht des Vorstandes für das Jahr 1935. In: VEW Mitteilungen 3 (1936) H. 2, S. 5–8, hier S. 7. Die Mehrzahl der Haushaltungen hatte 30 bis 40 Pfennig/kWh Strom zu zahlen.
82. Die Absatzaufgaben des Elektrofaches und die Stellung des Elektrohandwerkers. Bericht über eine Kundgebung des Niederrheinischen Elektrohandwerks. In: Der Werbeleiter 14 (1939) S. 97–99, hier S. 97.
83. Siehe ebd.
84. Mueller, Herbert F.: Werbearbeit – Aufbauarbeit! In: Der Werbeleiter 13 (1938) S. 185–189, hier S. 188 f.
85. Geis, W.: Bei der Jugend anfangen! In: Der Werbeleiter 14 (1939) S. 35 f.; Charissé, E.: Die Vereinigten Elektrizitätswerke Westfalen AG und die Lehrerschaft. In: Der Werbeleiter 14 (1939) S. 37 f.; Vorträge vor Berliner Lehrern. Ebd., S. 38; Erfolgreiche Schulwerbung. In: Ebd., S. 93 – 95.
86. Von der „Kochfrau" zur Haushaltsberaterin. In: Der Werbeleiter 14 (1939) S. 117 f.
87. Werbe-Wandlung. In: Der Werbeleiter 14 (1939) S. 192; Werbung im Kriege. In: Ebd., S. 193.
88. So konstatierte auf einer Werbefachtagung der Leiter des Arbeitsausschusses der AFE, dass nach Kriegsausbruch aufgrund der scharfen Verknappung von Material und Arbeitskraft vielerorts die Werbetätigkeit und oft auch die Beratungstätigkeit völlig eingestellt worden seien. Weber, H.: Überblick über die aktuellen werblichen Aufgaben. In: Der Werbeleiter 16 (1941) S. 22–24, hier S. 22.
89. Die Fortdauer. In: Der Werbeleiter 15 (1940) S. 21 f., hier S. 20.
90. VEW Hauptverwaltung, Anordnung des Vorstandes I, 19 d vom 5. April 1940, Historisches Konzernarchiv RWE, Bestand V 5, 241a. So wurden anstelle von 6 RM für den Verkauf eines Haushaltskühlschrankes nun nur noch 2 RM gezahlt.
91. Die Fortdauer. In: Der Werbeleiter 15 (1940) S. 21 f., hier S. 2. Im Unterschied zu 1940 enthielt im RWE-Haushaltskalender für 1941 jedes Blatt wieder den Slogan: „Mit Strom geht's leicht und angenehm … und billig ist er außerdem!"
92. Gegenwartsfragen. In: Der Werbeleiter 15 (1940) S. 77 f., hier S. 78. Der RWE-Haushaltskalender 1941 enthält fünf Motive, die den falschen Umgang mit Elektrogeräten warnend darstellen.
93. Stuhm, R[ichard]: Gegenwarts- und Zukunftsaufgaben der Energiewerbung. In: VEW Mitteilungen 8 (1941) H. 1, S. 18–25, hier S. 19. Stuhm wollte weiter Vorführungsräume und Lehrküchen betreiben, in denen Ernährungsfragen behandelt oder das „Einkochen" geübt werde. Ein „Hausdienst" sollte die Beratung direkt in den Haushaltungen durchführen. Gerätepflege durch Fachkräfte, die Herausgabe von Druckschriften sowie die Anleitung von Elektrostrom-Gemeinschaften zählte Stuhm zu den Tätigkeitsfeldern der Elektrizitätswerbung, die auf aktuelle Erfordernisse der Kriegszeit abgestellt waren.
94. „Wehrhafte Werbung". In: Der Werbeleiter 17 (1942) S. 1 – 3, hier S. 1.
95. Für die NS-Zeit sind nur aus dem Zeitraum von 1934 bis 1936 Ausgaben nachgewiesen.
96. Das Trägerblatt trug dann 1941 auch den Slogan „Aus dem Reich der Hausfrau".
97. Ebd.
98. Ebd.
99. Pohl, Ludwig: Stromeinsparung als kriegsbedingtes Werbeziel. In: Der Werbeleiter 17 (1942) S.16–20, 29–31; „Wirtschaftlichkeit und Persönlichkeit". Ein Beitrag zur Stromeinsparungsaktion. In: Der Werbeleiter 17 (1942) S. 77 f. Pohl, Ludwig: Ein Wort zur innerbetrieblichen Stromsparaktion in der gewerblichen Wirtschaft. In: Der Werbeleiter 17 (1942) S. 102–106. Praktische Winke für die Energie-Sparaktion. In: VEW Mitteilungen 9 (1942) H. 5, S. 5 f. In dem RWE-Haushaltskalender für 1941, der Ende 1940 produziert worden war, wird an lediglich zwei Stellen auf den sparsamen Umgang mit Strom in der Küche hingewiesen. Für das Folgejahr ist kein Haushaltskalender des Unternehmens nachgewiesen.
100. Zu den Formen kriegsbedingter Werbung siehe Berghoff, Von der „Reklame" zur Verbrauchslenkung, in: Konsumpolitik, S. 77–112, hier S. 100–103.
101. Berghoff, Von der „Reklame" zur Verbrauchslenkung, S. 106.
102. So der Titel des Fachheftes der Zeitschrift „Der Werbeleiter" 17 (1942) Heft 1/ 2.

Foto, Ausstellungs- und Kundendienstbus der LEW, Foto: Sepp Rostra, Augsburg, 1952/53
B EG Photobuch 1, LEW, Augsburg (Abb. 8)

Die Elektrogemeinschaft als regionaler Werbeverbund von Energieversorger, Elektrohandwerk und -handel
Das Beispiel der Elektrogemeinschaft der LEW AG

Katrin Holly

Werbung für Strom soll den Stromverkauf ankurbeln und hat viele Facetten. So kann direkt für den Gebrauch von Elektrizität oder indirekt über die Empfehlung, elektrische Geräte einzusetzen, geworben werden. Stromerzeuger bzw. Elektrizitätsversorgungsunternehmen (EVU), Gerätehersteller, Elektrohandwerk und -handel sind an Werbung für Stromverbrauch und elektrische Geräte interessiert. Letztlich bemühen sich alle um dieselben Kunden. Elektrogemeinschaften spielen im Rahmen der Stromwerbung eine ganz spezifische Rolle, bilden sie doch eine Schnittstelle für das Elektrohandwerk bzw. den regionalen Handel und die EVU. Am Beispiel der Elektrogemeinschaft der Lech-Elektrizitätswerke AG (LEW) soll beschrieben werden, warum, für welche Zielgruppen, auf welche Weise und wie erfolgreich Werbung für Strom durch diese Gemeinschaften betrieben wurde. Grundsätzlich lässt sich Strom nur absetzen, wenn elektrische Geräte verwendet werden. In den 20er Jahren des vorigen Jahrhunderts steckte jedoch die Elektrifizierung des alltäglichen Lebens, insbesondere der privaten Haushalte, noch in den Kinderschuhen. War ein Gebäude an die Elektrizitätsversorgung angeschlossen, beschränkte sich der Stromverbrauch in der Regel auf die Lichtversorgung. Bis auf das erschwingliche Bügeleisen war die Ausstattung der Haushalte mit elektrischen Helfern mager. Staubsauger, Waschmaschinen, Elektroherde und zahlreiche kleine Küchenhelfer waren zwar schon lange technisch entwickelt und auf dem Markt, diese konnten sich damals jedoch nur großbürgerliche Haushalte leisten.
Ein üblicher Weg, den Stromabsatz zu steigern, geht über die Preisgestaltung. Es wurden nicht nur verbilligte Stromtarife für Mehrverbrauch angeboten, sondern beispielsweise auch vergünstigte Spezialtarife, wie der Kochstrom bei Anschluss eines Elektroherdes. Jedoch war die Preispolitik der EVU bereits in den 20er Jahren ein in der Öffentlichkeit emotional diskutiertes und negativ besetztes Thema. Die EVU waren deshalb neben der Gewährung besonderer vergünstigter Tarife am Verkauf Strom verbrauchender Geräte interessiert. Es existierte aber noch kein flächendeckend tätiges Elektrohandwerk. Denn es war ein junges Gewerbe, noch nicht etabliert und ohne verbindlich formulierte Anforderungsprofile, so dass sich zahlreiche unqualifizierte Anbieter auf diesem Markt tummelten. Gleichzeitig wollten die Stromerzeuger ihre damaligen Überkapazitäten möglichst wirtschaftlich verwerten und ihre Marktposition gegenüber der Kohle- und Gasindustrie ausbauen. So verwundert es nicht, dass die EVU elektrische Geräte und auch deren Installation selbst anboten.[1] Zugute kam ihnen, dass sie in der Regel bereits über eine breit gestreute Infrastruktur nahe an ihren Stromabnehmern verfügten. So betrieben auch die LEW, deren Versorgungsgebiet – in Bayerisch-Schwaben im Südwesten Bayerns gelegen – fast ausschließlich ländlich strukturiert war, über ihre Bezirksmeisterstellen intensive, persönliche Werbung, indem Werbebeamte auf dem Land gezielt Landwirte und Handwerker aufsuchten, um die Elektrifizierung vor allem mit Hilfe des Elektromotors voranzutreiben. Sie widmeten sich aber ebenso der Einführung von Elektroherden oder der elektrischen Heißwasserbereitung in privaten Haushalten oder Großküchen.[2] Parallel eröffneten die LEW an ihrem Firmensitz in Augsburg und in kleineren regionalen Zentren repräsentative Läden, in denen nicht nur Glühlampen und Sicherungen, sondern auch Lampenschirme und elektrische Haushaltsgeräte gekauft werden konnten. Die LEW gingen sogar so weit, einen eigenen elektrischen Strahlungsherd zu entwickeln und zu vermarkten.[3] Dem Elektroinstallateurgewerbe missfiel dagegen die Konkurrenz, vor allem weil ihnen die LEW durch ihren Informationsvorsprung

Abb. 1
Emailleschild, Mitglied der
Elektrogemeinschaft, 1935
Umspannwerk Recklinghausen –
Museum Strom und Leben

– das Personal des EVU wusste als erstes, wer einen Stromanschluss bekam – neue Kunden wegnahmen.

Die erzwungene Gemeinschaft: Die „Elektrogemeinschaft für das Stromversorgungsgebiet der Lech-Elektrizitätswerke A.G. Augsburg" von 1933 bis 1945

Die LEW hielten unbeirrt an ihrer Vertriebsstrategie fest. Dagegen gab es im übrigen Deutschen Reich Ansätze zur Zusammenarbeit von Elektrizitätserzeugern mit dem örtlichen Elektrohandwerk. Seit etwa 1928 gründeten sich immer mehr Elektrogemeinschaften [Abb. 1], in denen sich das regionale EVU sowie die Elektrohandwerker und -händler zu gemeinsamen Absatzaktivitäten zusammenschlossen und öfters auch ihre Tätigkeitsfelder gegenseitig abgrenzten. Im Januar 1933 existierten im Deutschen Reich 172 Elektrogemeinschaften.[4]

Bereits vor Regierungsantritt der Nationalsozialisten hatten sich die Interessenverbände des Handwerks vergeblich wiederholt an die Regierungen der Weimarer Republik gewandt mit der Aufforderung, den EVU den Verkauf und die Installation elektrischer Geräte generell zu verbieten. Nach der Machtergreifung erhoben sie diese Forderung erneut. Jedoch warnte der VDEW als Interessensvertretung der EVU vor den wirtschaftlichen Folgen eines solchen Verbots. Er argumentierte, dass damit dem durch die Wirtschaftskrise eingebrochenen Absatz der Geräte und dem Stromverkauf erst recht großer Schaden zugefügt würde. Der Verband prognostizierte in diesem Fall einen Anstieg der Arbeitslosigkeit. Die nationalsozialistische Regierung hatte sich in der Öffentlichkeit immer für die Förderung des Mittelstands, in diesem Falle des Elektrohandwerks, und die Bekämpfung der Monopolisten, in die sie u.a. die EVU einbezog, ausgesprochen. Jedoch konnte sie sich angesichts der hohen Arbeitslosigkeit und der ehrgeizigen Ziele ihrer Arbeitsbeschaffungspolitik den Argumenten des VDEW nicht entziehen. So griff die NS-Regierung einfach das Modell der Elektrogemeinschaften auf und schrieb deren Gründung und somit die zwangsweise Zusammenarbeit von Elektrizitätswirtschaft und Handwerk vor. Ziel dieser zwangsbefriedeten Gemeinschaft sollte sein, „eine möglichst zuverlässige und vorteilhafte Versorgung der Bevölkerung mit Geräten und Einrichtungen für den Gebrauch der modernen Energien sicherzustellen". Gleichzeitig sollte darauf hingewirkt werden, „daß die Installateure und der Fachhandel mehr und mehr instand gesetzt werden, die Versorgung der Bevölkerung mit den genannten Geräten und Einrichtungen zu übernehmen". Das bedeutete, dass die Energieversorger sich auf lange Sicht aus dem Elektrogeräteverkauf und der -installation zurückziehen sollten, dies aber nicht sofort durchführen mussten. Aufgabe der Elektrogemeinschaft war die „gemeinschaftliche Werbung".[5] [Abb. 2] Bei den LEW erfreute sich die vorgeschriebene Gründung einer Elektrogemeinschaft keiner großen Gegenliebe. Abgesehen davon, dass die Geschäftsführung eines privatwirtschaftlichen Elektrizitätsunternehmens eine zwangsweise Zusammenarbeit mit der Konkurrenz als Abkehr von einer liberalistischen Wirtschaftsordnung werten musste, stieß sich Direktor Bernhard Monath[6] zudem an den Vorschriften, die auf eine finanzielle Belastung der Firma hinausliefen, obwohl von diesem Konstrukt kein zusätzlicher wirtschaftlicher Nutzen für die LEW zu erwarten war: Die EVU sollten nicht nur auf eigene Kosten den Geschäftsführer und einen Vorstand aus ihren Reihen stellen, sondern auch bei jedem unmittelbaren Elektrogeräteverkauf eine Abgabe in die Kasse der Elektrogemeinschaft einzahlen. Außerdem mussten sie ihre eigenen Schulungseinrichtungen, Beratungsstellen,

Abb. 2
Anzeige, Gemeinschafts-Werbung zur Einführung der elektrischen Küche im Haushalt, 1935
LEW-Nachrichtenblatt Nr. 66, Mai/August 1935
LEW, Augsburg

Ausstellungsräume und Läden für die Mitglieder der Elektrogemeinschaft weitgehend kostenfrei zur Verfügung halten.[7] Monath hatte es mit der Umsetzung des Erlasses zunächst auch nicht besonders eilig. Er forcierte aber dann im Dezember 1933 die Gründung der Elektrogemeinschaft, um sich nicht politischen Vorwürfen auszusetzen.[8] So fand am 21. Dezember 1933 die Gründungsversammlung für die „Elektrogemeinschaft im Versorgungsgebiet (Überland) der Lech-Elektrizitätswerke A.G., Augsburg" statt, an der außer den Vertretern der LEW und des VEI 98 Installateure teilnahmen.

In der Folge wurden vierteljährliche Versammlungen mit Schulungen abgehalten, die sowohl elektrotechnische Fragen als auch Werbemethoden behandelten. So wurden z.B. Funktionsweise und Anschluss verschiedener Elektroherdtypen vorgestellt oder die Aufgaben und Möglichkeiten eines Installateurs bei der Werbung für das elektrische Kochen angesprochen. Themen waren auch die gute Beleuchtung im Haushalt und am Arbeitsplatz, die zukunftsfähige Elektroinstallation oder das Elektroschweißen im Gewerbebetrieb. Zielgruppen waren vor allem die privaten Haushalte, aber auch Landwirte und kleinere Gewerbetreibende. Die Elektrogemeinschaft versorgte durch Sammelbestellungen die Handwerker kostengünstig mit Informations- und Werbematerial. Ziel war, die Installateure zu guter fachlicher Arbeit zu befähigen und ihre Werbekompetenz zu stärken, um damit den Elektrogeräteabsatz und dadurch den Stromverbrauch zu erhöhen.[9] Erst im Jahr 1935 organisierte die LEW zusammen mit der Elektrogemeinschaft im Rahmen einer Elektrowoche gemeinsame direkte Werbeaktionen. Im Vordergrund stand die Einführung des elektrischen Kochens. In mehreren großen Ortschaften des LEW-Versorgungsgebiets fanden Elektrogeräteausstellungen statt, in denen neben Elektroherden und -backöfen auch Heißwassergeräte und Kühlschränke gezeigt wurden. Den Besucherinnen wurden der Haushaltstarif der LEW vorgestellt und die verschiedenen Zuschüsse und Teilzahlungsmöglichkeiten, die die LEW für die Anschaffung von Elektrogeräten gewährten. Die Elektroberaterin der LEW führte den Elektroherd in einer unterhaltsamen Veranstaltung vor, indem sie Gerichte zubereitete und nebenbei den Hausfrauen, für die der Umgang mit elektrischen Geräten noch keine Selbstverständlichkeit war, die Funktionsweise des Herdes erläuterte.[10] [Abb. 3] Elektrogeräte für den Haushalt waren zu dieser Zeit immerhin noch so ungewöhnlich, dass die Vorführungen in den örtlichen Zeitungen ausführlich besprochen wurden.[11] Außerdem bereiteten die LEW die Werbekampagne in ihrem Kundenmagazin nach. In einer Sondernummer ihres LEW-Nachrichtenblattes, das Zeitungsberichte wiedergab und Hintergrundreportagen über die Werbeveranstaltungen brachte, stellten die LEW den Kundinnen ausführlich die Elektroausstellungen und Vorführungen vor.[12]

Was in der Kundenzeitschrift der LEW jedoch als leichtgängiger Erfolg dargestellt wurde, war in Wirklichkeit ein mühsames Unterfangen. Die Besucherzahlen der Veranstaltungen waren zwar offenbar nicht schlecht, der Aufwand im Vergleich zum Ergebnis aber zu hoch. Der Verkauf lief schleppend, denn Elektroherde waren in der Regel nur an ein gut betuchtes, eher urbanisiertes Klientel, ein im ländlich strukturierten Versorgungsgebiet der LEW unterrepräsentierter Kundentyp, absetzbar.

Dazu kam die mäßige Unterstützung durch die Installateure. Das Klima zwischen den LEW und den Handwerkern besserte sich durch die Existenz der Elektrogemeinschaft keineswegs. Dass sich nur rund ein Drittel der angeschriebenen Installateure anlässlich der Gründungsversammlung für die

Abb. 3
Foto, Elektroausstellung in Donauwörth im Mai 1935, Foto: Rothlauf
LEW-Nachrichtenblatt Nr. 66,
Mai/August 1935
LEW, Augsburg

Elektrogemeinschaft interessierte, ist symptomatisch für die Einstellung gegenüber dieser erzwungenen Werbegemeinschaft. Obwohl der Besuch der Versammlungen für die Mitglieder Pflicht war, nahmen nur zwischen 17 und 38 % der eingeladenen Mitglieder teil.[13] Die Gründe für diese offene Verweigerungshaltung formulierten die Mitglieder unmissverständlich. Die Elektrohandwerker verstanden die LEW weiterhin nicht als Partner auf Augenhöhe und misstrauten den Ausführungen des Schulungspersonals des EVU, so dass der Geschäftsführer nach Möglichkeit auf neutrale Referenten anderer Institutionen zurückgriff. Die Installateure hatten sich von der Gründung der Elektrogemeinschaft vornehmlich die rasche Aufgabe der Installations- und Verkaufstätigkeit der LEW erhofft. An den Schulungsveranstaltungen, die vor allem auf die staatlich gelenkten Werbeaktionen vorbereiten sollten, waren sie kaum interessiert. In den LEW dagegen weigerte man sich, die Installation und den Elektrogeräteverkauf aufzugeben. Man argumentierte mit mangelhaften Arbeitsergebnissen und Kenntnissen der niedergelassenen Installateure sowie deren geringem Engagement für eine effektive Werbung, für die ihnen meist die finanziellen und personellen Kapazitäten fehlten. Dagegen erreichten die LEW mit ihrem hoch qualifizierten Personal ihre Kunden flächendeckend im gesamten Überlandgebiet, was bei den Installateuren nicht der Fall war. Die Elektrohandwerker beklagten aggressive Geschäftsmethoden des Personals der LEW-Bezirksmeisterstellen. Ihre Erwartungen in die Elektrogemeinschaft waren enttäuscht worden. Und in den LEW kam man zu dem Ergebnis, dass die ortsansässigen Installateure so gut wie keine Elektrogeräte absetzten und somit zu einer Stromabsatzsteigerung nichts beitrugen.[14]

Hinzu kam von Seiten der LEW, dass sie die Schwerpunkte der Werbung nicht mehr ausschließlich eigenständig bestimmen konnten, denn die Arbeitsgemeinschaft zur Förderung der Elektrowirtschaft (AFE) gab Inhalte und Zeitrahmen für deutschlandweite Aktionen vor. Die AFE wurde von „der NS-Politik unterworfenen" Spitzenverbänden getragen und war „nach dem Führerprinzip straff" organisiert.[15] Elektrizitätswerbung galt nun nicht mehr alleine wirtschaftlichen Zielen der Elektrizitäts- und Elektrounternehmen, sondern wurde auch für die NS-Politik und -Ideologie instrumentalisiert. So wurde die Werbung unter anderem in die Ziele der nationalsozialistischen Arbeitsbeschaffungspolitik eingebunden. Und die Kühlschrankwerbung unter dem Schlagwort „Kampf dem Verderb" diente 1936 z.B. der „Ernährungsschlacht" im Rahmen der Autarkiepolitik. „Elektrizität im Kampf um die Ernährungsfreiheit unseres Volkes", so charakterisierte die AFE die Aufgabe der Stromanwendungswerbung.[16] Da die Werbeinhalte aber auch auf eine Belebung des Installationsgeschäfts und des Elektrogeräteverkaufs sowie auf eine Erhöhung des privaten Stromverbrauchs angelegt waren, sahen die Verantwortlichen der Elektrogemeinschaft keinen Grund, sich von den Vorgaben der AFE abzugrenzen. Da es den eigenen Vermarktungszielen diente, reihte man sich in den Dienst an der „Volksgemeinschaft" ein und bediente sich der nationalsozialistischen Rhetorik.[17] Vor diesem Hintergrund ist auch die Gewährung einer Teilzahlungsmöglichkeit für den Kauf von Volksempfängern zu sehen, die die LEW auf Druck der Reichsrundfunkkammer einführten. Allerdings vermied Direktor Monath nach Möglichkeit jegliches finanzielle Engagement, das den Interessen der LEW nicht nützte. So wurde die Darlehensfinanzierung für die Rundfunkgeräte nur Kunden gewährt, die direkt von den LEW mit Strom versorgt wurden und wenn sie das Gerät von einem Mitglied der Elektrogemeinschaft abnahmen.[18] Die Arbeit der Elektrogemeinschaft im Sinne einer Werbegemeinschaft wurde schließlich nach Kriegsausbruch überflüssig. Da Elektrogeräte für den Hausgebrauch praktisch nicht mehr lieferbar waren, wurde zunächst offenbar auf die sogenannte Erinnerungswerbung umgestellt, die die Nachfrage für die Nachkriegszeit erhalten sollte. Schließlich konterkarierten die Aufrufe zum Stromsparen zugunsten der Bedürfnisse der Rüstungsindustrie die Existenzberechtigung der Elektrogemeinschaft, die schließlich von der Bildfläche verschwand.[19]

Erfolgreiche Gemeinschaftswerbung in Zeiten des Wirtschaftswunders

Nach dem Krieg waren die LEW einige Jahre mit dem Wiederaufbau beschäftigt. Obwohl die zu Kriegsende unterbrochene Stromversorgung durch Netzschäden innerhalb einiger weniger Wochen rasch wieder hergestellt werden konnte, beherrschten gebietsweise Stromabschaltungen aufgrund der geringen Kohlezuteilungen noch jahrelang den Alltag. In Bayern kam hinzu, dass es den Kohlemangel wegen seiner Revierferne nicht durch die eigenen Wasserkraftressourcen kompensieren konnte, weil die Alpenflüsse jahrelang aufgrund ungewöhnlich trockener Winter und Sommer nicht genug Wasser führten. Zudem war erst nach der Währungsreform eine reguläre Materialbeschaffung möglich, die für den Ausbau der Wasserkraft notwendig war.[20] Werbung für Stromverbrauch war erst wieder sinnvoll, als die Strombewirtschaftung in Bayern aufgehoben war und wieder überschüssige Stromreserven zur Verfügung standen. Durch die Währungsreform normalisierte sich schließlich auch der Konsumgütermarkt. In der Zwischenzeit hatte sich das Verhältnis der LEW zu den ortsansässigen Elektroinstallateuren im Gegensatz zur Vorkriegszeit entspannt. Als in der unmittelbaren Nachkriegszeit zahlreiche Kundenanträge für einen Stromanschluss bei den LEW wegen des Materialmangels hätten abgelehnt werden müssen, halfen die ortsansässigen Installateure offenbar häufig – auf anscheinend nicht immer ganz legalen Wegen – aus. Man hatte also gelernt, zusammen statt gegeneinander zu arbeiten.[21] Der Spiritus Rector der am 7. September 1951 erfolgten Wiedergründung der „Elektro-Gemeinschaft für das Stromversorgungsgebiet (Überland) der Lech-Elektrizitätswerke A.-G. Augsburg", Stefan Feldweg, Leiter der Verkehrsabteilung der LEW, konnte sein Vorhaben somit in einem günstigeren Klima durchführen, als das für die Vorgängerorganisation der Fall gewesen war. Dazu kam, dass die Hauptberatungsstelle für Elektrizitätsanwendung (HEA) inzwischen erfolgreich die Errichtung der Elektrogemeinschaften betrieb und bereits Mustersatzungen herausgegeben hatte. Nicht nur in Augsburg, sondern auch in den Versorgungsgebieten anderer EVU wurden seit Ende der 40er Jahre zahlreiche Elektrogemeinschaften aus der Taufe gehoben. Dass diese Zweitgründung diesmal jedoch ernsthaft von den LEW betrieben wurde, signalisierte ihr Angebot, ab sofort den eigenen Elektrogeräteverkauf und das damit verbundene Installationsgeschäft einzustellen. Allerdings erwarteten sie, „dass die Installateure wirksam die Werbung, den Absatz und die Installation der Geräte betreiben".[22] Die Werbung sollte gemeinsam abgestimmt und mit gegenseitiger Unterstützung durchgeführt werden. Stefan Feldweg stellte als Aufgabe der Elektrogemeinschaft Werbe- und Kochvorträge, Inserate, Einzelbesuche sowie die Pflege des bereits bestehenden Kundenstamms vor. Da Klagen der LEW-eigenen Installateure über mangelhafte und oft lebens- und feuergefährliche Arbeiten durch das ortsansässige Elektrohandwerk an der Tagesordnung waren, definierte Feldweg elektrotechnische

Schulungsangebote an die Installateure als wichtigen Grundstein der Arbeit. Denn dadurch konnte die Kundenzufriedenheit erhöht und sichergestellt werden.[23] Grundsätzlich bezweckte die Elektrogemeinschaft wirtschaftliche Synergieeffekte für die Beteiligten: Die LEW erstrebten einen erhöhten Stromabsatz, „insbesondere durch die Verwendung von Wärmestrom in Haushalt, Landwirtschaft und Gewerbe unseres ländlichen Versorgungsgebietes". Denn das EVU musste, wie der Vorstand der LEW formulierte, die Wirtschaftlichkeit seiner ländlichen, „weitläufigen und teuren Netze verbessern, die durch die zunehmende Verwendung großer, aber nur kurzzeitig benutzter Motoren in der Landwirtschaft beeinträchtigt" waren.[24] Das EVU wollte also durch die Verbreitung der Wärmestromanwendung die gleichmäßige und rentable Auslastung seines Netzes erreichen. Die Installateure dagegen waren am gesteigerten Verkauf der Elektrogeräte und dem damit verbundenen Installationsgeschäft interessiert.

Mitglieder werden konnten im Versorgungsgebiet der LEW ansässige zur selbständigen Ausübung des Elektroinstallateurhandwerks berechtigte Installateure, Elektroeinzelhändler, Elektrogroßhändler und Firmen der Elektrogerätegroßindustrie. Die Aufnahme entschied der Vorstand, der sich über Reputation, Zuverlässigkeit und Bonität der Kandidaten informierte, zweifelhafte Bewerber ablehnte[25] und damit den Ruf der Elektrogemeinschaft, für Qualität und Kundenorientierung zu stehen, begründete. Dass bis in die 70er Jahre der Mitgliederstand mehr oder weniger um die 50 % der im LEW-Gebiet insgesamt zugelassenen Installateure schwankte, ist auch auf die Tatsache zurück zu führen, dass Gewerbetreibende, die auch Produkte der Gasindustrie vertrieben, ausgeschlossen waren. Denn die Elektrogemeinschaft war ausschließlich als Instrument der Verbreitung der Elektrizitätsanwendung gedacht und bekämpfte gezielt die Verbreitung von Geräten, die mit anderen Energieträgern als Strom betrieben wurden.[26] Erst später, als die Elektrizitätsanwendung im Alltag weitgehend etabliert und sich die Qualitätsstandards des Elektrohandwerks auf hohem Niveau eingependelt hatten, wurden die Aufnahmemodalitäten liberaler, bis in den 90er Jahren praktisch alle Installateure selbstverständlich Mitglied der Elektrogemeinschaft waren.[27] Die Elektrogemeinschaft war für die Mitglieder ein Forum für Erfahrungsaustausch und Diskussion. Vorträge über technische Problemfälle, neue Entwicklungen und Vorschriften in der Elektrotechnik, über Werbestrategien und Kundenpflege wurden angeboten und auch gut aufgenommen. Nicht nur bildenden, sondern auch gemeinschaftstiftenden Charakter hatten die Fachexkursionen zu elektrizitätswirtschaftlich interessanten Zielen, die seit 1961 stattfanden. Die Elektrogemeinschaft versorgte die Mitglieder mit kostengünstigem Werbematerial.

Die geplanten Werbeaktivitäten mussten den Rahmenbedingungen angepasst werden, die die Werber bei den Kunden vorfanden. Nicht nur in der Vorkriegszeit, sondern auch nach 1945 war in der Bevölkerung große Skepsis gegenüber der Elektrizitätsverwendung zu überwinden. Das technische und physikalische Wissen über Elektrizität und ihre Anwendung war mangelhaft. Beispielsweise war oft nicht bekannt, dass die Wärmeanwendung keine direkte, sondern eine indirekte Elektrizitätsnutzung war. So konnte die Vorstellung entstehen, dass im Elektroherd gebackenes Brot nach Strom schmeckte. Es musste also Vorbehalten, aber auch überschwänglichen Erwartungen, wie z.B. dass eingefrorene Lebensmittel für Ewigkeiten haltbar wären, entgegengetreten werden. Es gab insgesamt wenig Erfahrung im Umgang mit elektrischen Geräten. Für den Absatz elektrischer

Abb. 4
Foto, Elektroausstellung in
Memmingen im Schwarzen Ochsen,
Foto: Helmut Kroll, Memmingen,
1952
B EG, Photobuch 1, LEW, Augsburg

Abb. 5
Foto, Elektrogerätevorführung in Türkheim im Rosensaal,
Fotohaus Sepp Hartmann, Mindelheim, 1952
B EG, Photobuch 1, LEW, Augsburg

Haushaltsgeräte war auch unbedingt die Einbindung der Ehemänner erforderlich. Konnten sie davon überzeugt werden, dass die Hausfrauen durch den Einsatz elektrischer Haushaltsgeräte nicht nur körperlich, sondern auch zeitlich so stark entlastet wurden, dass sie im Gegenzug verstärkt im Gewerbebetrieb oder in der Landwirtschaft mithelfen konnten, waren sie leichter bereit, die maschinellen Helfer zu finanzieren.[28] Werbemaßnahmen, die sich auf reine Werbung über Medien, Plakate, Zeitungsinserate usw. beschränkt hätten, hätten die Zielgruppe nicht überzeugt. Sie mussten persönlich aufgesucht, angesprochen und für die Produkte gewonnen werden. Grundsätzlich war gerade die bäuerliche Klientel bereit, technische Hilfsmittel einzusetzen, denn landwirtschaftliche Hilfskräfte fehlten und waren teuer. Maschinelle Rationalisierung erforderte aber auch der Trend zur Nebenerwerbslandwirtschaft. Die LEW unterstützten den Absatz durch die erneute Einführung finanzieller Kaufanreize. Sie etablierten mit Gründung der Elektrogemeinschaft 1951 ein Teilzahlungssystem, das auch weniger begüterten Haushalten die Anschaffung eines Elektrogroßgerätes ermöglichte. Der örtliche Elektrohandwerker vermittelte den Kredit, den die LEW zur Verfügung stellten und die Raten über die Stromrechnung einzogen. Das Finanzierungsangebot wurde immer wieder flexibel auf neu am Markt angebotene Geräte ausgeweitet. In den 50er Jahren nahmen die Kunden das Angebot rege in Anspruch, pro Jahr wurden im Schnitt rund 8,8 Millionen DM ausbezahlt. Als sich die Kaufkraft hob und die Elektrogeräte gleichzeitig immer billiger wurden, ging der Bedarf deutlich zurück, so dass das Teilzahlungssystem zum Ende der 60er Jahre unbedeutend wurde.[29]

Die Werbung bei den Endkunden, die die Elektrogemeinschaft und das Werbebüro der LEW durchführten, fand zum einen in den mobilen Werbe- und Verkaufsveranstaltungen, zum anderen in den stationären Beratungs- und Ausstellungsräumen der LEW statt. Ab 1964 kam die Präsenz auf der Augsburger Frühjahrsmesse hinzu, die sich als die größte Verbraucherschau in Bayerisch-Schwaben entwickelte. Ergänzend wurden Vorträge und Beratungen in Schulen, Verbänden und Vereinen abgehalten.

Eine besonders wichtige Rolle spielten in den ersten Jahren die Werbe- und Verkaufsveranstaltungen. Sie wurden vom Personal des Werbebüros der LEW mit den Mitgliedern der Elektrogemeinschaft durchgeführt. [Abb. 4, 5, 6 a–c, 7] Die mobilen Werbetrupps der LEW bespielten das bayerisch-schwäbische Land. In Gasthöfen und größeren Sälen präsentierten sie hauptsächlich Elektrogeräte für den Haushalt, nebenbei wurden aber auch Landwirte und Handwerker über die Ausstellung elektrischer Motoren oder Futterdämpfer angesprochen, die die Händler zur Verfügung stellten. Der Tarifberater der LEW erläuterte die Tarife, besonders den 7-Pfennig-Haushaltstarif, den die LEW extra zur Unterstützung der Werbearbeit der Elektrogemeinschaft und zur Verbilligung und Ankurbelung der Wärmestromanwendung

Abb. 6 a – c
Fotos, Elektroausstellung in Memmingen im Gasthaus Adler,
Foto: Helmut Kroll, Memmingen, 1953
B EG, Photobuch 1, LEW, Augsburg

eingeführt hatten.[30] Stromzähler, die während der Koch- und Backvorführung der Elektroberaterin mitliefen, bewiesen den sparsamen Verbrauch. Dass ein schmackhaftes und sichtlich gelungenes Back- und Kochergebnis zur Verkostung gereicht wurde, war gegenüber der skeptischen Kundschaft wichtig. Vom örtlichen Handwerk gespendete Elektrogeräte wurden verlost, ebenso sorgten komische Einlagen dafür, dass die Verbraucher kurzweilige und unterhaltsame Abend- und Nachmittagsstunden verbrachten. Die mitveranstaltenden Großgerätehersteller und -händler und die örtlichen Elektrohandwerker suchten in den darauf folgenden Tagen interessierte Kunden auf und schlossen nach Möglichkeit Verkaufsverträge ab. Dabei beteiligten erstere die eingesessenen Handwerker am Gewinn, denen auch die Installation der Geräte oblag.[31] Doch nicht alle Installateure waren mit dieser Werbemethode glücklich. Sie kritisierten, „daß der Verkauf nur vorweg genommen sei und ihnen dieser später fehlen würden."[32] Nicht immer konnten die Werbetrupps von Anfang an mit Zulauf rechnen. Es kam vor, dass sich in manchen Ortschaften zunächst nur Wenige für die Vorführungen interessierten und ein reger Besucherstrom erst nach mehrmaliger Wiederholung der Veranstaltung einsetzte.[33] Sie entwickelten sich schließlich zu allgemein beachteten Großereignissen,[34] zumal auf dem Land attraktive Freizeitangebote fehlten.

Eine weitere Attraktion waren die Werbebusse der LEW [Abb. 8], in denen das Publikum durch große Schaufenster eine kleine Elektrogeräteschau bestaunen konnte. Die LEW suchten mit den Fahrzeugen abgelegene Ortschaften auf, warben dort für die Vorführungen und boten gleichzeitig Kundendienste an.[35] Gerade Letzteres war vor allem in den 50er Jahren ein auf dem flachen Land noch sehr dringend benötigter Service, da das Handwerk noch nicht flächendeckend verbreitet war. Die LEW beklagten zudem weiterhin, dass das Elektrohandwerk öfters mit den immer komplexer werdenden Geräten überfordert war, so dass die LEW trotz Einstellung des Elektrogeräteverkaufs ihre Kundendienstabteilung für komplizierte Problemfälle weiter betrieben. Den LEW war ein fachlich kompetenter Kundendienst sehr wichtig, denn es bestand die Gefahr, dass die kritischen, aber unerfahrenen Käuferinnen ihre Elektrogeräte bei den ersten Problemen unbenutzt stehen ließen oder gar wieder abgaben.[36]

In den stationären Ausstellungsräumen der LEW in Augsburg, Donauwörth, Buchloe und Memmingen konnten sich Endkunden von Elektroberaterinnen des Werbebüros der LEW einzeln beraten lassen oder in Vorträgen informieren.

Abb. 7
Foto, Ausstellungsstand der Elektro-Gemeinschaft in der Ausstellung „Schaffendes Nordschwaben" in Donauwörth, Foto: Killmayer, Monheim, Donauwörth 1953
B EG, Photobuch 1, LEW, Augsburg

[Abb. 9–14]. Über eine Informationskarte erfuhr der ortsansässige Installateur vom Interesse der potentiellen Kunden und bekam dadurch Gelegenheit, mit Ihnen Kontakt aufzunehmen.

So etablierte die Elektrogemeinschaft in der Nachkriegszeit ein Werbesystem, welches sich einem Instrumentarium bediente, das bereits in den 20er und 30er Jahren entwickelt und angewandt worden war. Nur zogen jetzt die verschiedenen Akteure auf dem Elektro- und Strommarkt an einem Strang[37] und sie trafen unter den Bedingungen des Wirtschaftswunders und prosperierender Bevölkerungsschichten endlich auf ein aufnahmebereites und kaufwilliges Publikum. Der in den 50er Jahren einsetzende strukturelle gesellschaftliche Wandel, wie die Zunahme der Nebenerwerbslandwirte oder der Frauenarbeit, beförderte diesen Prozess ebenso. Die intensive, mobile und flexible Werbearbeit erreichte alleine im Jahr 1956 in rund 1.000 Vortrags- und Ausstellungsveranstaltungen 94.000 Personen, d.h. etwa 20 % der Menschen in dem Versorgungsgebiet der LEW.[38] Sichtbar wurde der Erfolg in den Verkaufszahlen für Elektrogeräte, der zunehmenden Bedeutung des Stromabsatzes an Tarifabnehmer und deren insgesamt steigendem spezifischen Verbrauch. Elektrische Groß- und Kleingeräte aller Art wurden in der breiten Masse der Haushalte zum Standard. Beispielsweise waren im Versorgungsgebiet der LEW 1951 nur rund 5.500 Elektroherde angeschlossen, also bei nur 6,6 % der privaten Stromabnehmer. Doch Ende 1969 existierten in 70,2 % der Haushalte insgesamt 112.750 Elektroherde.[39] Folglich erhöhte sich der Stromverbrauch: Im Versorgungsgebiet der LEW stieg der jährliche Gesamtbedarf der Tarifkunden (Haushalte, Landwirtschaft und Gewerbe) von 1946 bis 1969 um das zwölffache an. Während der spezifische Verbrauch pro Tarifkunde 1950 im Schnitt 697 kWh jährlich betrug, waren es 1972 durchschnittlich 3.879 kWh.[40] Die Elektrogemeinschaft unterstützte in erster Linie die Elektrifizierung der Einzelhaushalte, die Errichtung von Gemeinschaftsanlagen war nachrangig. Von der Einrichtung der Häuser der Bäuerinnen, die in der Regel mit einer Gemeinschaftswaschküche, einem Backhaus und anderen Gemeinschaftsanlagen ausgestattet waren, erwartete man sich wohl keinen relevanten Stromabsatz. Obwohl diese Häuser eine wichtige Vorreiterfunktion hatten, indem sie die Landbevölkerung an die Benutzung der neuen elektrischen Geräte gewöhnte, bewarben die EVU in Bayern, im Gegensatz zu den Elektrizitätsversorgern in Württemberg, diese Einrichtungen nicht. Lediglich am Bau der Gemeinschaftstiefkühlanlagen, die einen gleichmäßigen Stromverbrauch versprachen und sich in Bayerisch-Schwaben seit 1955 verbreiteten, waren die LEW stärker interessiert.[41]

Die Werbung der LEW und der Elektrogemeinschaft arbeitete mit denselben Argumenten und Sprüchen wie die anderer Energieversorger und die Elektroindustrie auch. Die Plakate und Werbetafeln konnten vom Elektroverlag bzw. bei der HEA bezogen werden, mit deren Materialien auch die Mitglieder der Elektrogemeinschaft versorgt wurden. So begegnete die Bevölkerung überall immer denselben Werbeargumenten und -sprüchen, die sich somit allgemein einprägten.[42] Drei Faktoren standen im Vordergrund: Strom sei sauber, billig und bequem. Die Elektrogeräte seien besonders gefahrlos zu bedienen und ständig zum Einsatz bereit. Aber auch das vom Heißwassergerät erzeugte heiße Wasser oder die vom Kühlschrank frisch gehaltenen Lebensmittel stünden ebenfalls laufend zur Verfügung und würden die Vorratshaltung und den Alltag erleichtern. Strom wurde lange als unerschöpflich angepriesen. Wurde der Umgang mit Strom als sparsam beworben, bezog sich dies auf das persönliche

Abb. 9
Foto, Ausstellungsraum der LEW in Augsburg, 1953
LEW, Augsburg

Abb. 10
Foto, Ausstellungsraum der LEW in Memmingen, 1953
LEW, Augsburg

Abb. 11
Foto, Hauswirtschaftlicher Vortragsraum der LEW in Augsburg, 1955
LEW, Augsburg

Budget des Verbrauchers, nicht auf den verantwortlichen Umgang mit knappen Ressourcen. Wichtig war auch der Aspekt der Modernität und Neuzeitlichkeit, der v.a. bei der Heißwasserbereitung, der Raumheizung und der Modernisierung der häuslichen Elektroanlagen im Fokus stand. Besonders die elektrische Nachtspeicherheizung wurde in den 60er Jahren für Alt- und Neubauten beworben.[43] Die EVU forcierten deren Einbau, weil sie im Gegensatz zu den bisher nur saisonal in der Übergangszeit benutzten Heizgeräten im Winter einen kontinuierlichen Strombedarf im nächtlichen Stromverbrauchstal generierten.

Grundsätzlich wurde der „allelektrische" Haushalt angestrebt und alle auf dem Markt verfügbaren Elektrogeräte den Kundinnen angepriesen. Aber wie das Beispiel mit den Nachtspeicheröfen bereits zeigt, wurden zusätzlich Schwerpunkte bei den Werbekampagnen von den LEW in Abhängigkeit von der wirtschaftlichen Netzauslastung formuliert. 1951 wurde deshalb mit dem Schwerpunkt Elektroherdwerbung begonnen, weil die LEW ihr Mittagstal im Stromabsatz beheben mussten, was ihnen bereits Mitte der 50er Jahre gelungen war.[44] Gleich danach verstärkten sie ihre Anstrengungen zur Einführung der Heißwasserbereitungs- und Kühlgeräte mit einem gleichmäßig über den Tag verteilten Stromverbrauch.

In der ersten Hälfte der 60er Jahre ließ der Besuch der Werbeveranstaltungen zunehmend nach. Verantwortlich waren nicht nur die erweiterten Freizeitmöglichkeiten, sondern auch verändertes Kundenverhalten. Die Verbraucher kritisierten nun die bisherige Form der Werbeveranstaltungen zusammen mit den Geräteherstellern als nicht neutral und einseitig und nur auf den Absatz einer Marke bedacht. Zudem wünschten die Kunden wesentlich ausführlichere individuelle Beratungen auf ihre spezifischen Bedürfnisse

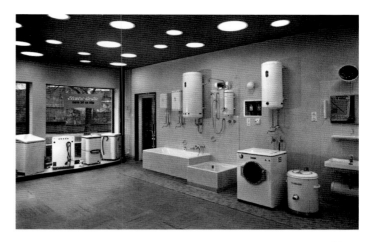

Abb. 12
Foto, Ausstellungsraum der LEW in Donauwörth, 1956
LEW, Augsburg

hin ausgerichtet als früher und tätigten seltener spontane Käufe. Gleichzeitig machte sich Unzufriedenheit bei den Mitgliedern der Elektrogemeinschaft breit, denn die Installateure konnten im Preiskampf mit den Vertreterkolonnen des Großhandels und der Geräteindustrie sowie mit deren aggressiven Absatzmethoden nicht mehr mithalten.[45] Die Elektrogemeinschaft und die LEW stellten deshalb 1966 die Kolonnenwerbung ein und etablierten die „Woche der Information", die keine Verkaufsveranstaltung mehr war. Sie fand ohne Beteiligung des Personals der Geräteindustrie statt und bot ausschließlich markenneutrale Beratung und Information. Hauptziel war die Bedarfsweckung. Dass der Kaufdruck entfiel, vermerkten die Besucher positiv.[46] Die LEW und die Elektrogemeinschaft präsentierten sich nun ab Mitte der 60er Jahre zunehmend als eine neutrale, markenunabhängige Überinstanz.

Abb. 13
Foto, Beratungs- und Ausstellungsraum der LEW in Augsburg, 1965
LEW, Augsburg

Gleichzeitig wurde jedoch der persönliche Kontakt zu den Kunden weiter intensiviert, indem die Elektroberaterinnen und -berater der LEW Einzelhaushaltsberatungen anboten, in welchen sie die Verbraucherinnen zu Hause in die Handhabung ihrer Geräte einführten.[47] Die LEW übernahmen damit eine Funktion, die eigentlich dem Fachhandel oblag, dieser aber nicht ausfüllte. Zudem bauten die LEW ihre Vortrags- und Beratungstätigkeit in Volkshochschulen, Verbänden (Landfrauen- oder Hausfrauenverband) und in den eigenen Vortragsräumen aus. Die Themen wurden dabei bewusst so gewählt, dass sie die Interessenten lockten, gleichzeitig Gelegenheit boten, Themen, an deren Vermittlung dem Elektrizitätswerk gelegen war, wie elektrische Raumheizung oder der vollelektrische Haushalt, den Besuchern dezent und unauffällig zu vermitteln.[48] Der Messestand auf der Augsburger Frühjahrsausstellung, den die LEW und die Elektrogemeinschaft lange Jahre gemeinsam

Abb. 14
Foto, Hauswirtschaftlicher Vortragsraum der LEW in Memmingen, 1966
LEW, Augsburg

Abb. 15 a – d
*Fotos, LEW Messestand auf der Augsburger
Frühjahrsausstellung, 1979, 1984, 1986
LEW, Augsburg*

finanzierten, bot den Verbrauchern eine niederschwellige Plattform [Abb. 15 a – d]. Sie konnten sich unverbindlich, aber gezielt von Fachleuten beraten lassen und gleichzeitig spektakuläre Neuigkeiten besichtigen. Die potentiellen Kunden wurden dann an den örtlichen Fachhandel weiter verwiesen.

Gemeinschaftswerbung nach der Ölkrise: Von der Elektro- zur Energieberatung

Unter dem Eindruck der Ölkrise 1973 wurden die Einzelhaushaltsberatung und die Woche der Information schlagartig eingestellt.[49] Die unbefangene Werbung und Beratung für Elektrogeräte erschien auf einmal als fehl am Platz. Die griffigen Werbesprüche der Zeit von 1951 bis 1965 waren seit 1966 immer weniger eingesetzt worden, nun hatten sie sich endgültig überlebt. Der Fokus lag jetzt auf der energiesparenden Anwendung, nicht nur wegen des persönlichen Budgets der Kunden, sondern auch aufgrund der befürchteten Energieknappheit und im Laufe der achtziger Jahre immer mehr aus ökologischen Gründen.[50] Von unerschöpflicher Energie sprach keiner mehr.[51]

Intensiviert wurde nun die Beratung der Elektroinstallateure und Elektrogemeinschaftsmitglieder. Mitarbeiter der Ausstellungs- und Beratungsräume der LEW besuchten 1974/1975 zwischen 300 und 400 Elektrohandwerker in ihren Verkaufsräumen, darunter etwa zwei Drittel Elektrogemeinschaftsmitglieder. In Informationsgesprächen wurde dabei den Installateuren Unterstützung in verschiedenen Projekten angeboten. Damit verbunden war die Werbung für Neumitglieder der Elektrogemeinschaft.[52]

Die Lücke, die durch die Einstellung der Haushaltsberatung und der Woche der Information entstanden war, musste geschlossen werden. Die Elektrohändler und -handwerker hatten die Kompetenz der Elektroberaterinnen, die in einer Mischung aus hauswirtschaftlichen und anwendungsorientierten elektrotechnischen Kenntnissen bestand, nicht und waren mit den Fragen ihrer Kundinnen überfordert. Sie hatten kaum Erfahrung im Umgang mit den neuen energiesparenden Geräten, die in den Jahren nach der Energiekrise auf den Markt kamen. Oft bestand ihr Personal nur aus angelernten Familienmitgliedern und Hausfrauen. Auf Wunsch der Mitglieder der Elektrogemeinschaft wurden 1975 Schulungen für das Verkaufspersonal etabliert, in denen die Elektroberater und -beraterinnen ihr Wissen, das sie sich direkt von den Gerätefirmen holten, weitergaben. Sie schulten die Verkäuferinnen an den verschiedenen Gerätetypen. Die großen Themen waren weiterhin Nahrungszubereitung, Vorratshaltung und Wäschepflege. In den 80er Jahren kamen Kurse in Verkaufspsychologie, Kundengespräch oder Kundenpflege hinzu.[53]

Das Werbebüro der LEW, inzwischen in Büro für Elektroberatung unbenannt, baute ohne Beteiligung der Elektro-

gemeinschaft seine Schulungen in allgemeinbildenden und berufsbildenden Schulen sowie in den Landfrauenverbänden und in dezentralen Beratungsangeboten auch in seinen Kundencentern aus. Ebenso forcierten die LEW die landwirtschaftliche Beratung (elektrische Milchkühlung, elektrisches Melken, Stalllüftung).[54] 1996 jedoch stellten die LEW die Elektroberatung komplett ein. Der neue Vorstand sah dafür keinen Bedarf mehr.[55]

Das Ende der Gemeinschaftswerbung

Zu dieser Zeit musste sich die Elektrogemeinschaft neuen Rahmenbedingungen anpassen. Die LEW sahen sich angesichts der Liberalisierung des Energiemarktes vor neue Herausforderungen gestellt. Doch auch die Handwerker waren gezwungen, auf die marktwirtschaftlichen Umbrüche, die vor allem von der EU und von der deutschen Gesetzgebung, wie der Energieeinsparverordnung, ausgingen, zu reagieren und nach neuen Konzepten zu suchen, wie z.B. die gewerkeübergreifende Zusammenarbeit. Die Konsequenz war die Auflösung der Elektrogemeinschaft. Neu gegründet wurde die „Energiegemeinschaft der LEW AG e.V.", die für alle am Bau beteiligten Gewerke, also auch für Sanitärinstallateure, Heizungsbauer, Klimatechniker, Planer und Architekten geöffnet wurde.[56] Aber obwohl die Satzung der Energiegemeinschaft u. a. auch Marketingangebote vorsah,[57] endete hier die Ära der gemeinschaftlichen Werbearbeit. Denn die Marketingaktionen wurden – anders als in vielen bisher noch bestehenden Energiegemeinschaften[58] – bis heute nicht durchgeführt, da die Mitglieder keinen Bedarf anmeldeten.[59]

1. Wolfgang Leiner: Werbung und Verkauf bei Elektrizitätswerken und die Elektrogemeinschaften, 2. Aufl., Stuttgart 1984, v.a. S. 8-14, 23-27, 33-42.
2. Bestand (B) LEW, Vorstand, Stefan Feldweg, Jubiläumsschrift zum 75jährigen Jubiläum der LEW AG, Manuskript, Abschnitt 17.
3. Der Strahlungsherd ist wohl erstmals 1932 produziert worden, jedenfalls ist die erste Werbeanzeige dafür im LEW-Nachrichtenblatt Nr. 1, Januar/Juni 1932 auf S. 12 nachweisbar.
4. Der Werbeleiter. Monatsschrift für Stromwerbung & -verkauf, 1933, Heft 2, S. 40. 1929 existierten nur 50 Elektrogemeinschaften: Ebd., 1929, Heft 5, S. 108.
5. B LEW, Vorstand, AS 55 Bd. I, Erlaß des Reichswirtschaftsministeriums betr. Gemeinschaftsarbeit zwischen Elektrizitätswerken und Elektroinstallateuren (Richtlinien) am 18.08.1933 an den VDEW, den Reichsverband des Deutschen Elektro-Installateurgewerbes e.V., den Verband des Beleuchtungs- und Elektroeinzelhandels Deutschlands e.V. Zitate im Anhang: Richtlinien für die Gemeinschaftsarbeit zwischen Versorgungsbetrieben und den zugelassenen Installateuren sowie den Fachhändlern, Einleitung und § 1. Zur Vorgeschichte der Entwicklung in der Weimarer Republik und der Rolle der NS-Regierung vgl. auch Leiner: Werbung (Anm.1), S. 33-48.
6. Bernhard Monath, *24.07.1877 in Nürnberg, † 27.01.1958 in Augsburg, Ingenieur. Zunächst AEG Nürnberg, 1911 Direktor der Kraftwerke Altwürttemberg AG in Ludwigsburg, 1921 bis 1945 technischer Direktor der LEW AG, Mitglied des Beirats der LEW AG von 1953-1954, Aufsichtsratsmitglied der LEW AG von 1954-1958. Vgl. Stadtarchiv Augsburg, Melde- und Familienbogen Monath, Bernhard; Staatsarchiv Augsburg, Spruchkammerakten Augsburg-Land, AZ: LK27/1230; B LEW, Vorstand, Akt: Stefan Feldweg, Jubiläumsschrift zum 75jährigen Jubiläum der LEW AG, Manuskript, Abschnitte 4, 6.
7. Ebd., § 5 und 7. Vgl. auch seine Randnotizen an der schriftlichen Fassung des Einführungsvortrages von Dr. Burghardt vom REV, Landesverband Bayern, anlässl. d. Gründungsversammlung der Elektrogemeinschaft am 21.12.1934 (B LEW, Vorstand, AS 55, Bd. I, Fol. 325-332).
8. B LEW, Vorstand, AS 55, Monath an Geiselhöringer am 04.12.1933, Fol. 175.
9. Zu den Aktivitäten der Elektrogemeinschaft vgl. die Rundschreiben und Aktennotizen in B LEW, Vorstand, AS 55, Bd. I und AS 55/I, Bd. I.
10. B LEW, Kommunikationsabteilung, LEW-Nachrichtenblatt. Sonderheft für die Frau, Nr. 66, Mai/August 1935, S. 736-741, S. 761 f.
11. Vgl. ebd., S. 736-739.
12. Ebd.
13. Eigene Berechnung aus den Aktennotizen zu den Schulungstagen der Elektrogemeinschaft 1934 – Sept. 1935 (B LEW, Vorstand, AS 55, Bd. I). Die Originalunterlagen der Elektrogemeinschaft der 30er Jahre sind verschollen. Es existiert eine Nebenüberlieferung aus dem Vorstandsarchiv der LEW, die nur bis 1936 reicht.
14. B LEW, Vorstand, AS 55, Bd. I, Aktennotizen vom 15.03.1934 (Fol. 344-348), 22.03.1934 (Fol. 351-355), 13.08.1934 (Fol. 374-378), 11.03.1935 (Fol. 404 f.) und das Schreiben der LEW, gez. Monath und Geiselhöringer, an den Verband Bayerischer Elektrizitätswerke vom 16.05.1934 (Abschrift, Fol. 56-58). Ähnliche Probleme gab es offenbar auch in anderen Elektrogemeinschaften, die erst aufgrund der Anordnung der NS-Regierung gegründet wurden. So in der Elektrogemeinschaft der Oberschwäbischen Elektrizitätswerke (OEW): Leiner, Werbung (Anm. 1), S. 52. Ob die Zusammenarbeit in den Elektrogemeinschaften, die auf freiwilliger Basis bereits vor 1933 gegründet worden waren, besser funktionierte als bei den LEW und den OEW, ist nicht erforscht.

15. Zu Vorgeschichte, Entstehung und Tätigkeit der AFE vgl. Peter Döring, Christoph Weltmann, „Die Erweckung von Stromhunger". Elektrizitätswerbung im 20. Jahrhundert, in: Horst A. Wessel (Hg.): Das elektrische Jahrhundert. Entwicklung und Wirkungen der Elektrizität im 20. Jahrhundert, Essen 2002, S. 98-102, Zitate S. 101.
16. So der Titel eines Rundschreibens der AFE vom Dez. 1936 über Werbevorträge, in: B LEW, AS 55/II, Bd. II, Fol. 257. Zur Nazifizierung der Elektrizitätswerbung vgl. Döring, Weltmann, Stromhunger (Anm. 15), S. 101 f., und zur Nazifizierung der Kühlschrankwerbung den Beitrag von Peter Döring in diesem Band. Allg. zur Instrumentalisierung der Werbung im Dritten Reich u. a. Uwe Westphal: Werbung im Dritten Reich, Berlin 1989 und Dirk Schindelbeck: Werbung für Alle? Kleine Geschichte der Gemeinschaftswerbung von der Weimarer Republik bis zur Bundesrepublik Deutschland, in: Clemens Wischermann, Peter Borscheid, Karl-Peter Ellerbrock (Hg.): Unternehmenskommunikation im 19. und 20. Jahrhundert. Neue Wege der Unternehmensgeschichte, Dortmund 2000 (Untersuchungen zur Wirtschafts-, Sozial- und Technikgeschichte 19), S. 63-97, hier S. 74-86.
17. So wurde die Beibehaltung der Installationsabteilung und des eigenen Geräteverkaufs durch die LEW damit begründet, dass eine Einstellung dieser Tätigkeit nicht im Sinne der Arbeitsbeschaffung wäre (B LEW, Vorstand, AS 55, Bd. I, LEW, gez. Monath und Geiselhöringer, an den Verband Bayerischer Elektrizitätswerke vom 16.05.1934; Abschrift, Fol. 56-58). Ein Ingenieur der LEW formulierte z.B. bei einer Werbeveranstaltung: „Wenn man heute die Küche und den Haushalt elektrisiere, so sei das nicht nur eine Arbeitsentlastung der Hausfrau, sondern auch eine Arbeitsbeschaffung im Sinne des neuen Deutschland." Bericht des Iller-, Roth- und Günzboten vom 06.06.1935 (zitiert nach Abdruck im LEW-Nachrichtenblatt, Nr. 66, Mai/August 1935, S. 739). Es gibt im vorliegenden Aktenmaterial keine Hinweise auf eine Verquickung der Arbeit der Elektrogemeinschaft mit der der Elektrofront. Die verschiedenen Elektrofronten lösten sich oft zu einem Zeitpunkt bereits wieder auf, als die Elektrogemeinschaften allmählich die Werbearbeit aufnahmen. Vgl. hierzu auch Leiner: Werbung (Anm. 1), S. 48 f.
18. B LEW, Vorstand, AS 55 Bd. I, Entschließung der Lech-Elektrizitätswerke AG vom 09.04.1934 (Fol. 260-263). Ähnliche Regelungen boten zu dieser Zeit zahlreiche weitere EVU in Deutschland an, vgl. die Korrespondenz mit anderen EVU in B LEW, Vorstand, AS 55 Bd. I und AS 55/I Bd. I.
19. Diese Entwicklung, die Leiner: Werbung (Anm. 1), S. 55 für die Elektrogemeinschaft der EVS beschreibt, wird wohl auch für die Elektrogemeinschaft der LEW gelten, für die für den Zeitraum von 1936-1945 keine Aktenüberlieferung vorhanden ist. Ob schließlich eine förmliche Auflösung der Elektrogemeinschaft der LEW stattfand oder die Arbeit einfach aufgrund der Kriegsereignisse einschlief, ist unklar. Zur Entwicklung der Werbearbeit und -themen seit Kriegsausbruch 1939 vgl. auch die Rundschreiben der AFE in B LEW, Vorstand, AS 55/II, Bd. V.
20. Zur Lage der Stromversorgung in der unmittelbaren Nachkriegszeit in Bayern vgl. Stephan Deutinger, Eine „Lebensfrage für die bayerische Industrie". Energiepolitik und regionale Energieversorgung 1945 bis 1980, in: Thomas Schlemmer, Hans Woller: Bayern im Bund, Band 1: Die Erschließung des Landes 1949 bis 1973, München 2001 (Quellen und Darstellungen zur Zeitgeschichte 52), S. 33-118, hier S. 40-42; Zur Situation im Versorgungsgebiet vgl. demnächst Katrin Holly, Elektrizität erobert den Alltag. Die Rolle der Lech-Elektrizitätswerke AG bei der Elektrifizierung in Bayerisch-Schwaben von 1945 bis zu Beginn der 1970er Jahre, in: Peter Fassl (Hg.): Geschichte Bayerisch-Schwabens 1945 bis 1970 (Arbeitstitel), erscheint 2010.
21. Interview Franz Raiser 14.01.2009; B LEW, Vorstand, Akt: Stefan Feldweg, Jubiläumsschrift zum 75jährigen Jubiläum der LEW AG, Manuskript, Abschnitt 18, S. 13 f.
22. Bestand Elektro-Gemeinschaft (B EG), Ordner Kontierung 1951-1959, Niederschrift über die Gründung der Elektro-Gemeinschaft am 07.09.1951 in Augsburg, S. 1.
23. Ebd.
24. B LEW, Vorstand, Geschäftsbericht der LEW AG über das 51. Geschäftsjahr 1952, S. 8.
25. Vgl. z.B. B EG, Ordner Kontierung 1951-1959, Protokoll über die Vorstandssitzung am 09.11.1954, S. 2 oder Protokoll über die Vorstandssitzung am 22.11.1956, S. 1.
26. In anderen Elektrogemeinschaften, vor allem dort, wo der Elektrizitätsversorger zeitgleich die Gasversorgung betrieb, wurde keine so strikt abgegrenzte Werbung betrieben, vgl. beispielsweise Peter Döring, Vom Vorführungs- und Ausstellungsraum zum Kundencenter. Werbung für die Strom- und Gasnutzung in Recklinghausen, in: Ders. (Hg.): 100 Jahre Strom für Recklinghausen 1905 – 2005, Essen 2005, S. 83-97, hier S. 86–92.
27. Eigene Berechnung der Entwicklung des Mitgliederstandes nach den Angaben der Geschäftsberichte der Elektro-Gemeinschaft von 1951-1995.
28. In den Unterlagen der Elektro-Gemeinschaft der LEW sind die Vorbehalte und der Wissensstand der potentiellen Kundinnen kaum thematisiert, jedoch war dies ein allg. vorhandenes Phänomen. Meine Ausführungen stützen sich insb. auf die Arbeiten von Beate Krieg, die die Problematik für den württembergischen Raum herausgearbeitet hat: Beate Krieg: „Landfrau, so geht`s leichter!". Modernisierung durch hauswirtschaftliche Gemeinschaftsanlagen mit Elektrogroßgeräten im deutschen Südwesten von 1930 bis 1970, München 1996 (Reihe Kulturwissenschaften 16), S. 250-258 und Diess., Elektrifizierung im ländlichen Haushalt. Zur Technikakzeptanz durch Gemeinschaftsanlagen, in: Michael Dauskardt, Helge Gerndt (Hg.): Der industrialisierte Mensch. Kongreßband des 28. Deutschen Volkskunde-Kongresses in Hagen, Hagen 1993, S. 137-152. Für das Ruhrgebiet vgl. auch Döring: Kundencenter (Anm. 26), S. 85. Zum Verhalten der Ehemänner auch im LEW-Gebiet vgl. Interview Wolfgang Rietzler 07.01.2009. Ein weiterer Beleg, dass die Einbindung der Ehemänner notwendig war, sind Inserate der Wertinger Zeitung, die 1953 Werbeveranstaltungen der Elektrogemeinschaften ankündigten und die Aufforderung enthielten, dass die Hausfrauen ihre Ehemänner mitbringen sollten: Wertinger Zeitung, Jg. 9, Nr. 144, 26.06.1953, S. 8 und Nr. 151, 04./05.07.1953, S. 14.
29. B EG, Ordner Kontierung 1951-1959, Muster eines Darlehensantrags [1951]. Zur Entwicklung des ausgezahlten Volumens: Eigene Berechnungen aus den Angaben der Geschäftsberichte und B LEW, Vertrieb, Elektro-Gemeinschaft: Geschäftsjahre 1970-1973, Geschäftsbericht für 1969 vom 16.07.1970, S. 8. Ausführlicher dazu vgl. demnächst in: Holly: Elektrizität erobert den Alltag (Anm. 20);
30. B LEW, Vorstand, Preiserhöhung, Strompreissenkung (AS 452, Bd. II), ab 01.10.1951 bis 1973, LEW an das Bayer. Staatsministerium für Wirtschaft, Preisbildungsstelle, am 14.12.1951 (Durchschlag) und Stefan Feldweg, Jubiläumsschrift zum 75jährigen Jubiläum der LEW AG, Manuskript, Abschnitt 18, S. 15. Zur Preispolitik der LEW vgl. demnächst Holly: Elektrizität erobert den Alltag (Anm 20).
31. Zu den Abläufen der Werbevorträge vgl. B LEW, Vorstand, Stefan Feldweg, Jubiläumsschrift zum 75jährigen Jubiläum der LEW AG,

Manuskript, Abschnitt 18, S. 15, 17-19 und die fotografischen Belege in B EG, Photobuch 1, 1950-1965, Elektro-Ausstellungen im Rahmen der Werbung; Interview Wolfgang Rietzler 07.01.2009; Rudolf Rauter: Kraft für Donauwörth. Die Entwicklung der Stromversorgung in Donauwörth, Nordschwabens freundlicher Mitte, von 1945 bis 1980, Donauwörth 1994, S. 145, 255; Zeitungsbericht über Veranstaltungen z.B. in: Wertinger Zeitung, Jg. 9, Nr. 146, 29.06.1953, S. 8 und Nr. 149, 02.07.1953, S. 8 und Jg. 10, Nr. 103, 06.05.1954, S. 8.
32. Rauter: Kraft (Anm. 31) S. 145. Das könnte auch für manchen Elektrohandwerker Grund gewesen sein, nicht der Elektrogemeinschaft beizutreten.
33. Bericht von Stefan Feldweg auf einer Tagung des Ausschusses „Abnehmerberatung" des Verbandes Bayerischer Elektrizitätswerke in Würzburg am 05.02.1954 in: Elektrizität. Zeitschrift für Abnehmerberatung, Jg. 4, 1954, H. 2, S. 55.
34. Interview Wolfgang Rietzler 07.01.2009.
35. Vgl. Ebd. und die Fotografien in B EG, Photobuch 1, 1950-1965, Elektro-Ausstellungen im Rahmen der Werbung.
36. B EG, Ordner Kontierung 1951-1959, Protokoll der Mitgliederversammlung am 07.05.1953 vom 18.07.1953, S. 2.
37. Das soll nicht heißen, dass es keine Konflikte zwischen LEW und übrigen Elektrogemeinschaftsmitgliedern mehr gab. Gerade in der Anfangszeit tauchten Anlaufprobleme auf. In der Umgebung Donauwörths musste zeitweise die Werbung eingestellt werden, weil sich Elektrogemeinschaftsmitglieder weigerten, ausschließlich für Elektrogeräte zu werben, und auch Gasgeräte einbeziehen wollten: B EG, Ordner 1951-1959, Bericht über eine am 11.02.1952 vom Landesverband des Elektroinstallateurhandwerks einberufene Versammlung betreffs der Elektro-Gemeinschaft. Da die Meinungsunterschiede aber offen angesprochen und ausdiskutiert wurden, entwickelte sich mit der Zeit ein gutes Arbeitsklima.
38. B LEW, Vorstand, Protokoll der 127. Aufsichtsratssitzung am 28.05.1957, S. 6.
39. Eigene Berechnung aus Bestand (B) EG, Geschäftsberichte der Elektro-Gemeinschaft von 1951 bis 1969/70.
40. Eigene Berechnung aus B LEW, Vorstand, Wirtschaftliche Berichte 1946-1968/69 und Stefan Feldweg, Jubiläumsschrift zum 75jährigen Jubiläum der LEW AG, Manuskript, Abschnitt 18, S. 23; Analog verlief diese Entwicklung mit strukturbedingten Abweichungen insgesamt so auch im Bundesgebiet: VDEW (Hg.): Strom für die Bundesrepublik. Berichte und Zahlen zur Entwicklung der öffentlichen Elektrizitätsversorgung, Frankfurt a. Main 1976 und Ringbuch der bayerischen Elektrizitätswirtschaft (Bestand Verband der Bayerischen Energie- und Wasserwirtschaft);
41. Zum Engagement der EVU in Württemberg und Bayern für die Einrichtung der Häuser der Bäuerinnen vgl. Beate Krieg: „Landfrau, so geht`s leichter!" Zur Elektrifizierung auf dem Lande durch hauswirtschaftliche Gemeinschaftsanlagen im deutschen Südwesten von 1930 bis 1970, Diss. Masch., München 1993, S. 227 – 232. Zur Verbreitung der Gemeinschaftstiefkühlanlagen in Bayerisch-Schwaben vgl. BHStA, MELF 580, Bayer. Staatsministerium für Ernährung, Landwirtschaft und Forsten am 10.09.1952 an die Landwirtschaftskammer Westfalen-Lippe und am 17.12.1954 an das Bundesministerium für Ernährung, Landwirtschaft und Forsten; sowie ebd., MELF 581, Statistiken über Gemeinschaftsgefrieranlagen auf dem Land in Bayern zum 30.09.1956 und zum 30.06.1958.
42. Zum Erfolg anderer Branchen mit Gemeinschaftswerbung vgl. Dirk Schindelbeck: Gemeinschaftswerbung (Anm. 16).
43. Vgl. B EG, Photobuch 1, 1950-1965, Elektro-Ausstellungen im Rahmen der Werbung; B LEW, Kommunikationsabteilung, Fotosammlung.
44. Um 1959 war der Gebrauch der Elektroherde bereits so weit fortgeschritten, dass statt des Mittagstals nun eine Mittagsspitze vorhanden war: B LEW, Vorstand, Protokoll der 136. Aufsichtsratssitzung am 16.12.1960, S. 4.
45. B EG, Ordner Kontierung 1966-1969, Tätigkeitsbericht des Werbebüros für das Jahr 1966 vom 10.01.1967, S. 7 und Ordner Kontierung 1960-1965, Schreiben der LEW AG vom 23.11.1965 an die Firma Siemens; B LEW, Vertrieb, Ordner Elektro-Gemeinschaft 1964-1971, Rede des Innungs-Obermeisters Bäurle anlässlich der Mitgliederversammlung der Elektro-Gemeinschaft am 07.04.1964, sowie Notiz für Prokurist Roch vom 04.02.1964 von Hr. Tölzer.
46. B EG, Ordner Kontierung 1966-1969, Tätigkeitsbericht des Werbebüros für das Jahr 1966 vom 10.01.1967, S. 1 f.
47. B EG, Ordner Kontierung 1960-1965, Geschäftsbericht 1963 vom 10.02.1964, S. 1. Nach Einstellung der Kolonnenwerbung war eine der Elektroberaterinnen ausschließlich für die Haushaltsberatung tätig. Auf Informationsveranstaltungen, wie auf dem Messestand der Augsburger Frühjahrsausstellung oder auf der Woche der Information, entstand der Kontakt zu den Interessentinnen: Interview Wolfgang Ritzler 07.01.2009.
48. B EG, Ordner Kontierung 1966-1969, Aktennotiz vom 11.01.1967, Werbeprogramm für das Jahr 1967, S. 1 f.
49. Interview Wolfgang Rietzler 03.06.2009.
50. So wurde beispielsweise die Schau auf der Augsburger Frühjahrsausstellung 1980 unter das Thema „Energiebewußt haushalten und Energiebewußt heizen" gestellt: B EG, Ordner rot, Elektrogemeinschaft 1976-1985, Geschäftsbericht für die Zeit vom 01.07.1978 bis 03.06.1980, S. 4.
51. Vgl. auch B LEW, Kommunikationsabteilung, Fotosammlung.
52. B EG, Ordner Kontierung 1974-1976, Geschäftsbericht für die Zeit vom 01.07.1974 bis 30.06.1975, S. 5.
53. B EG, Ordner Kontierung 1977-1980, Geschäftsbericht für die Zeit vom 01.07.1975 bis 30.06.1976, S. 3. Im Jahr 1980 stand eine solche Schulung beispielsweise unter dem Motto „Energiesparen bei Elektrogeräten": B EG, Ordner weiß 1986 II, Rundschreiben 1/80 vom 09.01.1980.
54. Einen Gesamtüberblick über die Tätigkeit des Werbebüros geben die Geschäftsberichte der Elektro-Gemeinschaft in B EG.
55. Interview Wolfgang Rietzler 03.06.2009.
56. B EG, Ordner EG Mitgliederversammlung 20. März 1996, Aktennotiz Anton Cavegn vom 01.04.1996.
57. Ebd., Satzung der Energie-Gemeinschaft LEW e.V. von 1996, § 2.
58. So verstehen sich zahlreiche Energiegemeinschaften auch heute noch als Plattform für gemeinschaftliche Werbung bzw. geben ihren Mitgliedern Unterstützung für Marketingaktionen, vgl. www.energiegemeinschaften.de; oder z.B. die Energie-Gemeinschaft EnBW e.V. (B EG, Ordner Forum Energiegemeinschaften 2005, Praxisbericht über die EnBW e.V. von Hermann Ensle auf der Tagung Forum E-Gemeinschaften 27./28.04.2005).
59. Telefonische Mitteilung von Anton Cavegn, Geschäftsführer der Energiegemeinschaft der LEW e.V., 02.06.2009.

Plakat, Kohlenklau – Der Millionendieb, Grafik: Hans Landwehrmann, 1942, Privatbesitz (Abb. 1)

**Kohle, Strom und Propaganda im Nationalsozialismus:
Die Aktion „Kohlenklau"**

Reinhold Reith

In Deutschland sind die Nachkriegsjahre vielfach als „die schlechte Zeit" in Erinnerung geblieben. Der Krieg war am 8. Mai 1945 zu Ende, und die alliierten Besatzer übernahmen eine zerrüttete Wirtschaft, die niemals in der Lage gewesen war, sich selbst zu versorgen. Die Versorgung mit Nahrungsmitteln und Energie war zusammengebrochen, und ein unbequemer Winter folgte. Im Winter 1946/47 hatte sich die Versorgungslage weiter zugespitzt: Die eisigen Dauertemperaturen von minus 20 Grad erschöpften die Kohlenvorräte schnell und ließen das Transportsystem zusammenbrechen.[1] Heinrich Böll charakterisierte die Situation in seiner Heimatstadt Köln im zweiten Nachkriegsjahr drastisch: „Jeder besaß das nackte Leben und außerdem, was ihm gerade unter die Hände geriet: Kohlen, Holz, Baumaterialien. Jeder hätte mit Recht jeden des Diebstahls bezichtigen können. Wer in einer zerstörten Großstadt nicht erfror, mußte sein Holz oder seine Kohlen gestohlen haben, und wer nicht verhungerte, mußte auf irgendeine gesetzwidrige Weise sich Nahrung verschafft oder verschafft haben lassen."[2] In seiner Silvesterpredigt 1946 zeigte der Kölner Kardinal Frings angesichts der problematischen Versorgung Nachsicht: „Wir leben in Zeiten, da in der Not auch der einzelne das wird nehmen dürfen, was er zur Erhaltung seines Lebens und seiner Gesundheit notwendig hat, wenn er es auf andere Weise, durch seine Arbeit oder durch Bitten nicht erlangen kann."[3] Die Selbsthilfe bei der Beschaffung von Kohle und Lebensmitteln ging unter dem Begriff „Fringsen" in den allgemeinen Sprachschatz ein.

Friedrich Steinmeier berichtet dazu aus einem westfälischen Dorf: „Nur mit den Kohlen für den Winter war es schlimm. Das war nun wirklich eine große Sorge, die man auf ehrliche Weise kaum los wurde. Aber auch die Kohlenzüge mussten vor dem Signal manchmal halten. Und dann standen die Bollerwagen in langer Reihe unten am Bahndamm. Alt und jung war auf den Beinen, und der geheimnisvolle Kohlenklau von den Plakatwänden des Krieges erlebte eine Wiedergeburt und wurde greifbare Realität. Die Jungen kletterten auf die Waggons, und Frauen und Mädchen sammelten die Kohlen auf. (...) Diese Kohlenklau-Expeditionen waren das Ereignis und der wichtigste Gesprächsstoff dieser Novembertage."[4] – Auch Hans Schnitzler, der Protagonist in Heinrich Bölls Roman „Der Engel schwieg", erklärt: „Es ist ganz einfach. Man braucht nur auf die Züge zu springen und sie [die Briketts] herunterzuschmeißen, manchmal halten die Züge auch, und sie sind kaum bewacht. (...) Ich habe gehört, dass man für fünfzig Briketts ein Brot bekommt und für zehn eine Zigarette."[5]

In zahlreichen autobiographischen Erzählungen zur Nachkriegszeit und in der „Trümmerliteratur" ist von „Kohlenklau" die Rede – und auf die Frage, was sie mit „Kohlenklau" verbinden, nennen viele Zeitgenossen zunächst einmal das „Beschaffen" von Kohle, das „Fringsen" in der „schlechten Zeit" der Nachkriegsjahre.

Wer ist „Kohlenklau"?

Doch Kohlenklau hat eine längere Geschichte: Günter Grass erinnert sich, dass unter dem nächtlichen Verdunkelungsgebot die Gassen ihren Bewohnern unheimlich wurden: „Überall ‚Feind hört mit!' und ‚Kohlenklau'-Plakate."[6] Victor Klemperer hat in seinem „Notizbuch eines Philologen", das er zum Jahreswechsel 1946/47 abgeschlossen hatte, dem „Kohlenklau" als Teil der LTI, der Lingua tertii imperii, immerhin ein Kapitel gewidmet. Er wollte die Sprache des Dritten Reiches reflektieren, denn „eines Tages wird das Wort (...) versunken sein, weil der Zustand, den es beenden

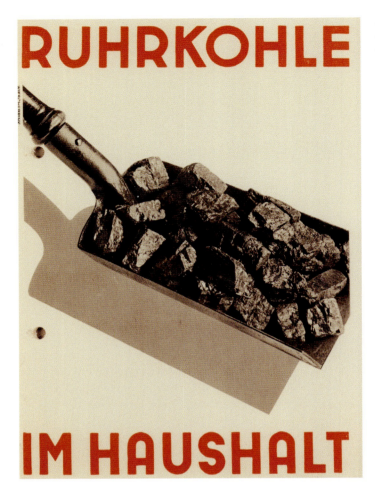

Abb. 2
Plakat, Ruhrkohle im Haushalt, RWKS, Essen, 1930
Deutsches Bergbau-Museum, Bochum

sollte, nicht mehr vorhanden ist."[7] Klemperer war im Frühjahr 1943 in Dresden bei seiner Dienstverpflichtung als Hilfsarbeiter auf „Kohlenklau" gestoßen: Otto, den Hausdiener, nannten alle Kohlenklau: „Wirklich, eine irgendwie ähnliche Gestalt hatte ich schon wiederholt auf den Litfasssäulen und an Mauern gesehen, ohne bisher ernstlich darauf geachtet zu haben. Die Plakate der Nazis sahen sich ja sonst immer gleich. Immer bekam man den gleichen Typ des brutalen und verbissen gestrafften Kämpfers vorgesetzt, mit Fahne oder Flinte oder Schwert, in SA- oder SS- oder Felduniform, oder auch nackt; immer war der Ausdruck der physischen Kraft, des fanatischen Willens, immer waren Muskeln, Härte und zweifelloses Fehlen alles Denkens die Charakteristika dieser Werbungen für Sport und Krieg und Unterwerfung unter den Führerwillen. (...) Ich sah mir daraufhin dies Plakat genau an: wirklich, es bot Neues, es wandte sich an die Phantasie. (...) Zur Märchenwirkung des Bildes trat die glückliche Namenwahl: burschikos volkstümlich und dem Alltag angehörig durch den ‚Klau' statt des Diebes, wiederum durch die kühne Substantivbildung (vergleiche den Fürsprech!) und die Alliteration deutlich dem Alltag enthoben und poetisiert. Bild und Wort gruben sich in solcher Zusammengehörigkeit ins Gedächtnis wie Wort und Sonderzeichen der SS. Man hat nachher noch ein paar Mal versucht, auf ähnliche Weise zu wirken, aber man hat die gleiche Wirkung nicht wieder erreicht."[8]

Die Wetterfront

Die Figur „Kohlenklau" tauchte erstmals im Dezember 1942 auf: Kurz vor Weihnachten 1942 startete der „Reichsausschuß für Volkswirtschaftliche Aufklärung" (RVA) die Aktion „Kohlenklau", nachdem Rüstungsministerium und Propagandaministerium den Reichsausschuß beauftragt hatten, „eine durchschlagende Aufklärungsaktion über die drei Energiefaktoren Kohle, Strom und Gas in die Wege zu leiten, wobei die Kohle als Urprodukt auch der beiden anderen Energiearten in den Vordergrund gerückt werden sollte"[9] [Abb. 1 siehe Kapiteleinstieg].

Die Propagandaaktion mit der Figur „Kohlenklau" war unmittelbar unter dem Eindruck der Erfahrungen des Winters 1941/42 gestartet worden, als der strategische Rohstoff Kohle dramatisch knapp wurde: Bis in den Januar 1942 hinein hatte es zwar noch keinen harten Winter gegeben, doch Ende Januar kam es – nachdem es bereits 1939/40 einen „sibirischen Winter" gegeben hatte – zu einer massiven Verschärfung der Kohlenlage.

„Weltmacht Kohle"?

Vor dem Hintergrund, dass Kohle in Deutschland nicht als knappe Ressource galt, verwundert die „Kohlennot" zunächst, denn auf den „Urstoff" des Krieges hatten sich die NS-Strategen voll verlassen: Man hatte die englische Kohlenförderung nach der Jahrhundertwende überrundet, und diesen „Sieg in der Rohstoffschlacht" hatte die

Abb. 3
Plakat, Vor allem immer ein warmes Zimmer! Eierbriketts,
RWKS, ca. 1935
Deutsches Bergbau-Museum, Bochum

Sachbuchliteratur begeistert gefeiert.[10] Der „schwarze Reichtum" sollte Deutschlands Ketten sprengen, und er galt als Grundlage für das „deutsche Rohstoffwunder".[11] Tatsächlich hat die Kohle – und besonders die Ruhrkohle – für die Entwicklung Deutschlands eine besondere Bedeutung gehabt. In der Zwischenkriegszeit hatte es bereits eine Überproduktion bei der Kohleförderung gegeben, und zum Zeitpunkt der Machtergreifung 1933 waren die Kohlekapazitäten bei weitem nicht ausgelastet; 1935 kam noch die Saarkohle hinzu. Für den Vierjahresplan sah man daher 1936 keine Notwendigkeit, weitere Kohlekapazitäten zu planen. 1935 erklärte die Wirtschaftsgruppe Bergbau: Im Kriegsfall könne genug Kohle ohne substantielle neue Investitionen gegraben werden; weitere Erfordernisse könnten durch die Einschränkung des Exports gedeckt werden. Die Industrie befürchtete den Aufbau von Überkapazitäten, die Kosten pro Tonne lagen hoch, der Preis war eingefroren worden, für Neuinvestitionen bestanden kaum Anreize.[12]

Werbung für Strom und Kohle

An Kohle fehlt es zunächst nicht: Der Steinkohle war zudem eine starke Konkurrenz durch die Braunkohle erwachsen. Die Produktionskapazitäten waren insgesamt gestiegen, andererseits führte die höhere Effizienz bei der thermischen Verwertung in der Zwischenkriegszeit zu Einsparungen in der Stahlindustrie, in den Gas- und Elektrizitätswerken, den Kokereien und Zechen sowie bei der Reichsbahn. Einen Mehrbedarf gab es nur beim Hausbrand, während die Industrie weniger Kohle nachfragte. Die Schwäche der Kohlenmärkte lag zudem im Export: Nach dem Ersten Weltkrieg waren die Niederlande zur Selbstversorgung übergegangen, Frankreich forcierte die eigene Förderung, und Belgien erweiterte die Kapazitäten. Deutschland verlor zudem den russischen Markt, und ab 1930 trat die Sowjetunion als Exporteur auf dem europäischen Markt auf.[13]

Öl trat als Konkurrent der Kohle in Europa noch nicht wesentlich in Erscheinung, doch die Bedeutung der Elektrizität stieg. Sie basierte allerdings wesentlich auf der Kohle; 1938 wurden immerhin 79 % der Elektroenergie aus Kohle gewonnen,[14] und erst 81,5 % der Haushalte verfügten über einen Netzanschluss.[15]

In der Zwischenkriegszeit war es zu einer Diversifizierung der Elektroindustrie gekommen, die den privaten Haushalt als neuen Markt für elektrische Haushaltsgeräte entdeckt hatte. Deren Verbreitung war zunächst noch gering, doch um die Mittelschicht als Zielgruppe wurde intensiv geworben: Elektrizität galt als Signum der Modernität und als Kulturfaktor. Mit dem Slogan „Die Zukunft gehört dem Elektroherd" wurde dieser angepriesen. Die BEWAG warb 1935 mit „Elektrisch Kochen kinderleicht", und die Werbung stellte die Elektrizität als einfach, modern, sauber und hygienisch

heraus.[16] 1933 hatte es in der deutschen Elektrizitätswirtschaft beträchtliche Überkapazitäten gegeben, die zunächst Spielräume eröffneten. Das NS-Regime propagierte zunächst die Verwendung von Elektrizität in den privaten Haushalten.[17] Die Elektrizitätswerbung wurde 1933/34 intensiv betrieben, und die Zahl der Elektroherde nahm im Deutschen Reich sprunghaft zu.[18] Die Deutsche Kohlenzeitung richtete zu Beginn des Jahres 1935 ein „Mahnwort" an den Kohlenhandel: Die „Gas- und Elektrofront" werbe außerordentlich lebhaft für den Absatz ihrer Geräte und ihrer Energie mit den Schlagworten sauber, bequem und billig, was zu einem erheblichen Absatzverlust bei den festen Brennstoffen führe.[19] Allerdings verfügten 1936 noch nicht einmal vier von hundert Haushalten über einen Elektroherd.[20] Der zivile Bedarf (Haushalte und kleingewerblicher Sektor) an Elektrizität umfasste 1938 nur 7,6 % der Gesamtmenge (4,2 Milliarden kWh), wovon 0,5 % auf die öffentliche Beleuchtung entfielen. Die Haushalte hatten daher einen relativ kleinen Anteil am Stromverbrauch.[21] Dennoch registrierte die Deutsche Kohlenzeitung 1939 besorgt, der Strom dringe langsam vor, und zählte 600.000 Elektroherde.[22] Die sog. „Feuerungsfront" beobachtete daher systematisch die Werbung und meldete Verstöße (Gutscheine, Ratenkäufe, unzulässige Rabatte, Verlosungen, Rückkauf alter Geräte). Angesichts der Konkurrenz- und Absatzprobleme der Kohle betrieb die „Feuerungsfront" ebenfalls intensive Absatzwerbung.[23] [Abb. 2 und 3]

Die Werbung für Kohle betonte die Einfachheit und Zuverlässigkeit sowie die „behagliche Wärme": Gerade der Slogan „Vor allem immer ein warmes Zimmer" versuchte, die Kohle als Garant der Behaglichkeit ins Spiel zu bringen. Der Kohlenhandel betonte vor allem die „billige Wärme durch feste Brennstoffe".[24]

Bereits 1935 war die Werbung im Dritten Reich jedoch stark beschnitten worden, denn es durfte nur noch für Waren geworben werden, deren Verbreitung den „volkswirtschaftlichen Bedürfnissen" entsprach. Ab 1937 folgten der „Verbrauchslenkung" einschneidende wirtschaftspolitische Zwangsmaßnahmen, die schließlich auch von Werbeverboten begleitet wurden. Dem Rückgang des Warenangebotes und der Qualität entsprach auch eine gewisse Verarmung der Werbung.[25]

Der Strombedarf stieg allerdings in der Folge – vor allem durch die stromintensive Produktion von synthetischen Ersatzstoffen wie Treibstoff, Stickstoff, Buna und Aluminium stark an.[26] Die Werbekampagnen für den Verkauf elektrischer Geräte wurden seit 1935 nicht mehr weitergeführt, und mit Ausbruch des Krieges wurde ein Herstellungsverbot erlassen.[27] Die Karriere des „Volkskühlschranks", der der Lebensmittelverschwendung vorbeugen sollte und für den im Zuge der Kampagne „Kampf dem Verderb" 1936 geworben wurde, war mit Kriegsausbruch beendet.[28]

Als nach 1936 und vor allem nach Ausbruch des Krieges der Kohleverbrauch jedoch rapide anstieg und einen nie da gewesenen Verbrauch erreichte, wurde Kohle knapp. Für die Energiewirtschaft als Schlüsselindustrie war Kohle der wichtigste Ausgangsstoff. Bei der Reichsbahn entfielen immerhin zwei Fünftel der Kapazitäten auf Kohlentransporte. Waren die Wasserwege nicht passierbar, so lag die Kohlenlast alleine bei der Reichsbahn. Nach Kriegsbeginn kam es immer wieder zu Engpässen: Da der Verbrauch von den gefahrenen Kilometern abhängig war und die Entfernungen größer wurden, stieg der Bedarf der Reichsbahn zunehmend.

Bis nach der Machtergreifung hatte es noch erhebliche Exportkapazitäten gegeben. Nach dem Überfall auf Polen

*Abb. 6 a – f
Sammelbilder, Kohlenklau's
schmähliche Niederlage,
Grafik: Hans Landwehrmann,
1942/43
Umspannwerk Recklinghausen –
Museum Strom und Leben*

kam zwar ein Kohlenüberschussgebiet unter deutsche Kontrolle,[29] und im Westen wurden im Sommer und im Herbst 1940 Kohlenreviere in Holland, Belgien und Nordfrankreich erobert, doch nachdem die britischen Exporte im Frühjahr 1940 versiegten, ergaben sich auf dem Kontinent (Baltikum, Mittelmeer, Westeuropa) neue Verpflichtungen und ein erhebliches Kohlendefizit. Die Exporte in die skandinavischen Länder, die bisher aus Großbritannien beliefert worden waren, stiegen an, um den Handel mit Schweden (Erze) und Norwegen (Aluminium) zu gewährleisten. Die Hoffnungen auf die Ausbeutung des Steinkohlenbergbaus im ostukrainischen Donezgebiet erfüllten sich nicht.[30]

Die „Kohlenkalamität"

Nachdem es bereits im Winter 1938/39 zu Versorgungsschwierigkeiten beim Hausbrand kam,[31] machte der Winter 1939/40 der Bewirtschaftung mit Kohle einen Strich durch die Rechnung. Goebbels bezeichnete diesen Winter in seinen Aufzeichnungen mit Begriffen wie Hundskälte, barbarische Kälte, sibirische Kälte oder Polarkälte: „Es ist zum Kotzen." Die „Kohlenkalamität" wachse sich allmählich zu einer Katastrophe aus. „Der Kohlenmangel ist ganz furchtbar geworden. Wir versuchen wenigstens notdürftig die Haushaltungen zu beliefern." Für Goebbels ist es ein „Elend", denn der Sportpalast kann nicht mehr geheizt werden. „Ich muß also meine geplante Rede kommende Woche über den Rundfunk halten." – „Die ganze Natur scheint aus den Fugen geraten zu sein."[32]
Als Ende 1940 die Kälteperiode einsetzte, litt die Bevölkerung unter „akutem Kohlenmangel". Besonders der Osten des Reiches war unzureichend versorgt: Der Lagebericht des SS-Sicherheitsdienstes (SD-Bericht) vermerkt in aller Deutlichkeit: Das „Vertrauen der Bevölkerung ist vielfach erschüttert".[33] Die Mangellage gebe zu Besorgnissen innenpolitischer Art Anlass. Der Reichsstatthalter in Dresden reklamierte: „Die Pressepropaganda hat bisher in der Bevölkerung den Glauben geweckt, dass reichlich Kohle vorhanden sei (…). Um so gefahrvoller ist für das Vertrauen in die Staatsführung die Aussicht, dass die vorgesehene Belieferung nicht gelingen wird."[34] Die SD-Berichte verzeichnen Schulschließungen, die Beschlagnahmung von Kohlenzügen und Tumultszenen. Der darauf folgende Winter 1940/41 war zwar kein sibirischer, doch die Verteilungsprobleme wirkten nach und konnten nicht gelöst werden. Im Kohlenjahr 1941/42 hatte es bis in den Januar 1942 hinein zwar noch keinen harten Winter gegeben, doch Ende Januar kam es – neben der Kartoffelkrise – zu einer Verschärfung der Kohlenlage. Durch den starken Frost konnte ein großer Teil der Transportwege nicht benutzt werden. Stromlieferungen der Wasserkraftwerke fielen wegen Frost aus und die Reserven der Kohlekraftwerke schrumpften.[35] Ein Teil der Rüstungsindustrie musste gedrosselt werden, um die Hausbrandversorgung notdürftig aufrechtzuerhalten. Auch der SD-Bericht vom 5. März 1942 vermerkt die „Kohlennot".[36] Paul Pleiger, der Leiter der Reichsvereinigung Kohle (RVK), hatte Goebbels im Juni 1942 über die Probleme berichtet: „Es wird Schwierigkeiten über Schwierigkeiten geben …"[37] Wochen später, Anfang Juli, vermerkt Goebbels dann: „Wir arbeiten einen Propagandaplan aus für das Sparen und vor allem rationellere Verwendung unserer Kohlenvorräte für das zivile Leben. Hier muß unbedingt etwas geschehen. Das Publikum ist sich des Ernstes unserer Kohlenlage noch nicht bewußt. Kohle ist unser wichtigster Rohstoff. (…) Die Kohle ist überhaupt der Urstoff des Krieges. (…) Es muß also die letzte Unze Kohle aus der Erde herausgeholt werden."[38]

Abb. 4
Broschüre, Flämmchen – Wie heize ich richtig?, 1940
Privatbesitz

Abb. 5
Postkarte, Faßt Kohlenklau!, Grafik: Hans Landwehrmann, 1943
Privatbesitz

Bereits im April 1942 hatte Speer Druck auf Pleiger gemacht, den Kohlenbedarf der Rüstungsindustrie zu decken. Der Anstieg der Förderung beruhte vor allem auf zusätzlichen Schichten an Sonn- und Feiertagen sowie der Zwangsarbeit, doch die geförderte Menge reichte nicht aus. Die Überlegungen konzentrierten sich daher immer wieder auf den ohnehin schon in mehreren Schritten reduzierten Hausbrand. Er sollte weiter eingeschränkt werden, doch sollte die Einsparung von Energie durch eine Propagandaaktion vermittelt werden.

Aktion „Kohlenklau"

Schon im August 1942 hatte Rüstungsminister Albert Speer eine Reihe von Vorschlägen gemacht, wie man Energie sparen und den Elektrizitätsverbrauch drosseln könne. Er wollte im Winter eine Art gleitenden Sonntag einführen, dann sollte auch der Rundfunk täglich zwischen 10 und 12 Uhr stillgelegt werden. Das war jedoch die Domäne des Propagandaministers, und Goebbels notierte: „unannehmbar!"[39]
Die Durchführung der Energiesparaktion lag in der Hand des „Reichsausschuß für Volkswirtschaftliche Aufklärung" (RVA), der dem Werberat der deutschen Wirtschaft unterstellt war. Der Reichsausschuß hatte schon eine Reihe von Propagandaaktionen – wie z.B. „Kampf dem Verderb" – durchgeführt, und im Sommer 1940 hatte man die „Aktion K" (Kohle und Hausbrand) mit der Symbolfigur „Flämmchen" begonnen und die Broschüre „Wie heize ich richtig?" in zwölf Millionen Exemplaren verteilt.[40] [Abb. 4]
Doch die Aktion „Kohlenklau" sollte eine völlig andere Dimension einnehmen.[41] Sie startete am 7. Dezember 1942 mit „Rundfunkdurchsprüchen", und am 10. Dezember erschienen „Mahnsprüche" („Zehn Züge brauchen nicht zu fahren, wenn täglich ein Brikett wir sparen!") in den Zeitungen, und fünf Tage vor Weihnachten war an allen Anschlagstellen, Lichtspielhäusern und in allen Tageszeitungen „Kohlenklau" zu sehen. Die Zeitschrift „Wirtschaftswerbung" berichtete, 4 Millionen Kohlenklau-Spiele seien zu Weihnachten an alle Haushaltungen mit Kindern verteilt worden, Straßenbahnen und Untergrundbahnen seien mit Fensterklebern versehen worden, und Millionen von Deckblättern für die Lichtschalter seien zur Verteilung gelangt.[42]
Der Voranschlag zur Aktion spricht von 120.000 Stück Großplakaten für die Anschlagstellen und sämtliche Bahnhöfe, von Verkehrsmittelwerbung, von Anklebern, Anzeigenwerbung, der Werbung in Tageszeitungen und in Illustrierten. Im Kino (Diapositive), im Vorspann zur Wochenschau und im Rundfunk sollte „Kohlenklau" ebenfalls erscheinen. Reichspostkarten erhielten einen Aufdruck mit „Kohlenklau" [Abb. 5] ebenso wie Lesezirkel-Mappen und Streichholzschachteln; auch Kohlenklau-Sammelmarken wurden in Umlauf gebracht. [Abb. 6 a – f]
Verschiedene Wettbewerbe (Schriftsteller, Maler, Schüler bzw. die Aktion „Hilf mit!") sollten organisiert werden und privatwirtschaftliche Anzeigen sollten die Aktion

Abb. 8
Urkunde, Schulwettbewerb
Kohlenklau, 1943/44
Privatbesitz

unterstützen. Allein für die „Winteraktion" 1942/43 standen 5,4 Mio Reichsmark zur Verfügung, im Sommer 1943 wurden weitere 2,45 Mio RM bereitgestellt, für den Winter 1943/44 wurden nochmals 5 Mio RM veranschlagt.[43]

Nach der ersten Zeitungsserie, die im Dezember 1942 unter dem Titel „Kohlenklau's schmähliche Niederlage" startete, wurde die Kampagne vom Mai bis August 1943 mit einer Serie „Denk jetzt im Sommer schon an den Winter!" fortgesetzt, vom Oktober 1943 bis zum März 1944 folgte die Serie „Kohlenklau's Helfershelfer", und von November 1944 bis März 1945 schalteten die Tageszeitungen nochmals 15 Zeichnungen „Waffen gegen den Kohlenklau" ein. Die Jugendlichen machten auch beim Würfelspiel (analog zu „Mensch ärgere Dich nicht!"), das zu Weihnachten 1942 verteilt wurde, „Jagd auf Kohlenklau" [Abb. 7]. Später sollte ein Quartett („Sei schlau sonst wirst du Kohlenklau") über den Wert der Kohle und ihre Verwendung aufklären.

Die Kinder und der „Kohlenklau"

In der Schule wurden über den Kohlenklau Aufsätze „im neuen Geist" abgefasst, Rechenbeispiele („Kohlenklau's Rechenbuch") und Rätsel („Kohlenklau rechnet mit Lokomotivkohle") gelöst. Beim Schulwettbewerb [Abb. 8] sollte im April/Mai 1943 das Thema noch einmal im Aufsatz oder in der Zeichenstunde behandelt werden, und für die besten Leistungen sollte es Preise – wie z.B. das Kohlenklau-Quartett – geben. Eleonore Schnoo wurde für ihren Aufsatz „Jagd auf Kohlenklau" belobigt und bekam als Preis ein Kohlenklau-Würfelspiel: „Der Kohlenklau ist ein böser Mann, der dem deutschen Volke schaden will. (…) Am hellen Tag brennt er Licht. Zum Feueranmachen braucht er einen Zentner Brikett (…) Die unbewohnten Zimmer heizt er ganz toll. Wenn er sich rasieren will, braucht er einen großen Eimer voll heißes Wasser, (…) Um ein Taschentuch zu plätten, stellt er eine Stunde vorher das elektrische Plätteisen ein. Er läßt den ganzen Tag Radio spielen, trotzdem keiner zuhört. Abends im Zimmer brennt er eine Lampe mit fünf Birnen, wir aber drehen überflüssige Birnen aus. Auch stellt er seinen Staubsauger vor neun Uhr ein, wo die Rüstungsindustrie den Strom benötigt. Aber du und ich wir alle wissen, daß die Panzer, Flieger, U-Boote und die Reichsbahn Kohle und Strom benötigen, um den Sieg zu erringen, also jagen wir Kohlenklau aus dem Haus."[44]

Nicht alle zogen die gewünschte Lehre daraus: In einer Vorlage an den Propagandaminister vom 24. Dezember 1942 zum Spiel „Jagd auf Kohlenklau" wird zwar die große Resonanz des Spieles betont, denn es „mache auf die Kinder einen umso größeren Eindruck, als es im Augenblick fast keine Gesellschaftsspiele zu kaufen gibt". Doch das Spiel habe unerwünschte Konsequenzen: „Die Kinder ziehen, nachdem sie das Spiel mehrmals erlebt haben, durch die Wohnung und spielen ‚Kohlenklau'. Ein Kind knipst das Licht an, das andere wieder aus. Sie sind auch von dieser Fortsetzung des Spieles ‚Kohlenklau' so begeistert, dass es den Eltern schwer fällt, es ihnen wieder abzugewöhnen!"[45]

Abb. 7
Würfelspiel „Jagd auf Kohlenklau",
Grafik: Hans Landwehrmann,
1942/43
Privatbesitz

Spielregeln.

Der „Kohlenklau" („KK") ist ein Bösewicht, der dem deutschen Volke schaden will. Er verschafft sich in jedem Haushalt Zutritt und versucht Kohle, d.h. Wärme, Licht- und Kraftstrom und auch Gas zu stehlen, also Dinge, die nicht nur der Haushalt, sondern auch unsere Rüstung dringend benötigt. Er geht dabei sehr schlau vor und versteht es, sich meisterhaft zu tarnen. Ihr sollt ihn nun aufspüren und verjagen. Wer zuerst die „50" erreicht oder überwürfelt, ist dabei Sieger und erhält den ersten Preis. Es wird mit einem Würfel gewürfelt, der Jüngste beginnt. Gesetzt wird mit irgendwelchen geeigneten Figuren. Jeder beginnt das Spiel auf der von ihm gewürfelten Zahl. Mehrfache Besetzung einer Zahl ist möglich. Wer auf die „27" gelangt, hat „Kohlenklau" zu rufen. Falls ein anderer Mitspieler vor ihm ruft, muß er von vorn anfangen. Die nachfolgende Spielfolge enthält die Anweisungen über den Spielverlauf, die ein Mitspieler jeweils laut verliest. (Ziffer auf rotem Grund: Kohlenklau am Werk! — Ziffer auf schwarzem Grund: Kohlenklau verjagt und unschädlich!)

Spielfolge.

1. Alles schläft, Fenster richtig verdunkelt, Kohlenklau zieht weiter! (vor auf 9)
3. .. brennt Licht beim Aufstehen, trotzdem es schon hell ist. „KK" freut sich. (einmal aussetzen)
4. .. geht ins Zimmer, dreht Licht im Flur aus. Gut so!! (vor auf 12)
6. .. hat zuviel Wasser aufgesetzt, es kocht, Flamme nicht klein gedreht. „KK" stiehlt! (fängt von vorn an)
7. .. dreht Zentralheizung im unbenutzten Zimmer und auch im Schlafzimmer ab. „KK" verjagt! (vor auf 16)
10. .. läßt Zimmertür offen. „KK" stiehlt Wärme! (zurück auf 5)
11. .. schließt ein offen stehendes Fenster im Treppenhaus. Fein! (nochmal würfeln)
14. .. hilft beim Umräumen in das geheizte Zimmer. „KK" haut wütend ab. (vor auf 21)
15. .. läßt zuviel Wasser in die Badewanne. Das liebt „KK"! (einmal aussetzen)
17. .. stellt Kühlschrank ab, weil es kalt ist. Gut gemacht! (vor auf 22)
19. .. benutzt Staubsauger, aber vor 9 Uhr, wo die Rüstungsindustrie den Strom benötigt. Das ist „KK"s Werk! (zurück auf 13)
20. .. macht die feste Verdunklung von den Innenfenstern ab. Jetzt können sie am Tage geschlossen bleiben, besserer Kälteschutz! (vor auf 25)
23. .. hat Ofen vor dem Anheizen nicht gereinigt, später nicht rechtzeitig zugedreht. (zurück auf 18)
24. .. hat Fensterschutzfries angebracht, Fenster abgedichtet. Das stört den Kohlenklau! (noch einmal würfeln).
26. ... bügelt am frühen Nachmittag und hintereinander weg. Vermeidet die Zeit der stärksten Strombelastung von 16—19 Uhr (vor auf 31).
27. !!!! sofort „Kohlenklau" rufen! (Falls ein anderer vor ihm ruft, zurück und nochmals beginnen).
29. ... hat elektrischen Heizofen zusätzlich eingeschaltet (ganz schlimm!) Muß einmal aussetzen, aber ganz ausscheiden, wenn er auf Nr. 38 gelangt.
30. .... erhält Lob für guten „Kohlenklau"-Aufsatz! (noch einmal würfeln)
33. .... hat Rundfunkapparat im Betrieb, trotzdem niemand zuhört. Das will „KK"! (einmal aussetzen)
34. ,,, macht Abwaschwasser durch Turmkochen heiß, spart Gas! „KK" reißt aus! (vor auf 41)
35. ... hält Dämmerschläfchen bei Licht. Das ist was für „KK"! — (zurück auf 32)
37. .... beachtet vor dem Heizen die Außentemperatur, das ist klug und hilft sparen! (vor auf 42)
38. .... Da ist etwas angebrannt, es muß außer der Reihe gelüftet werden.. Pech und Wärmeverlust! (zurück auf 29, bzw. ganz ausscheiden, wenn man dort schon war).
40. .... schraubt überflüssige Birnen aus der Deckenbeleuchtung. „KK" türmt! (vor auf 45)
43. ... hat den Kachelofen zur rechten Zeit und richtig geheizt, braucht abends nicht nachzuheizen. (vor auf 48)
44. ... läßt Zündflamme am Warmwasserbereiter brennen. Das frißt Gas. „KK" mag das! (zurück auf 39)
46. ... liest im Bett, schläft ein, läßt Licht brennen! Ganz groß für „KK"! (einmal aussetzen!)
47. .... hat Kohlenklau beinahe .... im Traum erfaßt! (vor auf 49)
50. ... Sieger!.. hat Kohlenklau endlich erkannt und aus dem Hause gejagt!

Abb. 9
Anzeige, Kohlenklaus Luftrechnung, Grafik: Hans Landwehrmann, In: Elektrizitätswirtschaft 43, 1944
Umspannwerk Recklinghausen – Museum Strom und Leben

Der Bericht des SS-Sicherheitsdienstes vom 25. Januar 1943 vermerkt, dass die Aktion fast überall eine gute Aufnahme gefunden habe. Allgemein werde eingewendet, „dass die geringe Zuteilung an Brennmaterial an sich schon zur Sparsamkeit gezwungen habe. Den Strom- und Gasverbrauch habe man aufgrund der schmalen Kasse schon immer auf das kleinste Maß beschränkt, und der Appell zum Sparen müsse sich vor allem an die wirtschaftlich besser gestellten Kreise richten."[46]

Die Reichsleitung der NSDAP hatte einige dieser Argumente schon in der Vorbereitung der Aktion geltend gemacht: So vermerkt eine Vorlage an Goebbels vom 12. August 1942, Reichsleiter Martin Bormann habe darauf hingewiesen, „dass man sich vorsehen müsse, bei der Bevölkerung nicht den Eindruck zu erwecken, als wisse die Führung nicht, wie wenig Kohle jeder Haushalt bekäme". Zwar werde auch heute noch „aus Gedankenlosigkeit verschwenderisch Gas und Strom verbraucht", doch müsse man sich darüber klar sein, „dass in den Haushaltungen eine Propaganda zur Einsparung von Hausbrandkohle wenig Zweck hat, da die gelieferte Kohle an und für sich gerade ausreichen wird, um den dringendsten Bedarf zu decken". Bormann hatte auch den Propagandaplan massiv kritisiert: „Dergleichen könnte leicht wie Hohn wirken! [...] An dieser Propaganda-Aktion werden wir uns aus genannten Gründen nicht beteiligen! Wir wollen uns nicht lächerlich machen!"[47]

Hans Landwehrmann und der Kohlenklau

Goebbels hatte im Vorfeld der Aktion verlangt, für die Energiesparaktion „eine volkstümliche Figur" zu kreieren, die „Allgemeingut" werden sollte.[48] Das Plakat „Das ist Kohlenklau!" lässt am Bildrand rechts unten ein Signet erkennen: Noch neuere Forschungen vermuteten hinter dem Namen Landwehrmann ein Pseudonym oder schrieben es einem anonymen Entwerfer zu,[49] doch in der zeitgenössischen Werbegraphik war Hans Landwehrmann keineswegs unbekannt. Landwehrmann hatte 1914 bis 1916 an der Kunstakademie in Düsseldorf studiert und arbeitete nach dem Ersten Weltkrieg bis 1926 als Maler in Dortmund, Bremen und Worpswede, bevor er sich ab 1926 in Berlin vor allem als Gebrauchsgraphiker und Illustrator betätigte.[50] Aus dieser Zeit sind zahlreiche Karikaturen und Zeichnungen überliefert, die z.B. in „Panoptikum", „Der Wahre Jacob", „Der Bücherkreis" oder „Lachen links" oder auch in Kinderbüchern erschienen; seine Frau Gertrude war Autorin mehrerer Kinderbücher. 1932 brachte „Seidels Reklame" einen dreiseitigen Bericht über den Gebrauchsgraphiker Hans Landwehrmann, der auch für bekannte „Marken" wie Blauband, Oetker oder Bosch Produktwerbung machte.[51] Das Betätigungsfeld der Werbefachleute war jedenfalls weitgehend weggebrochen. Landwehrmann war offenbar durch ein Preisausschreiben mit dem RVA in Verbindung gekommen.

Bereits frühere Propagandaaktionen des RVA hatten mit sog. „stehenden Figuren" gearbeitet: „Flämmchen" gab gute Ratschläge („Wie heize ich richtig?"), den „Übeltöter" galt es bei der Schädlingsbekämpfung zu erwischen. Mit der Propagandaaktion „Kampf dem Verderb" kam „Groschengrab das Ungeheuer" in Umlauf. Der „Kalkteufel", der seine Beute in einem Sack auf dem Rücken trägt, zeigt bereits eine gewisse Ähnlichkeit mit dem Kohlenklau.[52] Als Vorbild für „Kohlenklau" kommt auch Wilhelm Buschs Bauer Mäcke in Betracht, ebenso dürften Erich Ohsers Bildgeschichten „Vater und Sohn", die 1934 bis 1937 in der Berliner Illustrierte erschienen waren, anregend gewesen sein, zumal

Abb. 10
Anzeige, Steckbrief, Grafik: Hans Landwehrmann
In: Deutsche Kohlenzeitung 16.3.1943

Landwehrmann zu Ohsers Freundeskreis zählte.[53] Starke Ähnlichkeit hat das Gesicht des „Kohlenklau" schließlich mit dem unrasierten Lenin mit gewaltigem Schnauzbart auf einem Plakat der „Osthilfe", mit dem diese unter der Überschrift „Die Heimat in Gefahr!" 1919 vor dem Bolschewisten mit den buschigen Augenbrauen warnte. Landwehrmann dürfte alle diese „Vorbilder" gekannt haben.[54]
Auch in der Folge arbeitete Landwehrmann für den RVA, der im August 1943 auch eine Rückstellung seiner Einberufung beantragte, da Landwehrmann mit den Originalzeichnungen für das Quartettspiel beauftragt sei.[55] Landwehrmann lieferte bis 1944 auch Entwürfe zur sog. „Waschaktion", an der auch Elly Heuss-Knapp als Texterin beteiligt war.[56]

Propaganda und Sparwerbung

Wie die „Aktion K" zielte die Aktion Kohlenklau als „Aufklärungsaktion" auf die Erziehung zu sparsamem Verbrauch von Kohle, Strom und Gas. In allen Fällen hatte der private Verbrauch jedoch nur einen geringen Anteil am Gesamtverbrauch, daher war das Einsparungspotential gering: Der Hausbrand war schon zu Beginn des Krieges bewirtschaftet worden,[57] Absatzwerbung war von daher kaum mehr zielführend. Der Reichskohlenkommissar hatte daher 1940 erklärt, jedes eingesparte Brikett helfe, „den uns aufgezwungenen Krieg zu gewinnen". Kohle sei ein „Nationalgut", und die Werbung werde daher in Zukunft noch stärker im Schnittpunkt gemeinschaftlicher und privatwirtschaftlicher Zielsetzungen stehen.[58] Der RVA hatte Ende 1939 darauf hingewiesen, dass Deutschland zwar reich an Kohle sei, dass der Krieg jedoch dazu zwinge, „Brennstoff (zu) sparen", (denn Kohlen seien auch Devisen). Die „Aufklärung" zielte in der Folge auf „Sachgemäßes Heizen" („Richtig geheizt – ist eben

Abb. 11
Anzeige, Beachte die Spitzenzeiten!,
Grafik: Hans Landwehrmann, In: Elektrizitätswirtschaft 42, 1943
Umspannwerk Recklinghausen – Museum Strom und Leben

nicht tüchtig geheizt!"). Eine Denkschrift der DAF wies auf die schadhaften und reparaturbedürftigen Öfen hin,[59] und die Propaganda stellte auch den „Generalangriff auf die schlechte Feuerstätte" in Aussicht.[60]
Die privatwirtschaftliche Werbung konnte nur noch über die „Sparsamkeitswerbung" agieren, um als „Erinnerungswerbung" die Substanz des Markennamens zu bewahren.[61] Der Kohlenklau fand daher auch Eingang in zahlreiche Annoncen. [Abb. 9]
Die Aktion Kohlenklau fokussierte auch die Einsparung von Strom, meist in engem Konnex zur Kohle. Auch hier trat „Kohlenklau" in Erscheinung: Wenn jeder Haushalt täglich eine Glühlampe eine viertel Stunde lang unnötig brennen lasse, so entwende Kohlenklau im Jahr 70 Mio. Tonnen Kohle (die zur Verstromung gebraucht würden).[62] [Abb. 10]
Da der Anteil des zivilen Bedarfs bei der Elektrizität allerdings verschwindend gering war, wurde er gewissermaßen mitversorgt.[63] Der Verbrauch der Haushalte war seit 1941 zwar gestiegen (bes. in den Wintermonaten), doch nicht aufgrund zusätzlicher Beleuchtung, sondern durch die

Abb. 13
Comic-Broschüre, Wattfraß, In: Frösi, 1964
Umspannwerk Recklinghausen – Museum Strom und Leben

Abb. 12
Plakat, der SPÖ, Rentenraub, 1953
Grafik: Victor Th. Slama

elektrische Raumheizung.⁶⁴ Doch das Problem bei der Stromversorgung der privaten Haushalte dürfte weniger in der Quantität (Grundlast) als in der Nachfrage zu Spitzenzeiten gelegen haben. Gemeinverständliche Darstellungen wie die „Energiebriefe des Dr. calorix Sparfleiß" (Düsseldorf 1943) versuchten dies ebenso zu vermitteln wie Anzeigen in der „Elektrizitätswirtschaft" mit dem Appell „Beachte die Spitzenzeiten!". [Abb. 11]

Das Einsparungspotential dürfte insgesamt also erheblich überschätzt worden sein, aber der mobilisierende Effekt der Propagandaaktion – gerade auf die Kinder – sollte nicht unterschätzt werden. Der 1940 geborene Dieter Hoffmann-Axthelm zählt zu den „Erinnerungsfunden" für die Jahre 1943-45 den Kohlenklau: „Der Kohlenklau war faszinierend, ängstigend und universal wie der schwarze Mann … Ich habe keine eigene Erinnerung daran, aber von Weihnachten 1943 gibt es folgende Überlieferung: Die ganze Familie war am Heiligabend zur Christmette in der Kirche. Das war eine weite spätgotische Halle, an deren Backsteinpfeilern Leuchterringe eine große Zahl zum Fest aufgesteckter Kerzen trugen. Was ich vor mir sehe, ist nur ganz allgemein die Lichterpracht, vielleicht aus späteren Jahren. Jedenfalls, zu einem bestimmten Zeitpunkt ergab sich im liturgischen Ablauf eine Stille, in die hinein der Dreijährige gekräht haben soll: ‚Das ist ja alles Kohlenklau!'" – Kohlenklau setzte sich als Person im kindlichen Bewusstsein fest. „Mit Kohlenklau marschierte die politische Lage siegreich ins kindliche Leben ein und schlug den Weihnachtsmann mühelos."⁶⁵

Kohle im totalen Krieg – oder: das „Hilfsbrikett"

Der Winter 1942/43 fiel zwar vergleichsweise mild aus, doch er fiel in die „Kriegswende": Am 22. November 1942 war die 6. deutsche Armee in Stalingrad eingeschlossen worden, am 31. Januar 1943 erfolgte die Kapitulation, kurz darauf (18.2.1943) verkündete Goebbels den „Totalen Krieg". Die Blitzkriegstrategie war gescheitert, nun erfolgte eine massive Beanspruchung der Ressourcen.

Dass die Kohleförderung 1943/44 noch auf 268 Millionen Tonnen stieg, war vor allem auf zusätzliche Schichten an Sonn- und Feiertagen und auf die steigende Zahl der Beschäftigten, bes. der Fremd- und Zwangsarbeiter zurückzuführen. 1944 wurde deutlich, dass die Kohleversorgung auf eine ernste Krise zusteuerte: Die Kohleförderung lag 7 Millionen Tonnen unter dem geplanten Soll, und nur durch „Seiltänzerkunststücke" war die Reichsvereinigung Kohle seit Januar 1944 durch die vergangenen Monate gekommen. Speer äußerte auf der Rüstungstagung am 24. Juni 1944 in Linz: „Unglücklicherweise haben wir vor dem Krieg zu wenig auf die Kohle geachtet (…) Wir bauten Produktion auf der Basis von Kohle auf, (…) Heute leiden wir gewaltig darunter."⁶⁶ Für den Rüstungsminister galt daher um so mehr, „die Kohle ist als wichtigstes Grundprodukt in erster Linie zu fördern", und er räumte ihr nun höchste Dringlichkeit ein. Doch der Kohlebergbau war an der Grenze der Leistungsfähigkeit

Abb. 14
Anzeige, Power-Klauer, 1995
Historisches Konzernarchiv RWE

angelangt. Die Möglichkeit weiterer Zusatzschichten wurde erörtert, doch Pleiger lehnte dies ab. Pleigers Vorschau auf das Kohlenwirtschaftsjahr 1944/45 war ernüchternd: „Die Bestände bei den Haushaltsverbrauchern sind stark abgesunken. Die Kürzungsmöglichkeiten sind hier erschöpft."[67] Die Aktion „Kohlenklau" lief noch in Zeitungsserien – nun sollten die „Waffen gegen den Kohlenklau" sprechen: Das „Hilfsbrikett" (aus Kohlenstaub in einer Blechdose geformt) sollte seinen Beitrag zum „Endsieg" leisten und Torf und Tannenzapfen wurden als Brennmaterial empfohlen.[68] Bis in den Hochsommer 1944 hinein konnte der Zusammenbruch der Kohlenversorgung noch vermieden werden, doch ab September musste ein Bergbaurevier nach dem anderen den alliierten Truppen überlassen werden. Im Ruhr- und Saargebiet sackte die Förderung von Woche zu Woche ab, Reichsbahn und Binnenschifffahrt konnten selbst die verringerte Förderung nicht abfahren.

Ende Januar 1945 fielen durch den Vormarsch der Roten Armee die Kohlenreviere Oberschlesiens aus. Fast alle Hauptstrecken waren nun unterbrochen, viele Strecken unter Tiefliegerbeschuss, und der Kohlentransport auf dem Rhein war nur mehr erschwert möglich. Der letzte Lagebericht Pleigers vom 7. März 1945 meldet das Ruhrgebiet als „praktisch ausgefallen", auf andere Reviere konnte nicht zurückgegriffen werden. Speer ging daher Mitte März davon aus, dass in vier bis acht Wochen mit dem endgültigen Zusammenbruch der Wirtschaft gerechnet werden müsse. Zum Vollzug des Führererlasses, der die Zerstörung der Förderanlagen anordnete, sollte es nicht mehr kommen.[69]

Metamorphosen

Der Bergbau hatte durch den Raubbau der Rüstungs- und Kriegspolitik des Dritten Reiches erhebliche Substanzverluste erlitten. Die Anlagen waren veraltet und überstrapaziert – und zunächst gab es auch kaum Anreize für Bergarbeit: Die Löhne waren eingefroren worden, nach dem Krieg folgten Rentenkürzungen, denn das Vermögen der Reichsknappschaft war in die Rüstungsfinanzierung geflossen. Bei Kriegsende war fast jeder zweite Bergmann im Ruhrgebiet Fremd- oder Zwangsarbeiter.[70] Nach der Besetzung durch alliierte Truppen ging daher im Ruhrgebiet die Zahl der Bergleute unter Tage auf die Hälfte zurück. Die Probleme bei der Kohlenförderung wurden noch verstärkt durch die Transportprobleme: Seit November 1946 wuchsen die Halden an der Ruhr weiter an, denn der kalte Winter blockierte alle Wasserwege und löste eine Transportkrise aus. Die Deutsche Allgemeine Nachrichtenagentur (DANA, später dpa) berichtete am 29. Dezember 1946 unter der Rubrik „Kohlenklau": „Die winterliche Kälte der letzten Wochen trieb überall die

Menschen zu verzweifelter, aber bedenklicher Selbsthilfe. Die Überfälle auf Kohlenzüge stellten die Polizei vor unlösbare Aufgaben." „Kohlenklau", das war nun nicht mehr der „Volksfeind", der „Millionendieb", der die Rüstung beklaute, nun wurde „Kohlenklau" als Selbsthilfe zu einer Frage des Überlebens. Erst mit der Normalisierung der Verkehrslage im Juli 1947 verlor die Kohlenfrage an Brisanz.[71] Der „Kohlenklau" erlebte noch verschiedene Abwandlungen: Der Wiener Plakatkünstler Victor Th. Slama nahm ihn für sein Plakat zur österreichischen Nationalratswahl 1953 „Wehrt Euch gegen Rentenraub – wählt SPÖ" als Vorbild und zeichnete ihn als Verkörperung der ÖVP.[72] [Abb. 12]

Der Wattfraß, der Kobold mit dem Stecker am Schwanz und den Isolatoren am Kopf, der 1958/59 (als Kampagne zum Kohle- und Energieprogramm der DDR 1957) in verschiedenen Kinderzeitschriften auftauchte, hatte zwar äußerlich nur wenig Ähnlichkeit mit dem „Kohlenklau", doch dieser hatte auch hier Pate gestanden: „Jawohl es ist Wattfraß. Er kommt in den Wintermonaten und will unserer Industrie den Strom wegfressen ... Jagt ihn!"[73] [Abb. 13] „Der Spiegel" berichtete über die Aktion „Blitz contra Wattfraß", mit der der Zentralrat FDJ einen wichtigen Beitrag der Jugend zum Beginn des Planjahres leisten und drei Tage Jagd auf „Stromsünder" machen wollte. Er interpretierte „Wattfraß" als eine „Neuauflage des ehemaligen ‚Kohlenklau'", der als Teufelchen mit Sicherung als Hörnern und einem Gerätestecker als Schwanz dargestellt wurde.[74]

Anlässlich der Ölkrise brachte dann der Künstler Y. Fonghi (d.i. Heiner Maria Gartung) 1973 ein Bändchen mit dem Titel „Wer ist Kohlenklau?" heraus: Er reproduzierte die Kohlenklau-Serien und Annoncen und verlieh dem Bösewicht die Gesichtszüge von Franz Josef Strauß.[75]

Die Ruhrkohle Verkaufs GmbH nahm in den Jahren 1972 bis 1974 mit „Die Unbehaglichkeit" das Motiv der „behaglichen Wärme" wieder auf und warb damit für Kohleöfen und Ruhrkohle. Das Gespenst hat zwar keine Ähnlichkeit mit dem Kohlenklau, doch auch „Die Unbehaglichkeit" versucht, sich in die Wohnungen einzuschleichen, wird daran aber erfolgreich von „Kommissar Gluto" in Form eines rot leuchtenden Eierbriketts gehindert. „Helfen Sie Kommissar Gluto bei der Jagd nach Unbehaglichkeit". Die Formulierungen einiger Spots erscheinen bekannt: „Da ist sie wieder, Die Unbehaglichkeit. Achtung, sie kommt zu Ihnen". Nun wird vor allem mit der Kohle als sichere Energiequelle geworben: „Hier ist die Tankstelle für Wärme, die keine Energiekrise kennt".[76]

Mitte der 90er Jahre tauchte dann der „Power-Klauer" auf, der weniger optisch, aber in der Grundkonzeption als „schlimmer Energiesauger", der Strom entwendet und verschwendet, an Kohlenklau erinnert. Die RWE-Werbung setzte zum einen auf den wirtschaftlich denkenden Kunden, zum anderen auf den schonenden Umgang mit Energie: „Das kostet Ihr Geld und schadet der Umwelt." Die RWE-Energieberatung sollte dem „Power-Klauer" den Saft abdrehen. Auch die Broschüre „Schlauer als der Power-Klauer" (1998), bei der Kinder zusammen mit der Heldin Eta Energisch auf die Jagd nach Energieverschwendern gehen, hat durchaus Vorbilder. Doch die Zielsetzungen waren andere: Während der Kohlenklau kriegswirtschaftlichen Zielen diente, sollte dem Power-Klauer der Saft abgedreht werden, weil er zu hohe Kosten verursache und der Umwelt schade. [Abb. 14]

Der vorstehende Beitrag ist ein Ausschnitt aus einer Studie zu den Metamorphosen des „Kohlenklau". Für zahlreiche Hinweise danke ich Horst Bosetzky, Leonore Buro, Marianne Jagerhofer, Ulf Landwehrmann, Anne Sudrow und Jochen Vogel. Regina Weber gilt besonderer Dank für zahlreiche Anregungen und die kritische Diskussion des Beitrages.

1. Michael Wildt, Hunger, Schwarzmarkt, „Kohlenklau", in: Der Neubeginn. Deutschland zwischen 1945 und 1949, Hamburg 2005, S. 156-169, S. 156 f.
2. Heinrich Böll, Heimat und keine (1965), in: Heinrich Böll Werke: Kölner Ausgabe Bd. 14 (1963–1965), Köln 2002, S. 376-380, S. 379, Werke, Bd. 8
3. [Joseph Kardinal Frings], Silversterpredigt 1946 des Kölner Kardinals, Köln 1947.
4. Friedrich Steinmeier, Schokoladenpapier. Von Kohlenklau und Balkenbrand, kleinen Gaunereien und einer leisen Liebe in einer lauten Zeit. Erzählung aus einem Dorf in Westfalen, Rheda-Wiedenbrück 1989, S. 100 f.
5. Böll, Der Engel schwieg, 5. Aufl., München 2005, S. 154 f.
6. Günter Grass, Beim Häuten der Zwiebel, Göttingen 2006, S. 108.
7. Victor Klemperer, LTI. Notizbuch eines Philologen, Leipzig 1975, S. 10 u. 111-115.
8. Klemperer, LTI, S. 112-114.
9. „Der Kohlenklau", in: Wirtschaftswerbung 9, 1942, H. 12, S. 314.
10. Charakteristisch dafür ist das Buch von Hans Hartmann, Weltmacht Kohle, Stuttgart 1942.
11. Anton Lübke, Das deutsche Rohstoffwunder. Wandlungen der deutschen Rohstoffwirtschaft, 4. Aufl., Stuttgart 1939.
12. John Gillingham, Industry and Politics in the Third Reich. Ruhr Coal, Hitler and Europe, London 1985, S. 54 u. S. 164.
13. Gillingham, Industry and Politics in the Third Reich, S. 23 u. 11.
14. Lutz Mehl, Energie im Kriege. Die zivile Versorgung 1939-45, Kaiserslautern 1977, S. 159.
15. Martina Heßler, 'Mrs. Modern Woman'. Zur Sozial- und Kulturgeschichte der Haushaltstechnisierung, Frankfurt/M. u. New York 2001, S. 18.
16. Heßler, Haushaltstechnisierung, S. 159 f.
17. Bernhard Stier, Nationalsozialistische Sonderinstanzen in der Energiewirtschaft. Der Generalsinspektor für Wasser und Energie 1941-1945, in: Hachtmann/Süß (Hg.), Hitlers Kommissare, 138-158, S. 139. Ders., Zwischen kodifikatorischer Innovation und materieller Kontinuität. Das Energiewirtschaftsgesetz von 1935 und die Lenkung der Elektrizitätswirtschaft im Nationalsozialismus, in: Johannes Bähr u. Ralf Banken (Hg.), Wirtschaftssteuerung durch Recht im Nationalsozialismus, Frankfurt/M. 2006, S. 281-305.
18. Heßler, Haushaltstechnisierung, S. 61.
19. Deutsche Kohlenzeitung 8.1.1935, S. 3 f.
20. Deutsche Kohlenzeitung 28.2.1939, S. 143.
21. Mehl, Energie im Kriege, S. 158 f.
22. Deutsche Kohlenzeitung 28.2.1939, S. 143. Mehl, Energie im Kriege, S. 161, nennt dagegen 550.000 Elektroherde.
23. Vgl. zur Plakatwerbung für Kohle: Evelyn Kroker, „Wer zahlt die Zeche?" Plakate und Flugblätter aus dem Bergbau-Archiv Bochum, Bochum 1995, S. 14-25.
24. Deutsche Kohlenzeitung 15.2.1937, S. 143.
25. Uwe Westphal, Werbung im Dritten Reich, Berlin 1989. Hartmut Berghoff, Von der „Reklame" zur Verbrauchslenkung. Werbung im nationalsozialistischen Deutschland, in: Ders. (Hg.), Konsumpolitik. Die Regulierung des privaten Verbrauchs im 20. Jahrhundert, Göttingen 1999, S. 77-112.
26. Dietmar Petzina, Autarkiepolitik im Dritten Reich. Der nationalsozialistische Vierjahresplan, Stuttgart 1968, S. 128. Lutz Mehl, Die zivile Hausbrandversorgung im Zweiten Weltkrieg, Diss. TH Aachen 1973, S. 10 f. Stier, Nationalsozialistische Sonderinstanzen, S. 140.
27. Heßler, Haushaltstechnisierung, S. 362-366.
28. Heßler, Haushaltstechnisierung, S. 373-378. Wolfgang König, Volkswagen, Volksempfänger, Volksgemeinschaft. „Volksprodukte" im Dritten Reich: Vom Scheitern einer nationalsozialistischen Konsumgesellschaft, Paderborn 2004. Siehe auch den Beitrag von Peter Döring in diesem Band.
29. Während im Ruhrgebiet Steinkohle und im Köln-Bonner Raum Braunkohle gefördert wurde, lieferten der sächsisch-thüringische Raum und das Gebiet der Lausitz nur Braunkohle. In Ober- und Niederschlesien wurde Gas- und Gasflammkohle gefördert, die für den Hausbrand (Mager-, Fett- und Braunkohle) jedoch nicht in Betracht kam. Vgl. Mehl, Die zivile Hausbrandversorgung, S. 30 f.
30. Matthias Riedel, Eisen und Kohle für das Dritte Reich. Paul Pleigers Stellung in der NS-Wirtschaft, Göttingen 1973, S. 320.
31. Kim Christian Priemel, Die Macht der Syndikate. Das Scheitern des Reichskohlenkommissars 1940/41 und die deutsche Kohlenwirtschaft, in: Hachtmann/Süß (Hg.), Hitlers Kommissare, S. 159-182, S. 164. Klaus Wisotzky, Der Ruhrbergbau im Dritten Reich. Studien zur Sozialpolitik im Ruhrbergbau und zum sozialen Verhalten der Bergleute in den Jahren 1933 bis 1939, Düsseldorf 1983, S. 248 f. Gustav Seebold, Kohle aus den „Alpen- und Donau-Reichsgauen". Der österreichsche Kohlenbergbau 1938 bis 1945, in: Klaus Tenfelde u. Hans-Christoph Seidel (Hg.), Zwangsarbeit im Bergwerk. Der Arbeitseinsatz im Kohlenbergbau des Deutschen Reiches und der besetzten Gebiete im Ersten und Zweiten Weltkrieg, Bd. 1: Forschungen, Essen 2005, S. 571-605, S. 581.
32. Elke Fröhlich (Hg.), Die Tagebücher von Joseph Goebbels, Teil I, Aufzeichnungen 1923-1941, Bd. 7: Juli 1939 – März 1940, München 1998, S. 278, 314.
33. Riedel, Eisen und Kohle, S. 272.
34. SD-Bericht 11.12.1940, hier zit. nach Riedel, Eisen und Kohle, S. 273.
35. Mehl, Energie im Kriege, S. 165.
36. SD-Bericht vom 5.3.1942, in: Heinz Boberach, Meldungen aus dem Reich 1938-1945. Die geheimen Lageberichte des Sicherheitsdienstes der SS, 17 Bde., Herrsching 1984, Bd. 9, S. 3422-3425.
37. Tagebücher von Joseph Goebbels, Teil II, Diktate 1941-1945, Bd. 3 (Januar – März 1942), München 1995, S. 622 f.
38. Tagebücher von Joseph Goebbels, Teil II, Diktate 1941-1945, Bd. 6 (Okt. bis Dez. 1942), München 1996, 28.10.1942, S. 200 f.
39. Tagebücher von Joseph Goebbels, Teil II, Diktate 1941-1945, Bd. 5 (Juli bis Sept. 1942), München 1995, 20.8.1942, S. 347.
40. Deutsche Kohlenzeitung 22.10.1940, S. 455. Bundesarchiv Berlin, R 5002, Nr. 7 (1.7.1940): Der Präsident des Werberates stellt 50.000 RM für die Aktion „K" zur Verfügung. (5.6.1940: Entwurf Aktion K - Kohle und Hausbrand).
41. Zum Ablauf der Aktion: Wilfried Weustenfeld, Kohlenklau – Ein Energiesparprogramm aus Kriegstagen. „Seid auf der Hut und trefft ihn gut!", in: Damals. Das Geschichtsmagazin 1982 (H. 5), S. 444-452. Jochen Vogel, „sei schlau, sonst wirst auch du zum Kohlenklau!" Situation im Kohlenbergbau und die Probleme der Kohlenversorgung im Dritten Reich, in: Geschichts- und Köhlerverein Mengersgereuth-Hämmern e.V., Nr. 10, 2003.
42. Wirtschaftswerbung 9, 1942, H.12, S. 314.
43. Bundesarchiv Berlin, R 5002, Nr. 12.
44. Eleonore Schnoo, „Jagd auf Kohlenklau" (2.3.1943). www.seniorennet-hamburg.de (aufgerufen am 10.11.2009).
45. Bundesarchiv Berlin, NS 18, Nr. 128 (24.12.1942).
46. Boberach, Meldungen, Bd. 12, 25.1.1943, S. 4718 f.
47. Bundesarchiv Berlin, NS 18, Nr. 128 (6.8.1942). Vgl. auch BA, NS 18, Nr. 846 (Papierverschwendung bei der „Kohlenklau-Aktion").
48. Wirtschaftswerbung 9, 1942, H.12, S. 314.
49. Andreas Fleischer, Politpropaganda zwischen Bauhaus und Wirtschafts-

wunder. Ein Beitrag zum Verständnis ausgewählter Plakate und Kampagnen der Jahre 1935-1955, in: Die nützliche Moderne. Graphik & Produkt-Design in Deutschland 1935-1955, Münster 2000, S. 73-92, S. 81.
50. Bundesarchiv Berlin, BDC-Akte Johannes Landwehrmann.
51. „Dokumente deutscher Wertarbeit: Der Gebrauchsgraphiker Hans Landwehrmann, Berlin", in: Seidels Reklame H. 5, 15.5.1932.
52. Westphal, Werbung im Dritten Reich, S. 142-145.
53. Mitteilung von Landwehrmanns Tochter, Leonore Buro, bei einem Gespräch am 5. August 2005.
54. Zur Arbeitsweise Landwehrmanns: „He had a large filing cabinet reachin from floor to ceiling. ... In it were drawers abeout 10cm high. So there were quite a few drawers in the cabinet. We children and often my mother were assigned the task of cutting pictures from magazines, newspapers and anything else that he had pictured in it. He had the drawers labeled ... He used these to get ideas. ... He was a chroniv procrastinator. His best ideas came, it seems, just hours before the deadline." Mitteilung von Ulf Landwehrmann vom 23. April 2005.
55. Bundesarchiv Berlin, R 5002, Nr. 15.
56. Bundesarchiv Berlin, R 5002, Nr. 37. Kirsten Jüngling u. Brigitte Roßbeck, Elly Heuss-Knapp (1881-1952). Die erste First Lady. Ein Portrait, Heilbronn 1994, S. 235-237.
57. Mehl, Die zivile Hausbrandversorgung, S. 16-30.
58. Deutsche Kohlenzeitung 5.11.1940, S. 475-477.
59. Deutsche Kohlenzeitung 7.12.1939, S. 698 f.
60. Deutsche Kohlenzeitung 13.2.1940, S. 79. Der SD-Bericht zur Aktion Kohlenklau vermerkt allerdings, Aufforderungen zu Ausbesserungsarbeiten an Heizöfen und Herden seien „wenig zweckvoll, als einerseits kaum Handwerker aufzutreiben sind, die Ausbesserungsarbeiten übernehmen, anderseits das nötige Ersatzmaterial nicht vorhanden ist." Boberach, Meldungen, Bd. 12, 25.1.1943, S. 4718 f.
61. Berghoff, Verbrauchslenkung, S. 101.
62. Deutsche Kohlenzeitung 16.3.1943. Der SD-Bericht vermerkt auch die allgemeine Missstimmung über die Anordnung des Reichsbeauftragten für elektrotechnische Erzeugnisse, der den Verkauf von Glühlampen von März bis Ende August 1943 untersagte. Meldungen, Bd. 13, 18.3.43, 4979.
63. Mehl, Energie im Kriege, S. 210.
64. Mehl, Energie im Kriege, S. 168 f. Durch die Bewirtschaftung des Hausbrandes waren seit 1939 Haushalte zur noch nicht rationierten elektrischen Heizung übergegangen.
65. Dieter Hoffmann-Axthelm, Das Kind und der Kohlenklau. Erinnerungsfunde 1943-45, in: Johannes Beck u.a. (Hg.), Terror und Hoffnung in Deutschland 1933-1945. Leben im Faschismus, Reinbek bei Hamburg 1980, S. 315-321.
66. Gillingham, Industry and Politics, S. 113.
67. Riedel, Eisen und Kohle, S. 340-343.
68. Mehl, Die zivile Hausbrandversorgung, S. 89.
69. Riedel, Eisen und Kohle, S. 353-357.
70. Hans Seidel u. Klaus Tenfelde (Hg.): Zwangsarbeit im Bergwerk. Der Arbeitseinsatz im Kohlenbergbau des Deutschen Reiches und der besetzten Gebiete im Ersten und Zweiten Weltkrieg, 2 Bde., Essen 2005.
71. Werner Abelshauser, Der Ruhrkohlenbergbau seit 1945. Wiederaufbau, Krise, Anpassung, München 1984, S. 44 ff.
72. Bernhard Denscher (Hg.), Von der Sinnlichkeit der roten Farbe. Victor Th. Slama, Wien 1990, S. 31.
73. Kinderzeitung „Fröhlich sein und singen" (9, 1959).
74. „Der Spiegel" 6/1958 vom 5.2.1958, S. 27
75. Y. Fongi, Wer ist Kohlenklau, Margarethenried 1973.
76. Ruhrkohle-Verkauf GmbH, Essen – Werbepraxis Nass, Hammacher & Co GmbH, Frankfurt/M., Bergbauarchiv Bochum. Für den Hinweis danke ich Dr. Stefan Przigoda.

Plakat, Heinzelmännchen im Haushalt, 1957 (Abb. 13)

Die Bewerbung von Elektrizität in den 1950er Jahren: Elektrizität – Modernität – Fortschritt

Sabine Röck, Christoph Wagener

Abb. 1
Werbeanzeige, VEW-Hochvoltnetz,
Grafik: H. Buxe, 1959
In: Die öffentliche Wirtschaft,
Sonderausgabe Mai 1959
Vattenfall Europe AG, Bewag-Firmenarchiv

Walther Rathenau (1867–1922) hatte die Entwicklung der Elektrizitätswirtschaft und der elektrotechnischen Industrie in einem 1907 verfassten Brief folgendermaßen formuliert: „Die älteren Industrien befassten sich mit der Herstellung einzelner Produkte nach Maßgabe des Bedarfs, der vom Konsumenten geschaffen wurde. (...) Bei der Schaffung der angewandten Elektrotechnik handelt es sich um die Entstehung eines neuen Wirtschaftsgebietes und um eine Umgestaltung eines großen Teils aller modernen Lebensverhältnisse, die nicht vom Konsumenten ausging, sondern vom Produzenten organisiert und gewissermaßen aufgezwungen werden musste. (...) Die Elektrizität ist, wie gesagt, keine Industrie, sondern ein Industriekomplex, ein Wirtschaftsgebiet! (...)."[1]

Diese „dem Konsumenten aufgezwungene Umgestaltung der modernen Lebensverhältnisse", die Walther Rathenau bereits zu Beginn des Jahrhunderts programmatisch formulierte, sollte jedoch erst in den 1950er Jahren wirkungsvoll in die Tat umgesetzt werden.

Die sukzessive Elektrifizierung und ihr Übergreifen auf traditionelle Produktionsbereiche wie Landwirtschaft, Handwerk und Industrie hatte zwar bereits in der ersten Hälfte des 20. Jahrhunderts zu vielen Neuerungen im Alltags- und Berufsleben der Menschen geführt, die Elektrizität im Hause wurde bis zur Mitte des 20. Jahrhunderts aber überwiegend und noch nicht einmal umfassend in Form des elektrischen Lichts etabliert.[2] Bis weit in die 1950er Jahre gab es in vielen Wohnungen nur Lichtschalter, jedoch keine Steckdosen, so dass der Betrieb elektrischer Haushaltsgeräte oft gar nicht möglich war. Als Notlösung nutzte man häufig die Lampensteckdosen: Die Glühlampe über dem Tisch erhielt dazu eine Fassung mit Steckkontakt, so dass ein Elektrogerät dort angeschlossen werden konnte.[3]

In Berlin wurde erst um 1959 der letzte Haushalt an das Stromnetz angeschlossen[4], in ländlichen Gegenden setzt vielfach sogar in den 1960er Jahren die Elektrifizierung überhaupt erst ein. Elektrische Haushaltsgeräte waren in den 1950er Jahren lange nur für einen kleinen Konsumentenkreis erschwinglich, die durchgehende Elektrifizierung mit Geräten wie dem Kühlschrank oder der vollautomatischen elektrischen Waschmaschine sollte in der Bundesrepublik Deutschland erst eine gewohnte Erscheinung der 1950er und 60er Jahre werden.[5]

Die Autoren gehen der Fragestellung nach, mit welchen Werbestrategien, -mitteln und -botschaften in den 1950er Jahren in beiden deutschen Staaten die Popularisierung der Elektrizität und die Umgestaltung der modernen Lebensverhältnisse, im Sinne einer Durchdringung aller Lebenswelten, verfolgt wurde, wer ihre Protagonisten und wer ihre Rezipienten, die Konsumenten der Elektrizität und der elektrischen Geräte waren, welche gesellschaftlichen Auswirkungen sich aus der Elektrifizierung ergaben und in welchem Umfang das Ziel der totalen Elektrifizierung erreicht worden ist.

Abb. 2
Foto mit Plakat, Elektrizität – früh und spät, 1950
Bildarchiv Preußischer Kulturbesitz

Abb. 3
Kundenzeitschrift BEWAG, „Der Lichtblick", 1950
Vattenfall Europe AG, Bewag-Firmenarchiv

Infrastruktur und ausreichende Verfügbarkeit von elektrischem Strom

Eine unabdingbare Voraussetzung für die Durchdringung aller Lebensverhältnisse durch die Elektrizität war die Schaffung einer flächendeckenden Infrastruktur, verbunden mit der ausreichenden Verfügbarkeit der elektrischen Energie aus Leitungen und Steckdosen [Abb. 2], die in Deutschland bis zum Ausbruch des Zweiten Weltkrieges noch nicht erreicht worden war.

Nach dem Zweiten Weltkrieg waren in Deutschland die Energiewerke und -netze größtenteils zerstört. Zudem waren seit 1945 von den Westzonen und der Ostzone sowie den vier Sektoren Berlins Reparationsleistungen auch in Form von Kraftwerksdemontagen und Energielieferungen an die vier Siegermächte zu erbringen. Im „Osten" führten diese Reparationsleistungen bald zu einem Ausfall eines großen Teils der Energieversorgung. Insgesamt wurden Kraftwerke mit einer Gesamtleistung von 138 MW im Westen und 4000 MW im Osten demontiert. Die Westzonen mussten 25 % ihres ohnehin knappen Stroms an ehemals besetzte Länder

Abb. 4
Werbeanzeige, BERLIN – ein Bollwerk stark und fest – sein Lebensquell – das KRAFTWERK WEST!, 1951
In: BEWAG-Kundenzeitschrift 5 (1951)
Vattenfall Europe AG, Bewag-Firmenarchiv

liefern.[6] Mit dem Wiederaufbau und der Neuerrichtung von Energiewerken, der Wiederherstellung der Elektrizitätswerke sowie dem stetigen Ausbau der Stromnetze, vorrangig in den Westzonen, der Bundesrepublik Deutschland und West-Berlin, unter retardierenden Momenten in den Ostzonen, der DDR und Ost-Berlin, erfolgte die Bewerbung von Elektrizität zunächst durch Aufzeigen der erzielten und prognostizierten Leistungen: des Wiederherstellens der Stromleitungen und -netze sowie der Sicherstellung von Strombedarf. Die Erweiterung, der voranschreitende Ausbau der Infrastruktur in Industrie und Privathaushalten sowie die Vergrößerung der Versorgungsgebiete wurden von Jahr zu Jahr mit Stolz verkündet [Abb. 1].

Bereits ab 1950 informierte die erste Nachkriegs-Kundenzeitschrift „Der Lichtblick" [Abb. 3] regelmäßig die West-Berliner Bewag-Kunden über die Elektrizitätsanwendung und die Berliner Stromversorgung. In der ersten Ausgabe wurde auf den Umstand hingewiesen, dass durch die negativen Erfahrungen der fast strom- und lichtlosen Zeit der Berlin-Blockade „die Westberliner unfreiwillig (...) die außergewöhnliche Bedeutung des elektrischen Stroms kennengelernt" haben: „In jenen Nächten haben wir erst so richtig die Annehmlichkeiten des elektrischen Stroms schätzen gelernt, und wir sind glücklich, dass uns jetzt wieder von allen Litfaßsäulen die Plakate entgegenleuchten, die uns die Gewissheit geben, wieder über Elektrizität – früh und spät in beliebiger Menge verfügen zu können. Ein Lichtblick im wahrsten Sinne des Wortes und daher haben wir auch unserer Zeitschrift diesen Titel gegeben."[7]

Die Titelseite der ersten Ausgabe zeigt einen Schattenriss des neu errichteten Kraftwerks West (seit 1953 Kraftwerk Reuter), das langfristig die Unabhängigkeit des Westteils Berlins von Stromlieferungen aus dem Verbundbetrieb mit dem „demokratischen Sektor" (Ost-Berlin) sichern sollte und geradezu als ein Superzeichen für den Überlebens- und Freiheitswillen der politischen „Insel West-Berlin" und ab 1952 „Strominsel West-Berlin" angesehen wurde: die Bestrebungen einer autarken Elektrizitätsversorgung als entscheidende Sicherung der Existenz inmitten der feindlichen Umgebung.

An die höheren Kraftwerksleistungen und den Ausbau der Netzkapazitäten war das „Wirtschaftswunder" der 1950er Jahre in der Bundesrepublik Deutschland unmittelbar gekoppelt. Elektrizitätswirtschaft und Elektroindustrie suchten Absatzmöglichkeiten und schafften Bedürfnisse für ihr Produkt „Strom" in Haushalt, Landwirtschaft, Gewerbe und Industrie. Dazu wurden Vermarktungskonzepte wieder aufgegriffen, die bereits in den 1930er Jahren zum Teil erfolgreich angewendet worden waren. Weit mehr aber als in den 1930er Jahren wurde die Produktwerbung in allen Wirtschaftszweigen nun als wichtigste Vermarktungsstrategie entwickelt und umfassend eingesetzt. Die Elektrizitätswirtschaft und Elektroindustrie warb direkt für Strom [Abb. 4] oder elektrisches Licht, elektrische Haushaltsgeräte, für Elektromotoren in Handwerk und Gewerbe, für landwirtschaftliche Geräte usw. Mit einem wirkungsvollen Werbe-Spektrum wurde nachhaltig für die Elektrizität und die Elektrifizierung aller Lebensbereiche geworben.

Durch den Einsatz verschiedenster Werbemedien wie Zeitungs- und Zeitschriftenanzeigen, Kundenzeitschriften, Werbefilme und -spots in Kino, Rundfunk und Fernsehen, Fernsehshows, Lehrbücher und -filme, Zeichentrickfilme, Plakatwerbung, Schaufenster-Inszenierungen, Beratungsstellen, Lehrküchen und Demonstrationsveranstaltungen für die Anwendungsmöglichkeiten und Vorteile der Elektrizität, Unternehmenspräsentationen und Imagewerbung, mobile

Abb. 5
Schaufenster, Die Revolution der Hausfrau, 1951
Vattenfall Europe AG, Bewag-Firmenarchiv

Werbung durch Vertreter, versuchten Elektrizitätswirtschaft und Elektroindustrie auf lokaler und überregionaler Ebene, die noch nicht umfassend eingesetzte Technologie und ihre Anwendungen den Verbrauchern näher zu bringen. Die Werbung war ein bedeutender integraler Bestandteil der Elektrifizierung, da sie u.a. dazu diente, die Versorgungsgebiete der Elektrizitätswerke auszudehnen. Insbesondere die öffentlichen Elektrizitätswerke waren die Einrichtungen, die den entscheidenden Anstoß zur Verbreitung elektrischer Energie in der Bevölkerung gaben, da sie in der Lage waren, sich direkt an alle Haushalte zu wenden.

Die Werbung versprach, dass dank elektrischen Stroms bei Arbeit und Freizeit alles besser, schneller und bequemer gehen würde. Der Wirtschaftswundermensch träumte davon, „elektrisch" zu leben [Abb. 5] und der in den 1950er Jahren langsam aufkommende Wohlstand bestand nicht zuletzt darin, unbegrenzt Strom verbrauchen zu können. Über Strom und Licht zu verfügen hieß, wieder am kultivierten Leben teilzuhaben – Elektrizität und Lichterglanz gelten seit jeher als Synonyme für Fortschrittlichkeit und Modernität. Nach einem furchtbaren Krieg musste alles menschlicher, schöner, moderner werden. „Modernität" war das Motto der Stunde in der westlichen Welt.[8] Einprägsame Slogans und bewertende Gegenüberstellung von „Alt und primitiv" für die nicht elektrifizierten und „Neu und modern" für die elektrifizierten Lebenswelten waren Statements ästhetisch-geschmacklicher Bildungsvorstellungen und gesellschaftlicher Veränderungen.

Doch die überwiegende Mehrheit der Deutschen hatte in den Nachkriegsjahren und Anfang der 1950er Jahre erst einmal elementarere Bedürfnisse zu befriedigen und so verfügten laut einer Statistik des „Jahrbuch der öffentlichen Meinung" die bundesdeutschen Haushalte Mitte 1955 lediglich zu 4 % über eine Küchenmaschine, zu 9 % über eine eigene elektrische Waschmaschine, 10 % besaßen einen elektrischen Kühlschrank, 39 % einen Staubsauger und immerhin waren 56 % in der Lage, die Kosten für Bekleidung mit Hilfe einer elektrischen Nähmaschine möglichst gering zu halten.[9] Oft reichte das Einkommen gerade für einen elektrischen Ein- oder Zwei-Platten-Kocher. Für die Heißwasserversorgung konnte auch ein Tauchsieder oder Wasserkocher verwendet werden.[10]

Absatzpolitik durch finanzielle Anreize

Für den Absatz des Produktes Elektrizität spielte der durch den Tarif zu regelnde Verkaufspreis von Strom eine ausschlaggebende Rolle. Tarife als genormte Vertragsbestimmungen wurden von den Elektrizitätswerken angeboten und beeinflussten entscheidend die Entwicklung des Stromverbrauchs. Tarife waren zum einen grundlegend für deren Wirtschaftlichkeit und zum anderen Verstärker der Absatzpolitik.[11] Innerhalb der Gestaltung des Tarifwesens gewannen in den 1950er Jahren das elektrische Kochen und die Küche mit vollelektrischer Kücheneinrichtung in den Privathaushalten an Bedeutung. Stromtarife wurden – wie schon in den 1920er und 1930er Jahren – zur absatzsteigernden Werbewirkung eingesetzt, besonders verbraucherorientiert waren sie aufgrund übersichtlicher und einfach strukturierter Gestaltung. Durch weitere finanzielle Erleichterungen wurde die Elektrifizierung der Haushalte weiter vorangetrieben, durch den Vertrieb von elektrischen Haushaltsgeräten mit langfristiger Teilzahlung suchte man insbesondere das elektrische Kochen nach Kräften zu fördern. In West-Berlin z.B. wurden die Teilzahlungsbedingungen für Elektrogeräte mit dem so genannten E^3-System der BEWAG erleichtert.

Abb. 6
Werbe-Zug außen, BEWAG, 1950
Vattenfall Europe AG, Bewag-Firmenarchiv

Abb. 7
Werbe-Zug innen, BEWAG, 1950
Vattenfall Europe AG, Bewag-Firmenarchiv

Bereits 1926 hatten die Berliner Elektrizitätswerke BEWAG eine besondere Organisation mit dem Namen „Elektrissima" (E^3) geschaffen, die Teilzahlungen in großem Umfang ermöglichte. Der Erfolg von Elektrissima hatte viele Elektrizitätswerke veranlasst, ähnliche Organisationen aufzubauen.[12] Diese Teilzahlung nach dem E^3-System für Elektrogeräte war am 1. Dezember 1949 in Berlin/West wieder eingeführt worden. 1950 wurde der 5.000. E^3-Kunde begrüßt, 1956 nahm der 250.000. „Elektrissima"-Kunde einen Ratenkredit auf, zu diesem Zeitpunkt betrug der Gesamtumsatz dieses Finanzierungssystems für Elektrogeräte 45 Millionen DM. Seit dem 1. Februar 1950 galten kundenfreundlichere Tarife mit Wahlmöglichkeit verschiedener Arbeitspreise.[13] Im Jahre 1955 schuf der damalige Bundesminister für Wirtschaft Ludwig Erhard (1949–1963) Steuervergünstigungen zum Kauf von Küchenmaschinen, was die Nachfrage steigerte und große Produktionserfolge nach sich zog.[14]

Beratungsstellen, Schulungsräume und Lehrküchen

Die Elektrizitätswerke richteten bundesweit Beratungsstellen für Elektrogeräte ein, in denen sie diese nicht zum Kauf anboten, sondern Auskünfte über ihren Verwendungszweck, technische Funktionen, Stromverbrauch und Handhabung erteilten, Vorzüge der Elektrizität erläuterten sowie die Geräte im Betrieb vorführten. Oft bestand auch die Möglichkeit, ein elektrisches Gerät zu Hause zu testen, so wurden Elektroherde kostenlos installiert und für 8 Wochen zur Probe gestellt, um so das Kaufinteresse des Kunden zu wecken.[15] War ein Kunde sich nicht klar über die Betriebsart seines zukünftigen Küchenherds, so gab es auch die Kombinationen: elektrischer Haushaltungsherd, kombiniert für Elektro- und Kohlenheizung. Mit dieser Anschaffung war man „krisensicher" und flexibel bei der Energiewahl. Diese Flexibilität war oft nötig, da die Leitungen vielfach nur für Lichtstrom angelegt waren und der gleichzeitige Betrieb mehrerer Heizgeräte das häusliche Stromnetz überlastete. In der Beratungsstelle oder beim Elektroinstallateur konnte man erfahren, ob es möglich war, das vorhandene Netz mit weiteren Elektrogeräten zu belasten.

Die Beratungsstellen präsentierten die Vorzüge des elektrischen Haushalts ferner in wechselnden themenspezifischen Schaufenster-Inszenierungen. Oft waren ihnen Lehrküchen angegliedert, in denen sich Frauen in mehrtägigen, kostenlosen Lehrgängen zu verschiedenen Tages- und Abendzeiten mit der wirtschaftlichen Bedienung des Elektroherdes vertraut machten und ihre Kochkenntnisse auffrischen und erweitern sollten. Die Botschaften waren: Elektrizität steht für Schnelligkeit, Wirtschaftlichkeit, Sauberkeit und Bequemlichkeit! Die Werbeadressaten waren ausschließlich Frauen: Nach Angaben eines großen Elektrizitätswerks waren „die Teilnehmerinnen stets auch von der Zweckmäßigkeit der elektrischen Küche überzeugt".[16]

Schaufensterinszenierungen, Verkaufsräume und Ausstellungsstände

Elektro- und Haushaltswarenhändler präsentierten ihre Geräte in Verkaufsräumen, Schaufenstern und auf Ausstellungen. Die Verkaufsräume der Händler waren je nach Größe unterschiedlich gut sortiert. Der Kunde konnte sich über die Produkte informieren und sie direkt kaufen. Oftmals waren die Händler aber an eine Firma gebunden und die Auswahl war dadurch nur beschränkt. Während bei der Schaufenstergestaltung die Geräte nur wenig beschrieben werden konnten und oftmals nur der Preis deutlich sichtbar war, konnte der

Kunde auf einer Gewerbeausstellung eine Vielzahl an Geräten sehen und direkter beraten werden. Gewerbeausstellungen waren oft auch in kleineren Städten zu finden. Hier präsentierte sich das ganze Gewerbe einer Stadt oder Region. Händler und Hersteller aus der Stadt und dem Umland waren vertreten. Die Präsenz mehrerer Händler bot bessere Möglichkeiten des Preis- und Leistungsvergleichs. Der Umstand, dass auch die Stromanbieter vertreten waren, ließ keine Fragen, z.B. nach Tarifen und Anschlussmöglichkeiten, offen. Wollte man sich nun gezielter informieren, so war eine Gewerbeausstellung in einer nächstgelegenen größeren Stadt oft der bessere Anlaufpunkt, hier konnte die Funktion einzelner Elektrogeräte erklärt und demonstriert werden. Der interessierte Käufer legte selbst Hand an, um sich über die Qualität und Leistungsfähigkeit des Geräts zu informieren.

Die Ausstellungs- und Messestände waren modern gehalten und sehr gut beleuchtet. Die gleichmäßige Ausleuchtung erfolgte oft mit an der Decke angeordneten Leuchtstoffröhren. Sie galten als das „modernste Beleuchtungsmittel"[17] ihrer Zeit. Die farblich neutralen großen Elektrogeräte, die so genannte „weiße Ware", wurden in Gruppen angeordnet: Waschmaschinen, Schleudern, Kühlschränke und Elektroherde. Auch für den kleinen Geldbeutel gab es etwas, z.B. die Backhaube.

Über den ausgestellten Waren hingen prägnante Werbesprüche, die sich in den Schaufenstern der Elektro- und Haushaltswarenhändler wieder fanden und in Erinnerung blieben. „Mach´s elektrisch"[18] war einer der Slogans der Zeit, oft verbunden mit einem großen Buchstaben „E" als Leuchtreklame oder normaler Schriftzug auf Reklametafeln.

Ein immer wiederkehrendes Motiv der Werbung waren Hausfrauen in Form von lebensgroßen Silhouetten, die eine mit veralteter Technik mühevoll und freudlos arbeitend dargestellt, die andere spielerisch und freudestrahlend mit der neuen bequemen, zeitsparenden Technik umgehend.[19]

Mobile Werbemaßnahmen

Um potentielle Konsumenten zu erreichen, die Beratungsstellen nicht aufsuchten oder aufsuchen konnten, wurde die mobile Werbung eingerichtet. Eine besonders spektakuläre Aktion war der „Werbe-Zug" der BEWAG [Abb. 6], der durch West-Berlin fuhr und die Stadtrandsiedlungen erfasste: ein Bus mit Anhänger von 22 m Länge, versehen mit Fahrzeugwerbung „Elektrizität in jedem Gerät" und „Elektrizität früh bis spät", ausgerüstet mit Tonanlage für Band, Schallplatte und Mikrofon und elektrischen Haushaltsgeräten [Abb. 7], der zum Betrieb einer Vorführungsküche an das Versorgungsnetz angeschlossen wurde.[20]

Mobile Vertreter, auch Elektrofach- oder Haushaltsberater genannt, suchten Privathaushalte auf, fuhren mit dem Pkw über Land und versuchten alle Haushalte in entfernt liegenden Gebieten und Gemeinden zu erreichen. Ihre „Haushaltsberatung", Produktwerbung an der Tür oder Heimvorführungen, bedeutete nichts anderes als Werbung für elektrische Geräte und für Stromverbrauch. Im Kapitel „Bedarf" eines Verkaufsleitfadens für Haushaltsberater kommt dies explizit zum Ausdruck: „Eines ist klar: Für eine neue Sache ist zunächst kein Bedarf vorhanden. Man muß ihn erst wecken. Und je besser diese Sache ist, desto leichter und rascher wird man den Bedarf wecken können. (...) Ist erst die Hausfrau im Allgemeinen von den Vorzügen der neuen Kochmethode gerade im Hinblick auf die Einsparungen überzeugt, dann wird sich der Siegeszug des Starmix in jede Küche nicht mehr aufhalten lassen."[21]

Abb. 8
Stromrechnung, Elektrisch KOCHEN BACKEN BRATEN ist jeder Hausfrau nur zu raten., 1950
Vattenfall Europe AG, Bewag-Firmenarchiv

Darstellungen von Haushaltsgeräten und Slogans auf Firmenfahrzeugen von Energieversorgern und Elektrohändlern priesen die Vorzüge der Elektrizität, wie „sauber, zuverlässig, bequem",[22] für die Privathaushalte an.

Kundenzeitschriften und Broschüren, Frauenzeitschriften

Insbesondere die Vorteile des elektrischen Kochens und des elektrischen Haushalts wurden durch Kundenzeitschriften angepriesen. Nach der ersten im Jahre 1950 erschienenen Nachkriegs-Kundenzeitschrift der BEWAG „Der Lichtblick" erschien für die Kunden der RWE (Rheinisch-Westfälisches Elektrizitätswerk AG) seit 1952 wieder eine eigene Kundenzeitschrift mit dem Titel: „Strom", welche die Vorteile eines elektrischen Haushalts vermittelte.[23]
Auf der Titelseite der Kundenzeitschrift der Electro-As GmbH mit dem Motto „Piccolo hilft" luden „Max Schmeling und Frau Anny Ondra uns zu einer Frischsaft-Cocktail-Party ein". Die Getränke presste eine Gastgeberin mit der elektrischen Küchenmaschine mit Saftpresse „Piccolo".

Abb. 9
Werbeanzeige, Das elektrische Kochen, 1950
In: Wochenzeitschrift „Sie", Februar 1950
Vattenfall Europe AG, Bewag-Firmenarchiv

Broschüren warben, wie schon in den 1920er und 30er Jahren, für Elektrogeräte und die Elektrifizierung der privaten Haushalte, nun jedoch in einer bis dahin unbekannten Vielzahl. Auch sie sollten die Elektrifizierung und somit die Strom-Absatzsteigerung vorantreiben. Die bereits in den 1930er Jahren erschienene Broschüre „Das elektrische Kochen" mit 750 Rezepten für die Elektroküche wurde ab 1950 wieder aufgelegt und in den Berliner Bewag-Beratungsstellen angeboten.[24] Unterstützend propagierte Werbung wieder in Text und Bild das elektrische Kochen auf den Stromrechnungen [Abb. 8].
Auch die Frauenzeitschriften nahmen sich des Themas an. Neben Kochrezepten für das elektrische Kochen stellten sie die aktuell auf dem Markt befindlichen Elektroherde und elektrischen Haushaltsgeräte vor, boten Anleitungen für deren Gebrauch, Werbeanzeigen propagierten den elektrischen Haushalt [Abb. 9].

Elektrizitätswerbung in Kino und Fernsehen

Eine frühe, lange anhaltende, weit verbreitete und massiv eingesetzte Werbeform für Elektrizität im Kino war die Lichtbild-Reklame. Allein die Bewag ließ 1950 Diapositive [Abb. 10 und 11] mit den Slogans „Zu jeder Zeit einsatzbereit" und „Elektrizität in jedem Gerät" allabendlich im Vorprogramm in 100 West-Berliner Kinos zeigen, die von mehr als 150.000 Kinobesuchern gesehen wurden.[25] Elektrizitätsversorger und Herstellerfirmen von Elektrogeräten produzierten Werbespots und Werbefilme für das Kino und das Fernsehen. Der Informations- und Werbedienst der AEG ließ eine große Zahl lustiger Puppen- und Zeichentrickfilme z.B. mit „Hutzelmann und Butzelmann" herstellen, welche die Palette

Abb. 10
Diapositiv, Lichtbild-Reklame für Kinos, 1950
Vattenfall Europe AG, Bewag-Firmenarchiv

Abb. 11
Diapositiv, Lichtbild-Reklame für Kinos, 1950
Vattenfall Europe AG, Bewag-Firmenarchiv

der elektrischen Haushaltsgeräte des Unternehmens wie Waschmaschinen, Durchlauferhitzer, Staubsauger oder Haartrockner bewarben. Im Unternehmensfilm „Liebling der Hausfrau"[26] fanden Lebensmittel, die andernfalls dem Verderb ausgesetzt worden wären, ihre Rettung in durch das Bild paradierenden Kühlschränken. „Elektrokühlung – alles frisch, Freude am Familientisch".

Als ein neues Transportmittel für die Werbung wurde der Werbespot im Fernsehen entdeckt.[27] Nach dem Einzug des Fernsehens in die bundesdeutschen Haushalte (1952) kamen mit Einführung des deutschen Werbefernsehens am 3. November 1956 im Bayerischen Rundfunk der Werbespot und der Werbefilm, die bis dahin nur im Kino oder zu Schulungszwecken gezeigt werden konnten, direkt ins Haus. Die Ausstrahlung von Werbung war im deutschen Fernsehen zeitlich begrenzt, nur zwischen 19:30 und 20:00 Uhr wurde sie gezeigt, die Sendung hieß daher treffend „Zwischen halb und acht", innerhalb dieses Zeitfensters liefen rund sechs Minuten Werbespots bei täglich rund vier Stunden Fernsehen.[28] Der erste Werbeblock war mit 5 Werbespots ausgestrahlt worden. Die Geschichte des deutschen Werbefernsehens begann mit einem Prominenten-Werbespot und der erste Werbeblock enthielt insgesamt einen 40-%igen Anteil aus Werbung mit prominenten Persönlichkeiten.[29]

Der Einsatz eines Opinion-Leaders, in der Werbefachsprache als „Testimonial" bezeichnet, zeigte sich seitdem zunehmend im Werbefernsehen der 1950er Jahre. Beim Test, dem Zeugnis, der Zeugenaussage (im lateinischen Wortsinn von testimonium) handelt es sich um eine Art Bürgschaft. Teilweise werden unter diesen Begriff drei weitere Testimonialarten subsumiert: der zufriedene Kunde, der Fachmann und der Prominente. Beim Kunden oder Fachmann handelte es sich in der Regel um Schauspieler:[30] Peter Frankenfeld pries die Vorteile des elektrischen Kochens sowie der voll elektrifizierten Küche in der Sendung „Hochspannung" des Nord-Westdeutschen Rundfunks. Der erste bundesdeutsche Fernsehkoch, Schauspieler Clemens Wilmenrod, warb in seiner Sendung „Es liegt mir auf der Zunge ..." derart hemmungslos für elektrische Haushaltsgeräte, wie z.B. für den Standmixer oder Kühlschrank von Bosch, dass das Magazin „Der Spiegel" ihm eine Titelseite zum Thema Schleichwerbung widmete.[31]

Viele Prominente, allgemein als Sympathieträger akzeptiert, fungierten als (Konsum-)Leitfiguren: Philips ließ unter anderem Curd Jürgens („Empfindliche Haut"), Max Schmeling („Starker Bart") und Theo Lingen („Keine Zeit") seinen „Scher Mann" loben. Der elektrische Helfer stand für gründliche Arbeit und insbesondere für Zeitersparnis: „125 Tage seines Lebens verbringt der Mann beim Rasieren. Mit dem Philips Trockenrasierer läßt sich die Zeit um die Hälfte verkürzen." Theo Lingen posierte mit Telefonhörer in der Hand zu dem Anzeigenslogan: „Sie werden am Apparat verlangt [...] natürlich am Philips Rasierapparat".[32] Konrad Adenauer (1876–1967) schwenkte während seines Wahlkampfs 1957 bei einer Wahlveranstaltung einen „Kobold"-Staubsauger in die Runde, ein symbolisches Geschenk der Firma Vorwerk, „um den Gegner aufzusaugen".[33]

In vielen Spots kam die Verbindung technischer Innovationen der Elektrotechnik mit immer wiederkehrenden traditionellen Bildern von Familie, Geschlechterrollen und männlicher

Abb. 12
Broschüre, AEG Kleingeräte, 1954, Umspannwerk Recklinghausen – Museum Strom und Leben

Abb. 14
Broschüre, AEG Constructa, 1961
Umspannwerk Recklinghausen – Museum Strom und Leben

und weiblicher Arbeit zum Ausdruck. Die Zuweisung der Geschlechterrollen in den 1950er Jahren lässt sich exemplarisch und besonders prägnant anhand der Werbung für die Technisierung der Privathaushalte aufzeigen, deren Werbebotschaften eindeutige Schwerpunkte auf die Zielgruppe der Frauen als nicht berufstätige Ehefrauen, Hausfrauen und Mütter richteten.

Der elektrifizierte Haushalt

Als eines der größten Verdienste der Technisierung der Gesellschaft erscheint heute die Anbindung der Privathaushalte an das Stromnetz und die darauf folgende Ausstattung mit elektrischen Haushaltsgeräten. Ab 1950 begann die umfassendere Ausstattung der privaten Haushalte mittleren Einkommens mit elektrischen Geräten, doch auch nach 1950 spiegeln sich bei der Ausbreitung gesellschaftliche Ungleichheiten wider, die sich erst allmählich aufhoben.[34]
Die Elektrifizierung sollte in den 1950er Jahren neben dem Kochen und Backen auch alle Küchengeräte und den gesamten Haushalt erfassen. Immer neue elektrische Kleingeräte [Abb. 12] zogen in die Küche und in den Haushalt ein: Heizkissen und Wärmehauben für das Geschirr, Stabmixer, Handrührgeräte, Saftpressen, Trockenhauben, Staubsauger, Rasierapparate, Unterhaltungselektronik. Der Einsatz von elektrischen Haushaltsgeräten führte gegen Ende der 1950er Jahre in der Bundesrepublik zu einer regelrechten „Haushaltsindustrialisierung" und zur Entstehung eines „Haushaltsmaschinenparks".[35]
In der Werbesprache wurden die Frauen zugeordneten Elektrogeräte zu „Heinzelmännchen", „kleinen Helfern" und zur neuen „Stütze der Hausfrau!".[36] Weniger anstrengend, schneller zu bewältigen und hygienischer sollte die Küchen- und Hausarbeit sein [Abb. 13]. „Technik erspart heute den Frauen den Großteil der zermürbenden Arbeit, die ein Haushalt bis zum Beginn des 20. Jahrhunderts mit sich brachte", so die landläufige Meinung. Die Bewag prägte zu Werbezwecken sogar den Begriff von der Revolution der Hausfrauen:
„Teppichklopfen, Holz und Kohlen
Aus dem tiefen Keller holen –
Waschen – bis die Arme schmerzen –
Spät zur Ruh´ – mit schwerem Herzen.
Plätten – kochen – waschen – fegen –
Reicht ‚ELEKTRISCH' mir zum Segen!
Niemals müde – keine Schmerzen –
Abends frisch – mit frohem Herzen."[37]
Wie kein anderes neues Haushaltsgerät stand die Waschmaschine in der ersten Hälfte der 1950er Jahre für die eindeutige Entlastung der Hausfrau von schwerer körperlicher Arbeit. Der „Waschtag" war ein besonders anstrengender Teil der Hausarbeit.[38] Doch war eine Waschmaschine für die Haushalte mit kleinem und mittlerem Einkommen lange unerschwinglich. So kostete die Constructa [Abb. 14],

die erste Waschmaschine mit Bullauge auf dem deutschen Markt, 2.280 DM, so viel wie ein Kabinenroller. Das Haushaltsnetto lag jedoch durchschnittlich bei 800 DM.³⁹ Aufgrund sehr hoher Gerätepreise und der erst in den 1960er Jahren ausgereiften Technik wurde noch immer zu Hause per Hand gewaschen.

Auch moralische Vorbehalte zögerten zunächst den Kauf einer Waschmaschine hinaus. Hausfrauen, die sich eine Waschmaschine wünschten, galten lange als faul und sogar als egoistisch, da es sich um die Anschaffung eines Geräts handelte, das vom Familienbudget finanziert wurde und „nur der Hausfrau die Arbeit erleichterte". Es war üblich, das Geld lieber in Güter zu investieren, die für die ganze Familie nützlich waren, etwa ein Fernseher. Diese negative Haltung zum Kauf einer Waschmaschine kippte in der zweiten Hälfte der 1950er Jahre. Das steigende Interesse an der Waschmaschine belegt auch die Umfrage des Instituts für Demoskopie in Allensbach von 1955, in der die Bundesbürger nach ihren Konsumwünschen befragt wurden. Interessanterweise dominierte auf dieser Wunschliste unabhängig vom Geschlecht die Haushaltstechnik. So belegt die Waschmaschine sowohl bei den befragten Männern als auch bei den Frauen den zweiten Platz hinter dem Kühlschrank.⁴⁰.

Den ersten Platz der Wunschliste der Hausfrauen (1953, 1955, 1958) belegte der Kühlschrank. Obwohl Produktion und Verkauf enorme Steigerungsraten aufwiesen, konnte von einer allgemeinen Verbreitung jedoch noch keine Rede sein. Noch 1957 kostete ein einfacher Kühlschrank so viel wie ein gehobener Monatslohn. 1958 besaßen erst 21 Prozent der Haushalte einen Kühlschrank.⁴¹

Die Werbung suggerierte unaufhörlich die große Arbeitserleichterung für die Hausfrauen, z.T. sogar die totale Übernahme der Hausarbeit durch die Haushaltstechnik und somit

Abb. 15
Broschüre, AEG – Elektroherde, 1954
Umspannwerk Recklinghausen – Museum Strom und Leben

erheblich mehr Freizeit. „(...) Nur noch einmalige Waschmittelzugabe ... dann ist die Hausfrau frei. Sie kann das Haus verlassen, während CONSTRUCTA arbeitet. (...)",⁴² ein Stromversorger versprach auf einem Plakat sogar „Das ganze Jahr Ferien im Heim durch Elektrogeräte"⁴³.

Die Nutzung der tatsächlich durch die elektrischen technischen Haushaltshilfen gewonnenen „Freizeit" wurde durch die Werbung definiert: Der Mann als Ernährer, die Frau als Vollzeit-Hausfrau⁴⁴ und Mutter, wenn auch nun in einem technisierten Haushalt. Die Elektro-Werbung spiegelte Vorstellungen der Geschlechterbeziehungen wider, die Ehe und Liebe auf einer klaren Arbeitsteilung basierend darstellte. Die Zuneigung des Mannes hänge davon ab, wie die Hausfrau ihre Aufgaben bewältigte, der Familienvorstand erleichtere diese durch den Kauf der Elektrogeräte: „Erhalt' das Glück in Deiner Eh' durch ein Gerät von AEG!" (AEG 1950).

Wie stark die Geschlechterrollen über die Arbeitsteilung in den 1950er Jahren definiert waren, zeigt eine Prognose in einer bekannten Illustrierten⁴⁵ von 1950 für eine umfassende Elektrifizierung: „(...) Hier die Ansichten des bekannten

englischen Schriftstellers Walter Shepberg zu diesem Thema: ‚Werfen wir zunächst einen Blick in den Alltag des Menschen vom Jahre 2000. Immer noch steht die Hausfrau in der Küche. Aber der Gasherd und der elektrische Kocher sind verschwunden. Sie verstauben irgendwo im Museum. Die Hausfrau kocht mit Hochfrequenz-Strömen, die direkt durch das Essen geleitet werden. Sie benötigt zum Kochen nur noch den sechzigsten Teil der Zeit, die eine Hausfrau von 1950 vor ihrem Herd verbringt. (...)'" [Abb. 15]
Während elektrische Kleingeräte massenhaften Einzug in die bundesdeutschen Haushalte hielten, blieb die übergroße Zahl der Hausfrauen trotz aller Werbung bei Kohle und Gas. Sogar 1956 noch wurden mehr Kohleherde (825.000 Stück) als Gasherde (593.000 Stück) und Elektroherde (751.000 Stück) produziert.[46] Selbst bei Verwendung eines Elektroherdes war noch weit bis in die 1960er Jahre oft ein dazugehöriger Kohle-Beistellherd üblich, der für die Beheizung der Küche sowie zur Heißwasseraufbereitung und zum Warmhalten von Speisen und Getränken genutzt wurde.
In den 1950er Jahren gehörte die Elektrizitätswirtschaft zu den Wachstumsbranchen mit durchschnittlichen Absatzsteigerungen von jährlich sieben Prozent. Die Strompreise sanken, Qualität und Angebot der Elektrogeräte stiegen an. Zunehmende Einkommen und wachsende Berufstätigkeit der Frauen unterstützten ebenfalls den Elektroboom, der zu einem Merkmal des Massenwohlstandes in der Bundesrepublik wurde.[47] Die fortschreitende Elektrifizierung des Haushalts war aber auch in nicht geringem Maße auf eine verbesserte Stromversorgung zurückzuführen. Kam es Anfang der 1950er Jahre noch zu Engpässen, weil die zur Stromerzeugung benötigte Kohle nicht in erforderlichem Ausmaß gefördert werden konnte, vermelden die unter dem Titel „Deutschland im Wiederaufbau" erschienenen Tätigkeitsberichte der Bundesregierung nun von Jahr zu Jahr Verbesserungen. Die Verbraucher wurden zu verstärktem Konsum aufgefordert. „Strom kommt sowieso ins Haus – nutzt das aus!" hieß fortan die Devise, von der sich Elektrizitätswerke und Elektrogerätehersteller eine Maximierung ihrer Gewinne versprachen.[48]

Kinder und Elektrizität

Auch für Kinder wurde die neue Energie entdeckt. „Königin Elektrizität" [Abb. 16] – so lautete die Überschrift eines um 1950 entstandenen Schulaufsatzes, in dem zeitgenössischer Fortschrittsglaube und die Hoffnung auf bessere Zeiten gleichermaßen zum Ausdruck kamen.[49] Das gleichnamige illustrierte Kinderbuch[50] erzählte die Geschichte und Erforschung der Elektrizität, vermittelte elektrotechnisches Grundwissen und zeigte die Nutzbarmachung von Elektrizität in Wissenschaft, Beruf und Alltag. Die Elektrizität in Figur einer Königin verrichtete ihre Arbeit mit kleinen Helfern, den „Elektromännchen". Die Zuweisung der Geschlechterrollen entsprach der in der Elektro-Werbung propagierten:
Im häuslichen Bereich nutzte die Frau die Elektrizität zur Hausarbeit, zum Versorgen der Familie und Bedienen des Mannes: „Tante Frieda deckt den Tisch (...) und auch die Kanne mit der elektrischen Heizplatte fehlt nicht. Tante Frieda schaltet sie ein und sagt lächelnd: ‚So Ihr lieben Elektromännchen, macht schnell! Onkel Fritz möchte bald seinen Kaffee trinken!'(...)".[51]
Über die hierarchisch geschlechtliche Arbeitsteilung hinaus wurde eine unterschiedliche Wertschätzung der Arbeit von Männern und Frauen in Abhängigkeit von ihren „naturgegebenen" Fähigkeiten vorgenommen. Allein einige erwählte Männer sind zu geistiger, logischer Arbeit befähigt

Abb. 16
Kinderbuch, Königin Elektrizität, Grafik: Paul Rodewald, 1949
Privatbesitz

und machen die Elektrizität für die Menschheit nutzbar. Die Frauen/Hausfrauen sind lediglich Empfängerinnen der elektrischen Werkzeuge für rationelleres Arbeiten im Haushalt: „(Die Elektrizität) stellt die Hilfe ihrer Elektromännchen nicht ohne weiteres zur Verfügung, weil sie weiß, dass die Menschen nur das richtig zu schätzen und zu würdigen wissen, was sie sich selbst in rastloser Arbeit und unter zahlreichen Mühen erobert haben. Darum ließ sie nur die Männer und Forscher etwas von ihrer Macht erkennen, von deren ernstem Streben und von deren Fleiß sie sich selbst überzeugt hatte. (…) durch die unendlich viele Kleinarbeit ernsthafter Männer (ist) ganz allmählich die Elektrizität zum wohltätigen Helfer der Menschen geworden."[52] Die Hersteller von elektrischen Geräten begannen, spezielle Plakatwerbung für Kinder zu entwerfen, um ihnen den Gebrauch von Elektrizität so wenig gefahrvoll wie möglich näher zu bringen. Auf dem Spielzeugsektor wurden zahlreiche Produkte angeboten: elektrische Eisenbahnen, Kochherde, Mixer, elektrische Baukästen und vieles mehr.[53]

Die geschlechterspezifische Werbung für die Anwendung der Elektrizität, die Zuordnung in elektrisches Jungen- und Mädchenspielzeug, nutzte das kindliche Spielverhalten u. a. zur Sozialisation. Besonders die traditionellen Geschlechterrollen wurden durch (elektrisches) Mädchen- und Jungenspielzeug gefördert und sicher auch gefestigt. Beim Spielen konnten viele Aktivitäten eingeübt und neue Handlungsvariationen gebildet werden, welche die Zuweisung der späteren Aufgaben von Mann und Frau in Gesellschaft und Familie festschrieben. Die Mädchen sollten damit auf ihre spätere Rolle als Mutter und Hausfrau vorbereitet werden.

Die in den Puppenhäusern und Puppenstuben enthaltenen oder als Einzelspielzeuge angebotenen elektrischen Haushaltsgeräte in Miniatur zeugten von der zunehmend technisierten Hausarbeit und dokumentierten den Stand des realen technischen Fortschritts ihrer Zeit, mit der die spätere Hausfrau und Mutter zum Wohle der Familie umgehen sollte. Das Jungenspielzeug sprach vermeintlich männliche Tugenden wie Tapferkeit und Mut sowie das Verständnis für Technik und Konstruktion an, Kriegsspielzeug, Baukästen und technische Spielzeuge belegen dies eindrucksvoll. Im Kinderspielzeug wurden neueste technische Entwicklungen bis ins Detail imitiert. Nähmaschinen, Kochherde, Küchengeräte sprachen die „kleine Hausfrau" an, Autorennbahnen, Eisenbahnen den „kleinen Ingenieur". Einen Gegenpol bildeten die Bauernhöfe: In Zeiten der Technisierung spiegelten sie die Sehnsucht der Städter nach einem idyllischen Landleben. In der Realität dagegen wurden die ländlichen Gegenden gleichzeitig elektrifiziert.[54]

Elektrizitätswerbung in der DDR

Die Elektrowerbung wurde wie jede Werbung und Öffentlichkeitsarbeit in der DDR in Binnenmarkt und Außenhandel getrennt. Für den Binnenmarkt waren die Handelsorganisationen HO und Konsum mit eigenen Werbeabteilungen selbst verantwortlich, vom Erscheinungsbild bis zur Warenpräsentation. Das galt auch für die Warenhausketten Centrum und Konsument. Die andere Säule der Werbung war die Deutsche Werbe- und Anzeigenagentur DEWAG, die, abgesehen von HO und Konsum sowie der Gestaltung von Schaufenstern und der Schauveranstaltungen, quasi das Monopol im Bereich der Werbung hatte.[56] Ihre Aufgaben lagen in der Entwicklung, Produktion und Verbreitung von Werbung im Sinne der SED und somit der Regierung. Der DEWAG oblag sowohl die klassische als auch die politische Werbung sowie die Politpropaganda, sie war quasi die einzige Werbeagentur

Abb. 17
Flugblatt, Strom für den Aufbau des Sozialismus, 1952
Vattenfall Europe AG, Bewag-Firmenarchiv

Das „sozialistische" Flugblatt [Abb. 17], das „Mehr Strom für den Aufbau des Sozialismus" und gleichzeitig Stromsparen fordert, illustriert geradezu exemplarisch diesen Widerspruch von Anspruch und Realität. Es spiegelt aber auch eine Hierarchie der Versorgung mit Strom in den 1950er Jahren, der zum allergrößten Teil von den Großabnehmern, der Industrie, verbraucht wurde, wider.[59]
Die Stabilisierung der Energiewirtschaft konnte trotz umfangreicher Bemühungen nicht erreicht werden. Insbesondere die Langzeitwirkungen der Reparationen zeigten sich in den 1950er Jahren, dies betraf u. a. die maßgeblich durch die Demontageverluste verursachte Energiekrise, die im Zuge zweier Kohle- und Energieprogramme (1954 und 1957/58) gemindert werden musste,[60] ein Ziel, das nur durch den konsequenten Rückgriff auf die einheimische Braunkohle erreicht werden konnte.[61]
Durch die letztlich jedoch anhaltenden Energieprobleme war Werbung für Strom zwangsläufig auch Appell zum Stromsparen. In Kampagnen wurde die Bevölkerung der DDR immer wieder zum Stromsparen aufgerufen, neben der direkten Ansprache der privaten Verbraucher setzte man auch auf die Erziehung durch das Kollektiv.[62] Die FDJ nahm sich dieses Problems an und führte vom 15. bis 17. Januar 1958 in Potsdam die „Kampftage der Jugend gegen Stromsünder" durch. Ziel des Jugendprojektes mit der Losung „Blitz kontra Wattfraß" und dem Aufruf: „Greift den Wattfraß blitzschnell an, damit er nicht mehr fressen kann"[63] war, in „den Spitzenbelastungszeiten rigoros Strom zu sparen". Wenn nun eines der vielen Plakate,[64] die Appelle zum Stromsparen an die Bevölkerung richteten, u. a. „Frau Unbereit" (die Verkörperung einer Hausfrau) dadurch, dass sie „elektrisch kocht zur Spitzenzeit", dafür verantwortlich macht, dass „man noch in manchem Zimmer ärgerlich bei Kerzenschimmer (sitzt)",

der DDR. Anzeigen in Zeitungen wurden nicht bei diesen aufgegeben, sondern bei der DEWAG angenommen, ausgewertet und anschließend von ihr geschaltet.[56] Wie in der Bundesrepublik waren auch in der DDR in den 1950er Jahren die Wiederinbetriebnahme und der Aus- und Neubau von Kraftwerken sowie das angestrebte Ziel der Sicherstellung der Stromversorgung ein Fokus der Werbung für Elektrizität. Die Werbebotschaften transportierten ab 1952, als die SED-Regierung beschlossen hatte, dass nun die Zeit gekommen sei, mit dem Aufbau des Sozialismus zu beginnen, vorrangig eine politische Intention: Strom für den Aufbau des Sozialismus [Abb. 17]. Gleichzeitig wurden neue Lösungsstrategien für die anhaltende Energieversorgungsmisere propagiert, insbesondere im Rahmen des Fünfjahresplans (1951/52).[57]
Die Energiesparpolitik bildete einen wichtigen Aspekt, doch auch die seit 1952 wirksame „Verordnung zur Regelung der Energieversorgung" konnte häufige Stromabschaltungen, so genannte „Stromangebote", und den Energiemangel in der Versorgung der Bevölkerung und der Industriebetriebe nicht verhindern.[58]

steht diese Aussage im krassen Widerspruch zu der tatsächlich in privaten Haushalten vorhandenen Ausstattung an Elektroherden. In vielen Küchen herrschten Gasherde vor, der Absatz an Elektroherden und auch anderen Großgeräten war dagegen sehr eingeschränkt.[65]

Die Nachfrage nach langlebigen und hochwertigen Elektro-Konsumgütern wie Kühlschränken, Fernsehern und Waschmaschinen war ohnehin schlecht zu planen, da kaum Erkenntnisse über die Kaufkraft, Bedarfshierarchien und Wohnverhältnisse vorlagen.[66] Zudem wurden Haushaltsgeräte in der DDR nur sparsam hergestellt und erfuhren keine weiteren technischen Entwicklungen. Die erste „Waschmaschine" war Ende der 1950er Jahre ein Schallwäscher, der mittels zweier verstellbarer Tragarme in ein Waschgefäß, z.B. in einen Kochtopf oder einen Waschkessel bis 80 Liter Inhalt gehängt werden musste und mit dem man zwischen mehreren althergebrachten Arbeitsschritten auch immer wieder die Wäsche beschallte.[67] Das erste als Geschirrspülmaschine bezeichnete elektrische Gerät sollte erst Mitte 1960 im Handel angeboten werden.

Als eine Reaktion auf den Unmut der Bevölkerung über den Mangel an Grundbedarfs- und (Elektro-)Konsumgütern waren nach dem V. SED-Parteitag 1958 mit der Losung „Tausend kleine Dinge" alle Industriebetriebe aufgefordert worden, Güter des täglichen Bedarfs zu produzieren. Im Funkwerk Köpenick sollten elektrische Kaffeemühlen, bei Bergmann-Borsig Trockenrasierapparate, im Elektro-Apparate-Werk (EAW) Treptow Bodenstaubsauger und im Kabelwerk Heizkissen hergestellt werden.[68] Die vermeintliche Erfüllung dieses Anspruches kam exemplarisch in der Gebrauchsanleitung für einen elektrischen Schallwäscher zum Ausdruck: „Vibrette ist das neue Schallwaschgerät, das vom VEB Transformatoren- und Röntgenwerk Dresden hergestellt wird, um die Beschlüsse unserer Regierung zu verwirklichen, mehr und bessere Massenbedarfsgüter zu erzeugen (...)."[69]

Bei eingehender Betrachtung der Elektrowerbung für Haushaltsgeräte zeigt sich eindeutig, an welches Geschlecht diese gerichtet war, zwar nur selten an die Hausfrau, sondern eher an die werktätige Frau, nicht aber an den werktätigen Mann: „Die ‚Vibrette' soll vor allem der werktätigen Frau die Arbeit erleichtern.(...)"[70] Zwar propagierte die DDR bereits seit ihrem Bestehen, im Gegensatz zum gesellschaftlichen Leitbild der Frau als Hausfrau und Mutter in der Bundesrepublik, die „Heldin der Arbeit" mit dem Ziel, die Frau in die Arbeitswelt zu integrieren, und die hohe Frauenerwerbsquote war DDR-typisch, faktisch blieben die Kindererziehung und Führung des Haushalts jedoch in erster Linie Aufgaben der Frauen.[71]

Gegen Ende der 1950er Jahre sprach die Werbung Frauen auch im Fernsehen an. Der Küchenmaschine „Komet" wurden Fähigkeiten nachgesagt, wie sie bundesdeutsche Hausfrauen von ihren „Küchenwundern" gewöhnt waren.[72] Die erste Werbesendung des Deutschen Fernsehfunks lief am 1. Juni 1959 und hieß „Notizen für den Einkauf". Regelmäßige Werbung gab es ab März 1960, jetzt unter dem Label „Tausend Tele-Tips", zunächst: „Tinas tausend Tele-Tips".[73] Das Neue Deutschland hatte 1959 geschrieben, dass „die Kapitalisten in Westdeutschland mit Hilfe des Werbefernsehens die Illusion vom Wirtschaftswunder" geschaffen hätten, „während wir freiwillig unser Licht unter den Scheffel stellen". Die Abgrenzung vom westdeutschen Markt war wohl das wichtigste Motiv für die Einführung des Werbefernsehens in der DDR.[74]

Während die im bundesdeutschen Werbefernsehen angepriesenen Elektrogeräte in ausreichendem Maße zum Kauf zur Verfügung standen und seit Mitte der 1950er Jahre von immer breiteren Kreisen der Bevölkerung auch bezahlt werden konnten, blieb das Konsumgüterangebot in der DDR durch Mangel gekennzeichnet. In einer 1959 veröffentlichten „Werbeschrift für den sozialistischen Handel" hieß es: „Die Beschwerden und Eingaben über die mangelnde Versorgung mit (...) Kühlschränken, Fernsehgeräten, Waschmaschinen, (...) rissen nicht ab. Engpässe in der Versorgung gehörten zur Tagesordnung."[75] Die Elektrifizierung in nennenswertem Umfang, insbesondere die der Haushalte, sollte in der DDR erst eine Erscheinung der 1960er Jahre werden und dieser Prozess gegenüber der Bundesrepublik erst mit erheblicher Verzögerung einsetzen.

1. Walther Rathenau, zitiert nach Wolter, Daniel und Egon Reuter: Preis- und Handelskonzepte in der Stromwirtschaft: Von den Anfängen der Elektrizitätswirtschaft bis zur Entwicklung einer Strombörse. 1. Aufl. Wiesbaden 2005, S. 226.
2. Vgl. Horstmann, Theo: Elektrifizierung in Westfalen, Fotodokumente aus dem Archiv der VEW, 2. Auflage, Essen 2000, S. 46.
3. Vgl. Buck, Susanne: Das Bügeleisen. www.susanne-buck.net/buegeleisen.
4. Marlies Ebert, Kuratorenteam der Ausstellung „Berlin im Licht", Stiftung Stadtmuseum Berlin, Berlin 2008/2009: Statistische Erhebung über die Elektrifizierung Berlins, Recherche zum Ausstellungsmodul „Licht und Schatten".
5. Horstmann, Theo: a.a.O., S. 46.
6. Vgl. Trurnit, Hanno: Und man sieht nur die im Lichte. Die Geschichte von Gas und Strom, Wärme und Wasser in Frankfurt und der Region. Frankfurt am Main 2004, S. 171.
7. Der Lichtblick, Ausg. 1, 1950, Vattenfall Europe AG, Bewag-Firmenarchiv.
8. Vgl. Sabine Röck: Berliner Außenraumleuchten. Eine Geschichte der öffentlichen Beleuchtung Berlins von 1826-1989 mit historischem, stadtgestalterischem und sozialem Schwerpunkt. Dissertation, Fb Ästhetische Erziehung, Kunst- und Kulturwissenschaften, Fakultät Bildende Kunst der Hochschule der Künste Berlin, Berlin 2001, S. 169-172.
9. Bohn, Jörg: Spielzeugmixer / Kindermixer / Spielzeug-Küchenmaschinen, in: Sammlermagazin „TRÖDLER", Heft 2/2009.
10. Persönliche Lebenssituation des Mehrpersonenhaushalts Wagener, Papenburg, Emsland.
11. Vgl. Berliner Städtische Elektrizitätswerke Akt.-Ges. Bewag (Hrsg): 50 Jahre Berliner Elektrizitätswerke 1884-1934. Bearbeitet von C. Matschoß, E. Schulz und Th. A. Groß, Berlin 1934.
12. Vgl. Wolter, Daniel und Egon Reuter: a.a.O., S. 185-186.
13. Vgl. Berliner Kraft- und Licht (Bewag)-Aktiengesellschaft (Hrsg.): 100 Jahre Strom für Berlin. Ein Streifzug durch unsere Geschichte in Wort und Bild 1884-1984. Berlin 1984, o.A.
14. Zitiert nach Schlede, Brian: 80 Jahre Electrostar Schöttle GmbH & Co., Ein kleiner Auszug aus der Firmengeschichte, S. 2. © Electrostar Schöttle GmbH & Co.
15. Vgl. Meyer, Lioba: Mehr Licht! Die Geschichte der Energieversorgung Ems-Weser-Elbe. Oldenburg 2005, S. 156.
16. Zitiert nach: Berliner Kraft- und Licht (Bewag)-Aktiengesellschaft (Hrsg.): Elektrowerbung. Eine Auswahl bisher geleisteter Arbeit, Broschüre Dezember 1960. Vattenfall Europe AG, Bewag-Firmenarchiv.
17. Vgl. Sabine Röck: a.a.O., S. 169.
18. Dieser universell eingesetzte Slogan fand z.B. sowohl auf den RWE- und EWE-Messeständen, Ausstellungs- und Schulungsräumen sowie in Schaufenster-Inszenierungen breite Anwendung.
19. Beschreibungen der Präsentationsformen nach Auswertung von Bildmaterialien der RWE und EWE durch Christoph Wagener.
20. Vgl. Berliner Kraft- und Licht (Bewag)-Aktiengesellschaft: a.a.O.
21. Erfolgs ABC des Starmixerverkäufers. Herausgegeben von der Electrostar-Vertriebsgesellschaft mbH, Reichenbach (Fils) Württ.
22. Universeller Slogan auf BEWAG-Firmenwagen für verschiedene Haushaltsgeräte.
23. RWE AG: Chronik 1946-1958. Zwischen Wiederaufbau und internationaler Verbundwirtschaft. Internet-Unternehmenspräsentation.
24. Vgl. Berliner Kraft- und Licht (Bewag)-Aktiengesellschaft (Hrsg.): 100 Jahre Strom für Berlin. Ein Streifzug durch unsere Geschichte in Wort und Bild 1884-1984. Berlin 1984, o.A.
25. Berliner Kraft- und Licht (Bewag)-Aktiengesellschaft, ebd.
26. Liebling der Hausfrau, P. Fischerkoesen, A: AEG, BRD, 1954, 2'30.
27. Vgl. Film: „Reklame Reklame", Werbung im Wandel der Zeit, v. O. Runze.
28. Vgl. Rosenplänter, Meike: Persil zwischen halb acht und acht. Vor 50 Jahren lief der erste Fernsehwerbespot. Museumsmagazin online, Archiv Stiftung Haus der Geschichte der Bundesrepublik Deutschland.
29. Vgl. Schneider, F. Ulrich: Der Januskopf der Prominenz. Zum ambivalenten Verhältnis von Privatheit und Öffentlichkeit. Wiesbaden 2004, S. 7.
30. Vgl. Schneider F. Ulrich: a.a.O., S. 3.
31. Der Doppelkopf, in: Der Spiegel, 26/1959, S. 47-57.
32. Vgl. Kriegeskorte, Michael: „Fünf Könige, zwei Königinnen, eine königliche Prinzessin, acht Fürsten, sieben Herzöge …" – ein Blick zurück, Das WERBEarchiv, www.werbearchiv.de.
33. Vgl. Sylvester, Regine: Der Staubsauger als Wahlhelfer. Der „Kobold" von Vorwerk: Ein motorisierter Besen wurde zum Kultobjekt der Zeitgeschichte, in: Berliner Zeitung, 24. April 1998 und vgl. Hessler, Martina: „Mrs. Modern Woman": zur Sozial- und Kulturgeschichte der Haushaltstechnisierung. Frankfurt/M. 2001, S. 9.
34. Die Geschichte der Konsumgesellschaft unter besonderer Berücksichtigung der Entwicklungen in der BRD seit 1950, Universität Potsdam, Fb Sozialwissenschaften, Seminar, Konsum und Umwelt, SS 2005.
35. Kleinschmidt, Christian: Technik und Wirtschaft im 19. und 20. Jahrhundert. München 2007, S. 60.
36. Als „Stütze der Hausfrau" war hierarchisch das „bessere Dienstmädchen", „Hausfräulein" oder „Fräulein"

angesiedelt. Vgl. Keltinger, Elise: Lehrbuch für Dienstmädchen in bürgerlichen und vornehmeren Häusern. Essen 1905, S. 23. Der Begriff wurde früh zu Werbezwecken in Werbeslogans für elektrische Haushaltsgeräte eingesetzt: Die beste Stütze der Hausfrau" (Monopol SST für den Monopol-Staubsauger). In den 1950er Jahren war der Begriff für elektrische Haushaltsgeräte allgemein etabliert, so warb z.B. Bosch für Küchenmaschinen mit dem Werbeslogan: „Die perfekte Stütze der Hausfrau".

37. Zitiert nach „Der Lichtblick", Nr. 3, 1951. Vattenfall Europe AG, Bewag-Firmenarchiv.

38. Vgl. Christian Kleinschmidt: a.a.O., S. 38.

39. Vgl. Constructa energy®. www.constructa.de.

40. Vgl. Fast, Viktor: Die Technisierung der Hausarbeit von 1950 bis 1970. Bachelorarbeit, Universität Bielefeld, Fakultät für Geschichtswissenschaft, Philosophie und Theologie, Abteilung Geschichtswissenschaft, Seminar Haushalt, Hausarbeit und Haushaltstechnisierung im 19. und 20. Jahrhundert. Bielefeld 2006, S. 15.

41. Vgl. Buck, Susanne: Kühlschränke. www.susanne-buck.net.

42. DIE ZEIT, Es greift eins in's andere, 05.12.1958, Nr. 49.

43. Als die „elektrischen Heinzelmännchen" in fast jede Küche kamen, Online-Ausgabe: www.city-zeitung.de, Ausg. Juni/Juli 2006, S. 3.

44. Zu den gesetzlich verankerten Pflichten der Ehefrau gehörte in der Bundesrepublik Deutschland bis zur Reform des BGB 1958, den Anweisungen des Mannes zu folgen und die Führung des Haushalts.

45. „Blick in das Jahr 2000" „Hör Zu!" Nr. 4 ,1950, S. 32.

46. Meyer-Braun, Renate: Nachdenkliche Betrachtungen über den E-Herd, in: Elektrizität 1959, Heft 7, S. 167.

47. Vgl. Döring, Peter und Christoph Weltmann: „Die Erweckung von Stromhunger". Elektrizitätswerbung im 20. Jahrhundert, in: Wessel, A. Horst (Hrsg.): Das elektrische Jahrhundert. Entwicklung und Wirkungen der Elektrizität im 20. Jahrhundert. Essen 2002, S. 103.

48. Vgl. Bohn, Jörg: a.a.O.

49. Meiners, Uwe: Innovation und kultureller Wandel: das Beispiel der Elektrifizierung im 20. Jahrhundert, Westfälische Wilhelms-Universität Münster, Seminar für Volkskunde/Europäische Ethnologie, SS 2005.

50. Rodewald, Paul: Königin Elektrizität: Eine lustige, lehrreiche Geschichte vom Wesen und Wirken der Elektrizität. Reutlingen 1949.

51. Rodewald, Paul: ebd., a.a.O., S. 10-11.

52. Rodewald, Paul: ebd., S. 12.

53. www.stadtwerke-lemgo.de/maschinenhalle

54. Vgl. Waldecker Spielzeugmuseum, www.regiowiki.hna.de/Waldecker_Spielzeugmuseum.

55. mdr.de (2004): Gespräch mit Gottfried Scheffler, DEWAG- Experte. Fernsehen/Damals in der DDR/Stichwort Werbung.

56. Vgl. Glaser, Jan: Werbung in der Deutschen Demokratischen Republik, mdh–mmb, 08.02.2007, www.quadvert.de.

57. Vgl. Mittmann, Elke: Elektrizitätsgeschichte in Sachsen-Anhalt. Land unter Strom, in: Brüggemeier, Franz-Josef: Unter Strom. Energie, Chemie und Alltag in Sachsen-Anhalt, 1890-1990; Expo 2000 Sachsen-Anhalt GmbH (Gesamthrsg.). Wittenberg 1999.

58. Vgl. Mittmann, Elke: a.a.O., S. 87-88.

59. Im Jahr 1960 verbrauchten die Großabnehmer noch 72,5 % des gesamten Energieaufkommens an Elektrizität, die privaten Haushalte nur 7 %. Quelle: Statistisches Jahrbuch der DDR, 11. Jahrgang, Staatliche Zerntralverwaltung für Statistik (Hg.), Berlin 1969, S. 359 ff., zitiert nach Tippach-Schneider, Simone: Kohle, Mixer, PVC – Energie in privaten Haushalten, in: Brüggemeier, Franz-Josef: a.a.O.,S. 168.

60. Vgl. Karlsch, Rainer: „Alles auf die Räder". Demontagen und Reparationslieferungen 1945-53, in: Brüggemeier, Franz-Josef: ebd., S. 165.

61. Vgl. Mittmann, Elke: a.a.O. S. 88.

62. Tippach-Schneider, Simone: Kohle, Mixer, PVC – Energie in privaten Haushalten, in: Brüggemeier, Franz-Josef: Unter Strom. Energie, Chemie und Alltag in Sachsen-Anhalt, 1890-1990; Expo 2000 Sachsen-Anhalt GmbH (Gesamthrsg.). Wittenberg 1999, S. 171.

63. Blitz contra Wattfraß, in: Potsdams andere Seiten, Die Linke: Monatszeitung für die Landeshauptstadt Januar 2007, Nr. 1, 3. Jahrgang, S. 4.

64. Appell zum Stromsparen der Abteilung Information des Rates des Bezirks Dresden, 1952. Quelle: Deutsches Werbemuseum e. V., Frankfurt/M.

65. Vgl. Tippach-Schneider: a.a.O., S. 168.

66. Vgl Kaminsky, Annette: Illustrierte Konsumgeschichte der DDR, Landeszentrale für politische Bildung Thüringen, Erfurt 1999, S. 28.

67. Nach der Gebrauchsanleitung „Vibrette", VEB Transformatoren- und Röntgenwerk Dresden. Quelle: DDR-Museum, Pirna.

68. Vgl. Kaminsky, Annette: a.a.O., S. 26.

69. Zitiert aus Gebrauchsanleitung „Vibrette", VEB Transformatoren- und Röntgenwerk Dresden. Quelle: DDR-Museum, Pirna.

70. Zitiert aus Gebrauchsanleitung „Vibrette".

71. Stiftung Haus der Geschichte der Bundesrepublik Deutschland: Pressemitteilung zur Ausstellung „Ungleiche Schwestern? Frauen in Ost- und Westdeutschland", 09. Oktober 1997 bis 08. März 1998. www.hdg.de/bonn/ausstellungen/archiv/1997/ungleiche-schwestern.

72. Der Spiegel: Ost-Werbesendungen. Alles mit Ei. 11.05.1960.

73. Vgl. Kaminsky, Annette: a.a.O., S. 26.

74. Tippach-Schneider, Simone: Tausend Tele-Tips: Das Werbefernsehen in der DDR. Berlin 2004. S. 53.

75. Vgl Kaminsky, Annette: a.a.O., S. 27.

Firmenprospekt der Escher Wyss GmbH Werk Lindau (Titelblatt), 1954, Privatbesitz, Das Kühlaggregat bürgt für die technische Qualität. Eine Frau im modischen Sommerkleid demonstriert die Handhabung der Gefrierfächer (Abb. 6 a)

Der Landhaushalt im Fokus – Werbeoffensive für elektrische Gemeinschaftsanlagen in den 1950er Jahren

Beate Krieg

Der gesamte Modernisierungsprozess mit Elektrogroßgeräten in gemeinschaftlicher Nutzung ist im ländlichen Raum auf die Zeit Ende der 1920er Jahre bis 1970 ausgerichtet. Ende der 1920er Jahre begann die gemeinschaftliche Maschinennutzung als Hilfe zur Selbsthilfe in landwirtschaftlichen Hausfrauenvereinen, indem Frauen auf genossenschaftlicher Basis elektrische Waschmaschinen kauften. Dieser Modernisierungsprozess wurde bis Ende der 1930er Jahre mit elektrischen Gemeinschaftsbacköfen ausgebaut, mit dem Kriegsausbruch 1939 und die Umstellung auf Rüstungsindustrie erfolgte eine Zäsur.

Ab Ende der 1940er Jahre griffen staatliche Förderprogramme, Elektrizitätsunternehmen, Elektroindustrie, landwirtschaftliche Genossenschaften und Landfrauenverbände die Modernisierung durch gemeinschaftliche Maschinennutzung erneut auf. Neu kamen Gemeinschaftsgefrieranlagen dazu. Impulsgebend waren Vorzeigeeinrichtungen, die bundesweit über Mittel aus dem „European Recovery Program" (ERP) und später über Bundes- und Landesmittel gefördert wurden. Entscheidend waren dabei Bundesmittel aus dem Lübke-Plan ab 1954/55 und von 1956 bis 1960 Mittel aus dem „Grünen Plan". Im deutschen Südwesten gab es bereits seit 1952 durch das Programm „Behebung von Notständen in der Landwirtschaft" eine Förderung über Kredite und Zuschüsse. Die Förderung von Gemeinschaftsgefrieranlagen und -schlachtanlagen lief dort bis 1970.[1] Breite Werbeoffensiven griffen diese Zielsetzungen auf und führten zur Einrichtung von Gemeinschaftsanlagen im ländlichen Raum. Um 1970 ließen Elektrogeräte in den Haushalten die Gemeinschaftsanlagen überflüssig werden. Damit trugen die hauswirtschaftlichen Gemeinschaftsanlagen dazu bei, in einer Übergangsphase einen Zugang zu diesen Geräten zu schaffen und Erfahrungen damit zu sammeln.

Der Stromverbrauch in ländlichen Gemeinden erhöhte sich zunächst durch die Einrichtung von Gemeinschaftsanlagen und dann noch einmal erheblich, als die Haushalte ab den 1960er Jahren zunehmend Einzelgeräte anschafften. In der Anfang der 1990er Jahre geführten Diskussion „ökologisch orientierte Techniknutzung als Ganzes zu begreifen" schien die gemeinschaftliche Maschinennutzung unter dem Aspekt der Ressourcenschonung und Abfallvermeidung neu entdeckt zu werden. Allerdings lässt sich bisher keine Breitenwirkung feststellen.[2]

Wirtschaftswunderzeit begünstigt Modernisierungsprozess

Hans-Ulrich Wehler führt verschiedene Ursachen des Wirtschaftswunders aus:
„Das deutsche ‚Wirtschaftswunder' verkörperte daher, so gesehen, nicht primär den Erfolg einer entschlossenen Öffnung nach außen, sondern bewies vielmehr eine Selbstbezogenheit auf seinen eigenen Aufbauerfolg aufgrund der endogenen Antriebskräfte und einer in den 1920/30er Jahren ausgebildeten Fähigkeit zur Massenproduktion von Investitions- und Konsumgütern, die nach 1950 gewissermaßen zu Angebot und Nachfrage paßte. Kurzum: Fraglos haben die Unternehmen seit dem späten 19. Jahrhundert immer wieder von Amerika gelernt, aber nach 1949 waren rund drei Jahrzehnte lang der Anschluß an die Erfahrung der Weimarer Republik, das Vertrauen auf das eigene Potential, auf die eigene technologische Leistungsfähigkeit ungleich wichtiger als die Orientierung an den USA."[3]
Diese Überlegungen können dem Modernisierungsprozess mit hauswirtschaftlichen Elektrogroßgeräten zugrunde gelegt werden. Der Marshallplan gab erste Impulse, um den Prozess im Nachkriegsdeutschland wieder aufzugreifen.

In der Gefriertechnik kam es zu einem Transfer aus den Vereinigten Staaten und aus Skandinavien. Doch im Großen und Ganzen baute die Elektroindustrie auf die Kenntnisse aus der Zwischenkriegszeit auf und entwickelte diese ab Ende der 1940er Jahre weiter. Die Währungsreform war eine wichtige Voraussetzung für das Wirtschaftswunder. Wirtschaftsminister Ludwig Erhard setzte 1949 die „Soziale Marktwirtschaft" gleich mit der Aussage „Wohlstand für alle" – dazu führte er aus: „Eine Wirtschaftspolitik darf sich aber nur dann sozial nennen, wenn sie den wirtschaftlichen Fortschritt, die höhere Leistungsergiebigkeit und steigende Produktivität dem Verbraucher schlechthin zugute kommen lässt. Das vorzüglichste Mittel dieses Ziel innerhalb einer freien Gesellschaftsordnung zu erreichen, ist und bleibt der Wettbewerb; er ist der tragende Pfeiler dieses Systems."[4] Vor diesem Hintergrund gilt es in diesem Beitrag aufzuzeigen:
– Wie ist der Modernisierungsprozess und die Rolle in der Werbung in den 1950er Jahren verlaufen?
– Wer war an diesem Prozess beteiligt?
– Welche Veränderungen gibt es in den 1950er Jahren in Bezug auf die Werbung für Gemeinschaftsanlagen und für Einzelgeräte?

Als Vorreiter der Einzeltechnisierung wurden Gemeinschaftsanlagen mit Elektrogroßgeräten analog zum Prozess in der Modernisierung der Landwirtschaft mit Zeit- und Kraftersparnis propagiert. Form und Gestaltung der Werbemaßnahmen der Zwischenkriegszeit flossen in der Nachkriegszeit ein, als der Prozess zur Modernisierung des ländlichen Raumes aufgenommen wurde. Gemeinschaftsanlagen mit Elektrogroßgeräten gab es bundesweit – am häufigsten wurden in der Wirtschaftswunderzeit Gemeinschaftsgefrieranlagen umgesetzt. Eine Vorreiterstellung geht vom deutschen Südwesten aus, einzelne Bundesländer legten spezielle Programme auf wie etwa Bayern mit dem „Haus der Bäuerin" von 1951 bis 1972 oder Hessen mit den Dorfgemeinschaftshäusern – mit Badeeinrichtung, Sauna sowie Wohnung und Behandlungsraum für die Gemeindeschwester, Fernsehraum, Bibliothek und Kindergarten von 1952 bis 1987.

In der DDR war die Einrichtung von Dorfwirtschaftshäusern zur Erleichterung der Landarbeiterinnen, der werktätigen Einzelbäuerinnen und der Genossenschaftsbäuerinnen in Zentraldörfern vorgesehen. Die Forderung war eingebunden in die Erkenntnis des Sozialismus, dass den Frauen nicht nur eine große Bedeutung als Produktivkräfte, sondern auch in gesellschaftlicher Hinsicht zukommt. Ursula Plank stützte sich in ihren Ausführungen innerhalb der Agrarplanung auf Vorbilder in Baden-Württemberg und Hessen.[5]

1949 veranstaltete die Deutsche Landwirtschaftsgesellschaft in Hannover die Tagung zu Gemeinschaftsanlagen mit dem Tagungsband „Landfrau, so geht's leichter!" Anne Sprengel, die später beim Bundesministerium für Ernährung, Landwirtschaft und Forsten für den Bereich der ländlichen Hauswirtschaft verantwortlich war, führte dazu in ihrem grundlegenden Beitrag aus:
„Nach dem völligen wirtschaftlichen Zusammenbruch Deutschlands ist es in den letzten Jahren allerdings um die Gemeinschaftsanlagen still geworden. Maschinen, Geräte, Ersatzteile und sonstiges Material für die Instandsetzung – von Neueinrichtungen ganz zu schweigen – waren kaum zu beschaffen […] Jetzt aber – nach der Währungsreform – hoffen wir auf eine Stabilisierung unserer wirtschaftlichen und sozialen Lage und damit auf einen, wenn auch langsamen und mühevollen, so doch stetigen Aufbau auf allen Gebieten unseres Lebens, die der Erhaltung und Stärkung unserer Arbeitskraft und Gesundheit dienen. In diesen Rahmen gehört auch die Gemeinschaftsanlage auf dem Lande."[6]

Abb. 1
Broschüre der Energie-Versorgung
Schwaben (EVS), 1950,
Wirtschaftsarchiv
Baden-Württemberg

industrie, Genossenschaften, Verbände, Staat und die verschiedenen Bundesländer. Indirekt übermittelten Wissenschaftler, Journalisten, Fotografen und Grafiker diese technischen Neuerungen – direkt und aktiv beteiligt waren Beraterinnen und Berater, Bürgermeister, Gemeinderäte und Gemeindevertreter. Die Rezipienten der Neuerungen waren in der Regel Landfrauen,[8] d.h. Frauen aus dem ländlichen Raum, und dabei überwiegend Bäuerinnen. Dargestellt werden soll die Werbeoffensive im deutschen Südwesten – Beispiele aus anderen Bundesländern werden vergleichend herangezogen [Abb. 1].[9] In der bundesweit vertriebenen Zeitschrift „Der Strom" aus dem Energie-Verlag in Heidelberg erschienen in den 1950er Jahren jährlich mehrere redaktionelle Beiträge zu Gemeinschaftsanlagen. Berücksichtigt wurden dabei auch Gemeinschaftsanlagen im städtischen Mietwohnungsbereich.[10] Über die Landwirtschaftsblätter hinaus hatte insbesondere die Zeitschrift „Land und Frau", das Organ des Deutschen Landfrauenverbandes aus dem Verlag Paul Parey in Hamburg, einen hohen Stellenwert im Landhaushalt. Auch in dieser Zeitschrift fanden sich regelmäßig Berichte über Gemeinschaftsanlagen.

Gerade die landwirtschaftliche Beratung sollte durch unterschiedliche Formen darauf eingehen, durch Maschinen die Frauenarbeit auf den landwirtschaftlichen Betrieben zu erleichtern. Aenne Gausebeck, bei der Landwirtschaftskammer Rheinland mitverantwortlich für den Modernisierungsprozess, begründete dies in dem Beitrag „Gemeinschaftsanlagen wichtiger denn je" mit folgenden Argumenten:
– Zum wertvolleren Lebensstandard (für Bäuerinnen notwendiges Maß an Ruhe mit mehr Zeit für Familienpflege und Wohnkultur)
– Macht's ihr müheloser in Stall und Hof (Technik und Maschineneinsatz sollten die Frauen entlasten)
– Macht's der Landfrau müheloser auch im Haus (Ausbau der Elektrowärme für „Kochmaschinen", Herde, Futterdämpfer und Heißwasserbereitung; statt Einkochen Einfrieren)
– Gemeinschaftsanlagen für ländliche Frauenarbeit (Ausweitung der Einrichtungen auf den norddeutschen Raum; ambulante Anlagen für Streusiedlungen; Ausbau eines Maschinen-Lohngewerbes durch Genossenschaften).[7]
Im Kommunikationsprozess zur Einrichtung von elektrischen Gemeinschaftsanlagen in den 1950er Jahren beteiligten sich als Kommunikatoren Elektrizitätsunternehmen und Elektro-

Vorbildwirkung des ersten Gemeinschaftshauses mit Gefrieranlage aus Winterstettenstadt

In der Nachkriegszeit war Winterstettenstadt (Kreis Biberach) die Vorzeigeanlage für Gemeinschaftsanlagen. Denn der weitblickende Bürgermeister Anton Harsch (1892–1972) bemühte sich bereits 1950 um ERP-Zuschüsse, aus dem sogenannten Marshall-Plan. Wie sein Sohn Otto Harsch erzählte, erfuhr er davon aus der täglichen Lektüre der „Frankfurter Allgemeinen Zeitung". In Winterstettenstadt wurde daher

Abb. 2
Emailleschild der Firma Linde,
um 1951,
Umspannwerk Recklinghausen –
Museum Strom und Leben

bereits Anfang der 1950er Jahre ein zweistöckiges Dorfgemeinschaftshaus mit Back- und Waschküche, einer Badeeinrichtung, einer Milchsammelstelle und einer Gemeinschaftsgefrieranlage geplant. Unterstützt durch Landeszuschüsse richtete die Gemeinde dort fünf Wohnungen ein. Die Gemeinschaftsgefrieranlage fand besondere Beachtung, weil sie die erste Anlage aus deutscher Produktion war. Es handelte sich dabei um eine Schrankanlage der Firma Linde [Abb. 2] mit 18 Fächern. Sie war zuvor Ausstellungsstück auf der Oberschwäbischen Landwirtschafts- und Gewerbeschau in Ravensburg und wurde im Herbst 1951 direkt im Gemeinschaftshaus in Winterstettenstadt eingebaut. Der Bürgermeister warb zuvor in den 141 Haushalten für die Beteiligung an der neuen Gefriertechnik – zwölf Interessenten fanden sich in den sechs umliegenden Ortschaften. Nach Inbetriebnahme im Dezember 1951 wuchs das Vertrauen in die neue Technik. Ein Jahr später sah sich die Gemeinde veranlasst, die Gefrieranlage auf 70 Fächer zu erweitern. Aus dem Gemeinderatsprotokoll gehen die monatlichen Mietpreise hervor, für die 180-Liter-Fächer lagen sie bei 6 DM, für die 120-Liter-Fächer bei 4 DM, für die 100-Liter-Fächer bei 3 DM und für die 80-Liter-Fächer bei 2,75 DM. Diese Neuerungen, 1953 kam in einem separaten Gebäude ein Gemeinschaftsmelkstand hinzu, machte die 520-Seelen-Gemeinde schlagartig berühmt. Die Energie-Versorgung Schwaben AG, die Württembergische Ländliche Zentralgenossenschaft und die Firma Linde warben mit dem „technischen Fortschritt" in Winterstettenstadt. Tausende reisten in Omnibussen zur Besichtigung an – nahezu die Hälfte waren Landfrauengruppen. Wie aus dem Besucherbuch hervorgeht, kamen die meisten Besucherinnen und Besucher aus dem süddeutschen Raum, aber auch aus der Pfalz und Norddeutschland. Sogar Gruppen aus Österreich und Frankreich wählten Winterstettenstadt als Besuchsziel. Bürgermeister Harsch erhielt in den ersten Jahren nach der Eröffnung viele Anfragen, wie er mit der technischen Neuerung zufrieden sei. Daraufhin antwortete Anton Harsch beispielsweise dem Landwirtschaftsamt in Buchen 1953: „Das Einlegen und Abholen von Gefriergut geschieht am zweckmäßigsten abends, damit die Kälteverluste, durch Verwendung von Nachtstrom, ersetzt werden können. In unserer Anlage wurden bis jetzt nur Fleisch u. Wurst eingelegt. Z. Zeit laufen Versuche mit Gemüse, Beeren usw., welche noch nicht abgeschlossen sind. Das Einfrieren dieser Lebensmittel wird sich auf dem Lande recht schnell einführen lassen. Das wichtigste Gefriergut, Fleisch u. Wurst, muß in einem dazu hergestellten Cellophanpapier eingepackt werden. Wurst sollte wenig Wassergehalt aufweisen. In alten, zur Konservierung nicht mehr geeigneten Dosen, werden am besten Knochen eingepackt und eingelegt [...]. Ich bin überzeugt, daß auch bei Ihnen die Tiefkühlanlage sehr rasch Anklang findet und die Erstellung dankbar anerkannt wird. Viel Erfolg!" – Mit diesen Briefen erwies sich Harsch als wahrer Pionier für Gemeinschaftsanlagen. Von den Einrichtungen im Gemeinschaftshaus wurde der Badebetrieb 1965 eingestellt, die Waschküche 1967, die Backküche 1969 und die Gefrieranlage, die zuletzt ein Privatmann betrieb, 1977.[11]

Breite Werbeoffensive für den Modernisierungsprozess durch Ausstellungen

Um bei der Landbevölkerung Interesse für die technischen Neuerungen zu wecken, warben Elektrizitätsunternehmen und Genossenschaften auf landesweiten und regionalen Ausstellungen. Dazu erschienen spezielle Werbeschriften. Im Gebiet der Energie-Versorgung Schwaben AG präsentierte

Abb. 3
Foto, EVS-Messestand „Dörfliche Gemeinschaftsanlage" auf der Internationalen Bodenseemesse in Friedrichshafen, 1954, Wirtschaftsarchiv Baden-Württemberg

Abb. 4
Foto, eine Wäscheschleuder, eine Bottichwaschmaschine und zwei Frontalwaschmaschinen gehörten zur Präsentation der Gemeinschaftswaschküche auf dem Messestand. Im Hintergrund rechts eine Heißmangel, 1954, Wirtschaftsarchiv Baden-Württemberg

das Unternehmen 1949 in Riedlingen die Ausstellung „Elektrogeräte für die Landwirtschaft" mit einem elektrischen Gemeindebackofen. Diese Idee wurde ein Jahr später zu einer „EVS-Wanderschau", als transportable Beratungsstelle für die Stromabnehmer erweitert mit Anwendungen der Elektrizität in Wohnküche, Futterküche, Waschküche und Bügelstube, außerdem in dörflicher Bäckerei und im Gastwirtschaftsbetrieb. Auf dem Deutschen Raiffeisentag stand der Messestand der Württembergischen Ländlichen Zentralgenossenschaft auf dem Messegelände Killesberg 1951 unter dem Motto „Wir bauen Gemeinschaftsanlagen". Bei der Tagung der Deutschen Landwirtschaftsgesellschaft 1954 in Ulm standen erneut „Dörfliche Gemeinschaftsanlagen" bei der Ausstellung im Mittelpunkt und anschließend bei der Internationalen Bodenseemesse in Friedrichshafen. Diese Lehrschau wurde gemeinsam von der Energie-Versorgung Schwaben AG und von der Abteilung Landwirtschaft im Regierungspräsidium Württemberg-Hohenzollern umgesetzt. Um mehr Termine wahrnehmen zu können, gab es zwei Wanderausstellungen zu diesem Thema. Im selben Jahr war die Ausstellung in Calw, Freudenstadt und auf dem Landwirtschaftlichen Hauptfest in Stuttgart zu sehen. Dr. Moritz Rude von der Energie-Versorgung Schwaben AG aus Biberach erstellte das Konzept dieser Präsentation und sah das Ziel dieser Kampagne darin: „Mit einem möglichst geringen Aufwand den technischen Fortschritt ins Dorf zu bringen."[12]
Die Ausstellungseröffnung in Ulm erfuhr durch Bundesminister für Ernährung, Landwirtschaft und Forsten Dr. h.c. Wilhelm Lübke und Bundeswirtschaftsminister Prof. Dr. Ludwig Erhard bei der „Großkundgebung Schwäbischer Bauern" in der Werkhalle der Pflugfabrik Eberhardt in Ulm eine besondere Aufmerksamkeit. Schon Tage zuvor ließen die Ausstellungsveranstalter in Ulm und um Ulm herum auf einem Fahrzeug per Lautsprecher folgenden Text ausrufen: „Achtung! Achtung! [...]
Die Großausstellung ‚Elektrizität in Landwirtschaft und Gartenbau' in Ulm auf dem Ausstellungsgelände Friedrichsau wartet auf Ihren Besuch. Auf der Ausstellung sehen Sie Beispiele für die richtige Anwendung der Elektrizität in Wohn- und Wirtschaftsräumen eines 50 ha- und eines 10 ha-Hofes. Ein Dorfgemeinschaftshaus mit einer Back-, Wasch-, Bad-, Milcherhitzer- und Tiefgefrieranlage gibt allen Landwirten wichtige Anregungen für die Einrichtung solcher Gemeinschaftshäuser. In der Messehalle finden Sie Elektrogroßgeräte aller Art für Hauswirtschaft in Stadt und Land in großer Zahl. Sie versäumen etwas, wenn Sie diese Ausstellung nicht besuchen! Sie läuft nur noch bis Sonntag, den 30. Mai!"[13]
Am Eingang dieses umfassenden Messestandes begrüßte die Bronzeplastik „Prometheus" die Besucher. Argumente von Zeit- und Krafteinsparung überzeugten Bürgermeister und Gemeindevertreter [Abb. 3 und 4]. Die ersten Einrichtungen in den Dörfern hatten Vorzeigecharakter und wurden von interessierten Gruppen in Augenschein genommen. Vorträge und Beratungen gingen mit dem Prozess einher.

Werbebroschüren und Graphiken wecken Interesse

Nonverbal unterstützte Verbraucherzeitschriften, Prospekte, Anzeigen, Fotos und Grafiken die Umsetzung der Botschaften. Einen besonderen Stellenwert hatte in den 1950er Jahren die Werbegrafik inne. So heißt es in einem Beitrag von Friedrich H. Korte zu „Werbung und Graphik" in der Zeitschrift „Elektrizität" 1956:
„Die Wirtschaft bedient sich der Mittel graphischer Kunst vor allem deshalb, weil die Sprache der Bilder einprägsamer

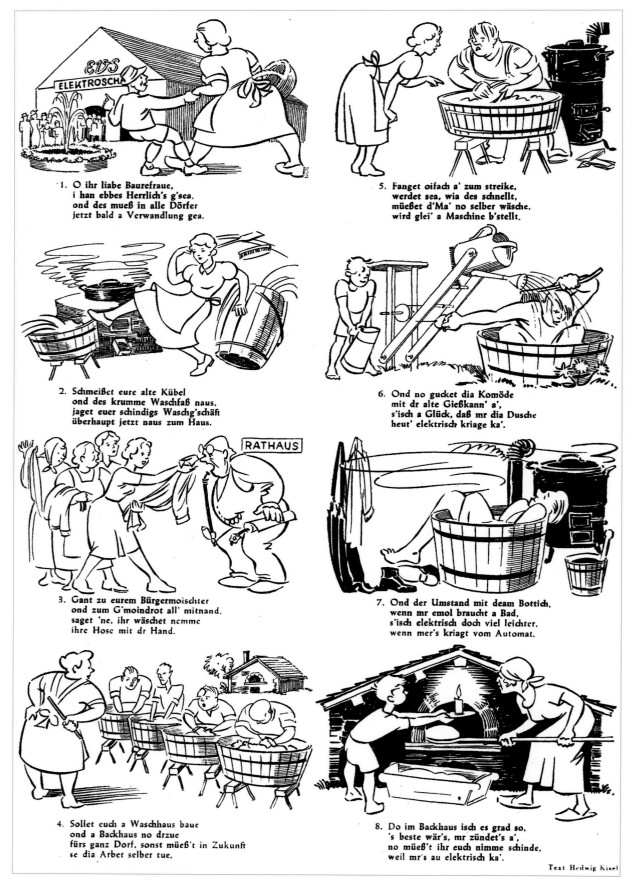

Abb. 5, „Elektrokomic" zur Einrichtung von hauswirtschaftlichen Gemeinschaftsanlagen.
Karikaturen: Fritz Hermann, Text: Hedwig Kiesel, Wirtschaftsarchiv Baden-Württemberg

Abb. 6 a – c
Firmenprospekt Escher Wyss GmbH Werk Lindau, 1954, Privatbesitz
a) siehe Kapiteleinstieg; b) und c) Prospektinnenseite

und allgemeinverständlicher ist als das gedruckte Wort. Ihre Appelle richten sich nicht in erster Linie an den Verstand. Sie übertragen sich unmittelbar auf den Betrachter. Ihre Farben und Formen setzen sich in Gefühle und Stimmungen, ihre Impulse in Handlungen um. Die Gebrauchsgraphik ist heute also ein wichtiges Instrument der Wirtschaft. Aber Kunst ist hier nicht Selbstzweck, sondern Mittel zum Zweck."[14]

Beispielhaft für die Einrichtung von hauswirtschaftlichen Gemeinschaftsanlagen steht der „Elektrokomic", den Fritz Hermann 1950 anlässlich der 700-Jahr-Feier der Stadt Biberach gestaltete [Abb. 5]. Acht Motive stellen dar, wie Frauen Gemeindevertreter von der Neuerung überzeugen sollten. Hedwig Kiesel fasste die Bildbotschaft in einen Vierzeiler in Schwäbisch. Dass die Frauen in Streik treten und die Gemeinderäte selbst am Waschbottich stehen, wenn sie die Neuerung für die Gemeinde nicht aufgreifen, sind die Schlüsselbotschaften der Bildergeschichte.

Darüber hinaus warb die Energie-Versorgung Schwaben AG in der eigenen Kundenzeitschrift bereits 1950 mit einer Sonderbeilage „Elektrische Gemeinschaftsanlagen auf dem Lande" [Abb. 1]. Zurückgegriffen wurde dabei auf Einrichtungen und Fotos teilweise aus der Zwischenkriegszeit.

Mit Grafiken und Fotos bereiteten die Gerätehersteller ihre Firmenprospekte auf. Die Firma Escher Wyss aus Lindau legte zur Werbung für Gemeinschaftsgefrieranlagen Firmenprospekte auf, die auf den Umschlagseiten die moderne Frau in flottem Sommerkleid vor Gefrierfächern zeigen. Auf den Innenseiten werden technische Details dargestellt [Abb. 6 a – c]. Wie viele Frauen sich bereits neuer Techniken bedienen und wie groß die Zeitersparnis ist, belegen immer wieder Grafiken in einschlägigen Broschüren und Magazinen. In einem Artikel über das Waschen von 1955 wird ausgeführt, dass über die Hälfte aller deutschen Frauen die Wäsche noch von Hand waschen, dem gegenübergestellt wird die fortschrittliche Frau aus den USA [Abb. 7]. Die Gegenüberstellung der Arbeitsvorgänge „einst und jetzt" gab es sowohl bei den Backanlagen als auch bei den Waschanlagen. Anschaulich geht dies aus dem Plakat zu Gemeinschaftsanlagen von 1960 hervor – die moderne Hausfrau wirkt entspannt vor den neuen Frontalmaschinen mit Türenfenster, über welches der Waschprozess beobachtet werden konnte. Ihr

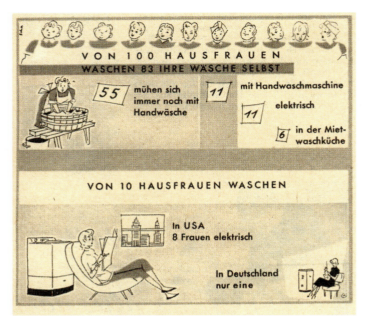

Abb. 7
Illustration des Beitrages „Thema Nr. 1: Das Waschen", Druck aus der Zeitschrift „Strom 4/1955", Historisches Konzernarchiv RWE.

Abb. 9
Foto, Informationsfahrt einer Landfrauengruppe in den Raum Miesbach/Oberbayern mit Besichtigung einer Gemeinschaftsgefrieranlage, 1951, Privatbesitz

gegenüber wird eine Frau dargestellt, die mühevoll die Arbeit am Waschzuber verrichtet [Abb. 8].[15] Noch deutlicher wird der Wandel 1954 bei einem Festumzug in Pfalzgrafenweiler von Mitarbeitern des dortigen WLZ-Lagerhauses und der Genossenschaftsbank dargestellt. Dort lautete das Motto: „Einst – Nach dieser alten Methode, die doch wirklich aus der Mode, ist das Waschen eine Plag'." Dabei stand eine Frau am Waschtrog, die im Waschkessel das Wasser mit Holz erhitzte. Ihr gegenüber lag eine Frau im Liegestuhl, ein Buch lesend, dahinter standen drei Frontalwaschmaschinen. Diese Einheit war überschrieben mit: „Jetzt – In unserer Waschküche, wird's zum Ferientag. Man schont die Wäsche und die Frau spart viel Zeit und Geld auch."[16]

Werbefilm „Das Glücksschwein"

Im Jahr 1952 ließen die Rheinisch-Westfälischen Elektrizitätswerke den Film „Das Glücksschwein – Ein Film von Liebe und Fortschritt" durch „Lex Film" in Wiesbaden umsetzen. Der Film entstand unter Mitwirkung von Ministerien, Landwirtschaftskammern und eines Lehrhofes in Köln. Einbezogen wurde dabei die Naturbühne Elspe im Sauerland. Vor dem Hintergrund einer Liebesgeschichte wirbt der Streifen für elektrotechnische Neuerungen im Landhaushalt. Dazu erschien 1953 ein Filmprospekt, der von den RWE-Betriebsverwaltungen für 4 Pfennig pro Stück bestellt werden konnte. Im Anschreiben der RWE-Hauptverwaltung steht: „(…) Durch eine große Auflage haben wir diesen günstigen Preis erreichen können, so daß wir annehmen, daß Sie für Ihren eigenen Bedarf bei der Durchführung von Werbeveranstaltungen, in Landwirtschaftsschulen, in Ärztewartezimmern oder dergleichen eine größere Stückzahl für das laufende Jahr beschaffen werden."[17]

In der Bewerbung des Films heißt es:
„In den Hauptrollen: ein preisgekröntes Schwein.
Bauer Kroll, klug, aber einseitig.
Seine Frau, überlastet und resolut.
Erika, die Tochter, fortschrittlich und ebenso resolut.
Peter, ein neuzeitlich denkender Jungbauer, später Krolls Schwiegersohn."[18]
Wegen der veralteten Wirtschaft auf dem Hof floh die Magd in die Stadt. Daraufhin setzte sich Kroll als Gemeinderat für ein vollelektrisches Gemeinschaftshaus ein. „Vater Kroll, der mit seinem preisgekrönten Schwein den Fortschritt und das Glück ins Dorf gebracht hat, bringt ein großes Opfer: Zur Einweihung des Gemeinschaftshauses, das ehrenvoll ‚Haus der Bäuerin' getauft wird, kommt das Glücksschwein gebraten auf die Tafel."[19] In der weiteren Handlung lernt Tochter Erika in einer Landwirtschaftsschule elektrotechnische Neuerungen kennen. Ihr Freund Peter steht technischen Neuerungen positiv gegenüber und verspricht ihr, den Hof einmal richtig, d.h. elektrisch einzurichten.
Damit unterscheidet sich der Filmstreifen von dem Dokumentarfilm „Zehn Bauern unter einem Hut", der 1948 im Auftrag der Energie-Versorgung Schwaben AG in Häusern gedreht wurde. Filmregisseur Anton Kutter aus Biberach zeigte in dem Film auf, welche Arbeitserleichterung mit dem gemeinschaftlich genutzten Back- und Waschhaus, mit der Dreschanlage und allen anderen Maßnahmen in der landwirtschaftlichen Außenwirkung einhergingen.[20]

Beratung als Erfolgsfaktor

Ein wesentlicher Erfolgsfaktor in diesem Modernisierungsprozess waren Beraterinnen und Berater der Energieversorgungsunternehmen, die während und nach Ausstellungen

Abb. 8
Plakat, Die Dorfwaschküche entlastet die Bäuerin, 1960,
Umspannwerk Recklinghausen – Museum Strom und Leben

Abb. 10
Broschüre, „Kälte im Dienst der Landfrau", Brown, Boverie & Cie. Mannheim, um 1955, Privatbesitz

mit Interessierten in den Gemeinden das Gespräch aufnahmen.[21] Sie hielten in den Gemeinden und in den Geschäftsstellen Vorträge und vertieften das Interesse an den elektrotechnischen Neuerungen in Einzelberatungen. Sie überzeugten Frauen und Männer von den Vorzügen der neuen Haushaltstechnik. Die Entscheidung, ob eine elektrische Gemeinschaftseinrichtung installiert werden sollte oder nicht, lag häufig beim Bürgermeister und den Gemeinderäten. Daher waren Männer in die Informationsveranstaltungen immer mit einbezogen.
So wie in Winterstettenstadt besuchten viele Landfrauengruppen die Vorzeigeeinrichtungen, um sich selbst von der neuen Technik zu überzeugen [Abb. 9]. Zusätzlich informierten Beraterinnen und Berater in Landwirtschaftlichen Schulen und Frauenfachschulen. Parallel zur Gemeinschaftstechnisierung nahm die Beratung Einzelgeräte wie etwa Herde, Kühlschränke und Staubsauger in das Themenfeld auf – ab den 1960er Jahren dann zunehmend Waschmaschinen, Schleudern, Gefriertruhen und Gefrierschränke. Einzelne Firmen starteten eigene Werbeoffensiven, wie aus einem Vorgang im Regierungsbezirk Köln hervorgeht. Aenne Gausebeck von der Landwirtschaftskammer Rheinland in Bonn schrieb an die Firma AEG:
„In Kerpen Krs. Bergheim / Erft, Reg.Bez. Köln, befindet sich eine gut eingerichtete Gemeinschaftswaschanlage mit Trommelwaschmaschinen, die im September 1952 eröffnet und seit dem ersten Tage an stark benutzt wurde. Vor kurzem aber, so lautet die Nachricht, habe in Kerpen eine sehr starke örtliche Werbung vonseiten der AEG für kleine Elektro-Haushaltsmaschinen gegen die Gemeinschaftsanlage stattgefunden mit dem Ergebnis, dass deren Besucherzahl stark heruntergegangen sei. Wie Ihnen bekannt ist, werden die dörflichen Gem. Waschanlagen mit öffentlichen Mitteln in Gang gebracht. Bei all diesen Arbeiten findet eine sehr enge Zusammenarbeit mit der Hauptzentrale der RWE in Essen statt (…) Diese dörfl. Gemeinschaftswaschanlagen sind sehr oft ein wirklicher Segen für die Landfrauen der betreffenden Orte. Wäre es da nicht loyaler, solche Gegenwerbungen in eben den Orten zu unterlassen und sich für Ihre Werbung die Tausende von Orten auszusuchen, in welchen noch keine dörfl. Gemeinschaftsanlagen sich befinden (…)"[22]
Bedenken gegenüber der neuen Technik auszuräumen und den alltäglichen Umgang damit zu vermitteln waren die Hauptziele. Dazu erstellte die Energieversorgungsunternehmen verschiedene Dokumentationsreihen, um dies in entsprechenden Publikationen bzw. in Vorträgen zu erläutern [Abb. 10-13]. Ging es in der Zwischenkriegszeit noch darum, Skepsis gegenüber Brot aus dem Elektrobackofen auszuräumen, so mussten bezüglich des Einfrierens neue Techniken wie etwa das Planchieren und der Umgang mit Gefrierfolie vermittelt werden.[23]

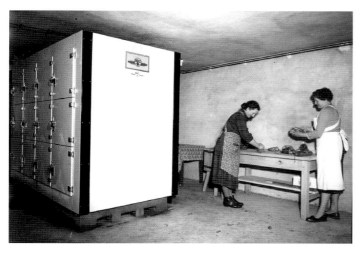

Abb. 11
Foto, Einfrieren von Fleisch in der Gemeinschaftsgefrieranlage Rhade,
Fabrikat BBC, Warmraumanlage mit stiller Kälte,
24 Fächer je 200 Liter, 1956, Historisches Konzernarchiv RWE

Abb. 12
Foto, Vollelektrische Gemeindewäscherei in Elisenhof, Kreis Büren –
eine Vorzeigeanlage, 1955, Historisches Konzernarchiv RWE

Fazit

Gemeinschaftsgefrieranlagen gab es flächendeckend in den meisten ländlichen Gemeinden – in Baden-Württemberg war in nahezu jeder Gemeinde eine solche Einrichtung installiert (bis 1979: in Südwürttemberg-Hohenzollern 489, in Nordwürttemberg 681, in Nordbaden 193 und in Südbaden 616). Demgegenüber gab es in Baden-Württemberg 525 Gemeinschaftswaschanlagen und 161 Gemeinschaftsbackanlagen. Gemeinschaftshäuser hatten im deutschen Südwesten Anfang der 1950er Jahre Vorbildcharakter wie z.B. die Einrichtungen, die aus ERP-Mitteln entstanden (Südwürttemberg-Hohenzollern 6, Nordwürttemberg 6, Nordbaden 2 und Südbaden 3).[24]

In Bayern lassen sich bis 1961 79 „Häuser der Bäuerin" ermitteln. Als Mitte der 1960er Jahre die Einzeltechnisierung die Bedeutung dieser Einrichtungen minderte, appellierte das Staatsministerium an die Regierungsbezirke und damit die Landwirtschaftsämter, Kurse aus allen Gebieten der ländlichen Hauswirtschaft im Rahmen der Erwachsenenbildung durchzuführen, jedoch: „Bei Gemeinschaftsanlagen, die aufgrund der allgemein günstigen wirtschaftlichen Lage und Veränderung der Struktur von Bäuerinnen kaum noch benutzt werden und dadurch für die Träger eine finanzielle Belastung darstellen, ist die Auflösung ggf. Übernahme durch gewerbliche Unternehmen in Erwägung zu ziehen."[25] In Hessen verlief die Umsetzung des Dorfgemeinschaftshauses als Projekt „Soziale Aufrüstung des Dorfes", um eine Chancengleichheit zwischen der Bevölkerung in Stadt und Land zu erzielen. 1959 nahm das hessische Sozialministerium zusätzlich Bürgerhäuser und Mehrzweckhallen in die Förderung auf. 1969 waren es um die 500 Gemeinschaftshäuser, nach Abschluss des Projektes 1982 waren es 1.370 Einrichtungen.[26]

Staatliche Fördermaßnahmen gaben allen Projekten von hauswirtschaftlichen Gemeinschaftsanlagen mit Elektrogroßgeräten in den 1950er Jahren Impulse für eine flächendeckende Umsetzung. Vorbilder dazu gab es bereits Ende der 1920er Jahre und in der ersten Hälfte der 1930er Jahre in Württemberg. Das nachweislich erste Gemeinschaftshaus baute die Gemeinde Winterstettenstadt bei Biberach aus ERP-Mitteln 1950. Anfang 1951 folgte Bayern mit dem ersten Gemeinschaftshaus in Hirschaid bei Bamberg.[27] Erfolgreiche Werbemaßnahmen führten zur flächendeckenden Umsetzung. Vorbildhaft war in diesem Modernisierungsprozess Württemberg mit dem Elektrounternehmen Energie-Versorgung Schwaben AG, einem Landesversorgungsunternehmen, welches durch die kommunale Trägerschaft die Gemeinden im Blick hatte, und der Württembergischen Ländlichen Zentralgenossenschaft, die sich insbesondere für den Bau von Gemeinschaftsgefrieranlagen einsetzte. Dieser Modernisierungsprozess beförderte den Absatz von Elektrogroßgeräten und führte die Landbevölkerung an den Umgang mit elektrotechnischen Neuerungen heran. Damit nehmen Gemeinschaftseinrichtungen in der Technisierung der Hausarbeit eine wichtige Schlüsselfunktion ein. Interessanterweise benennen die Impulsgeber im Modernisierungsprozess in der Regel selten ihre Vorbilder. Kurt Kuhnmünch bezog sich zwar auf Anregungen aus Baden-Württemberg und Bayern, betonte jedoch stets die Eigenständigkeit des hessischen Projektes. Die Auswertung des Schriftwechsels aus dem Ministerium für Ernährung, Landwirtschaft und Forsten sowie dem der Energie-Versorgung Schwaben AG, beide Stuttgart, zeigt, dass die hessischen Sozialpolitiker von beiden Stellen Erfahrungswerte über bereits eröffnete hauswirtschaftliche Gemeinschaftsanlagen abfragten und einschlägige Publikationen bezogen. Darüber hinaus ließ sich

Abb. 13
Foto, Die Gleichzeitigkeit des Ungleichzeitigen auf Richtbetrieb
Steinrücke Olsberg, 1963 – Es zeigt den Übergang zur Einzeltechnisierung
mit einer Schrankanlage mit drei Gefrierfächern und einem Vorgefrierfach,
im Hintergrund Regale mit Einweck- und Marmeladengläsern,
Historisches Konzernarchiv RWE

Regierungsrat Kuhnmünch aus Wiesbaden von der verantwortlichen Referentin im Ministerium, Friedel Opfinger, bei einer Besichtigungsfahrt Anfang der 1950er Jahre verschiedene Einrichtungen vor Ort zeigen.[28] Auch bei den Elektroversorgungsunternehmen fand ein Erfahrungsaustausch statt, der in der didaktischen Umsetzung so weit ging, dass Dias für die Vorträge bei EVS und RWE im Aufbau ähnlich gestaltet wurden. Interessanterweise übernehmen die RWE in dem Lehrfilm „Das Glücksschwein" das bayerische Konzept „Das Haus der Bäuerin". Wahrscheinlich sind es gerade die in sich schlüssigen Konzepte auf Landesebene, von unterschiedlichen Impulsgebern vorangetrieben, die zu diesem großen Werbeerfolg führten.

1. Krieg, Beate: Landfrau, so geht's leichter. Modernisierung durch hauswirtschaftliche Gemeinschaftsanlagen mit Elektrogroßgeräten im deutschen Südwesten von 1930 bis 1970. Dissertation zgl. 1993. München 1996 (tuduv-Studien, Reihe Kulturwissenschaften, Band 16); Krieg, Beate: Landfrau, so geht's leichter. Elektrifizierung der ländlichen Hauswirtschaft durch Gemeinschaftsanlagen. In: Landfrau, so geht's leichter. Elektrifizierung durch Gemeinschaftsanlagen. Sonderausstellung im Bauernhaus Museum Wolfegg. Wolfegg 1994, S. 34-77.
2. Haushalts(t)räume. Ein Jahrhundert Technisierung und Rationalisierung im Haushalt. Begleitbuch zur gleichnamigen Ausstellung, bearbeitet von Barbara Orland. Herausgegeben von Arbeitsgemeinschaft Hauswirtschaft e.V. und Stiftung Verbraucherinstitut. Königstein Taunus 1990, S. 185; Stahel, Walter.R.: Vermeidung von Abfällen im Bereich der Produkte: Vertiefungsstudie zur Langlebigkeit und zum Materialrecycling. Schlussbericht. Genf 1991, S. 1-8, 99-115, 148-149, 191-207 – vgl. dazu „Zentralwäscherei für Mehrfamilienhäuser", Firma Elektrolux-Zanker Tübingen (3/1991). Schweriner Zeitung vom 16.3.1991, Stuttgarter Zeitung vom 28.9.1991, Neue Zürcher Zeitung vom 11.10.1991.
3. Wehler, Hans-Ulrich: Deutsche Gesellschaftsgeschichte. Fünfter Band Bundesrepublik und DDR 1949-1990, München 2008, S. 51.
4. Erhard, Ludwig: Wohlstand für alle, 1957. In: Wiederaufbau und Wirtschaftswunder. Bildband zur Bayerischer Landesausstellung 2009, Haus der Bayerischen Geschichte, Augsburg 2009, S.127.
5. Hohensee, Liselotte: Gemeinschaftseinrichtungen und Hauswirtschaft in LPG und VEG. In: Deutsche Landwirtschaft 4, Nr. 12, 1951, S. 632-634; Muth, Marianne: Das Dorfgemeinschaftshaus. In: Nutzen und Ordnung. Gegenwartsfragen der Forschung, Lehre und Beratung für Wirtschaft, Haushalt und Familie. H. 1 (Sonderheft – Die Antwort der weiblichen Landjugend), S. 132-137, Muth, Marianne: Die württembergische Idee fasst in Bayern Fuß. In Nutzen und Ordnung ... (s.o.), S. 138-142; Plank, Ursula: Untersuchungen über die Arbeit der Landfrauen (als werktätige Einzelbäuerin, als Genossenschaftsbäuerin und als Landarbeiterin). In: Wissenschaftliche Zeitschrift der Universität Rostock 7, Gesellschafts- und Sprachwissenschaftliche Reihe, H. 1, S. 41-111. Inwieweit die Ideen, bereits im Aufbaugesetz der DDR vom 6.9.1950 verankert, insbesondere in der Kollektivierungsphase (1952-1960) umgesetzt wurden, müsste noch untersucht werden.
6. Sprengel, Aenne: Gemeinschaftsanlagen wichtiger denn je. In: Landfrau, so geht's leichter. Erfahrungsberichte zur Erleichterung der ländlichen Hausarbeit. Hannover 1949, S. 5.
7. Gausebeck, Aenne: Landfrau und Kamerad Maschine. Essen 1950, S. 253-260.
8. In der einschlägigen Literatur wird nicht genau unterschieden zwischen Landfrauen, die in Landfrauenvereinen bzw. in den jeweiligen Landesverbänden organisiert sind, und in Frauen aus dem ländlichen Raum. Grundsätzlich förderte die Landfrauenbewegung die Idee der Arbeitserleichterungen für die Frauen. Der Deutsche Landfrauenverband wurde 1948 in Bad Godesberg gegründet. Der erste Landesverband entstand am 30. April 1947 in Ludwigsburg. Marie-Luise Gräfin Leutrum von Ertingen wurde zur ersten Landesvorsitzenden des Landesverbandes Württemberg-Baden gewählt und ein Jahr später zur ersten Präsidentin des Deutschen Landfrauenverbandes. Ausführlicher dazu: Krieg, Beate: Landfrauenbewegung im Wandel. Ziele, Inhalte, Herausforderungen und Perspektiven. In: Frauenwelten. Arbeit, Leben, Politik und Perspektiven auf dem Land. Herausgegeben von Hermann Heidrich. Bad Windsheim

1999 (Arbeit und Leben auf dem Lande, Band 7), S. 79-98.
9. Der Untersuchung dieses Modernisierungsprozesses wurde das Kommunikations-Innovationsmodell von Max Matter zu Grunde gelegt.
10. Die sozialdemokratische Frauen- und Arbeiterbewegung propagierte bereits in der zweiten Hälfte des 19. Jahrhunderts eine gemeinschaftliche Maschinennutzung im städtischen Mietwohnungsbau in Hamburg und Berlin. Beispielhaft umgesetzt wurden zentrale Waschanlagen in Form einer kollektiven Hauswirtschaft im Siedlungswohnbau ab Mitte der 1920er Jahre in Wien, Berlin, Frankfurt und Karlsruhe. Krieg, Beate: Landfrau, so geht's leichter, 1996, S. 40-45; ausführlicher dazu: Uhlig, Günther: Kollektivmodell „Einküchenhaus". Gießen 1981.
11. Krieg, Beate: Landfrau, so geht's leichter, 1996, S. 198-219; EVS-Zeitung Nr. 3 / 1950, S. 3. Der Quellennachweis bezieht sich auf den Bestand im Firmenarchiv der Energie-Versorgung Schwaben AG in Stuttgart. Der Bestand findet sich heute im Wirtschaftsarchiv Baden-Württemberg.
12. Interview mit Moritz Rude vom 8.2.1989 – siehe dazu Krieg, Beate: Landfrau, so geht's leichter, 1996, S. 266.
13. Firmenarchiv der Energie-Versorgung Schwaben AG in Stuttgart: Nr. 6049 – Lautsprecherwerbung Ausstellung Ulm 25.5.1954.
14. Elektrizität. Zeitschrift für Abnehmerberatung. Organ der Hauptberatungsstelle für Elektrizitätsanwendung (HEA), Nr. 1, 1956, 6. Jg. S. 4.
15. Bereits in dem ersten Versuch des „Reichskuratoriums für Technik in der Landwirtschaft" von 1930 bis 1934 ergab sich mit der Trommelwaschmaschine „Hausschatz" (Fassungsvermögen 25 Kilogramm Trockengewicht) eine Zeiteinsparung von 19 Stunden gegenüber dem Waschen am Waschzuber – siehe dazu Krieg, Beate: Landfrau, so geht's leichter, 1994, S. 38.

16. Krieg, Beate: Landfrau, so geht's leichter, 1996, S. 247 und Abb. 27.
17. Historisches Konzernarchiv RWE R4 / 260, Schreiben vom 30.3.1953.
18. Historisches Konzernarchiv RWE Strom 3. Jg. Nr. 2 / 1952.
19. Wie Anmerkung 14.
20. Ausführlicher zu den Versuchen in Häusern, die von Adolf Münzinger und seinen Mitarbeitern von der Universität Hohenheim durchgeführt wurden: Krieg, Beate: Landfrau, so geht's leichter, 1996, S. 68-108; Münzinger, Adolph: Bäuerliche Maschinengenossenschaft Häusern e.G.m.b.H. Ein Versuch genossenschaftlicher Dorfwirtschaft in den Jahren 1930 – 1934. Durchgeführt in Gemeinschaft mit Freiherr von Babo, Karl Murmann und Viktor Hopfe. Berlin 1934 (RKTL Schriften des Reichskuratoriums für Technik in der Landwirtschaft, Heft 34).
21. Krieg, Beate: Haushaltsberaterinnen bringen den Fortschritt auf das Land. Dargestellt am Beispiel elektrischer Gemeinschaftsanlagen im deutschen Südwesten. In: Alemania Studens. Mitteilungen des Vereins für Vorarlberger Bildungs- und Studenten-Geschichte. Band 4. Regensburg 1994, S. 73-80.
22. Historisches Konzernarchiv RWE R4/273, Schreiben vom 15.7.1953.
23. Ausführlicher dazu siehe: Krieg, Beate: Landfrau, so geht's leichter, 1994, S. 68–75.
24. Krieg, Beate: Landfrau, so geht's leichter, 1996, S. 183, 271.
25. Bayerisches Staatsministerium für Landwirtschaft, Ernährung und Forsten, München, Registraturbestand „Haus der Bäuerin" Akten Nr. 2555, Schreiben des BSMLEFM an die Regierungen vom 6.12.1965. Eine Untersuchung dieses Bestandes steht noch aus.
26. Krieg, Beate: Landfrau, so geht's leichter, 1996, S. 178-182; ausführlicher die Dissertation von Beckmann, Ralf: Gemeinschaftshäuser als Modell sozialer Integration in Hessen. Ein wirksames Instrument auf dem Weg zur Chancengleichheit in ländlichen

Gemeinden? Marburg 1983 (Marburger Beiträge zur Kultur- und Mediensoziologie 1).
27. „Land und Frau", Organ des Deutschen Landfrauenverbandes, Hamburg, 3. Jg. 1951, S.17.
28. Krieg, Beate: Landfrau, so geht's leichter, 1996, S. 182.

Anzeige, Siemens Kühl-/Gefrierkombination, 2008 EnQ-Magazin, eine Veröffentlichung der Initiative Energie-Intelligenz, 03/2008, www.en-q.de/Siemens-Electrogeraete GmbH München (Abb. 1)

Von der Werbung für Strom zur Werbung für Energieeffizienz: Umweltfreundliche Haushaltstechnik in der Bundesrepublik und der DDR

Sylvia Wölfel

„Technologischer Fortschritt muß und darf nicht zu Lasten von Natur und Umwelt gehen. Vielmehr müssen technologische Entwicklungen am Wohl von Mensch und Natur ausgerichtet sein und zu deren Erhaltung beitragen." (Siemens-Electrogeräte GmbH, 1989)[1]

Nach einem Blick auf Werbeanzeigen der deutschen Hausgeräteindustrie gewinnt der Verbraucher den Eindruck, Waschmaschinen oder Kühlgeräte dienten neben der Erleichterung der Hausarbeit heutzutage vor allem der Versöhnung von Technik und Umwelt. Besonders niedrige Verbrauchswerte gehören neben dem Preis, der Ausstattung und Qualität zu den wichtigsten Verkaufsargumenten für weiße Ware. Dies wird visuell eindrücklich durch das europäische Energielabel unterstützt, welches dem Verbraucher einen schnellen Überblick über die Einstufung eines Produkts in Energieverbrauchsklassen erlaubt. Der europäische Marktführer BSH Bosch und Siemens Hausgeräte GmbH betonte 2008 in einer Pressemitteilung die langfristige Bedeutung des Themas Umweltschutz. Es sei „kein vorübergehendes Modethema", sondern ein „wirklich langfristiger Megatrend". Bei Bosch liege Umweltschutz sogar „in den Genen".[2] Gemeinsame Initiativen von Energieversorgungsunternehmen, Umweltbehörden und der Hausgeräteindustrie wie zum Beispiel die „Initiative für Energie-Intelligenz" oder „Hausgeräte+" stellen in aufwändig gestalteten Internetpräsentationen aufwandsarme Methoden zur Einsparung von Energie in den Privathaushalten sowie zahlreiche Argumente zum Neukauf effizienter Geräte vor. Stromsparrechner weisen in diesem Zusammenhang etwa darauf hin, dass elektrische Haushaltsgeräte mit etwa 33 Milliarden Kilowattstunden für immerhin gut ein Drittel des gesamten Privatverbrauchs an Strom in Deutschland verantwortlich sind.[3] Während die Hausgerätehersteller aus ihrer Sicht seit vielen Jahren ihrer Verantwortung nachkommen und eine Vielzahl hoch effizienter Geräte auf den Markt bringen, müssten die Verbraucher jedoch weitaus stärker als bislang ihre Kaufentscheidung überdenken. Diese könnten nicht nur einen Beitrag zum Schutz der Umwelt leisten, sondern auch mit erheblicher finanzieller Entlastung auf Seiten des persönlichen Strom- und Wasserverbrauchs rechnen. Die Botschaft dieser und weiterer ähnlicher Kampagnen lautet: Umweltschutz lohnt sich und ist für den Käufer weder mit einem Verzicht auf technischen Fortschritt noch mit einem Weniger an Komfort verbunden! [Abb. 1 und 2]

Das Umweltengagement der deutschen Hausgerätehersteller genießt somit höchste Bedeutung in der derzeitigen Unternehmenskommunikation. Energieeffizienz ist als Leitbild im Produktmarketing fest etabliert. Erwies sich Werbung für Haushaltsgroßgeräte als außerordentlich erfolgreich für eine Durchsetzung und breite Akzeptanz von Elektrizität in den Privathaushalten der ersten Hälfte des 20. Jahrhunderts, so ergab sich im Zeichen einer umfassenden Ökologisierung von Politik und Alltag seit den 1970er Jahren[4] eine neue Verbindung von Energieversorgung und Hausgerätekonsum. Standen in den Jahrzehnten bis 1970 Argumente der Arbeitserleichterung und Zeitsparnis durch elektrische Hausgeräte im Vordergrund von Werbebemühungen, so wurde dies zunehmend durch Hinweise auf einen besonders geringen Stromverbrauch von Kühlschränken oder Waschmaschinen ergänzt. Waschmaschinen und Kühlgeräte wurden seit Mitte der 1970er Jahre mit Spartasten ausgerüstet, konstruktiv optimiert, mit Sensoren bestückt und automatisch gesteuert, um immer weniger Strom, Wasser und Waschmittel zu verbrauchen. So konnten die spezifischen Stromverbrauchswerte von Nassgeräten von 1978 bis 1994 um 40 bis 45 Prozent

Abb. 2
Anzeige, „Tun Sie etwas Gutes für die Umwelt und Ihren Geldbeutel",
Produktwerbung, 2009. Panasonic Deutschland GmbH,
BETHMANN DESIGN GmbH & Co. KG.

gesenkt werden. Bei Kältegeräten gelang eine Reduzierung im gleichen Zeitraum um 35 bis 45 Prozent.[5] Ausgehend von dem Befund eines umweltpolitischen Aufbruchs seit den späten 1960er Jahren in der Bundesrepublik sowie in der DDR, lässt sich für die Hersteller weißer Ware ein tief greifender Wahrnehmungswandel in Bezug auf den Energiekonsum ihrer Erzeugnisse oder die Umweltverträglichkeit ihrer Fertigungsverfahren beobachten. Veränderte ökologische Wissensbestände fanden ihren Weg in die Unternehmen und Betriebe der Branche. Dabei kann jene grüne Bewusstseinsfärbung keineswegs als konfliktfrei voranschreitender Prozess der Integration des Umweltschutzgedankens in Innovationsprozesse und Organisationskultur der Branche bezeichnet werden. Konnte die Hausgeräteindustrie unbestreitbare Erfolge bei der Reduzierung der Verbrauchswerte ihrer Produkte verkünden, so gab es doch auch immer wieder Bemühungen, allzu weitreichende Regulierungsversuche auf europäischer oder nationaler Ebene zu blockieren. Entwickelte sich einerseits die Dimension Energieverbrauch zu einem der wichtigsten Verkaufskriterien auf einem hart umkämpften Markt, gab es andererseits auch Schwierigkeiten in vielen Unternehmen und Betrieben, genügend Ressourcen für den Bau und die Erprobung besonders sparsamer Geräteserien bereitzustellen. Insbesondere in der DDR führte der Mangel an Investitionsmitteln zum Abbruch von Entwicklungsarbeiten oder zur verspäteten „Überführung" verbrauchsarmer Geräteserien in die Serienproduktion. Nicht zuletzt blieb das Verhalten der Verbraucher eine unbekannte Variable: Es gab kaum Erfahrungen, ob das zweifellos vorhandene Umweltbewusstsein der Bundesdeutschen auch in den Kauf besonders energieeffizienter Hausgeräte münden würde.

Dynamisches Wachstum:
Haushaltsgerätehersteller in der Bundesrepublik

In den 1950er und 1960er Jahren kann die deutsch-deutsche Haushaltsgeräteindustrie als äußerst dynamisch wachsendes Segment der Konsumgüterindustrie bezeichnet werden. Zu den größten Wünschen von Bürgern beider deutscher Staaten gehörten in den Jahren des Wiederaufbaus nach 1945 zuverlässig Kühlschränke und Waschmaschinen. Ein vollelektrischer Haushalt symbolisierte den Einzug eines westlichen Lebensstils in die Haushalte und verwies auf die wirtschaftliche Leistungskraft und Fortschrittlichkeit der Käufer. Die große Popularität elektrischer Haushaltsgeräte in diesen Jahren war dabei weniger den Erfahrungswerten im Umgang mit den kostbaren Produkten als den intensiv geführten Diskursen über Haushaltstechnik und Rationalisierungsbemühungen seit den 1920er Jahren zu verdanken. Wie Martina Heßler bemerkt, wurden darüber bestimmte Lebenskonzepte und kulturelle Vorstellungen transportiert, die elektrische Haushaltsgeräte symbolisch aufluden und sie in der breiten Mehrheit der Konsumenten verankerter, lange bevor sie sich diese leisten konnten.[6] Bei der Verwirklichung ihrer Konsumwünsche wurden die Bundesbürger von einer Koalition aus Hausgeräteherstellern,

Abb. 3
Informationsbroschüre,
RWE Elektrohaushalt, 1975/78
Historisches Konzernarchiv RWE

Energieversorgungsunternehmen und Akteuren der Wirtschaftspolitik tatkräftig unterstützt. Energieversorger bewarben gemeinsam mit Geräteherstellern den Kauf von Hausgeräten in Kundenvorführungen, Anzeigen oder in ihren Serviceeinrichtungen. [Abb. 3]

Dabei wurde immer wieder die stürmische Entwicklung des Haushaltsstromverbrauchs mit den ungleich höheren Verbrauchszahlen in den USA verglichen. Für die Siemens-Electrogeräte AG ein Hinweis auf weitere „kräftige Steigerungsmöglichkeiten" in der Bundesrepublik. Das Unternehmen äußerte sich in diesem Zusammenhang über „aufgeschlossene" Energieversorgungsunternehmen, die durch ihre Preisgestaltung und Werbemaßnahmen Kaufanreize für Haushaltsgeräte setzten: „Hemmungen für den Erwerb und die Benutzung elektrischer Geräte wegen der Stromverbrauchskosten haben keinerlei Berechtigung mehr."[7] Günstige Stromtarife für den Privatkunden würden dabei keineswegs zu einer schlechteren Wirtschaftlichkeit der Versorgungsunternehmen führen, denn eine Vollelektrisierung der Haushalte ginge mit erhöhten Benutzungsstunden, einem Strommehrverbrauch und dem erwünschten Belastungsausgleich der Stromnetze zum Ausgleich des Mittagstals einher. Die moderne Küchenausstattung geriet nicht zuletzt in den Fokus der politischen Aufmerksamkeit, als Ludwig Erhard über Kühlschränke und Waschmaschinen in den Arbeiterhaushalten der Republik als Zeichen eines Wohlstands für Alle sinnierte.[8] Allerdings stellten elektrische Haushaltsgeräte noch in den 1950er Jahren für die Mehrzahl der Privathaushalte in der Bundesrepublik unerschwingliche Luxusgüter dar. Dementsprechend stand bis in die 1960er Jahre hinein der rasche Ausbau von Fertigungskapazitäten neben der Entwicklung neuer Ausstattungsvarianten oder konstruktiven Verbesserungen im Zentrum der Aufmerksamkeit der Hausgeräteindustrie; dies umso mehr, als kontinuierlich wachsende Absatzzahlen den Geräteherstellern hervorragende Umsätze bescherten. Ulrike Lindner spricht für die Bundesrepublik von einem regelrechten Technisierungsschub in den 1960er Jahren. Gegen Ende des Jahrzehnts hatten sich schließlich Kühlgeräte und Waschmaschinen in durchschnittlich verdienenden Haushalten des Landes durchgesetzt.[9] Noch verschwanden die Helfer des Alltags jedoch nicht als unsichtbare Waren der Grundausstattung hinter Einbauküchenfronten, sondern wurden unter dem Stichwort „Hightech im Haushalt" intensiv beworben. Die moderne Hausfrau bediente nun mit Leichtigkeit eine Vielzahl technischer Haushaltshelfer, die es ihr ermöglichten, gleichzeitig den Haushalt professionell zu versehen, der Familie ein „behagliches" Heim zu verschaffen und im Beruf (halbtags) aktiv zu werden.[10] [Abb. 4]

Bedarfsdeckung und Exportsteigerung: Haushaltsgerätehersteller in der DDR

Elektrische Haushaltsgroßgeräte erfreuten sich in jener Zeit auch in der DDR einer beständig hohen Nachfrage. Unter den Vorzeichen einer politisch definierten Konsumgesellschaft der „Bedürfnisrationalität"[11] galten diese hochwertigen

*Abb. 4
Anzeige, Die Küchenvision der
Zukunft, Poggenpohl und Colani,
In: form, 1970*

Gebrauchsgüter unter anderem aus dem VEB Waschgerätewerk Schwarzenberg (Waschmaschinen) und dem VEB dkk Scharfenstein (Haushaltskühlgeräte, Kältemittelverdichter) als wesentliches Kriterium einer rationellen, fortschrittlichen Haushaltsführung. [Abb. 5] Beide Betriebe waren seit 1970 dem VEB Monsator Haushaltgroßgerätekombinat Schwarzenberg unterstellt und ab 1979 dem VEB Kombinat Haushaltgeräte Karl-Marx-Stadt zugeordnet. Einfache, robuste und langlebige Geräte aus diesen Betrieben sollten voll erwerbstätige Frauen entlasten, ihnen mehr Zeit für die Familie ermöglichen und Ressourcen schonen helfen. „Unser Freund – der Kühlschrank", so warb 1973 der VEB dkk Scharfenstein für mehr freie Zeit im Haushalt: „Na, und wenn einer von uns krank ist, muß Mutti nicht die Arbeit versäumen. Sie kocht abends etwas Schönes, und wir nehmen uns es nur aus dem Kühlschrank und wärmen es." [Abb. 6] Im Zeichen des beständigen Vergleiches mit dem bundesdeutschen Lebensstandard gehört jedoch weniger die Vielfalt des Angebotes, sondern das Aufholen von Rückständen in der Versorgung der Bevölkerung zu den bestimmenden Themen der Hausgeräteindustrie. Für die DDR kann zwar seit Anfang der 1970er Jahre von einer Grundausstattung der Privathaushalte mit Kühlschränken und Waschmaschinen gesprochen werden. Das Statistische Jahrbuch der DDR wies darunter jedoch größtenteils Geräte mit einfacher Ausstattung und veralteter Konstruktionsweise aus wie zum Beispiel Bottichwaschmaschinen, die noch 1986 in circa 47 Prozent aller Haushalte ihren Wasser und Energie verschwendenden Dienst verrichteten.[12] Nach Investitionen in den Neu- bzw. Ausbau von Produktionsstätten sowie der Entwicklung standardisierter Modellreihen seit Mitte der 1960er Jahre waren die Fertigungskapazitäten erheblich gesteigert worden. Zudem ermöglichten gestiegene Spareinlagen einer wachsenden Zahl von DDR-Bürgern seit Anfang der 1970er Jahre den Kauf der vergleichsweise teuren Haushaltsgeräte. Wie Simone Tippach-Schneider für Kühlschränke des VEB dkk Scharfenstein feststellt, erlaubte das gewachsene Angebot nun auch in der DDR die Präsentation elektrischer Haushaltsgeräte als „Insignien eines modernen Haushalts" in Anzeigen und Werbefilmen.[13] Jene Werbeaktivitäten konnten seit Mitte der 1970er Jahre allerdings nicht darüber hinwegtäuschen, dass kaum noch Produktneuerungen den Weg in die „Verkaufseinrichtungen" der DDR fanden. Bis zum Ende der 1980er Jahre wurde regelmäßig die „Bedarfsunterdeckung" spezifischer Bedürfnisse festgestellt. Dies betraf insbesondere sparsame Gerätevarianten, Einbaugeräte oder Waschvollautomaten.[14] In Eingaben an die zuständigen Betriebsdirektoren, den Generaldirektor des Kombinats VEB Monsator beziehungsweise das Kombinat Haushaltgeräte, das zuständige Ministerium für Allgemeinen Maschinen-, Landmaschinen und Fahrzeugbau (MALF) oder an die Redaktion von Prisma vom Fernsehen der DDR artikulierten Konsumenten ihre wachsende Unzufriedenheit über die schlechte Versorgung mit Ersatzteilen, das eingeschränkte Sortiment sowie die dürftige Gestaltung und Ausstattungsvielfalt der Geräte. Von Seiten der Betriebsdirektoren und der Kombinatsleitung wurde wiederholt darauf gedrängt, dass die Produktion von Waschvollautomaten ausgebaut

Abb. 5
Anzeige, VEB dkk Scharfenstein, Eiskalt serviert für Ihre Gäste,
In: Guter Rat aus Nachbarland, UDSSR Sonderheft, 1975

Abb. 6
Anzeige, VEB dkk Scharfenstein
Kühlschrank, In: Guter Rat, 1973, 1

werden müsse, oder darauf hingewiesen, dass Tiefkühlgeräte ein zentrales Bedürfnis der Bürger dieses Landes seien.[15] Zugleich gelangte ein steigender Anteil von Kühlgeräten und Waschmaschinen in die westdeutschen Kataloge beispielsweise von Otto und Quelle, in Großmärkte wie Metro sowie den Fachhandel, vorwiegend eingeführt über die Hamburger Firma C. Bomann. Als anonymer Billiganbieter erwirtschafteten die Hausgerätehersteller der DDR Devisen mit vergleichsweise kleiner Sortimentsbreite und geringer Ausstattungsvielfalt. Im Handel wurden die Produkte als langlebig, robust und pflegeleicht wahrgenommen. Sie wiesen über Jahre hinweg kaum Veränderungen auf, zeichneten sich durch eine platzsparende Bauweise, Sicherheit und technische Effektivität aus. Jene Erzeugnisse fanden sich in Hotelanlagen, Studentenwohnheimen oder Privathaushalten wieder und wurden von den Nutzern vor allem aufgrund des niedrigen Preises geschätzt. Weniger ansprechend war das Design der Geräte, das mit dem schnellen Wechsel von Trends in der Bundesrepublik nicht mithalten konnte.[16]

Grenzen des Wachstums: Bundesrepublik

Auswirkungen einer öffentlichen Auseinandersetzung im Zeichen der sprichwörtlich gewordenen Grenzen des Wachstums zeigten sich für Unternehmen der Hausgeräteindustrie zunächst in der Bundesrepublik. An der umwelthistorisch debattierten 1970er-Wende[17] offenbarte sich, dass die Euphorie der ersten Nachkriegsjahrzehnte bezüglich kontinuierlich wachsender Absatzzahlen brüchig geworden war und gedämpften Prognosen für die Zukunft wich. Wurde gegen Ende der 1960er Jahre noch die Vollelektrisierung der Haushalte imaginiert, so änderten sich der Ton und die Inhalte von Branchenanalysen. Vor allem die erste Ölpreiskrise 1973 wirkte als symbolträchtige Wendemarke für eine forcierte Neuausrichtung des unternehmerischen Handelns. Auf einer Sitzung des AEG-Telefunken Vorstandes im Dezember 1973 wurden Einflüsse jener Preiserhöhungen auf die diversen Sparten des Großkonzerns beraten. Dabei wurde festgehalten, dass insbesondere der Konsumgütersektor „von dem freiwilligen und erzwungenen Sparen (...) negativ beeinflusst werden" würde. Diese Vermutung wurde im Geschäftsbericht des Unternehmens für das darauffolgende Jahr bestätigt: „In allen Ländern steigen die Ansprüche an die Produkte z.B. hinsichtlich Verfügbarkeit, Lebensdauer, Umweltfreundlichkeit und Sicherheit, während gleichzeitig die zu ihrer Entwicklung notwendigen Mittel immer schwerer zu erwirtschaften sind."[18] Die Sorgen vieler Bürger um die eigene Gesundheit oder den Schutz der natürlichen Lebensgrundlagen gewannen in neuen Aktions- und Partizipationsformen Prägekraft auf die Produktentwicklungspolitik der Hausgeräteindustrie. Immerhin 70 Prozent aller Haushalte in Nordrhein-Westfalen erwarteten laut einer Umfrage der Vereinigten Elektrizitätswerke Westfalen AG (VEW) 1978 sparsamere Hausgeräte.[19] Zur weltgrößten Haushaltsgerätemesse Domotechnica in Köln verkündete Bosch-Siemens schon 1975, die Zukunft gehöre nicht mehr Geräten einer „Luxusklasse im Repräsentationslook", sondern „den funktionell gut durchkonstruierten, service-freundlichen Geräten, die der Hausfrau die Arbeit erleichtern, weitgehend narrensicher und vor allem auch den energiepolitischen Notwendigkeiten angepasst sind".[20] Der Wunsch vieler Verbraucher nach günstigeren Betriebskosten fand so Aufnahme in einer Konsumgüterbranche, die im gleichen Zeitraum mit dem Problem weitgehend gesättigter Märkte konfrontiert war. Hausgerätehersteller beklagten sich über stagnierende Absatzzahlen und eine zunehmende Konkurrenz durch Billiganbieter aus Italien und den Ländern des RGW. Sie antworteten auf den steigenden Differenzierungsdruck vor allem im Niedrigpreis- und Mittelpreissegment mit technologisch anspruchsvollen und qualitativ hochwertigen Geräten im Hochpreissegment. Dazu gehörten vergleichsweise hohe Budgets für die Unternehmensabteilungen Forschung und Entwicklung, die eine dauerhafte „Technologieführerschaft" auch auf den Zukunftsfeldern des Energieverbrauches oder der Umweltverträglichkeit sichern sollten.[21] Elektrische Hausgeräte wurden nicht mehr ausschließlich als Instrument einer rationellen Haushaltsführung gedeutet, sondern entwickelten sich zu viel versprechenden Objekten der Energieeinsparung. Hausgerätehersteller beteiligten sich am Rahmenprogramm Energieforschung 1974–1977 des Bundesministeriums für Forschung und Technologie sowie dem Programm Energieforschung und Energietechnologien 1977–1980 mit dem Teilprogramm „Rationelle Energieverwendung". Seit 1978 berichteten sie dem Bundeswirtschaftsministerium regelmäßig über erreichte Einsparziele und 1980 gaben sie dem Bundeswirtschaftsministerium in einer freiwilligen Selbstverpflichtung das Versprechen, bis 1985 den Energieverbrauch bei Waschmaschinen um sieben bis zehn Prozent sowie bei Kühl- und Gefriergeräten um fünfzehn bis zwanzig Prozent gegenüber dem Stand von 1978 zu verringern. Diese Vereinbarungen konnten vor Ablauf der Frist weit übertroffen werden.[22] Nach anfänglicher Skepsis auf Seiten der bundesdeutschen Großunternehmen gegenüber europäischen und bundesdeutschen Gesetzesvorhaben zur Vereinheitlichung von Verbrauchswerten oder zur Einführung von Energielabeln setzte sich seit Ende der 1980er Jahre mit Hilfe von Selbstvereinbarungen und intensiver Lobbyarbeit eine konstruktive Sicht auf die Herausforderung Energieeffizienz durch. Strengere Vorgaben und Kennzeichnungspflichten führten aus dieser Perspektive zu einer ungeahnten Dynamisierung der Branche, die vor allem für Anbieter hochwertiger Qualitätsware neue Absatz-, Produktdifferenzierungs- und Marketingmöglichkeiten boten. Für das 1982 nach wirtschaftlichen Schwierigkeiten in ein Vergleichsverfahren gestürzte Unternehmen AEG erwies sich schließlich die Konzentration auf ein umfassendes Ökologie-Konzept als die einzige Möglichkeit, mit der Hausgerätesparte verlorenes Vertrauen zurückzuerobern und neue Marktsegmente zu erschließen. Seit 1986 wurden AEG-Hausgeräte mit einer explizit ökologieorientierten Produktentwicklungsstrategie beworben. Carlhanns Damm erarbeitete zunächst als Generalbevollmächtigter für den Vertrieb, später als Geschäftsführer der Hausgerätesparte ein ganzheitlich gedachtes Konzept, welches nicht allein auf Energieeffizienz fokussierte, sondern verstärkt auf eine umweltfreundliche Produktion und Entsorgung von Haushaltsgeräten zielte sowie erstmals Fragen einer umweltverantwortlichen Unternehmenspolitik einbezog.[23] Unternehmen der Hausgeräteindustrie blieben dennoch beständig im Fokus der

Aufmerksamkeit von Verbraucherschützern, Umweltschutzorganisationen oder Umweltbehörden, wenn es darum ging, Umwelt und Konsum zusammenzudenken. In den 1970er und 1980er Jahren wiesen Haushaltsgroßgeräte einen hohen Verbreitungsgrad auf und waren mittlerweile für circa 30 Prozent des Haushaltsstromverbrauchs verantwortlich.[24] Das vorhandene Einsparpotenzial im technisierten Haushalt konnte dabei vergleichsweise einfach kommuniziert bzw. in umweltschonende Handlungsanweisungen umgesetzt werden: Statt einer Kochwäsche nur den 40-Grad-Waschgang nutzen. Was der Umwelt hilft, nutzt auch dem eigenen Geldbeutel. So bringen Energiesparen und Umweltschutz persönlichen Gewinn über das gute Gewissen hinaus, ohne hohe Kosten einer Verhaltensänderung zu verursachen, wie dies immer wieder in Bezug auf individuelle Mobilität beschrieben worden ist. Dabei überschnitten sich die Interessen dieser Akteure mit denen der Hausgerätehersteller in der Forderung nach einem schnelleren Austausch älterer durch neuere, energieeffiziente Hausgeräte, argumentativ unterlegt durch umfangreiche wissenschaftliche Studien zum Produktlebenszyklus weißer Ware. An diesem Punkt ergaben sich zahlreiche Ansatzpunkte für eine Zusammenarbeit, die in den 1990er Jahren schließlich in gemeinsamen Aufklärungskampagnen, Einkaufsratgebern oder Internetplattformen der Hausgerätehersteller und Umwelt- beziehungsweise Verbraucherschutzakteure münden sollten.

Verordnetes Umweltbewusstsein: DDR

Jene symbolische Zäsur der Ölpreiskrise 1973 traf allerdings nicht nur Unternehmen der Bundesrepublik, sondern - zeitlich verzögert - auch Betriebe der DDR. Diese waren zunächst einmal als Exportbetriebe seit Ende der 1970er Jahre von umweltpolitischen Regulierungsansätzen, neuen Kennzeichnungspflichten oder strengeren Prüfnormen in der Bundesrepublik betroffen. Ebenso mussten sie auf das sich wandelnde Verbraucherverhalten West reagieren, wollten sie weiterhin auf diesem Markt vertreten sein. Gegen Ende der 1970er Jahre häuften sich Hinweise des für das Kombinat „Haushaltgeräte" zuständigen Außenhandelsbetriebes Union, verstärkt Fragen des Energieverbrauchs in der Produktentwicklung zu beachten, da von westdeutschen Käufern zunehmend sparsame Gerätevarianten nachgefragt würden. Dazu kamen einflussreiche Veröffentlichungen der Stiftung Warentest, die regelmäßig höhere Verbrauchswerte für die Erzeugnisse aus der DDR ergaben. 1982 waren negative Testergebnisse für ostdeutsche Kühlgeräte Gegenstand der Kritik Erich Honeckers im Zentralkomitee der SED. Daraufhin musste der VEB dkk Scharfenstein genaue Angaben zum Energieverbrauch der Kühlgeräte der Kombinatsleitung übermitteln und konkrete Maßnahmen zur Erreichung des „Welthöchststandes" festlegen.[25] Veraltete Geräte mit höheren Verbrauchswerten drohten mittelfristig auf westdeutschen Märkten unverkäuflich zu werden. Dazu kam, dass die Strategie des Billiganbieters im Verlauf der 1980er Jahre in eine Sackgasse zu führen schien. EG-Mitgliedsstaaten hatten gegen das Kombinat Haushaltgeräte 1986/1987 ein Anti-Dumping-Verfahren zu Haushaltskältegeräten angestrengt, um ein höheres, den EG-Staaten angepasstes Preisniveau zu erzwingen.[26] In aller Dringlichkeit wurde innerbetrieblich auf die Problematik Umweltschutz und dementsprechende Forschungsvorhaben verwiesen. Dabei richteten sich ostdeutsche Ingenieure in ihrer Arbeit hauptsächlich an der westdeutschen Technikentwicklung aus, die als weltweit führend auf dem Gebiet der Energieeffizienz wahrgenommen wurde. Ausgewählte Reisekader besuchten Fachmessen im

Abb. 7
Broschüre, Foron-Umweltpreis,
FORON, Werbekampagne, 1994
FORON Haus- und Küchentechnik
GmbH, Präsentation der Firma
FORON „Produkte für die Zukunft"
im Rahmen eines gemeinsamen
Entwurfsseminars mit Studenten
des Lehrstuhls Technisches Design,
Fakultät für Maschinenwesen der
Technischen Universität Dresden
1997, Privatbesitz

so genannten Nichtsozialistischen Wirtschaftsgebiet (NSW) und reisten zu Kongressen. Westdeutsche Fachzeitschriften und Warenmuster der Konkurrenz wurden in den Betrieben analysiert. Delegationen von Bosch, Siemens, Bauknecht oder AEG besuchten die Betriebe in Scharfenstein sowie Schwarzenberg. Dabei kam es durchaus zu interessanten Stimmungsbildern. Sprachen Bosch-, Siemens- oder Bauknecht-Mitarbeiter 1978 von der absoluten Priorität des Themas Energieeffizienz, hatten AEG-Mitarbeiter noch 1976 Folgendes zum Ausdruck gebracht: „Seitens AEG besteht die Auffassung, daß ausgehend vom BRD-Markt das Problem des Energieverbrauches bei Kühl- und Gefrierschränken von untergeordneter Bedeutung ist. Die BRD sei energieseitig stabil versehen, daß nicht nur für Kältegeräte, sondern auch alle übrigen Industriezweige der Energieverbrauch kein Problem darstellen würde."[sic][27] Manche Reise in das Sozialistische Wirtschaftsgebiet (SW) diente ebenso dem Kennenlernen westlicher Produkte und Fertigungstechnik, da beispielsweise der jugoslawische Hausgerätehersteller Gorenje umfangreiche Lizenzen erworben hatte. Der Kenntnisstand über energieeffiziente Produktentwicklungen war dementsprechend hoch. Eingeleitete intensive Nacherfindungsbemühungen trafen jedoch oft auf patentgeschützte Lösungen, Probleme einer politisch verordneten Importablösung, veraltete Laborausstattungen sowie gravierende Probleme in der Zusammenarbeit mit verschiedenen Zulieferern oder Institutionen des Wissenschaftsbetriebs in der DDR. Zusätzlich zu diesen Schwierigkeiten sahen sich die Betriebe in der zweiten Hälfte der 1970er Jahre, spätestens zu Beginn der 1980er Jahre gezwungen, sich mit politisch forcierten Kampagnen zur Erdölablösung, zur Energie- und Materialeinsparung sowie zur verstärkten Rückgewinnung von Sekundärrohstoffen in Folge von Ölpreisverteuerungen auseinanderzusetzen. In einem Maßnahmeplan des zuständigen Ministeriums von 1980 zur Verbesserung der energiewirtschaftlichen Arbeit in den Kombinaten und Betrieben wurden ausführliche Anweisungen festgehalten. Darunter befand sich der Hinweis, vom Ministerium verteilte Energieverbrauchskontingente seien als Maximalwerte zu betrachten. Anträge zur Erhöhung seien nicht realisierbar. Heizöl dürfe nur noch in absoluten Notfällen verbraucht werden. Eventuell vorhandene, auch stillgelegte oder teilweise demontierte Anlagen zur Wärmeerzeugung auf Basis von Rohbraunkohle seien wieder in Betrieb zu nehmen. Verfahren zur Wärmerückgewinnung oder zur Vermeidung von Wärmeverlusten sollten zur Anwendung kommen und nicht zuletzt waren Betriebe durch die Einführung von „Energieverbrauchsnormativen" beziehungsweise einer „Erzeugnisklassifizierung unter besonderer Berücksichtigung der energetischen Güte" zur Produktion verbrauchsarmer Haushaltsgeräte anzuhalten.[28] Einsparbemühungen und die Suche nach geeigneten Ersatzstoffen bestimmten die betriebliche Entwicklungsarbeit der kommenden Jahre, ohne dass jedoch entsprechende Ressourcen zur Umsetzung von Lösungsvorschlägen in der Produktentwicklung sowie der Umstellung von Transport-, Fertigungs- und Entsorgungsverfahren zur Verfügung standen. Vor ernsthafte Probleme stellte die Betriebe vor allem die Vielzahl an neuen Technologien zur Verbrauchssenkung wie mikroelektronische Steuerungen, Sensorik oder Fuzzylogic, die seit Ende der 1970er Jahre die bundesdeutsche Produktentwicklung beeinflussten. Es zeigte sich, dass die Betriebe auf die Herausforderung einer umwelttechnischen Transformation von Produkten, Rohstoffen, Fertigungs- und Entsorgungsprozessen nicht mehr flexibel und mit ausreichend Ressourcen zu reagieren vermochten. Da die Erfüllung der Planvorgaben für die Befriedigung einheimischer Bedürfnisse sowie zur Erhöhung der Exportquoten die alles dominierende Zielvorgabe blieb, mussten sich Fragen einer energieeffizienten Produktentwicklung oder eines betrieblichen Umweltschutzes klar unterordnen. „Da unter den damaligen Bedingungen allein das Wachstum der Produktion als Zielgröße gesehen wurde und daher auch seitens des Gesetzgebers kein ökonomischer Zwang auf die Umweltverträglichkeit der Produktion ausgeübt wurde, konnten technische Lösungen nur selten praktisch realisiert werden."[29] Letztlich sanken zwar auch in der DDR die Verbrauchswerte der Hausgeräte aufgrund eines vor allem von außen verordneten Umweltbewusstseins, aber zu oft gelangten innovative Lösungen nicht über den Status von Versuchsreihen hinaus. Im Gegensatz zur bundesdeutschen Hausgerätebranche waren die Betriebe der DDR außerdem zu keinem Zeitpunkt Bestandteil einer breiten gesellschaftlichen Debatte über die Kriterien einer nachhaltigen Produktion, Nutzung und Entsorgung langlebiger Gebrauchsgüter für den Haushalt. Eine intensive, medial verbreitete Aufarbeitung der unternehmerischen Verantwortung für die Schonung von Ressourcen durch unabhängige Umweltschutzgruppen blieb unter der Staats- und Parteiführung der DDR bis Ende der 1980er Jahre undenkbar.

Moderne Technik für den Haushalt galt im Zuge einer Neubestimmung des Mensch-Umwelt-Verhältnisses seit Anfang der 1970er Jahre nicht mehr allein der Arbeitserleichterung und Zeitersparnis. Werbung für den Verkauf elektrischer Haushaltsgeräte wurde ergänzt durch Werbung für energieeffiziente Haushaltsgeräte. Kühlschränke und Waschmaschinen sollten nun auch Umweltbelastungen durch Privathaushalte reduzieren, den Geldbeutel der Konsumenten schonen sowie die Klimaschutzziele der jeweiligen politischen Verantwortungsträger auf Bundes- und europäischer Ebene verwirklichen helfen. Das Leitbild des technisierten Haushalts wurde seit Beginn der 1970er Jahre in einem konfliktreichen und andauernden Prozess durch das Leitbild eines energieeffizienten Haushalts abgelöst. Jener Leitbildwandel schlug sich dauerhaft in den Kommunikations- und Innovationsstrategien der Hausgeräteindustrie beider deutscher Staaten nieder. Standen seit Mitte der 1970er Jahre Fragen des Energieverbrauches im Vordergrund, so wurden die 1980er Jahre von einer breiteren Debatte über umweltschonende Produktions-, Nutzungs- und Entsorgungsformen bestimmt. Ende der 1980er Jahre verließen energieeffiziente Hausgeräte schließlich schrittweise ihre Konsum-Nischen

*Abb. 8
Broschüre, Foron-Greenfreeze:
FORON Clean Cooler,
1. FCKW- und FKW-freier
Kühlschrank, 1994
FORON Haus- und Küchentechnik
GmbH, Präsentation der Firma
FORON „Produkte für die Zukunft"
im Rahmen eines gemeinsamen
Entwurfsseminars mit Studenten
des Lehrstuhls Technisches Design,
Fakultät für Maschinenwesen der
Technischen Universität Dresden
1997, Privatbesitz*

und entwickelten sich zu einem lukrativen Marktsegment im Verdrängungswettbewerb der Haushaltsgeräte. Jene gewachsene ökonomische Bedeutung energieeffizienter Produkte wurde deutlich sichtbar anhand der vehement geführten Auseinandersetzungen um den ersten FCKW- und FKW-freien Kühlschrank des 1992 kurz vor der Liquidation stehenden ostdeutschen Unternehmens dkk Scharfenstein GmbH (Warenmarke FORON) [Abb. 7 und 8]. Gerade die darauf folgende Neuerfindung der ostdeutschen Kühlgeräte- und Waschmaschinenhersteller als gesamtdeutsche Öko-Pioniere mit einer Vielzahl grüner Produktinnovationen sorgte zwar für einen Innovationsschub in der Branche, bedrohte aber auch das sorgfältig aufgebaute Image der westdeutschen Konkurrenz als verantwortliche Umweltvorreiter. Anfang der 1990er Jahre erreichte somit der unebene (und andauernde) Prozess der Integration von Umweltthemen in unternehmerisches Handeln einen ersten Höhepunkt. Dies zeigte sich auch am Anteil umweltorientierter Werbeanzeigen, wie es unter anderem Heike Weber für Waschmaschinenwerbung analysierte.[30] Ohne einen Verweis auf die umweltschonenden Eigenschaften eines neuen Gerätes kommt mittlerweile kaum eine Anzeige aus. Engagierte Unternehmen präsentieren sich mit Darstellungen weißer Ware in unberührter Natur als Sympathieträger, die hoch effiziente Geräte für den Schutz der Umwelt entwickeln. Die Haushaltsgerätehersteller leiden nicht zuletzt unter der mangelnden öffentlichen Aufmerksamkeit für ihre anspruchsvollen Geräte, die einen großen Beitrag zum Schutz des Weltklimas leisten können. Energieeffizienz lautet das neue Fortschrittsversprechen. Mehr Technik soll umweltfreundliche Geräte keineswegs mit Verzicht oder weniger Komfort in Verbindung bringen. Teure, aber hocheffiziente Geräte entlasten zugleich die Umwelt und den Geldbeutel der Konsumenten, so eine Argumentationskette, die bis zum gegenwärtigen Zeitpunkt verwendet wird. Umweltverantwortung und Nachhaltigkeitsdenken ist in den meisten Unternehmen ein Bestandteil von Unternehmensleitbildern geworden. Dieser Anspruch steht jedoch neben ökonomischen Zielstellungen, die auf Wachstum und globale Expansion ausgerichtet sind. Jede mögliche Reduzierung von Umweltschäden durch Verbrauchssenkungen würde durch erwünschte Absatzsteigerungen sowie veränderte Nutzungswünsche der Verbraucher wieder ausgeglichen. So bleibt die Frage, ob Umweltprobleme auf eine technische Ebene der Fachkompetenz von Ingenieuren abgeschoben werden, ohne dahinter liegende kulturell vermittelte Konsummuster und Lebensentwürfe einzubeziehen.[31] Hinweise dafür bietet ein Ratgeber der AEG zum umweltfreundlichen Haushalten, in dem die „brillante Technik" moderner Spar-Waschautomaten vorgestellt wird: „Da kann der Filius ruhig einmal häufiger in der Woche zum Fußballtraining und anschließend den Ball gleich mit waschen. Und die Tochter dreimal täglich das Kleid wechseln; Der Papa wird's schon waschen, ohne sich die Waschfalten auf die Stirn zu treiben."[32] Muss die Ökologisierung des Wirtschaftshandelns als Prozess der Kommerzialisierung begriffen werden oder ist es zu einem stabilen Element im Prozess des wirtschaftlichen und technischen Fortschritts geworden? Wurde Umweltverantwortung von anderen Interessen überschrieben und damit auf die Funktion der Herstellung und Vermarktung umweltfreundlicherer Produkte reduziert? Weiße Ware im grünen Bereich: Ein Vergleich mit der rasant wachsenden Sparte der Unterhaltungselektronik offenbart zumindest einen großen Vorsprung der Hersteller von Haushaltsgroßgeräten im Bereich Energieeffizienz.

1. Siemens Electrogeräte, Presse-Information-Nr. 2.89-973, Automatisches Dosier-System „Das Wäschepflege System der Zukunft", Siemens Corporate Archives (SAA), 35 Ls. 403, (2861-2885), Messebericht Domotechnica Köln, 14.-17.2.1989 Köln.
2. Premiere der Weißen Ware auf der IFA. BSH-Chef Gutberlet: Die Zukunft gehört energieeffizienten Hausgeräten, IFA BSH 30.08.2008, www.bsh-group.de/index.php?Pressearchiv&y=2008&pm=113917, letzter Zugriff 10.12.2008; „Bei Bosch liegt Umweltschutz in den Genen", in: ADAC Motorwelt, 2009, 2, S. 36f.
3. Zentralverband Elektrotechnik- und Elektronikindustrie e.V. (Hg.): Weißbuch Energie-Intelligenz: Energie intelligent erzeugen, verteilen und nutzen, Düsseldorf 2008, www.en-q.de/weissbuch.html, letzter Zugriff 27.01.2009, S. 20; Hausgeräte+: www.hausgeraete-plus.de/; Initiative für Energie-Intelligenz: www.en-q.de/.
4. Vgl.: Engels, Jens Ivo: Naturpolitik in der Bundesrepublik. Ideenwelt und politische Verhaltensstile in Naturschutz und Umweltbewegung 1950-1980, Paderborn 2006, S. 12; Behrens, Hermann: Rückblicke auf den Umweltschutz in der DDR, in: Hermann Behrens/Jens Hoffmann (Hg.): Umweltschutz in der DDR. Analysen und Zeitzeugenberichte, Bd. 1, München 2008, S. 1-40.
5. Vgl.: Lotz, H.: Energieverbrauch bei Haushaltsgeräten – Erreichte Einsparungen und weitere Potentiale, in: Lebensstandard, Lebensstil und Energieverbrauch, Tagung Veitshöchheim 1995, VDI-Gesellschaft Energietechnik, Düsseldorf 1995 (= VDI-Berichte: 1204), S. 60; ZVEI-Mitteilungen 19, 1986, S. 14f; ARGE Prüfgemeinschaft (Hg.): Stromsparen im Haushalt. Auswirkungen der rationellen Stromanwendung in privaten Haushalten bis zum Jahr 2010, 3. aktual. Ausgabe, korrig. Nachdruck, Frankfurt/Main 1995.
6. Heßler, Martina: Modernisierung wider Willen: Wie die Haushaltstechnik in den Alltag kam, in: Lars Bluma/Karl Pichol/Wolfhard Weber (Hg.): Technikvermittlung und Technikpopularisierung. Historische und didaktische Perspektiven, Münster [u.a.] 2004 (= Cottbuser Studien zur Geschichte von Technik, Arbeit und Umwelt; Bd. 23), S. 238f/251.
7. Siemens-Electrogeräte AG: Haushalt-Rationalisierung durch Elektrische Hausgeräte, München 1956 (Mitarbeiterbroschüre), SAA, 35.Lt 255.
8. Erhard, Ludwig: Wohlstand für Alle, 8. Aufl., Bonn 1964, S. 73f.
9. Vgl. u.a.: Lindner, Ulrike: Rationalisierungsdiskurse und Aushandlungsprozesse. Der moderne Haushalt und die traditionelle Hausfrauenrolle in den 1960er Jahren, in: Matthias Frese/Julia Paulus/Karl Teppe (Hg.): Demokratisierung und gesellschaftlicher Aufbruch. Die sechziger Jahre als Wendezeit der Bundesrepublik, Paderborn [u.a.] 2003, S. 89ff; König, Wolfgang: Geschichte der Konsumgesellschaft, Stuttgart 2000 (=Vierteljahrschrift für Sozial- und Wirtschaftsgeschichte; Beihefte), S. 232ff; Der Weißgeräte zuviel, in: elektromarkt, 1972, 4, S. 22.
10. Lindner, Rationalisierungsdiskurse, S. 101-106.
11. Merkel, Ina: Alternative Realitäten, fremdartige Träume, absurde Utopien. Werbung, Marktforschung und Konsum im Sozialismus, in: Zeitgeschichte 31, 2004, 1, S. 6.
12. Statistisches Jahrbuch der DDR, Berlin 1990, S. 325; Scheithauer, Hans-Joachim/Laue, Michael: Moderne Waschmaschinen – sparsame Helfer im Haushalt, in: Energieanwendung 37, 1988, 6, S. 229.
13. Tippach-Schneider, Simone: Tausend Tele-Tips. Das Werbefernsehen in der DDR 1959 bis 1976, Berlin 2004, S. 212f.
14. Entwicklungen Waschautomaten, AHB Union Berlin 28.11.1983, Staatsarchiv Chemnitz (StAC), 30996 VEB Waschgerätewerk und Vorgänger Schwarzenberg, 1251, Messer, Reiseberichte, Internationale

Zusammenarbeit, 1983-1985; An die Botschaft der DDR in der SFRJ Beograd, Handelspolitische Abteilung, Arbeitsgruppe „Haushaltgeräte" DDR – SFRJ, 24.9.1974, StAC, 30996 VEB Waschgerätewerk und Vorgänger Schwarzenberg, 645/Bd. 2.

15. StAC, 30996 VEB Waschgerätewerk und Vorgänger Schwarzenberg, 192, Eingaben 1972.

16. StAC, 30996 VEB Waschgerätewerk und Vorgänger Schwarzenberg, 641, Technische Informationsreisen BRD, 1976-1978; Kurz-Messebericht Domotechnica Köln, 18.-22.2.1991, StAC, 30986 dkk, 73L, 61113, ZVEI, WGW, Verdichterlieferungen, Messen, Werbung, 1991; DDR-Hausgeräte, in: elektromarkt, 1975, 10, S. 9; Taubert, Dieter: Die Verbesserung der Haushaltsgeräte: Ein Ziel mit vielen Hindernissen, in: Friedrich Thießen (Hg.): Zwischen Plan und Pleite. Erlebnisberichte aus der Arbeitswelt der DDR, Köln [u.a.] 2001, S. 141.

17. Kupper, Patrick: Die „1970er Diagnose": Grundsätzliche Überlegungen zu einem Wendepunkt der Umweltgeschichte, in: Archiv für Sozialgeschichte 43, 2003, S. 325-348; Hühnemörder, Kai: 1972 - Epochenschwelle der Umweltgeschichte?, in: Franz-Josef Brüggemeier/Jens Ivo Engels (Hg.): Konflikte, Konzepte, Kompetenzen. Beiträge zur Geschichte des Natur- und Umweltschutzes seit 1945, Frankfurt/Main 2005, S. 124-144.

18. Informationsvorlage für die a.o. Sitzung des Vorstands am 20.12.1973, Stiftung Deutsches Technisches Museum Berlin, Historisches Archiv (SDTM), 427, 16.10.1973-20.12.1973; Allgemeine Elektricitäts-Gesellschaft AEG-Telefunken, Geschäftsbericht 1974, Berlin/Frankfurt a.M. Juli 1975, SDTM, AEG-Telefunken Geschäftsberichte, ohne Signatur, 1970-1992.

19. Siemens-Electrogeräte GmbH: Siemens Presseinformation, Domotechnica Köln 15.-18.2.1978, FR 527-7802, SAA, 37 Ls. 686, Presse-informationen, Domotechnica, Geräteneuerungen.

20. Siemens-Electrogeräte GmbH: Siemens Presseinformation, Domotechnica Köln, 2.-5.3.1975, Übersicht der Geräte-Neuheiten, SAA, 37 Ls. 686, Presseinformationen, Domotechnica, Geräteneuerungen.

21. „Eine relativ gute Exportentwicklung, bedingt durch einen schwachen DM-Kurs, (...), aber auch durch den hohen Qualitätsstandard und den technologischen Vorsprung der deutschen Hausgeräteindustrie, insbesondere bei energieökonomischen Geräten, brachte der Branche einen gewissen Ausgleich.", Siemens-Electrogeräte GmbH: Siemens-Presseinformation, Domotechnica Köln 10.-13.2.1982, Übersicht über Geräte-Neuheiten, SAA, 37 Ls. 686, Presseinformationen, Domotechnica, Geräteneuerungen.

22. Lotz, Energieverbrauch bei Haushaltsgeräten, S. 14f.

23. AEG-Telefunken AG: Geschäftsbericht 1982, Berlin/Frankfurt a.M. April 1983, SDTM, AEG-Telefunken Geschäftsberichte, ohne Signatur; AEG AG, Geschäftsbericht 1987, Berlin/Frankfurt a.M. April 1988, S. 20, SDTM, AEG-Telefunken Geschäftsberichte, ohne Signatur.

24. Vgl.: ARGE Prüfgemeinschaft, Stromsparen im Haushalt, S. 8.

25. Angaben an KHG in Verbindung mit Nachweis Energieverbrauch der dkk-Kältegeräte zum Welthöchststand (Kritik E. Honecker auf der 4. ZK-Tagung), Scharfenstein 5.7.1982, StAC, 30986 dkk, 38T, 61180, Technische Parameter, Ministerratsvorlage Energieeinsparung etc., 1981-1989.

26. KHG, Jahresplan 1987, Valuta-Dienstreisen, 18.9.1986, StAC, 30992, VEB Haushaltgeräte Karl-Marx-Stadt, Stammbetrieb des Kombinates Haushaltgeräte, 1096, Valutapläne, 1984-1990.

27. Technische Gespräche anläßlich der Dienstreise BRD Juni 1976 zur Exportklärung, 23.6.1976, StAC, 30996 VEB Waschgerätewerk und Vorgänger Schwarzenberg, 641, Technische Informationsreisen BRD, 1976-1978; Reisebericht zur Dienstreise vom 16.-21.1.1978, VEB dkk, Scharfenstein 9.2.1978, StAC, 30996 VEB Waschgerätewerk und Vorgänger Schwarzenberg, 641, Technische Informationsreisen BRD, 1976-1978.

28. MALF, Weisung 42/80, Maßnahmeplan zur Verbesserung der energiewirtschaftlichen Arbeit in den Kombinaten und Betrieben des MALF, 10.12.1980, StAC, 30992, VEB Haushaltgeräte Karl-Marx-Stadt, Stammbetrieb des Kombinates Haushaltgeräte, 952, 15375, Rationelle Energieanwendung, Protokolle, Analysen Energie, 1981-1985.

29. Uhlig, D. u.a.: Umwelttechnikforschung in der DDR, in: GSF-Forschungszentrum (Hg.): Proceedings: Deutsch-deutsches Symposium Umweltforschung in der DDR, Neuherberg 1991, S. 96.

30. Weber, Heike: „Kluge Frauen lassen für sich arbeiten!" Werbung für Waschmaschinen von 1950 – 1995, in: Technikgeschichte 65, 1998, S. 27-56; Schlosser, Horst Dieter et al.: Hightech im Haushalt. Leitbilder und Sprache der Werbung für Haushaltstechnik, Frankfurt a.M. 1996, S. 100-134; Jahrbuch der Werbung. Marketing-Kommunikation in Deutschland, Österreich und der Schweiz, seit 1987 Jahrbuch der Werbung in Deutschland, Österreich und der Schweiz, Jahrgänge 1979-1998.

31. Grenzwerte für Haushaltgeräte, in: Eisenwarenzeitung, 1979, 21, S. 1754.

32. AEG Hausgeräte AG (Hg.): Natürlich AEG. Ratgeber umweltfreundliches Haushalten, Nürnberg 1990, SDTM, 1.2.060 P, 01910.

Plakat, evivo, 1999, Umspannwerk Recklinghausen – Museum Strom und Leben (Abb. 6)

Zwischen Markt, Macht und Marken: Zehn Jahre Liberalisierung haben die deutsche Stromwirtschaft grundlegend verändert

Udo Leuschner

Am 29. April 1998 begann in der deutschen Stromwirtschaft – zumindest theoretisch – der Wettbewerb. An diesem Tag trat ein neues Energierecht in Kraft, das die geschlossenen Versorgungsgebiete für elektrische Energie beseitigte.[1] Stromlieferanten brauchen seitdem über keine eigenen Leitungen mehr zu verfügen, um mit einem Abnehmer handelseinig zu werden. Es genügt, wenn die technischen Voraussetzungen für eine „Durchleitung" des Stroms zum Kunden gegeben sind. Die Betreiber der benötigten Leitungen sind dann verpflichtet, ihr Netz für die Übermittlung der vereinbarten Menge elektrischer Energie zur Verfügung zu stellen. Allerdings haben sie Anspruch auf ein angemessenes Entgelt. Beim Inkrafttreten des neuen Energierechts im Jahre 1998 gab es in Deutschland rund 1000 Unternehmen der öffentlichen Stromversorgung (EVU), die jeweils genau abgegrenzte Versorgungsgebiete hatten. Je nach dem Schwerpunkt ihrer Tätigkeit unterschied man zwischen acht Verbundunternehmen, ca. 80 Regionalversorgern und insgesamt über 900 Stadtwerken.[2] Bis zur Liberalisierung konnte man deshalb die deutsche Stromwirtschaft sehr schön auf Karten darstellen: Die Versorgungsgebiete waren so klar abgesteckt wie die politischen Grenzen von Ländern, Kreisen und Gemeinden, mit denen sie in aller Regel übereinstimmten.[3] Das neue Energierecht ließ diese altvertraute Karte der deutschen Stromversorgung zu Makulatur werden. Geschützte Versorgungsgebiete gibt es seitdem nicht mehr. Technisch blieben die Verbraucher zwar weiterhin dem Netz des angestammten Versorgers verbunden, die Rechnung konnten sie sich aber nun vom jeweils günstigsten Anbieter ausstellen lassen. Über die alten, aufgehobenen Grenzen der Versorgungsgebiete hinweg vermischten sich die Kundenstämme.[4] Zugleich verschwanden allmählich die Energieversorgungsunternehmen (EVU) alten Typs, die Stromerzeugung, Netzbetrieb und Verkauf unter einem Dach vereinten. Das neue Energierecht verlangte von den EVU zunächst zwar nur eine getrennte Buchführung für die Bereiche Erzeugung, Übertragung und Verteilung sowie für Aktivitäten außerhalb des Elektrizitätsbereichs. Erst die zweite EU-Richtlinie zur Öffnung der europäischen Strommärkte vom Juni 2003 erzwang auch eine rechtliche Trennung des Netzbereichs von den übrigen Aktivitäten mit jeweils unabhängigen Management-Strukturen.[5] In der Praxis zogen sich aber vor allem große EVU schon früher auf die Rolle einer Holding zurück und überließen das operative Geschäft juristisch eigenständigen Gesellschaften für Erzeugung, Netz und Marketing.

Der deutsche Sonderweg des „verhandelten Netzzugangs"

Deutschland war das einzige Land in der EU, das die Stromwirtschaft schlagartig liberalisierte, anstatt von der Möglichkeit eines stufenweisen Übergangs Gebrauch zu machen. Das hört sich allerdings besser an, als es in der Praxis war. Denn das neue Energiewirtschaftsgesetz litt zugleich unter erheblichen Mängeln. Das größte Manko war, dass das „natürliche Monopol" des Netzbetriebs nicht von einer Regulierungsbehörde überwacht wurde, wie dies in allen anderen EU-Staaten der Fall war. Man hatte es vielmehr den Stromunternehmen überlassen, mit den anderen Branchenpartnern die Bedingungen für den Netzzugang und die Berechnung der Entgelte zu vereinbaren. Eigentümer der Netze waren aber ausschließlich die alten Energieversorgungsunternehmen (EVU), auch wenn deren Netzbetrieb mittlerweile buchhalterisch getrennt war oder sogar eine rechtlich eigenständige Gesellschaft bildete. Diese alten „Platzhirsche" konnten die Netznutzungsentgelte nun so hoch ansetzen, wie es die „Verbändevereinbarungen" zuließen. Und bei den äußerst zähen und langwierigen Verhandlungen über diese Verbändevereinbarungen, bei denen nur wenige Spezialisten die komplizierte Materie einigermaßen überblickten, verfügten sie offenbar über den längeren Atem und auch sonst über die besseren Karten.

Ab dem Jahre 2000 mehrten sich die Klagen über Behinderungen beim Netzzugang und überhöhte Netznutzungsentgelte. Viele der neuen Stromanbieter merkten immer deutlicher, dass sie unter den herrschenden Bedingungen nicht konkurrenzfähig sein konnten, und fühlten sich von den Netzbetreibern über Gebühr „gemolken". Sogar der Bundeswirtschaftsminister Werner Müller – selber ein ehemaliger Strommanager und den EVU durchaus freundlich gesinnt – sah „unglaublich viel Beschiss im Spiel, schlicht Beschiss".[6] Entsprechend misstrauisch beäugten die Kartellbehörden die Netznutzungsentgelte und das ziemlich umständliche Verfahren beim Lieferantenwechsel. Sie setzten Ende 2000 eine Arbeitsgruppe ein, um „missbräuchliche Praktiken" abzustellen. Grundsätzlich bestehe die Gefahr – so hieß es in einem Papier dieser Arbeitsgruppe –, dass etablierte Versorger ihre Netznutzungsentgelte möglichst hoch ansetzen, um konkurrierenden Stromhändlern das Leben schwer zu machen. Zwar entstünden ihnen dadurch selber rechnerische Verluste im Vertriebsbereich. Diese könnten sie aber in der Konzernbilanz – im Unterschied zu reinen Stromhändlern – leicht mit den Gewinnen aus den überhöhten Netznutzungsentgelten ausgleichen.[7]

Regulierungsbehörde löst Verbändevereinbarungen ab

Der deutsche Sonderweg des „verhandelten Netzzugangs" endete im Juni 2003 mit der neuen EU-Richtlinie zur beschleunigten Öffnung der Binnenmärkte für Strom und Gas[8] und der dadurch notwendigen Neufassung des Energiewirtschaftsgesetzes, die zwei Jahre später in Kraft trat. Die neue EU-Richtlinie verlangte für sämtliche Mitgliedsländer die Errichtung nationaler Regulierungsbehörden. Außerdem galten nun verschärfte Vorschriften für die Trennung von Netz und sonstigen Aktivitäten. Während sich die beiden ersten EU-Richtlinien für Strom (1996) und Gas (1998) mit einer buchhalterischen Trennung der Geschäftsbereiche begnügt hatten, wurde nun eine gesellschaftsrechtliche und operationelle Trennung von Netz und Vertrieb verlangt. Befreit von dieser Auflage blieben lediglich Verteilnetzbetreiber mit weniger als 100 000 Abnehmern.[9]

Zur Umsetzung der neuen EU-Richtlinien in nationales Recht hatte das Bundeswirtschaftsministerium zunächst einen äußerst branchenfreundlichen Gesetzentwurf ausgearbeitet, der an der bisherigen, unbefriedigenden Praxis so wenig wie nur möglich verändern wollte. Er sah zwar die Einsetzung einer Regulierungsbehörde vor, doch sollte diese lediglich befugt sein, die von den Netzbetreibern verlangten Entgelte im Nachhinein zu überprüfen. Auch sonst wurde der Behörde nur ein sehr begrenzter Handlungsspielraum zugestanden. Für die Monopolkommission, die im Sommer 2004 ihr fünfzehntes Hauptgutachten vorlegte, war deshalb in dem Regierungsentwurf „keine substantielle Verbesserung der regulatorischen Rahmenbedingungen für den Elektrizitätssektor zu erkennen".[10]

Im Laufe der parlamentarischen Beratungen wurde der Regierungsentwurf jedoch stark modifiziert. In einer ersten Änderungsrunde wurde auf Verlangen des Bundesrats vor allem das Prinzip der „Anreizregulierung" mit aufgenommen. Demnach kann die Regulierungsbehörde Höchstgrenzen für die Netzentgelte festsetzen, die sich an den Kosten der günstigsten vergleichbaren Netzbetreiber orientieren.

Abb. 1
Kugelschreiber verschiedener
Energieversorger 1995–2010
Umspannwerk Recklinghausen –
Museum Strom und Leben

Abb. 2
Schlüsselanhänger, E.ON, um 2000
Umspannwerk Recklinghausen –
Museum Strom und Leben

Weniger effektive Netzbetreiber werden so zu Anpassungen ihrer Kostenstrukturen und Verbesserung ihrer Effizienz gezwungen. Bis zum Wirksamwerden dieser Anreizregulierung mit der Festsetzung von Höchstgrenzen mussten die Netzentgelte von der Regulierungsbehörde vorab genehmigt werden. Es dauerte bis Juni 2006, ehe die Bundesnetzagentur, wie die neue Regulierungsbehörde genannt wurde, ihre Arbeit tatsächlich aufnehmen und zum ersten Mal die Entgelte der Netzbetreiber kürzen konnte. Der Anteil der Netzkosten am Strompreis für Haushalte sank dadurch binnen eines Jahres von 38,6 auf 31,5 Prozent. Dennoch stiegen aber die Strompreise um etwa sechs Prozent. Die gesunkenen Netzkosten hatten also keine Preisreduzierung bewirkt, sondern allenfalls den Preisanstieg gedämpft.[11]

Fusionen verändern die Stromlandschaft

Mit der Liberalisierung des Strommarktes musste um jeden Kunden regelrecht geworben werden [Abb. 1]. Das gewichtigste Argument war dabei der Preis. Wenn aber die Preise schneller sanken als die Kosten, schmolzen die Gewinnmargen. Es konnte auch kein Ausgleich durch Ausweitung des Umsatzes erfolgen, da der Stromverbrauch mehr oder weniger stagnierte. Dies unterschied die liberalisierte Stromwirtschaft ganz wesentlich von der ebenfalls liberalisierten Telekommunikations-Branche. Unter dem Druck des Wettbewerbs wurde deshalb auf allen Ebenen reorganisiert, rationalisiert, kooperiert und fusioniert. Schon bald waren etliche traditionsreiche Namen verschwunden, die bis zu einem Jahrhundert lang ihren festen Platz auf der Karte der deutschen Stromversorgung hatten. Die Liberalisierung schuf eine völlig neue Situation, die im Zeitraffer-Tempo alte Strukturen vergehen und neue entstehen ließ.

Zu den einschneidendsten Veränderungen gehörten drei „Elefantenhochzeiten": Im Juli 2000 fusionierten mit den beiden Konzernen Veba und Viag auch deren Stromtöchter PreussenElektra und Bayernwerk und bildeten fortan als E.ON Energie das Herzstück des neuen E.ON-Konzerns [Abb. 2]. Fast gleichzeitig übernahm RWE den VEW-Konzern mit der VEW Energie. Zwei Jahre später verschwanden HEW, Bewag und Veag unter dem Dach des neuen Vattenfall-Konzerns. Die Zahl der Regelzonen- und Transportnetzbetreiber (früher als Verbundunternehmen bezeichnet) reduzierte sich dadurch binnen zweier Jahre von acht auf vier. Ferner muss in diesem Zusammenhang noch die Einverleibung der Ruhrgas AG in den neuen E.ON-Konzern erwähnt werden, die trotz Einspruchs der Kartellbehörden durch eine äußerst umstrittene Ministererlaubnis grünes Licht erhielt und nach einem außergerichtlichen Vergleich mit klagenden Konkurrenten Anfang 2003 über die Bühne ging.[12]

Auf der Ebene der Regionalversorger kam es ebenfalls zu zahlreichen Fusionen von Tochterunternehmen der Verbundunternehmen. Daneben verloren bislang konzernunabhängige Unternehmen ihre Eigenständigkeit. Die Arbeitsgemeinschaft regionaler Energieversorgungs-Unternehmen (ARE), die 1991 noch 55 Mitglieder zählte, schrumpfte vor diesem Hintergrund binnen zehn Jahren auf 34 Mitglieder, ehe sie 2007 im neuen „Bundesverband der Energie- und Wasserwirtschaft" (BDEW) aufging.[13] Die Flurbereinigungen unter den Regionaltöchtern der Verbundunternehmen veränderten vor allem die Stromlandschaft im Osten Deutschlands: Anstelle von ehemals 15 regionalen Versorgern, die nach der Wende aus den früheren Energiekombinaten der DDR-Bezirke hervorgegangen waren, gab es jetzt nur noch sieben.[14]

Abb. 3
Anzeige, Yello, Also ich glaube, Strom ist gelb, 1999

Abb. 4
Anzeige, RWE, Also ich weiß, Strom ist blau, 1999
Historisches Konzernarchiv RWE

Abb. 5
Anzeige, Yello, Ich kauf' doch keinen Strom von einem, der blau ist, 1999

Zum Kerngeschäft mit Energie zählt nun auch Gas

Bis zur Liberalisierung und noch danach neigten die Stromkonzerne dazu, in Bereiche außerhalb ihres angestammten Geschäfts zu investieren. Vor allem die Geschäftsfelder Entsorgung, Telekommunikation und Wasser schienen sich für eine Strategie der Diversifikation anzubieten. Die Rentabilität dieser Bereiche hielt aber nicht Schritt mit den Erträgen aus dem Strom- und Gasgeschäft. Zum Teil endeten diese Ausflüge sogar mit mehr oder weniger hohen Verlusten. Die Liberalisierung der Stromwirtschaft ließ es bald nicht mehr ratsam erscheinen, viel Geld außerhalb der eigenen Branche zu binden, denn nun begann ein Reigen von Kooperationen, Beteiligungskäufen und Fusionen, der die Finanzen aufs äußerste strapazierte.

Nach unterschiedlich langen Phasen der Diversifikation besannen sich deshalb alle großen Stromunternehmen wieder auf das Kerngeschäft mit Energie. Zugleich erweiterten sie ihr Geschäftsfeld Strom nun konsequent um Gas. Für Verbundunternehmen und Regionalversorger war „Energie" bis dahin eigentlich nur ein Synonym für Strom gewesen. Lediglich Stadtwerke betätigten sich traditionell sowohl im Strom- als auch im Gas- und Wassergeschäft.[15]

Strom bekommt eine Farbe und wird zur Marke

Nach Inkrafttreten des neuen Energierechts bröckelte es bald überall im überkommenen Gefüge der deutschen Stromwirtschaft. Den Anfang machten Industriekunden, für die Strompreise ein erheblicher Kostenbestandteil waren und die auch am ehesten die neuen gesetzlichen Rahmenbedingungen zur „Durchleitung" nutzen konnten. Sie drängten nun erfolgreich auf Preissenkungen oder wechselten zu einem günstigeren Lieferanten. Im Sommer 1999 erreichte der Wettbewerb auch Haushalte und sonstige Kleinverbraucher: Als Pionier wirkte die Berliner Stromhandelsfirma Ares Energie AG, die über die „ProMarkt"-Filialen bundesweit die Stromversorgung von Haushalten und Gewerbe anbot. Der dafür verlangte Preis von 29,5 Pf/kWh lag unter dem Durchschnitt der deutschen Haushaltstarife, obwohl allein die Durchleitungskosten im Schnitt mit 10,59 Pf/kWh veranschlagt werden mussten.

Im Juli folgte die RWE Energie mit bundesweitem „Privatstrom" (später in „avanza" umbenannt) für 25,87 Pf/kWh. Ungeachtet der anfallenden Durchleitungskosten handelte es sich um denselben günstigen Preis, zu dem die RWE Energie bisher ihre Haushaltskunden im eigenen Netzbereich versorgte. In ganzseitigen Anzeigen hieß es: „Jetzt wechseln – bis zu 20 % sparen".

Aber der nächste Konkurrent wartete schon um die Ecke: Im August bot ein neu gegründetes Tochterunternehmen der Energie Baden-Württemberg (EnBW) „Yello"-Strom für 19 Pf/kWh an. Yello unterbot damit die bis dahin gültigen Konkurrenzangebote erheblich, auch wenn man die Unterschiede bei Grundpreisen, Vertragslaufzeiten und sonstigen Konditionen berücksichtigte.

Abb. 7
Tasse, evivo, 1999, Foto: Jürgen Spiler
Umspannwerk Recklinghausen – Museum Strom und Leben

Abb. 8
Schlüsselanhänger, evivo, 1999, Foto: Jürgen Spiler
Umspannwerk Recklinghausen – Museum Strom und Leben

Mit „Yello" wurde der Strom farbig, denn unter Anspielung auf die blau gehaltene „Privatstrom"-Werbung von RWE Energie verkündete der neue Anbieter: „Also ich glaube, Strom ist gelb – Yello Strom". RWE konterte mit dem Spruch: „Also ich weiß, Strom ist blau", worauf Yello zurückgab: „Ich kauf doch keinen Strom von einem, der blau ist!"[16] So entbrannte mit großem Aufwand eine Werbeschlacht, die ohne Beispiel war in der Geschichte der Stromwirtschaft [Abb. 3, 4 und 5]. Schon im ersten Halbjahr 1999 erhöhten die Energieversorger ihre Werbeausgaben um rund 81 Prozent und waren erstmals unter den werbeaktivsten Branchen vertreten.[17] Neu war auch, dass sich die Konkurrenten nun vor Gericht zu beharken begannen, um dem anderen jeweils bestimmte Formen der Werbung untersagen zu lassen.
Bis Ende des Jahres hatten sich fast alle großen Stromversorger eigene Strommarken zugelegt. So warb das Bayernwerk für „power private", PreussenElektra für „Elektra Direkt" und VEW Energie für „evivo" [Abb. 6 siehe Kapiteleinstieg, 7 und 8]. Daneben machten auch Regionalversorger und sogar Stadtwerke mit günstigen Angeboten bundesweit von sich reden. Zusätzlich gab es etliche Angebote mit regionaler Begrenzung. In der Regel stammten sie von etablierten Stromversorgern, die auf diese Weise die Abwerbung ihrer Tarifkunden verhindern wollten, ohne gleich bundesweit in den Ring zu steigen.
Insgesamt verschlang der Kampf um die Haushalte sicher weit mehr Geld, als er den Anbietern einbrachte, zumal die Preise noch weiter nach unten rutschten. Vorerst ging es den Anbietern von Haushalts-Strom freilich weniger um Gewinne als um die Gewinnung strategischer Positionen, die sich später in Gewinne umsetzen lassen würden.[18]

Anfangs wechseln nur wenige Haushalte

Da die Strompreise bis zum Jahr 2000 auf breiter Front sanken, bestand für die Kunden zunächst wenig Anreiz, den Lieferanten zu wechseln. Zum Beispiel registrierte einer der großen bundesweiten Anbieter bei 100 000 Anfragen gerade mal tausend Abschlüsse. Bis zum Herbst 2001 hatten von den 39 Millionen Haushalten in Deutschland nur etwa 1,4 Millionen den Stromanbieter gewechselt. Das waren 3,7 Prozent. Weitere rund 28 Prozent der Haushalte waren auf das Angebot ihres alten Stromlieferanten eingegangen, einen neuen Stromliefervertrag mit günstigeren Konditionen abzuschließen.[19]
Ein weiterer Grund für die fehlende Wechselbereitschaft war der schwierige Vergleich der Angebote: Neben dem Arbeitspreis pro Kilowattstunde mussten unterschiedliche Grundpreise, Mindestverbrauch, Vertragslaufzeiten oder andere Punkte berücksichtigt werden. Abhilfe versprachen vergleichende Übersichten, wie sie bald in verschiedenen Medien erschienen. Wer bereits einen Internet-Anschluss besaß, konnte sich von „Stromtarifrechnern" das für ihn günstigste

Abb. 9
Nuon Außenwerbung in Berlin, 2007
Umspannwerk Recklinghausen –
Museum Strom und Leben

Angebot heraussuchen und bis auf den Pfennig bzw. Cent berechnen lassen. In den folgenden Jahren wurde es praktisch unmöglich, sich ohne die Hilfe solcher Tarifvergleicher in der Vielzahl der Angebote zurechtzufinden. Die Stiftung Warentest untersuchte deshalb im Sommer 2008 die Güte von elf Tarifrechnern: Am besten schnitt dabei die Firma Verivox mit „sehr gut" ab. Jeweils drei waren „gut" und „befriedigend", der Rest „mangelhaft".[20]

Als Bremse für die Wechselbereitschaft wirkte ferner die anfangs geltende Durchleitungsregelung, die praktisch auf Großkunden zugeschnitten war. Das kam bereits in dem Begriff „Durchleitung" zum Ausdruck, den zunächst auch noch das Energiewirtschaftsgesetz und die erste Verbändevereinbarung benutzten, obwohl er aus einer Zeit stammte, in der die Netznutzung durch Dritte ein absoluter Ausnahmefall war. Erst später wurde der neutrale Begriff „Netznutzung" eingeführt. Die Flut von Privatkunden-Angeboten, die im zweiten Halbjahr 1999 einsetzte, erfolgte im Grunde bereits im Vorgriff auf die geplante Neufassung der Verbändevereinbarung, die ab dem Jahr 2000 mit der Ersetzung der „Durchleitung" durch „Netznutzung" auch das Verfahren vereinfachte und insbesondere Kleinverbrauchern den problemlosen Wechsel des Lieferanten ermöglichen sollte.

Neben der mitunter zweifelhaften Seriosität der neuen Anbieter behinderten anfangs vielfach bürokratische Schikanen und technische Mängel den Wechsel der Haushaltskunden. Nachdem diese Probleme beseitigt waren oder zumindest keine große Rolle mehr spielten, war es vor allem das allgemeine Erlahmen des Wettbewerbs in Verbindung mit den hohen Netzentgelten, was die Wechselbereitschaft zum Erliegen brachte. Es lohnte sich einfach nicht, wegen ein paar Cent den Lieferanten zu wechseln, zumal die Strompreise jetzt wieder allgemein nach oben gingen und ein momentan etwas günstigerer Anbieter schon nach einem Vierteljahr der ungünstigere sein konnte.

Das deutlichste Signal für dieses Erlahmen des Wettbewerbs setzte die EnBW-Vertriebstochter Yello, als sie sich Anfang 2003 von ihrem bundesweit einheitlichen Billig-Stromangebot verabschiedete. Stattdessen bot sie nun regional unterschiedliche Strompreise an, die allenfalls knapp unter den Preisen der örtlichen Versorger lagen. Die EnBW beendete damit ihren Versuch, den deutschen Strommarkt mit einem bundesweiten Billigstromangebot aufzurollen, der ihr bis dahin zwar rund eine Million Kunden,[21] zugleich aber auch Verluste in Höhe von rund 500 Millionen Euro eingebracht hatte.[22]

Ab 2007 nimmt die Wechselbereitschaft deutlich zu

Eine deutliche Zunahme der Wechselbereitschaft zeigte sich erst 2007, nachdem die neue Bundesnetzagentur ihre Tätigkeit aufgenommen und die Genehmigungsanträge der Netzbetreiber kräftig gestutzt hatte. Die wichtigste Hürde für konkurrierende Anbieter war damit niedriger geworden. Wie schon erwähnt, stiegen aber trotz der Senkung der Netzentgelte die Strompreise weiter.[23] Auf die Gründe dafür wird noch einzugehen sein.

Der Leidensdruck der Verbraucher erhöhte sich durch den Wegfall der Tarifaufsicht zum 1. Juli 2007. Als erster der vier Konzerne nutzte Vattenfall die Chance, um seinen bisherigen Tarifkunden in Hamburg und Berlin kräftige Preissteigerungen abzuverlangen. Dabei war Vattenfall schon bisher ungünstiger als die örtlich ebenfalls verfügbaren Angebote von Nuon [Abb. 9] oder „E wie Einfach". Mit der erneuten Preiserhöhung war die Schmerzschwelle überschritten: Die Kunden in Hamburg und Berlin flüchteten zuhauf. Zuerst

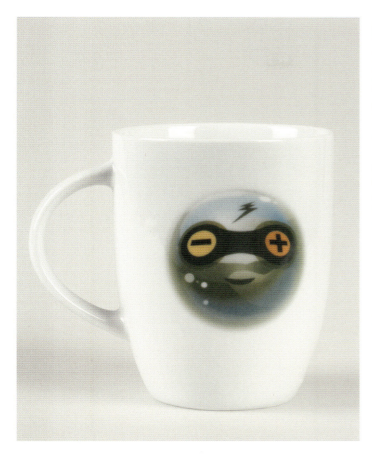

Abb. 10
Tasse, eprimo, 2009, Foto: Jürgen Spiler
Umspannwerk Recklinghausen – Museum Strom
und Leben

Abb. 11
Schlüsselanhänger, eprimo, 2009, Foto: Jürgen Spiler
Umspannwerk Recklinghausen – Museum Strom
und Leben

sprach Vattenfall nur von „einigen Hundert" Kunden, die abhanden gekommen seien. Dann war von einer „fünfstelligen" Zahl die Rede. Vier Monate nach Inkrafttreten der Preiserhöhung musste Vattenfall den Verlust von „rund 100.000" Kunden zugeben, und etwas später waren es sogar 250.000.[24] Generell wuchs nun bei Haushalten und anderen Kleinverbrauchern die Bereitschaft, auch relativ geringe Preisvorteile zu nutzen und einen anderen Lieferanten zu wählen. „Wir konnten 2007 gegenüber dem Vorjahr eine Verdopplung der Zahl der Kunden beobachten, die ihren Stromanbieter gewechselt haben", resümierte der Chef der Regulierungsbehörde, Matthias Kurth, im Januar 2008. Insgesamt hätten mehr als eine Million Kunden im vergangenen Jahr ihren angestammten Versorger verlassen. Allein in den letzten zwei Jahren sei auf dem deutschen Strommarkt „mehr passiert als in den 20 Jahren davor".[25]
Die meisten Wechselwilligen landeten dann aber letztendlich doch wieder bei einem der großen Stromversorger. Diese hatten sich nämlich inzwischen eigene Billiganbieter zugelegt, die sie mit großem Reklameaufwand propagierten. So konnte der Energiekonzern E.ON mit seiner bundesweiten Discount-Vertriebstochter „E wie einfach" im Jahr 2007 weitaus mehr Kunden neu gewinnen, als ihm bei den etablierten Regionalgesellschaften verloren gingen. Auch RWE hatte sich inzwischen mit „Eprimo" eine Billigstrom-Tochter zugelegt, um möglichst viele der Wechselwilligen im eigenen Konzernbereich aufzufangen [Abb. 10 und 11]. Die EnBW verfügte schon seit über sieben Jahren mit „Yello" über eine bundesweite Vertriebstochter, die nun ebenfalls weitere Kunden gewinnen konnte, insgesamt aber infolge der neuen Konkurrenten an Marktanteilen verlor. Als letzter der vier Konzerne startete auch Vattenfall Anfang 2008 ein bundesweites Internet-Stromangebot namens „easy".

Klein, aber fein: Der Markt für „Ökostrom"

Parallel zum Billigstrom-Angebot für Haushalte entstand ein kleiner Markt für „Ökostrom" [Abb. 12]. Dabei handelt es sich um Angebote für besonders umweltbewusste Kunden. Es versteht sich, dass Ökostrom immer grün ist. Einen Streit um die Farbe des Stroms, wie ihn einst „Yello" entfachte, konnte es deshalb in diesem Marktsegment nicht geben. Einen klaren Trend zur Herausbildung von Marken gab es aber auch hier. So entwickelte der Verband kommunaler Unternehmen für die Stadtwerke das Ökostrom-Label „energreen" [Abb. 13].
Der Ökostrom-Kunde bezieht nicht etwa eine besondere Art von elektrischer Energie. Faktisch erhält er weiterhin den ganz normalen Strom aus der Steckdose. Er zahlt aber einen Aufpreis pro Kilowattstunde. Der Lieferant verpflichtet sich dafür, eine entsprechende Menge an Strom aus erneuerbaren Energien (Wasser, Wind, Sonne, Biomasse) oder aus Kraft-Wärme-Kopplung an anderer Stelle des Netzes

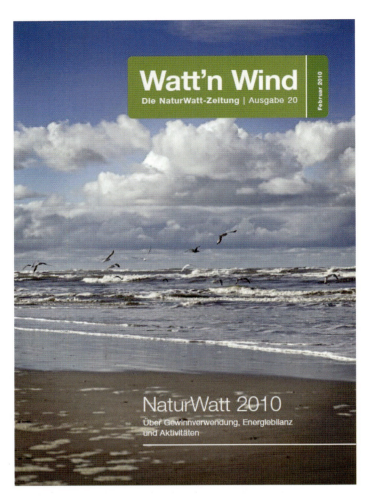

Abb. 12
Kundenzeitschrift, Naturwatt, 2010
Umspannwerk Recklinghausen –
Museum Strom und Leben

Abb. 13
Logo von Energreen, 2009

tatsächlich einzuspeisen. Wenn dieser Strom allerdings aus längst abgeschriebenen Wasserkraftwerken stammt, fühlt sich der Ökostrom-Kunde zu Recht düpiert. Schließlich will er keinen Aufpreis für den ohnehin vorhandenen Energie-Mix zahlen, sondern die Errichtung neuer Anlagen fördern. Sehr umstritten sind deshalb auch die sogenannten RECS-Zertifikate. Bei dieser Billigvariante, die sich auf eine 2001 erlassene EU-Richtlinie stützen kann[26], werden europaweit vorhandene Kapazitäten (z.B. Wasser- oder Windkraftanlagen) als „Grünstrom" zertifiziert. Die so erzeugten Zertifikate können dann gehandelt und übertragen werden, ohne dass auch nur eine physische Verbindung der Stromnetze bestehen muss. RECS-Zertifikate ermöglichen so die Vermarktung von bereits vorhandenen Kapazitäten unter dem publikumswirksamen Etikett „Ökostrom", ohne dass ein eventueller Mehrpreis, den der Kunde dafür bezahlen muss, tatsächlich der Förderung der erneuerbaren Energien zugute kommt.[27] So erklärt es sich auch, dass etliche Stromversorger ihre komplette Umstellung auf „Ökostrom" verkünden konnten, ohne den Strompreis nennenswert anzuheben: In solchen Fällen wanderte dann beispielsweise das Zertifikat „Strom aus Wasserkraft" für etwa 0,05 Cent pro Kilowattstunde von Norwegen nach Deutschland. In Norwegen wäre es praktisch wertlos, weil dort ohnehin aller Strom aus Wasserkraftwerken kommt. In Deutschland aber lässt sich damit die Stromkennzeichnung zugunsten von „Ökostrom" verändern, ohne dass dem Erwerber der Zertifikate größere Kosten entstehen.[28]

Ab 2001 gingen die Strompreise nur noch nach oben

Im Jahr 2000 erreichten die Strompreise ihren tiefsten Punkt. Damit war die Talfahrt aber auch zu Ende. Es folgte nun ein ständiger, bis in die Gegenwart andauernder Preisanstieg, der Industrie- und Haushaltskunden gleichermaßen erzürnte. „Von einem funktionsfähigen Wettbewerb kann keine Rede mehr sein", schrieb „Der Spiegel" schon im Februar 2003 in einem Artikel zur Lage auf dem Strommarkt.[29] „Zorn kommt auf, wenn in diesen Tagen die Jahresendabrechnungen der Stromlieferanten eingehen", bemerkte die „Frankfurter Allgemeine" zur selben Zeit. „Von den vermeintlichen Segnungen der Strommarktliberalisierung spürt der Privathaushalt wenig. Seine Stromrechnung steigt und steigt."[30]
Was war der Grund dieses Preisanstiegs? – Mit Sicherheit lässt sich sagen, dass es nicht nur eine Ursache war, sondern mehrere Faktoren eine Rolle spielten. Das wird sehr deutlich, wenn man die Entwicklung beim Haushaltsstrompreis etwas näher betrachtet: Nach Angaben des Bundesverbands der Energie- und Wasserwirtschaft (BDEW) belief sich die monatliche Stromrechnung eines deutschen Drei-Personen-Durchschnittshaushaltes mit mittlerem Stromverbrauch (3500 kWh/a) im Liberalisierungsjahr 1998 auf 49,95 Euro. Sie sank dann infolge des scharfen Wettbewerbs auf 40,66 Euro im Jahr 2000, um schon 2003 mit 50,14 Euro den Stand vor der Liberalisierung wieder zu übertreffen. Bis 2009 stieg sie sogar auf 67,70 Euro [Abb. 15].

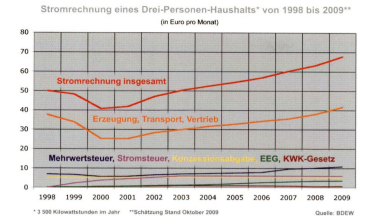

Abb. 14
Tabelle BDEW, 2009

Allerdings erhöhten sich seit 1998 auch die staatlich auferlegten Lasten von rund 25 auf 39 Prozent des Strompreises. Am wenigsten preistreibend war dabei die Förderung der erneuerbaren Energien (rund 5 Prozent) und der Kraft-Wärme-Kopplung (rund 1 Prozent), die oft als Hauptbestandteil der staatlich auferlegten Lasten gesehen werden. Der gewichtigste Posten war vielmehr die Umsatzsteuer (Mehrwertsteuer), die sich in diesem Zeitraum fast verdoppelt hatte und rund 19 Prozent am Endpreis der Stromrechnung ausmachte. Es folgten die neu eingeführte Stromsteuer mit 8,8 Prozent und die Konzessionsabgaben an die Gemeinden mit 7,7 Prozent. Infolge dieser Erhöhung von Steuern und Abgaben verringerte sich bei der Stromrechnung eines Durchschnittshaushalts der Kernbestandteil des Strompreises, der auf Erzeugung, Transport und Vertrieb entfällt, von drei Vierteln im Jahr 1998 auf gut drei Fünftel im Jahr 2009. Dennoch stieg auch dieser Preisanteil, der die Gewinnmarge der Versorger enthält, um 10,5 Prozent im Vergleich mit 1998. Gegenüber dem Jahr 2000, als die Strompreise auf dem Tiefpunkt waren, erlösten die Versorger sogar 61,3 Prozent mehr.[31]

Steuern und Abgaben hatten somit einen erheblichen Anteil am Preisanstieg, reichten aber nicht aus, um ihn zu erklären. Das Argument gestiegener Kosten für „Erzeugung, Transport und Vertrieb" überzeugte die Kritiker auch nicht sonderlich. Denn einerseits waren die Netzentgelte seit dem Wirksamwerden der Regulierung im Jahre 2006 deutlich gesunken, und andererseits hatten die Stromunternehmen kräftig rationalisiert und eingespart. So ergab sich die naheliegende Vermutung, dass zumindest die vier Großstromerzeuger ihre Gewinnspannen erhöht hätten. In deren Kalkulation hatte man zwar keinen Einblick. Schon die Stromerzeugungskosten galten seit der Liberalisierung als Geschäftsgeheimnis.

Es war aber allgemein bekannt, dass E.ON, RWE, Vattenfall und EnBW vier Fünftel des deutschen Strombedarfs erzeugten. Die Großstromerzeuger gerieten deshalb nun in Verdacht, überhöhte Preise für Lieferungen an Weiterverteiler und Endkunden zu verlangen. Außerdem wurde ihnen vorgeworfen, ihre Marktmacht gezielt einzusetzen, um auch die Großhandelspreise an der Strombörse in die Höhe zu treiben. Und diesen Verdacht hegten nicht nur Industrie- und Haushaltskunden. Er wurde auch mehrfach vom Bundeskartellamt, der amtlichen Monopolkommission und von der Europäischen Kommission formuliert.[32]

In der Praxis wäre es den Kartellbehörden jedoch äußerst schwer gefallen, eine Marktabsprache oder die Manipulierung der Börsenpreise nachzuweisen. So kam es zu einer bis Ende 2012 befristeten Änderung des Kartellrechts, die der Bundestag im November 2007 verabschiedete. Sie ermächtigt das Bundeskartellamt zur Einleitung eines Missbrauchsverfahrens, wenn ein Strom- oder Gasanbieter „Entgelte fordert, die die Kosten in unangemessener Weise überschreiten". Als missbräuchlich gelten außerdem solche Preise, die ohne sachlichen Grund ungünstiger sind als die Preise vergleichbarer Anbieter.[33]

Das Bundeskartellamt leitete auf der neuen gesetzlichen Grundlage im März 2008 eine ganze Reihe von Ermittlungen und Missbrauchsverfahren gegen Strom- und Gasversorger ein. Die EU-Kommission glaubte ebenfalls, genügend Anhaltspunkte für die missbräuchliche Ausnutzung von Marktmacht gefunden zu haben. Um ein entsprechendes Kartellverfahren abzuwenden, erklärte sich der E.ON-Konzern im Februar 2008 zum Verkauf seines Stromtransportnetzes und von Kraftwerkskapazitäten bereit.[34] Diese Zusagen waren allerdings kein so großes Opfer, wie es zunächst den Anschein haben mochte. Das Übertragungsnetz, das Ende 2009 für rund eine Milliarde Euro an den niederländischen Netzbetreiber TenneT verkauft wurde, ermöglichte wegen der Regulierung der Netzentgelte nur noch begrenzte Renditen. Die Abgabe von Kraftwerkskapazitäten bestand im Wesentlichen aus Tauschgeschäften mit anderen Stromkonzernen und lief mehr auf eine Art Flurbereinigung als auf eine wettbewerbsfördernde Maßnahme hinaus.

Ein paar Monate nach E.ON bot Vattenfall sogar freiwillig die Abgabe seines Stromtransportnetzes an. Im November 2009 billigte der Aufsichtsrat den Verkauf an ein Finanzkonsortium für 500 Millionen Euro. Das Geschäft platzte nur deshalb in letzter Minute, weil E.ON inzwischen für sein nicht wesentlich größeres Netz einen doppelt so hohen Preis ausgehandelt hatte und Vattenfall nicht unter Wert verkaufen wollte.[35] Förderlich für die Verkaufsbereitschaft war sicher auch, dass die EU-Kommission eine gesellschaftsrechtliche Entflechtung des Transportnetzbetriebs nicht mehr für ausreichend hielt. Ende September 2006 plädierte die Wettbewerbskommissarin Neelie Kroes erstmals für eine eigentumsmäßige Trennung des Netzbereichs von Erzeugung und Vertrieb.[36] Das Europäische Parlament unterstützte sie dabei, während vor allem Deutschland und Frankreich das Eigentumsrecht der Netzbetreiber verteidigten. Im März 2009 einigten sich Parlament und Regierungen darauf, neben der von der EU-Kommission ursprünglich geforderten eigentumsrechtlichen Entflechtung und dem Kompromissvorschlag des „Independent System Operator" (ISO) auch das neu erfundene Modell des „Independent Transmission Operator" (ITO) zuzulassen.[37] Bei dieser dritten und schwächsten Option ändert sich kaum etwas gegenüber der bisherigen Regelung. Die Unabhängigkeit des Netzbetriebs vom Mutterkonzern soll lediglich durch einige Auflagen sichergestellt werden.

„Auf den Märkten für Strom und Gas gibt es in Deutschland weiterhin keinen funktionsfähigen Wettbewerb." So lautete auch 2009 wieder der Befund der Monopolkommission, als sie gemäß ihrem gesetzlichen Auftrag zum zweiten Mal ein Sondergutachten zur Situation auf dem Strom- und Gasmarkt vorlegte. Erneut und noch pointierter als in ihren vorangegangenen Stellungnahmen unterstrich sie die Notwendigkeit, den Strommarkt einer besonderen Marktaufsicht zu unterstellen, wie dies beim Finanzmarkt bereits der Fall ist. Auf diese Weise soll verhindert werden, dass die Großstromerzeuger den Börsenmechanismus für Insider-Geschäfte zum Hochtreiben der Preise missbrauchen.[38] Die Monopolkommission glaubte zwar weiterhin, dass die Strombörsen grundsätzlich einen Beitrag zum Preiswettbewerb leisten könnten. Unter der in Deutschland gegebenen Situation einer „weitgehend vermachteten Stromerzeugung" seien aber sowohl Anreize als auch Möglichkeiten zur missbräuchlichen Ausnutzung von Erzeugermacht auf dem Stromgroßhandelsmarkt gegeben. Aus der Perspektive eines gewinnmaximierenden Erzeugers sei die strategische Zurückhaltung von Erzeugungskapazitäten geradezu eine gebotene Strategie, hieß es in dem Sondergutachten. Es genüge deshalb nicht, die Strombörse und den Stromgroßhandel ausschließlich in der bestehenden Form nach den Maßgaben des Börsengesetzes, des Wertpapierhandelsgesetzes und des allgemeinen Kartellrechts zu beaufsichtigen. Nach den Bundestagswahlen fand diese Sichtweise auch Eingang in den Koalitionsvertrag von Union und FDP: Die neue Bundesregierung will „eine Markttransparenzstelle einrichten und deren Befugnisse so erweitern, dass sie über alle Informationen verfügt, um zeitnah eine transparente Preisbildung im Stromgroßhandel zu sichern".[39]

Fazit

Wie man sieht, ist die Stromversorgung ein noch komplizierteres Geschäft geworden, als sie es ohnehin schon war. Und vor allem teurer. Das war eigentlich nicht im Sinne der Erfinder, als die Deregulierungskommission vor zwanzig Jahren gegen den heftigen Protest der ganzen Branche die Zerschlagung der integrierten EVU in ihrer bisherigen Form verlangte[40]. Es sollte vielmehr alles besser und billiger werden.

Inzwischen sind die Strompreise wesentlich höher als vor der Deregulierung. An die Stelle von tausend staatlich kontrollierten Gebietsmonopolen ist das Oligopol einiger Konzerne getreten. Jedenfalls sehen das die Kartellbehörden in Bonn und Brüssel so. Außerdem sind seit der Liberalisierung allein in der deutschen Stromwirtschaft 40.000 Arbeitsplätze abgebaut worden[41]. Dass gleichzeitig auch ein paar Arbeitsplätze bei Werbeagenturen und IT-Dienstleistern entstanden, ist zwar erfreulich, macht die Bilanz aber nicht viel besser. Insgesamt wird man deshalb die Liberalisierung der Stromwirtschaft bisher nicht als Erfolgsgeschichte bezeichnen können. Ob sie es noch wird? – Nun ja, die Hoffnung bleibt.

1. Gesetz zur Neuregelung des Energiewirtschaftsrechts vom 24. April 1998 mit dem Gesetz über die Elektrizitäts- und Gasversorgung (Energiewirtschaftsgesetz – EnWG) als Artikel 1.
2. Vgl. „Stromwirtschaft im Wettbewerb", März 2000, herausgegeben von der Informationszentrale der Elektrizitätswirtschaft (IZE).
3. Die Karte der deutschen EVU mit den exklusiven Versorgungsgebieten wurde bis zur Liberalisierung von der VDEW („Vereinigung Deutscher Elektrizitätswerke") herausgegeben.
4. Nach der Liberalisierung gab der VDEW – seit 2001 stand die Abkürzung für „Verband der Elektrizitätswirtschaft" – eine Karte der deutschen Stromerzeuger heraus, die ganz ähnlich aussah wie die frühere Karte der exklusiven Versorgungsgebiete, tatsächlich aber nur noch die Bereiche der jeweiligen Verteilnetzbetreiber darstellte.
5. Richtlinie 2003/54/EG des Europäischen Parlaments und des Rates vom 26. Juni 2003 über gemeinsame Vorschriften für den Elektrizitätsbinnenmarkt.
6. Müller im Interview mit dem Deutschlandfunk am 29. April 2001.
7. Pressemitteilung des Bundeskartellamts vom 24. April 2001.
8. Siehe Anm. 5.
9. Zweites Gesetz zur Neuregelung des Energiewirtschaftsrechts vom 7. Juli 2005 (mit dem neugefassten EnWG als Artikel 1 und dem Gesetz über die Bundesnetzagentur als Artikel 2).
10. 15. Hauptgutachten der Monopolkommission „Wettbewerbspolitik im Schatten ‚nationaler Champions'", veröffentlicht am 9. Juli 2004, Kurzfassung, S. 75–84.
11. Monitoringbericht 2007 der Bundesnetzagentur (am 7. November 2007 veröffentlicht).
12. Vgl. Udo Leuschner, Kurzschluss – Wie unsere Stromversorgung teurer und schlechter wurde, Münster 2007, S. 34–67.
13. VDEW-Pressemitteilung vom 19.6.2007: „Bundesverband der Energie- und Wasserwirtschaft (BDEW) gegründet".
14. Siehe Anm. 12, S. 302–306.
15. Ebd.
16. Die Debatte wurde in der Presse mehrfach rezipiert, u.a. Stern.
17. Wirtschaftswoche, 28.10.1999 (nach Angaben der Hamburger A.C. Nielsen Werbeforschung).
18. Siehe Anm. 2.
19. VDEW-Kundenfokus „Haushalte 2001", ermittelt vom Institut promit, Dortmund.
20. test, Zeitschrift der Stiftung Warentest, September 2008.
21. Vgl. EnBW Pressemitteilung 31. Juli 2003.
22. Vgl. Die Zeit, 24. April 2003.
23. Siehe Anm. 11.
24. DPA-Meldung vom 2.11.2007 „Vattenfall will auf deutschem Markt kämpfen – 250.000 Kunden verloren"; den Verlust von mindestens 100.000 Kunden räumte zuvor Vattenfall-Chef Hans-Jürgen Cramer in einem Interview mit dem Magazin Focus ein (9.9.2007).
25. Kurth gegenüber der Berliner Zeitung (12.1.2008).
26. EU-Richtlinie zur Förderung der Stromerzeugung aus erneuerbaren Energiequellen im Elektrizitätsbinnenmarkt vom 27. September 2001 (Artikel 5: Herkunftsnachweis für Strom aus erneuerbaren Energiequellen.)
27. Vgl. Der Spiegel, 7. Januar 2008.
28. Wegen dieser praktischen Wertlosigkeit der RECS-Zertifikate und ihrer schädlichen Wirkung gegenüber dem Erneuerbare-Energien-Gesetz hat der Bundestag am 14. Februar 2008 mit großer Mehrheit eine Entschließung angenommen, wonach ein europaweiter Zertifikatehandel zwischen Unternehmen kein geeignetes Instrument zur Erfüllung der Klimaziele ist.
29. Der Spiegel, 10. Februar 2003.
30. Frankfurter Allgemeine, 14. Januar 2003.
31. BDEW-Presseinformationen vom 20. November 2009.
32. Z.B. sprach das Bundeskartellamt schon in seinem Tätigkeitsbericht für die Jahre 2001/2002 von einer weitgehenden Beherrschung des deutschen Strommarkts durch das „Duopol" E.ON und RWE. Die Monopolkommission beanstandete in ihren Haupt- und Sondergutachten wiederholt die Konzentration der Erzeugungskapazitäten auf dem Strommarkt, die Anfälligkeit der Großhandelsmärkte für Preismanipulationen und generell den mangelnden Wettbewerb. Die EU-Kommission führte am 12. Dezember 2006 sogar „unangekündigte Inspektionen" bei den vier deutschen Stromkonzernen durch, um Belege für ihren Verdacht auf wettbewerbsbeschränkende Geschäftspraktiken und die missbräuchliche Ausnutzung einer marktbeherrschenden Stellung zu finden.
33. Dem Gesetz gegen Wettbewerbsbeschränkungen (GWB) wurde ein entsprechender neuer Paragraph 29 eingefügt, der bis 31. Dezember 2012 befristet ist.
34. Siehe Pressemitteilung der EU-Kommission vom 12. Juni 2008, in der die Kommission die Prüfung der Verpflichtungszusage von E.ON bekannt gibt und zugleich die Verdachtsmomente auflistet (MEMO/08/396).
35. Vgl. Financial Times Deutschland, 24. November 2009.
36. Neelie Kroes erhob diese Forderung bei einem Seminar der britischen Regulierungsbehörde am 28. September 2006 (SPEECH/06/541).
37. Pressemitteilung des Europa-Parlaments vom 24. März 2009.
38. „Strom und Gas 2009", zweites Sondergutachten der Monopolkommission gemäß § 62 Abs. 1 EnWG, veröffentlicht am 4. August 2009.
39. Kapitel 4.2 des Koalitionsvertrags vom 26. Oktober 2009, Abschnitt „Wettbewerb auf den Energiemärkten".
40. Die 1988 berufene Deregulierungskommission legte am 3. April 1990 dem Bundeswirtschaftsministerium einen ersten Bericht vor, in dem sie die konzeptionellen Grundlagen für eine Deregulierungspolitik darlegte sowie konkrete Vorschläge für das Versicherungs- und Verkehrswesen machte. In ihrem zweiten Bericht vom 15. März 1991 verlangte sie dann die Deregulierung der Stromwirtschaft. „Den Schaden hätte der kleine Tarifkunde", warnte damals der Verband der kommunalen Wirtschaft (VKU). Die Branchenverbände DVG und ARE sprachen von „vordergründig deregulierenden Vorschlägen", die in Wirklichkeit zu „durchgängig mehr Regulierung" führen würden, und der Dachverband VDEW warf der Kommission vor, sie bleibe „den Beweis für eine dann angeblich preisgünstigere Stromversorgung schuldig". Nachzulesen ist die damalige Auseinandersetzung in zwei Broschüren der Reihe StromDISKUSSION, die 1989 (26 Seiten) und 1992 (128 Seiten) von der Informationszentrale der Elektrizitätswirtschaft (IZE) herausgegeben wurden.
41. Statistisches Bundesamt, Monatsbericht in der Energie- und Wasserversorgung für Betriebe / fachliche Betriebsteile vom 5. März 2009. Demnach waren 1998 in der „Versorgung mit Strom" 160.426 Personen tätig; 2008 nur noch 121.195.

Anzeigenmotiv, VEW, Kreation: Lesch&Frei, 2001 (Abb. 1)

**Lehrjahre der Kundenorientierung:
Die Marktliberalisierung**

Aldo Frei

Meine berufliche Mission führte mich schon in viele Konzernzentralen. Mit der Zeit gewöhnt man sich an diese neuzeitlichen Kathedralen mit ihren aufgereihten Vorstandslimousinen vor den spiegelnden Fassaden und ihren einschüchternd großen Empfangshallen, in denen dicke Schutzwälle das Auskunft gebende Personal auf Distanz halten.
Eine dieser Kathedralen hat ihre Wirkung bis heute auf mich nicht verloren. Ich betrat sie 1998, in Dortmund, kurz vor der Liberalisierung des deutschen Strommarktes. Und ich erinnere mich noch genau: Mein erster Eindruck war, nicht einen Großkonzern, sondern ein größeres Nobelhotel zu betreten. Wartende Besucher standen gedankenverloren im Foyer. Uniformierte Köche schoben ihre Kunstwerke durchs Haus und an der Rezeption wurde die Bürokratie des Hinein- oder Hinausgehens abgewickelt. Aber es war kein Hotel, es war die Zentrale der VEW AG, des damals viertgrößten Energieunternehmens im Lande, die Zentrale meines ersten Energiekunden.
Die Marktliberalisierung war auch der Grund meines Besuchs. Sie warf ihre Schatten bereits voraus. Dem 3,5 Milliarden Euro schweren Stromanbieter drohte Wettbewerb. Möglicherweise erschwerten ihm bald nicht mehr nur die Kunden, sondern auch böse Konkurrenten das Leben. Höchste Zeit also, entsprechende Vorkehrungen zu treffen und die Werbetrommel auszupacken [Abb. 1 siehe Kapiteleinstieg, 2 und 3]. Aber was tun, wenn plötzlich ausländische Markteindringlinge auf den Plan treten und Privat- und Geschäftskunden mit Billigangeboten verunsichern? Welchem Schlachtplan vertrauen, wenn das Terrain Neuland ist und die vertraglich geregelte Marktaufteilung von einem Tag auf den anderen zur Disposition steht? Und wie reagieren, wenn die Vertragsabnehmer (das Wort Kunden existierte damals noch nicht in der Branche) plötzlich autonom entscheiden, woher sie ihren Strom beziehen? Für eine Branche, in der bis dato schon das Auslegen von Prospekten im eigenen Haus als extrovertiertes Verhalten gegolten hatte, gewiss keine einfachen Fragen – die Branche kam ins Schwitzen.
Sie suchte händeringend Antworten und die Betriebsamkeit hielt Einzug. Es galt, das Verhalten der Strombezieher unter die Lupe zu nehmen, den undurchsichtigen Agenturmarkt zu screenen und ehrgeizige Kreative gegeneinander antreten zu lassen. Der geeignete Mitstreiter musste gefunden werden. Und die passende Begleitmusik für den Einmarsch in den freien Markt.
Die Beamer liefen heiß: Angreifen, nicht verteidigen! Ausbruchstrategie wagen! Marke aufladen! Kundenerosion verhindern! Klotzen statt Kleckern! Das ganze Vokabular der Unternehmens- und Werbeberatung wurde an die Wände geworfen.
Die Ursache der Betriebsamkeit war schnell ausgemacht: Den Anbietern drohten die Felle davon zu schwimmen. Und sie waren wild entschlossen, den Markteindringlingen die Zähne zu zeigen. Auch wenn es teures Lehrgeld kosten sollte. Der Zeitpunkt war nicht schlecht gewählt. Die „Kriegskassen" waren voll. Der Werberubel konnte rollen. Und er begann so schnell zu rollen wie noch nie. 1996 lagen die Werbeausgaben der Branche gerade mal bei 13 Millionen Euro. Bis 1999 hatte sich diese Summe mit 171 Millionen Euro bereits mehr als verzwölffacht! Genug Geld, um schon in den ersten Tagen der Zeitenwende alle Kanäle der klassischen Werbung zu fluten: TV, Tageszeitungen, Wochenmagazine, Funk und Plakatflächen.
Das Flüstern der frühen Jahre wich schnell lautem Marktgebrüll. Aber die über Jahrzehnte aufgebauten massiven Markteintrittsbarrieren der oligopolitisch organisierten Versorgung waren nicht so leicht zu überwinden.

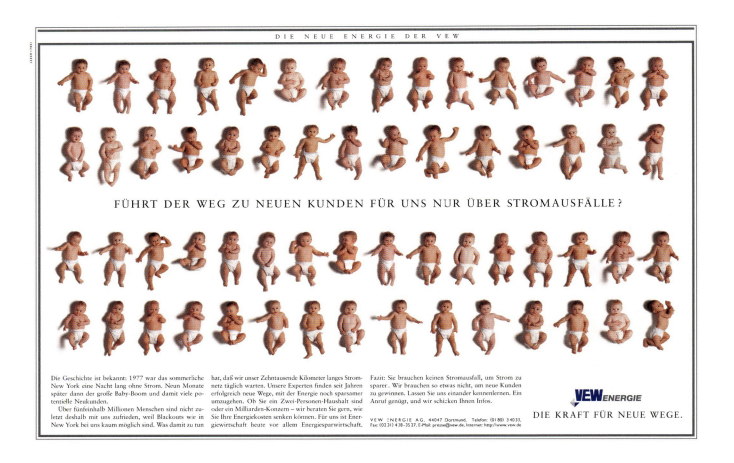

Abb. 2
Anzeigenmotiv, VEW, Kreation: Lesch&Frei, 2001

Die Funk- und Fernsehanstalten, die Verlage und Außenwerber lachten sich ins Fäustchen. Und das Publikum staunte: Strom war auf einmal nicht mehr Strom. Schon in der ersten Hälfte des 20. Jahrhunderts kam der amerikanische Vordenker der kreativen Werbeleute, Howard Gossage, auf die pfiffige Idee, das generische Produkt Benzin mit der Farbe Pink werblich allein zu stellen und vom Wettbewerb abzugrenzen (Fina-Kampagne „Pink Air"). Mit der Liberalisierung des deutschen Strommarktes wurde diese originelle Idee nachahmend auf die Spitze getrieben: Grau ging. Yello kam. Strom war plötzlich Gelb. Oder auch Blau – je nach Region und Hausfarbe des Versorgers.

Andere Konzerne, andere Sitten. Auch die heute nicht mehr existente VEBA (inzwischen E.ON), die RWE, die VEW (inzwischen übernommen und integriert in der RWE) und die Bewag in Berlin begaben sich aufs Glatteis und versuchten sich in der Massenkommunikation. Sie kommunizierten zwar auf unterschiedlichste Art und Weise, aber sagen wollten sie alle dasselbe: Wir sind zwar unsichtbar, aber keinesfalls unwichtig, denn wir sind die, die heimlich und versteckt dafür sorgen, dass Sie abends im Bett lesen und morgens in der Küche Kaffee trinken können, die den Industriestandort Deutschland wettbewerbsfähig halten und das Kunststück fertig bringen, jedem Bundesbürger zu jeder beliebigen Zeit und an jedem beliebigen Ort des Landes genau die Menge Energie zu liefern, die er gerade braucht. Ende der Durchsage.

Neue Marken wurden entwickelt und in den Markt gedrückt. Viele davon überlebten im freien Markt allerdings nicht viel länger, als ihre Entwicklung für den Markteintritt an Zeit beanspruchte. Fakt aber ist: Alle Kampagnen erregten Aufmerksamkeit, alle proklamierten das neue Energiezeitalter, stärkten die Unternehmensmarke, unterhielten (mehr oder weniger) das Publikum und bekamen von der Marktforschung gute Noten. Das Problem war: Keine einzige Kampagne verkaufte Strom. Wie sollte das auch gehen? Es gab ja nicht einmal konkrete Angebote dafür. Mit einer Ausnahme: Yello von EnBW. Aber Yello tat sich schwer. Die Bundesbürger trauten dem badischen Braten nicht. Sie interessierter sich nicht für das Thema, sie waren irgendwie immun

Abb. 3
Anzeigenmotiv, VEW, Kreation: Lesch&Frei, 2001

gegen farbigen Strom. Auch wenn die Marke Yello heute eine beachtliche Anzahl Kunden bedient: Ihre Markeneinführung schrieb Geschichte, aber Flop-, nicht Erfolgsgeschichte. Denn ob sich so gewaltige Overspendings jemals rückfinanzieren lassen, wissen nur die Götter.
Aber die Branche lernte dazu. Ihr Markenportfolio ist heute wesentlich differenzierter. Der freie Markt erwies sich wie überall als erfinderisch und führte zu einem pluralistischen Angebotsspektrum. Der Verbraucher findet in Deutschland inzwischen für fast alles, was irgendwie mit Strom zusammen hängt, eine Marke. Eine Marke für Stromerzeugung, eine Marke für Stromtransport, eine Marke für günstigen Strom, eine Marke für Stromgroßeinkauf, eine Marke für Stromzwischenhandel, eine Marke extra für's Stromsparen, ja sogar eine Marke für Leichtgläubige, mit einem Sondertarif für Strom, der nichts mit Atomkraft zu tun hat. Aus den vertraglich gebundenen Abnehmern wurden Kunden. Nicht auf Anhieb, aber über die 10 Jahre hat sich doch Einiges in dieser Hinsicht verbessert.
Doch unsichtbare Produkte zu bewerben blieb eine Kunst für sich. Und ein generisches Produkt mit Werbung nach vorne zu bringen, das sagte schon der Papst der Markenführung, Hans Domizlaff, ist fast ein Ding der Unmöglichkeit. Für Strom zu werben heißt sogar, beides auf einmal zu versuchen: ein generisches Produkt auszuloben, das auch noch unsichtbar ist. Und ein Produkt auszuloben, für das sich die Leute bestenfalls dann interessieren, wenn die Versorgung ausfällt und sie es nicht mehr bekommen. Klar, dass sich trotz mächtiger Marketinganstrengungen, trotz riesiger Werbeinvestitionen, trotz steigender Strompreise und einer deutschen Grundmentalität, die so gerne Schnäppchen jagt, es an der Wechselfront lange Jahre so ruhig blieb. Erst in jüngster Zeit signalisieren andere Zahlen eine relevantere Wechselbereitschaft.
„Man müsse warten, der Wettbewerb habe halt noch gar nicht begonnen", hieß es damals seitens der Branchenexperten. Aber viele Strombezieher sagten etwas ganz anderes, nämlich: „Lasst mich bitte in Ruhe! Ich brauche euer Marktgeschrei nicht! Was vernünftig und was nicht vernünftig ist, weiß ich selbst. Ich habe Wichtigeres zu tun, als den

RWE Rhein-Ruhr
Energie für unsere Region

Abb.4
Anzeigenmotiv, RWE, Kreation: Lesch&Frei, 2005

bundesweiten Tarifdschungel zu durchforsten, mein Leben ist schon kompliziert genug!"
Liebe Politiker in Brüssel und Berlin, sagt: Findet ihr die Liberalisierung des deutschen Strommarktes 2010 immer noch eine gute Idee? Hat der freie Markt geregelt, was das Monopol nicht regeln wollte? Hat die Konkurrenz das Geschäft belebt? Hat das Instrument die großen, von euch formulierten Hoffnungen erfüllt? Wurde die Industrie dadurch wettbewerbsfähiger? Wurden die privaten Haushalte durch Eure Entscheidung spürbar entlastet?
Ich für mich kann die inzwischen etwas reifer gewordene Frucht der Liberalisierung immer noch nicht so richtig genießen. Natürlich: ein Börsen affines Unternehmen setzt andere Prioritäten als ein Stadtwerk in öffentlicher Hand. Ersteres hat eher die Gewinnmaximierung im Fokus, letzteres eher den sozialen Versorgungsauftrag. Mag ja sein, dass eine so hoch entwickelte Industrienation wie Deutschland beides braucht: reiche Marktteilnehmer auf der einen Seite, um die für diese Branche charakteristischen riesigen Investitionen überhaupt stemmen zu können, und auf der anderen Seite etwas langsamere, dafür vielleicht selbstlosere Kräfte für eine größtmögliche Versorgungssicherheit und als Garanten des Wohlstands.
Sicher, man kann eine ganze Menge gegen staatlich dirigierte Versorgung ins Feld führen – es gibt ja mehr als genug schlechte Beispiele dafür. Aber ist es nicht auch wahr, dass Deutschland schon vor der Liberalisierung des Strommarktes eine der am sichersten und qualitativ bestversorgten Industrienationen der Welt war? Und waren ihre Probanden nicht vergleichsweise kultivierte, sozial verantwortungsbewusste und nachhaltig handelnde Unternehmen?
Die Branche hat das Problem, dass es ihr im liberalisierten Markt bis heute nicht gelungen ist, sich beliebt zu machen. Im Gegenteil. So titelt die Bild-Zeitung auf ihrer Ausgabe vom 6. Oktober 2009: „Strompreis-Sauerei. Private Haushalte zahlen zuviel!" Und mit solchen Statements ist sie nie allein.

Abb. 5
Anzeigenmotiv, RWE, Kreation: Lesch&Frei, 2005

Und die Branche steht vor gewaltigen Herausforderungen in Bezug auf Umwelt und Klima. Doch gerade vor diesem Hintergrund wäre sie auf den Goodwill der Politik und der Öffentlichkeit angewiesen.
Probleme, die mit Kommunikation allein nicht zu lösen sind. Aber Kommunikation könnte einiges dazu beitragen, dass die Branche mit ihrer wirtschaftlich und gesellschaftspolitisch so relevanten Funktion etwas transparenter, etwas vertrauenswürdiger und etwas sympathischer wird [Abb. 4 und 5].
Sie könnte, aber tut sie es auch?

Der Autor ist Gründer und Mitinhaber der Werbeagentur Lesch+Frei und Geschäftsführer der Frankfurter Dependance, die u.a. seit vielen Jahren für die Energiebranche tätig ist.

Plakat, Rathauser Elektrizitätswerk, Luzern, 1895 (Abb. 2)

Die Frühphase des elektrischen Zeitalters

Allegorisierung, Heldengestalten und heroische Landschaften

In den letzten beiden Jahrzehnten des 19. Jahrhunderts machte die Elektrotechnik gewaltige Fortschritte. Mit ihrer wirtschaftlichen Verwertung bildeten sich zwei neue Branchen heraus: die Elektrizitätswirtschaft, mit der Aufgabe der Erzeugung und Verteilung von Strom, und die Elektroindustrie, welche die Anwendungsgebiete für die neue Energieform erschloss. Diese Entwicklung war von der Vision getragen, dass Elektrizität in absehbarer Zeit den Alltag der Menschen vollständig durchdringen sollte, und damit von der Aussicht auf einen grenzenlosen wirtschaftlichen Wachstumsmarkt.

Voraussetzung für die Erfüllung derartiger Hoffnungen war jedoch, dass die zukünftigen Verbraucher überhaupt Bekanntschaft mit dem neuen Produkt „Strom", seiner Wirkung und seiner Anwendung machten. Dies geschah zunächst durch Ausstellungen, wo dies vorgeführt wurde. Diese Ausstellungen und die Plakate dafür können als früheste Werbemittel für Elektrizität gelten.

Mit der zunehmenden Etablierung der beiden Branchen und von Strom als standardisiertem Produkt griffen immer häufiger auch die einzelnen Energieversorgungs- und elektrotechnischen Industrieunternehmen zum Mittel der Reklame, zunächst mit Imagewerbung, dann mit Produktwerbung. Dabei ging es ihnen neben der Einführung und Verbreitung der Elektrizität auch um die frühzeitige Sicherung ihrer Marktanteile.

Die Herausforderung bei der Gestaltung von Werbemitteln, vor allem Plakaten (deren Entwürfe häufig auf Emailschilder, Postkarten und Reklamemarken übertragen wurden), bestand darin, Bilder zu finden, mit denen sich das ungegenständliche und unsichtbare Phänomen Strom eindrücklich vermitteln ließ. Das vorherrschende Motiv in der Frühphase des elektrischen Zeitalters war die sinnbildliche Verkörperung der elektrischen Energie durch weibliche Allegorien und männliche Heroen. Diese Verehrung, Verherrlichung oder Vergötterung spiegelte die Hochstimmung wider, welche die Elektrizität bei den Zeitgenossen auslöste und die von schlichter Verzauberung und Überwältigung bis technikgläubiger Aufbruchstimmung und Fortschrittseuphorie reichte.

Die symbolische Aufladung von Elektrizität in der frühen Werbung war eng verbunden mit dem Motiv des Lichtes. Das lag nahe, war das elektrische Licht damals doch sichtbarster Ausdruck der Wirkung von Strom. Darüber hinaus übte seine im Vergleich zu den bislang bekannten Leuchtmitteln beeindruckende Helligkeit eine ungeheure Faszination auf die Menschen aus.

Allegorisierung

Im Jahr 1895 ließ die AEG die Darstellung einer weiblichen Allegorie der Elektrizität in Verbindung mit ihrer Wortmarke [Abb. 1] als Warenzeichen eintragen. Die halbnackte Frauenfigur sitzt auf einem Flügelrad, dem Symbol der Eisenbahn und des technischen Fortschritts überhaupt. Sie rollt damit Blitze schlagend über eine Weltkugel, die vor einem dramatisch bewölkten Himmel aus einem (Wolken)Meer auftaucht. In ihrer rechten Hand hält sie eine Glühbirne, deren Aureole Mond und Sterne überstrahlt. Die energie- und spannungsgeladene Darstellung zeigt die Elektrizität als ungezähmte Naturgewalt. Die Frauenfigur gemahnt ebenso an die griechische Siegsgöttin Nike wie auch an den weltbeherrschenden germanischen Gott Wotan. Damit wird die noch junge Elektrizität mythologisiert. Diese Referenz an den klassischen Bildungskanon soll ihr Seriosität verleihen und so Vertrauen schaffen.

*Abb. 1
Vignette der AEG,
Grafik: Ludwig Sütterlin,
um 1900*

Subtil wird darüber hinaus Elektrizität mit AEG gleichgesetzt: Die Glühlampe, die Frauenfigur und der Firmenname sind auf einer zentralen Senkrechten übereinander angeordnet. Darüber hinaus wird mit der Platzierung der Wortmarke auf der Weltkugel der Führungsanspruch der AEG beim Siegeszug der Elektrotechnik behauptet. Der Lorbeerkranz in der linken Hand der Frauenfigur unterstreicht dies: Da sie selbst bereits mit einem solchen bekrönt ist, kann dieser nur für den zweiten Protagonisten der Darstellung bestimmt sein, die AEG.

Die 1883 als „Deutsche Edison-Gesellschaft für angewandte Elektricität" gegründete und 1887 in „Allgemeine Elektricitäts-Gesellschaft" umgewandelte AEG war in der Tat ein Pionier der Elektrotechnik – und das nicht nur auf technischem Gebiet. Sie übernahm ebenso eine Vorreiterrolle bei der Schaffung eines selbstbewussten und unverwechselbaren Werbeauftritts als auch bei der Herausbildung einer Markenidentität. An der frühzeitigen Verwendung der Wortmarke „AEG" anstelle des vollständigen Firmennamens wird dies bereits deutlich. Das Warenzeichen von 1895 wurde vermutlich von dem Grafiker Ludwig Sütterlin (1865–1917) gestaltet, dem Entwerfer der Sütterlin-Schrift. Es geht zurück auf ein Plakat, das Ludwig (Louis) Schmidt (1816–1906) 1888 für die AEG schuf. Schmidt wiederum dürfte bei seinem Plakatentwurf beeinflusst worden sein von dem 1883 entstandenen Gemälde „Elektrizität" von Ludwig Kandler (1856–1927) und der 1886 eingeweihten Freiheitsstatute in der Hafeneinfahrt von New York.

Ganz anders dagegen die Darstellung der weiblichen Allegorie der Elektrizität auf dem Plakat eines schweizerischen Elektrizitätswerkes ebenfalls aus dem Jahr 1895 [Abb. 2 siehe Kapiteleinstieg]: Hier wird nicht mehr für die Elektrizität als solche geworben, sondern für elektrische Dienstleistungen und Produkte, d.h. für die Anwendung von Strom. Entsprechend förmlich und gemessen tritt die Allegorie dem Betrachter entgegen, ablesbar u.a. am hochgesteckten Haar. Ihre Naturhaftigkeit ist zurückgedrängt. Ebenso ist die Natur selbst in den Bildhintergrund gerückt. Im Vordergrund herrscht die Zivilisation. Die Frauenfigur erscheint dort wie eine Tempeldienerin zwischen einer griechischen Säule links, einem Symbol für Maßhalten und Harmonie, Ebenmaß und Ausgeglichenheit, und einer Maschine rechts, einem Symbol für die Anwendung von Elektrizität. Sie selbst verkörpert das Verbindende zwischen diesen beiden Polen: Beherrschung. Die Elektrizität wird also nicht mehr als Naturgewalt dargestellt, sondern als zähmbare, d.h. anwendbare Energie.

Die Frauenfigur auf dem Plakat für die Nitra-Lampe [Abb. 3] 20 Jahre später ist wiederum halbnackt und hält nicht nur eine, sondern zwei Glühlampen in Händen. Aufgrund ihrer eigenartig gebückten Körperhaltung wirkt sie wie eine Tänzerin in einem bühnenartigen Ambiente. Der Verweis auf den sich zu Beginn des 20. Jahrhunderts entwickelnden Ausdruckstanz erscheint nicht abwegig. Eine seiner Protagonistinnen war Loïe Fuller (1862–1928). Sie setzte frühzeitig elektrisches Licht auf der Bühne ein. Auf der für die Verbreitung der Elektrizität wegweisenden Pariser Weltausstellung von 1900 trat sie in einem eigenen Pavillon auf. Außerdem war die Nitra-Lampe aufgrund ihrer überdurchschnittlich starken Leuchtkraft besonders für die Bühnenbeleuchtung geeignet.

Die Nitra-Tänzerin markiert einen Endpunkt der weiblichen Allegorisierung der Elektrizität. Sie ist keine Verkörperung eines abstrakten Begriffes mehr und ihr fehlt die mythologische, klassische oder eine andere zweite Dimension. Sie ist nur noch eine schlichte Figur auf einem szenischen Tableau.

*Abb. 3
Plakat, Osram-Nitra,
Grafik: Richard Klein, 1915/1916*

Damit korrespondiert, dass hier nur noch für ein ganz bestimmtes elektrisches Produkt und damit indirekt für die Elektrizität geworben wird.
Zusammenfassend lässt sich also eine Profanierung der weiblichen Allegorie der Elektrizität feststellen, die einhergeht mit dem Wandel des Produktes Elektrizität von der ungezähmten zur angewandten Energie und zum konkreten Produkt.

Heldengestalten

Seit Anfang des 20. Jahrhunderts wurde die Elektrizität seltener mit weiblichen Allegorien beworben, häufiger dagegen mit männlichen Heldengestalten. Euphorie und Überschwang des frühen elektrischen Zeitalters und damit seine irrationale, weibliche Konnotierung wurden abgelöst durch männlich-rationales Nützlichkeits- und Wirtschaftlichkeitsdenken. Nun, als es ganz konkret darum ging, die Elektrifizierung und elektrische Produkte zu popularisieren, war der heroische Mann als Symbolfigur gefragt.
Dieser wurde zum einen verkörpert durch den Archetypus männlicher Körper- und Arbeitskraft, den Arbeitsheros. Das Ideal dieses starken Mannes mit entblößtem Oberkörper war im vorindustriellen Zeitalter noch der „Feuerarbeiter" gewesen, der Schmied. Nun, im Industriezeitalter, wurde er durch den Fabrikarbeiter repräsentiert. Dieser Protagonist der Arbeit wurde nun als Bringer und Beherrscher der Elektrizität inszeniert, so auf dem Plakat zur Elektrizitätsausstellung Luzern 1920 [Abb. 4]. Es zeigt einen solchen heroischen Arbeiter beim Bau einer Freileitung, d. h. beim Ausbau des Stromnetzes über Land und damit als Ermöglicher des Aufbruchs in die elektrisierte Gesellschaft. Angesichts der kräftigen Statur des Mannes wirkt der Freileitungsmast mit den Isolatoren in seinen Händen nicht größer als ein Arbeitsgerät wie Hacke oder Schaufel. Den eigentlichen Blickpunkt der Darstellung bildet seine Faust. Sie ist besonders ausgestellt, ragt sie doch über den Bildrahmen hinaus. Das Sinnbild für die Kraft des Arbeiters, das in der politischen Propaganda jener Epoche einen festen Platz hatte, hält eine Stromleitung fest umschlossen.
Der Werbegrafiker Ludwig Hohlwein (1874–1949) hatte bereits 1914 den heroischen Arbeiter als Bringer und Beherrscher elektrischer Energie auf eine geballte Faust reduziert [Abb. 5]. Hohlweins Faust bündelt Blitze, das Symbol für Strom, und Leitungen, das Symbol für seine Beherrschung und Verfügbarkeit, und hält sie sicher fest.
Während der Arbeitsheros indirekt auch Bezug nimmt auf die Erzeugung von elektrischer Kraft, warb eine andere Heldenfigur für das elektrische Licht bzw. für die Glühlampe als Leuchtmittel: Prometheus. Der Abkömmling des Göttergeschlechts der Titanen brachte den Menschen das Feuer und erhielt daher den Beinamen „Feuerbringer". In Anbetracht des enormen technischen und kulturellen Fortschritts, den das Feuer für die Menschheit bedeutete, galt

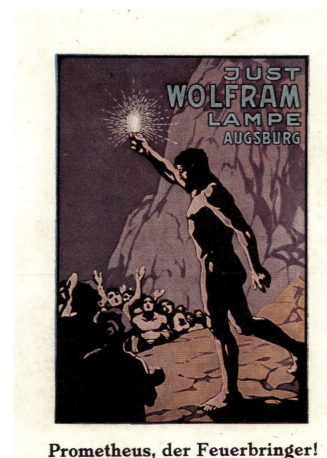

Abb. 6
Postkarte, Just Wolfram Lampe, 1910

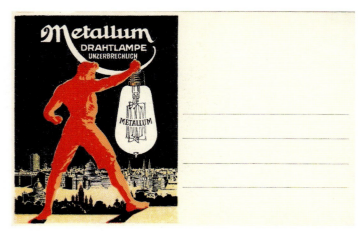

Abb. 7
Postkarte, Metallum Drahtlampe, 1906

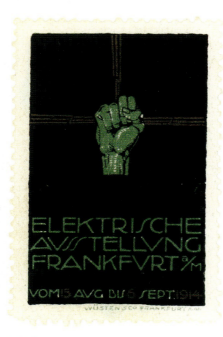

Abb. 5
Vignette, Elektrische Ausstellung Frankfurt a/M,
Grafik: Ludwig Hohlwein, 1914

Prometheus auch als Kulturbringer und wurde schließlich zum Sinnbild der Industrialisierung im Allgemeinen und des elektrischen Zeitalters im Besonderen. In Anspielung auf den antiken Mythos wurde der Feuerbringer nun als Lichtbringer inszeniert, seine Feuerfackel durch eine Glühlampe ersetzt. Eine Postkarte für die Just-Wolframlampe [Abb. 6] zeigt den Kulturheros von einem Berg herabsteigen. Ihm zu Füßen blickt eine Menschenmenge zum Strahlenkranz der Glühlampe auf, als erwarte sie von dieser „Gabe von oben" das Heil oder eine Offenbarung. Die Inszenierung der Lampe als quasireligiöses Symbol für Elektrizität verweist auf die bedeutende Rolle dieses elektrischen Produktes in der Frühphase der Elektrifizierung.

Der rotglühende Bringer der Metallum Drahtlampe [Abb. 7] verbindet die Bilder von Arbeits- und Kulturheros miteinander. Seine Körperhaltung weist ihn als Boxer aus. Die Glühlampe erscheint so gesehen als Sandsack – an dem die Faust des Boxers wirkungslos abprallen wird, denn die Werbung verheißt ja, dass die Lampe unzerbrechlich ist. Gleichzeitig überbringt der Boxer einer ihm zu Füßen liegenden nächtlichen Stadt die Lampe und sorgt so für ihre helle Erleuchtung. Die Darstellung bezieht damit ein weiteres Motiv der Werbung für Elektrizität und elektrisches Licht mit ein, die erleuchtete Stadt als Ausweis für die Leistungsfähigkeit der Elektrizitätswirtschaft und als Symbol des Fortschritts und der Moderne.

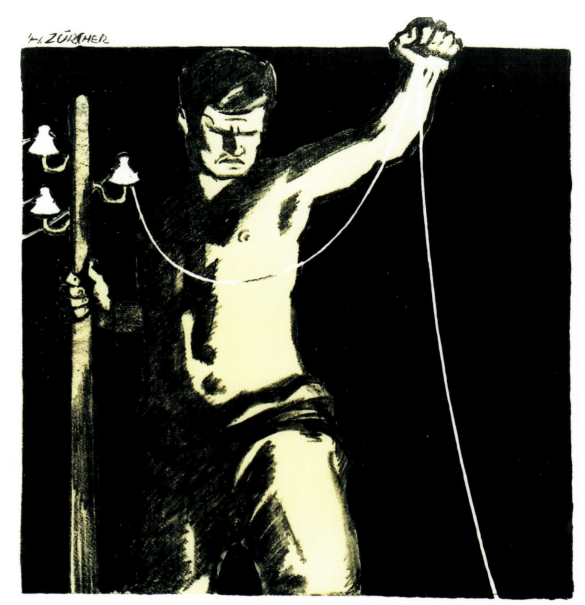

Abb. 4
Plakat, Elektrizitätsausstellung Luzern, Grafik: Zürcher, 1920

Heroische Landschaften

Eine andere Form der Heroisierung von Elektrizität wählten die Zwillingsbrüder Martin (1884–1945?) und Walter (1884–1921) Lehmann.

Die beiden Gebrauchsgrafiker und Kunstgewerbler unterhielten in dem damaligen Berliner Vorort Steglitz ein Büro, weswegen sie als „Lehmann Steglitz" und vermutlich auch als LST signierten. Von ihnen lassen sich teilweise identische Arbeiten für verschiedene Elektrizitätswerke nachweisen, was darauf schließen lässt, dass die Elektrizitätswerke diese Werbung gemeinschaftlich in Auftrag gaben.

Die Lehmanns inszenierten die Elektrizität in einer heroisierten Landschaft. Durch diese Konfrontation von Moderne und Natur entstand ein effektvoller Kontrast, den sie farblich noch steigerten. So zeigt die Reklamemarke für die Rostocker Elektrizitätswerke [Abb. 8] eine sich im Unendlichen verlierende Reihe von Fernleitungsmasten, die auch über den Betrachter hinwegzugehen scheint, zwischen Büschen und Bäumen, vor einem glutroten Himmel. Ihre Darstellung der Kraftstation Hirschfelde [Abb. 9 und Abb. 10] zeigt ein Industriegebäude, dessen sämtliche Fenster vor einem nächtlichen Himmel hell erleuchtet sind. Dieser Hell-Dunkel-Kontrast versetzt die Darstellungen in eine dramatisch-heroische Stimmung, besonders im Fall der wiederum glutrot leuchtenden Fenster.

Indirekt wird so die Pionierleistung der Elektrifizierung jenseits der Städte, auf dem flachen Land heroisiert und eine Atmosphäre von Abenteuertum und Aufbruchsgeist à la Karl May – der um 1910 große Erfolge feierte – vermittelt. **SF**

Abb. 8
Vignette, Städtische Elektricitätswerke und Überlandcentrale Rostock,
Grafik: Lehmann Steglitz, um 1910

Abb. 9
Vignette, Kraftstation Hirschfelde, Elektricitätswerke Oberlausitz, Grafik: Lehmann Steglitz, um 1910

Abb. 10
Kalender, Monatsblatt 12/1911, Grafik: Lehmann Steglitz, 1910

Kundenzeitschriften der Elektrizitätswirtschaft

Abb. 1
Mitteilungen der Berliner Elektricitäts-Werke Nr. 1, 1905
Vattenfall Europe AG, Bewag

Abb. 2
Mitteilungen der Berliner Elektricitäts-Werke, Nr. 1, 1908

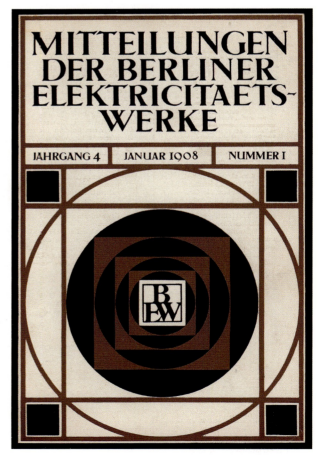

Als 1884 Walter Rathenau die Berliner Elektrizitätswerke (BEW) gründete, ahnte niemand, dass etwa 20 Jahre später Strom zur Verkaufsware avanciert war. Doch hatte die junge Elektrizitätswirtschaft Mühe, sich gegen ihre Konkurrenten durchzusetzen. Gleichzeitig mussten Elektrizität und deren Anwendungen zunächst einmal bekannt gemacht und der Umgang mit den Geräten erlernt werden. Ein vielseitiges, informatives Vermittlungsinstrument war also notwendig, das Fach- und unterhaltende Beiträge wie auch attraktive Abbildungen bot: die Kundenzeitschrift.

Das neue Medium „Kundenzeitschrift" hatte den Vorteil, dass sie der Selbstdarstellung der Unternehmen – mehr als andere Werbeträger – Raum bot, fundiert informieren konnte und gleichzeitig auf das Unterhaltungsbedürfnis einer bürgerlichen Leserschaft einging. Besonders die Kundenbindung war ein wichtiger Aspekt und spricht noch heute für die Kundenzeitschrift als Werbeelement.

Im Jahr 2000 wurden in Deutschland – in allen Branchen – rund 3000 Kundenzeitschriften mit mehr als 400 Millionen Exemplaren herausgegeben. Vielfach werden diese zusätzlich zum Hochglanzmagazin auch als Online-Zeitschrift publiziert.

Als erste Kundenzeitschrift der Branche erschienen 1905 die „Mitteilungen der Berliner Elektricitäts-Werke" [Abb. 1]. Auf dem Titelblatt ist das Kraftwerk Moabit abgebildet. Dabei handelt es sich um ein typisches Bild der Zeit, denn Elektrizitätswerke betreiben seit der Jahrhundertwende Image-Werbung, indem sie sich repräsentativ fotografieren ließen oder auf künstlerisch gestalteten Werbemitteln, mit erleuchteten Fassaden, darstellten (vgl. Die Frühphase des elektrischen Zeitalters).

Abb. 4
Elektrisches Nr. 3, 1932

Die Mitteilungen der Berliner Elektricitäts-Werke wurden schon 1906/1907 grafisch verändert. Noch 1905 zierten verspielte Jugendstilelemente den Einband, bis zwischen 1906 und 1909 Peter Behrens mit der Gestaltung beauftragt wurde. Er verwendete geometrische, klare Formen als Grundkomposition, die er für einen Jahrgang festlegte und in unterschiedlichen Farben ausführte [Abb. 2 Titelblatt Jg. 1908]. Der nun moderne Stil kann als Symbol für die Modernität des „Produkts" Elektrizität gedeutet werden.
Erst 1910 folgten das Städtische Elektrizitätswerk Dortmund und das Städtische Elektrizitätswerk Straubing, 1912 das Städtische Elektrizitätswerk Hannover und die Amperwerke in München und kurz vor dem Ersten Weltkrieg, 1913, das Rheinisch-Westfälische Elektrizitätswerk (RWE) mit eigenen Kundenzeitschriften. Als in der Mitte der 1920er Jahre andere Branchen wie Apotheker, Versicherungsgesellschaften oder Gasgesellschaften nachzogen, setzte die Elektrizitätswirtschaft Kundenzeitschriften nun schon fast flächendeckend ein und hatte so eine Vorreiterfunktion.
Wie nahezu kein anderes Medium repräsentieren Kundenzeitschriften gesellschaftliche, politische und gestalterische Trends, da sie sich bei einer breiten Leserschaft großer Beliebtheit erfreuen, müssen sie immer aktuell und nah am Geschmack des Publikums sein. Entsprechend sind sie nicht nur eine bedeutende historische Quelle für die Entwicklung der einzelnen Branchen, sondern auch Dokumente für den Geist einer Zeit [Abb. 3 – 7]. **RW**

Abb. 6
Der Strom Nr. 38, 1961

Abb. 7
Strom Nr. 4, 1992

Abb. 5
Der Strom Nr. 1, 1954

Die Werbegrafik im Dienst der Elektrizität

Die Anfänge der Werbegrafik in Deutschland

Die Frühphase des elektrischen Zeitalters fällt in eine Zeit, in der sich auch die Werbegrafik als modernes Kommunikationsmittel etablierte.
Bis in die 1870er Jahre verlief die Kommunikation zwischen Herstellern und Verbrauchern noch weitgehend eindimensional, nämlich unmittelbar über das Produkt, das im Laden angeboten und erworben wurde und der Deckung des täglichen Bedarfs diente. Mit der stetig anwachsenden Industrieproduktion und dem zunehmenden wirtschaftlichen Druck, deren Erzeugnisse im Wettbewerb mit den Konkurrenten gewinnbringend abzusetzen, änderte sich dies. Die Hersteller gingen dazu über, den Verkauf aktiv zu fördern, indem sie bei den Verbrauchern Bedürfnisse über den täglichen Bedarf hinaus zu wecken suchten. Dazu bedienten sie sich der Werbung, die bald schon intensiviert, professionalisiert und institutionalisiert wurde.
Bis zum Ersten Weltkrieg war das Zeitungsinserat das vorherrschende Werbemittel. Daneben drang die Reklame aber auch in den öffentlichen Raum vor. Zu einem wichtigen Instrument entwickelte sich dabei das Plakat.
Zunächst jedoch, etwa bis Mitte der 1890er Jahre, war es für diesen Zweck noch denkbar ungeeignet und entsprechend wenig verbreitet. Aufgrund seiner überfrachteten Gestaltung im Stil des Historismus fehlte es ihm an der notwendigen Fernwirkung. Unter dem Einfluss der fortschrittlichen französischen Plakatgestaltung etwa eines Henri Toulouse-Lautrec wie auch des Jugendstils begannen dann auch deutsche Künstler und Kunstgewerbler sich mit dem Genre zu beschäftigen. Sie sahen in dieser „Kunstform der Straße" einen Gegenstand, der in besonderer Weise zu der damals besonders von Vertretern des Jugendstils angestrebten Durchdringung von Kunst und Leben beitragen konnte.
In der Folge vollzog sich eine entscheidende Kehrtwende in der Plakatgestaltung. Farbigkeit, Flächen und Formen wurden reduziert, eine Entwicklung, die in den folgenden Jahren immer weiter getrieben wurde. Damit wandelte sich die ehedem langatmige, umständliche und zurückhaltende Plakatsprache hin zu dem, was wir heute „plakativ" nennen: klar, knapp und laut. Doch zunächst kamen diese neuartigen Plakate vorwiegend im kulturellen Bereich, z.B. als Ausstellungsplakat, zum Einsatz, nicht aber für Werbezwecke der Wirtschaft. Denn solange Künstler und Kunstgewerbler bei der Plakatgestaltung dem künstlerischen Anspruch Vorrang vor der ökonomischen Zielsetzung gaben, blieb das Plakat als Werbemittel für die Wirtschaft uninteressant.
Erst als um 1905 ein neuer, dem Kunstbetrieb distanzierter gegenüber stehender Typus des Plakatgestalters auftrat, welcher der ökonomischen Zielsetzung und damit der Werbung für Produkte und Marken Vorrang vor dem künstlerischen Anspruch einräumte, ließen sich die Unternehmen auf das Plakat als Werbemittel ein und begannen seinen Einsatz zu fördern. Damit waren die Voraussetzungen für die Entwicklung und Vollendung des modernen Sachplakates erfüllt, das auf der Grundlage konsequent reduzierter Farbigkeit, Flächen und Formen äußerst wirkungsvoll das zu bewerbende Produkt in Verbindung mit seinem Markennamen darstellte. Gleichzeitig löste sich die Plakatgestaltung von der Kunst, die deutsche Werbegrafik war geboren. Doch obwohl das Primat des künstlerischen Anspruchs zugunsten einer werbewirtschaftlichen Ausrichtung aufgegeben wurde, war diese Werbegrafik immer noch künstlerisch orientiert.
Bis 1914 erreichte die neue Disziplin in Deutschland ein auch international herausragendes Niveau. Diese Entwicklung wurde durch den Ersten Weltkrieg unterbrochen. In den

Abb. 1
Plakat, Leipziger Drahtseilbahnen-Hersteller Adolf Bleichert & Co., Grafik: Lucian Bernhard, 1914

Abb. 2
Plakat, Kronleuchterfabrik Möhring, Grafik: Julius Klinger, 1908

Jahren danach herrschte kein eindeutiger Stil mehr, sondern Stilpluralismus und die künstlerisch orientierte Werbegrafik wurde abgelöst durch die Gebrauchsgrafik, deren werbetechnisch-psychologischer Ansatz eine stärkere Emotionalisierung der Verbraucher anstrebte. Mit dem stärkeren Gebrauchscharakter der Grafik ging auch eine Anonymisierung einher. Hatten Bernhard, Klinger, Gipkens und Hohlwein ihre Arbeiten noch selbstbewusst signiert, blieben die Gestalter aus den freien Grafikbüros oder den Werbeabteilungen der Unternehmen nun weitgehend unbekannt.

Die Werbegrafik im Dienst der Elektrizität

Anhand der in Museen und Sammlungen überlieferten Werbemittel lässt sich schwer ein Überblick darüber gewinnen, welche Branchen die noch junge künstlerisch orientierte Werbegrafik und das moderne Sachplakat zuerst in Anspruch nahmen. Grundsätzlich dürften die Unternehmen, die Güter für den privaten Konsum herstellten und die sowohl technisch als auch wirtschaftlich innovativ waren, dem neuen Kommunikationsmittel gegenüber besonders aufgeschlossen gewesen sein. Diese Innovationsbereitschaft war auch in der noch jungen Elektrizitäts- bzw. Elektrobranche ausgeprägt, und so gehörte sie mit zu den Wirtschaftszweigen, die sich des modernen Sachplakates bedienten, ohne dabei aber eine herausragende oder Vorreiterrolle zu spielen. Die Plakatgestalter waren noch nicht spezialisiert und lieferten Kostproben ihres Könnens für die unterschiedlichen Branchen ab, darunter auch Werbung für Strom. Das trifft selbst für die herausragenden Vertreter der künstlerisch orientierten Werbegrafik zwischen 1905 und 1914 zu, Lucian Bernhard (eigentlich Emil Kahn, 1883–1972), Julius Klinger (1876–1942), Julius Gipkens (1883–1968) und Ludwig Hohlwein (1874–1949).

Bernhard, Klinger und Gipkens auf der einen Seite und Hohlwein auf der anderen Seite stehen für den Gegensatz zwischen den beiden Zentren der frühen Werbegrafik, die Wirtschaftsmetropole Berlin und die Kunstmetropole München. Die beiden Städte standen gleichzeitig für zwei Stilrichtungen, einen puristischeren und einen mehr illustrativ-figürlichen. Und leider tut sich zwischen Bernhard, Klinger und Gipkens einerseits und Hohlwein andererseits auch die Kluft auf zwischen jüdischer Vertreibung und Vernichtung und Parteinahme für den Nationalsozialismus.

Die drei zuerst Genannten gehörten dem Kreis um den Berliner Werbeberater Ernst Growald an. Dieser förderte

Abb. 3
Plakat, Deutsche Hexa-Monopol GmbH, elektrische Sicherungen, Grafik: Julius Gipkens, 1910

schon früh das neue Werbeplakat. Es gelang ihm, die ebenfalls in Berlin ansässige Druckerei Hollerbaum & Schmidt davon zu überzeugen, dass sie die Plakate seiner Schützlinge druckte. Schließlich stellte die Kunstanstalt nur noch moderne Plakate her und war damit die erste dieser Art überhaupt. Growald wie auch Hollerbaum & Schmidt waren damit ganz entscheidende Förderer der noch jungen Werbegrafik.
Lucian Bernhard gilt als der eigentliche Erfinder des modernen, auf die Produktdarstellung und den Marken-namen konzentrierten Sachplakates, dessen Wirkung durch flächige Gestaltung und Farbverfremdung noch zusätzlich gesteigert wurde. Seine Werbung für die Zündkerze von Bosch aus dem Jahr 1914 verkörpert diese Prinzipien idealtypisch. Sie ist geradezu zu einer Ikone der Werbegrafik geworden und hat bis heute einen hohen Bekanntheitsgrad. Das Plakat für den Leipziger Drahtseilbahnen-Hersteller Adolf Bleichert & Co. [Abb. 1] aus dem gleichen Jahr gehört nicht zu den typischen Arbeiten von Bernhard. Das mag an der besonderen Aufgabenstellung gelegen haben. Hier wird nicht für ein marktgängiges Konsumgut für den privaten Bedarf geworben, sondern für ein komplexes Investitionsgut, für das nur Unternehmen oder die öffentliche Hand mit einem sehr speziellen Bedarf als Abnehmer in Frage kommen. Zwar stellt Bernhard auch hier das Produkt, die Seilbahn, und die Marke, in diesem Fall den Firmennamen, heraus. Doch verzichtet er darauf, durch Reduktion der Flächigkeit und Farbverfremdung Wirkung zu erzielen. Stattdessen inszeniert er die scharf gezeichnete Seilbahn als technisches Werkzeug dramatisch in einer dunstigen Landschaft, vor einer Bergkulisse und hoch über einer Siedlung. Wie schon bei den Arbeiten von Lehmann Steglitz (vgl. Die Frühphase der Elektrizität) handelt es sich um eine Heroisierung, welche die Elektrizität bzw. die elektrische Anwendung als Pionierleistung feiert. Auch beim Firmennamen weicht Bernhard vom Prinzip der Reduktion ab. Da dieser im Fall eines Herstellers von hoch spezialisierten Investitionsgütern nicht unbedingt selbsterklärend ist oder aber Bleichert als Markenname für Drahtseilbahnen noch nicht etabliert war, ergänzt er ihn durch Angaben zum Angebot der Firma. Durch die Nennung der Produktionsstandorte wird Kompetenz und Internationalität vermittelt. Dieses Plakat war mit Sicherheit nicht für den öffentlichen Raum gedacht. Es könnte vielmehr für die Ansprache der sehr speziellen Zielgruppe auf einer Industriemesse gedruckt worden sein.
Auch der Österreicher Julius Klinger trug durch vielseitige Aktivitäten wesentlich zur Etablierung der künstlerisch

orientierten Werbegrafik bei, vor dem Ersten Weltkrieg in Berlin, danach in Wien. Klinger entwarf u.a. moderne Sachplakate für die Auergesellschaft, die Herstellerin der Osram-Glühlampe [vgl. Abb. 6 Die Aufklärung der Massen...], oder für die Berliner Kronleuchter-Fabrik Möhring [Abb. 2]. Auch in letzterem Fall ist die Darstellung in Farbe und Fläche stark auf das Produkt, einen stilisierten modernen Kronleuchter, und die Herstellerangabe reduziert. Allerdings verzichtet Klinger auf farbliche Verfremdung und bringt stattdessen den brennenden Leuchter durch die Verwendung der mit Licht assoziierten Farben Orange, Gelb und Weiß vor dem schwarzen Hintergrund gleich doppelt zum Leuchten. Durch die Überschneidung des weißgerahmten orangenen Schriftzugs „Kronleuchter-Fabrik" mit der stilisierten Darstellung des Leuchters selbst wird das Produkt zusätzlich inszeniert. Julius Gipkens war wie Lucian Bernhard Jahrgang 1883, Autodidakt und Mitglied des Deutschen Werkbundes. Als Werbegrafiker ist er unsterblich geworden durch den heute noch verwendeten Schriftzug für das Berliner Schuhhandelshaus Leiser von 1907 und den ebenfalls noch in Gebrauch befindlichen Entwurf des Sarotti-Mohrs aus der Zeit um 1920. Im Zeitraum dazwischen ist sein Plakat im modernen sachlichen Stil für elektrische Sicherungen des Fabrikats Hexa [Abb. 3] entstanden. Es weist die charakteristische Reduktion auf Flächen und die Produktinformation auf wie auch eine entschiedene Farbwahl – und Humor: Das Flusspferd versucht vergeblich, die Maulsperre durch die Sicherung zu lösen, d.h. die Sicherung zum Herausspringen zu bringen. Es beißt sich vielmehr die Zähne daran aus und glüht vor Anstrengung in der Signalfarbe Rot. Die Strapaze geht so weit, dass der Schwanz des Tieres pfeilartig nach oben gerichtet ist – auf die Produktinformation – und gleichzeitig als Aufhänger dienen kann – für die Verkaufsinformation.

Der Vergleich der elektrischen Leistungsfähigkeit mit der Kraft eines kräftigen und starken Tieres war verbreitet in der Stromwerbung. So gewann Ludwig Hohlwein 1916 beim Nitralampen-Wettbewerb der AEG einen ersten Preis mit der Darstellung eines Büffels mit gesenktem Haupt (vgl. Abb. Nitralampen-Wettbewerb). Die Leuchtkraft der vergleichsweise kleinen Glühlampe wird dort mit der Kraft des mächtigen Tieres in Kampfhaltung verglichen.
Mit diesem und anderen Entwürfen (vgl. Abb. Heldengestalten) gehörte der in München tätige Ludwig Hohlwein vor dem Ersten Weltkrieg zu den Exponenten des modernen Sachplakates. Danach vollzog er einen Stilwandel von der grafischen zur malerischen, von der sachlichen zur atmosphärischen Darstellung. Er vollzog damit den allgemeinen Wandel zur werbetechnisch-psychologisch orientierten Gebrauchsgrafik, die auf eine emotionalere Ansprache der Verbraucher setzte. Bei Hohlweins Plakatmotiven handelte es sich nun vielfach um Momentaufnahmen aus dem Alltag, welche die Bewegung einer Figur in einem Augenblick mitsamt der Lichtstimmung einfangen), so auch auf dem Ausstellungsplakat aus dem Jahr 1924 [Abb. 4]. Es zeigt einen eleganten Herrn im Smoking, der raucht und telefoniert, in einem ebenso eleganten Ambiente, das von einer opulenten Tischleuchte erhellt wird. Die Hell-Dunkel-Effekte auf dem Gesicht des Herrn ziehen die Blicke des Betrachters auf sich und stellen so Nähe her. Die mondäne Darstellung steht im Widerspruch zu dem Ausstellungstitel „Elektrizität im Haushalt", insofern man sich darunter elektrische Anwendungen vorstellt, die der Führung einer Hauswirtschaft dienen. Das Plakat zeigt dagegen elektrische Anwendungen, die zu jener Zeit in wohlhabenden Kreisen für ein komfortables Heim sorgten, die Tischleuchte, das Telefon und den Rauchverzehrer in Form eines jaulenden Hundes, ein porzellanverkleidetes Gerät, das die Zimmerluft von Rauch reinigen sollte. **SF**

Abb. 4
Plakat, Ausstellung Die Elektrizität im Haushalt, Grafik: Ludwig Hohlwein, 1924

Peter Behrens und die Werbung der AEG

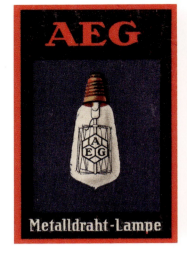 
 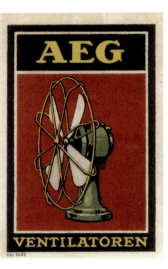

Abb. 1 (a – d)
Vignetten, AEG,
Grafik: Peter Behrens, ab 1907

Die Reklamemarke „AEG Metalldraht-Lampe"

Die Reklamemarke oder auch Vignette „AEG Metalldraht-Lampe" ist Teil einer Serie mit Motiven von AEG-Produkten, die ab 1907 aufgelegt wurde (vgl. Die Aufklärung der Massen). Neben der Glühlampe wurden damit elektrische Uhren, Haartrockner und Ventilatoren beworben. Vignetten waren briefmarkenähnliche Werbezugaben zum Verschließen oder Verzieren von Kuverts, die in hoher Stückzahl, z.B. mit der Stromrechnung, verbreitet wurden. Zwischen 1890 und 1920 etwa erlebten sie ihre Hochzeit. Ihre Motive wurden häufig von der Plakatwerbung abgenommen.

Der Entwurf der AEG-Serie wird dem Gestalter, Maler und Architekten Peter Behrens zugeschrieben. Seit 1907 prägte Behrens als Künstlerischer Beirat das gesamte Erscheinungsbild des Unternehmens. Er lieferte nicht nur die Entwürfe für die Fabrikneubauten und Haushaltsgeräte, sondern entwickelte auch eine einheitliche Firmen-Typografie und das bis heute verwendete Logo.

Darüber hinaus gehörte Peter Behrens zu den Ersten, die sich konsequent von der floralen, ornamentalen Gestaltung des Jugendstils abgrenzten und eine neue avantgardistische Ästhetik entwickelten. Das drückt sich besonders in seiner Gebrauchsgrafik aus. Die Reklamemarke „AEG Metalldraht-Lampe" zählt heute mit ihrer klaren und sachlichen Gestaltung zu den Klassikern des frühen modernen Designs.

Die AEG-Marken haben alle einen einheitlichen schwarzen Rahmen und den AEG-Schriftzug [Abb. 1 a – d]. Vor einem blauen Hintergrund hebt sich das schlicht in schwarz-weiß gehaltene Objekt ab. Auffälliger als das Produkt ist hier die Wortmarke AEG, die doppelt auf der Werbemarke erscheint. Zum einen am oberen Rand, zum anderen auf der Glühlampe selbst. Andere Firmen, wie später Osram, nutzten die gleichen Methoden der mehrfachen einprägsamen Erscheinung des Markennamens. Darin zeigt sich der unmittelbare Wille der Unternehmen, sich mittels der Gestaltung als Marke durchzusetzen und für den Kunden unvergesslich zu werden.

Die sachliche Produktwerbung der Glühlampe stellt die wichtigsten technischen und gestalterischen Details heraus: So sind die Aufhängung und Wicklung des Metallglühdrahtes der Lampe deutlich zu sehen, da die Verwendung von gezogenem Draht erstmalig eine zickzackförmige, Platz sparende Unterbringung des Glühfadens in einem verhältnismäßig kleinen Glaskolben erlaubte. Dadurch zeichnete sich die Metalldrahtlampe durch größere Lichtstärke, geringeren Stromverbrauch und Unempfindlichkeit gegen Erschütterungen im Vergleich zur herkömmlichen Kohlefadenlampe aus. Die genaue und räumliche Darstellung des Glühdrahtes wird allerdings durch das stilisierte, wabenförmige AEG-Zeichen wieder etwas zurückgenommen. Bemerkenswert ist, dass technische Details in der Werbung der Glühlampe eine große Rolle spielten, denn auch mit Einführung der Doppel-Wendellampen wurde dieser Aspekt betont.

Abb. 1 Postkarte, AEG Wärmeplatte, 1927

Abb. 2 Postkartenfaltblatt, AEG-Ventilatoren, um 1924

Abb. 3 Postkarte, AEG Kaffeemaschine, 1927

Abb. 4 Postkarte, Vampyr Der elektrische Staubsauger, um 1928

Abb. 5 Postkarte, AEG Massage Apparat, 1931

Postkartenserie nach dem Vorbild Peter Behrens

Zu den langfristig wirksamen Werbemitteln mit einer großen Streuung zählten neben den Reklamemarken auch die Postkarten. Poststempel belegen, dass einschlägige Werbemotive über dieses Medium jahrelang im Gebrauch waren. Das machte sich auch die Elektroindustrie zunutze. Die abgebildete Serie aus den 1920er Jahren stellte eine preiswerte Drucktechnik für große Stückzahlen dar, er entsprach aber dem Anspruch einer klaren und auf das Wesentliche reduzierten Ästhetik nach dem Vorbild von Peter Behrens.

Auf den meisten Abbildungen ist das beworbene Gerät vor einer roten, kreisförmigen [Abb. 1] oder viereckigen [Abb. 2] Fläche zu sehen. Es handelt sich dabei um ein grafisches Motiv ohne inhaltlichen Zusammenhang mit dem Produkt [Abb. 3]. Im Fall der Staubsaugerwerbung allerdings wird die Fläche zum dynamischen Blitz und gleichzeitig zum Stück Teppich, das den Reinigungseffekt vorführt [Abb. 4]. Die Gestaltung der Postkarte zum Massagegerät weicht ebenfalls vom Schema ab. Sie zeigt nicht nur das Produkt, sondern auch dessen Anwendung, da sich diese nicht von selbst erschließt bzw. der Apparat anders als die übrigen in der Serie nicht geläufig war [Abb. 5]. Die rote Hintergrundfläche ist hier als figürlicher Schatten gestaltet, der eine griechische Göttin darstellt – das Schönheitsideal, dem die Frau am Massagegerät nacheifert. Die Karten zum Massagegerät und zum Staubsauger sind vermutlich später entstanden. Sie knüpfen an das Schema früher Entwürfe an, wandeln jedoch die Ausgestaltung wie auch die Typografie ab.

Der Nitralampen-Wettbewerb der AEG 1916 – ein Forum für moderne Gestalter

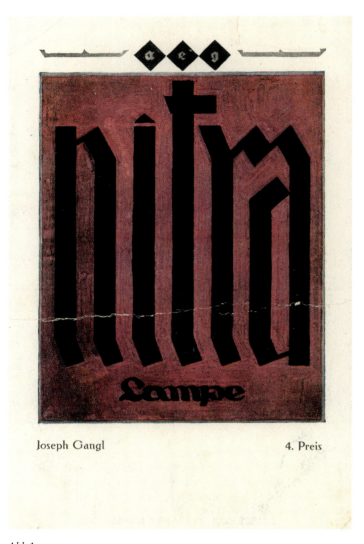

Abb.1
Postkarte, 4. Preis, Grafik: Joseph Gangl, 1916

Die Nitralampe

Mit der Entwicklung einer besonders hellen, stromsparenden Metallfadenlampe für das Gewerbe trat die AEG 1913 in Konkurrenz zur preiswerten Gasbeleuchtung und zu den älteren, wartungsintensiven elektrischen Bogenlampen. Nitralampen kamen zunächst vor allem in Fabrikhallen und in der Straßenbeleuchtung zum Einsatz.
1915 gelang es, auch kleinere, lichtschwächere Nitraleuchten zu konstruieren, die sich nun auch für die Laden- und Schaufensterbeleuchtung sowie für große Innenräume eigneten. Waren die großen, hellen 400- und 600-„kerzigen" Nitralampen von öffentlichen Auftraggebern und Firmen gekauft worden, suchte man nun mit den schwächeren 100- und 200-„kerzigen" Modellen einen neuen Absatzmarkt im mittleren Bürgertum, bei Handwerkern und Kleingewerbetreibenden.
Diese Käuferschicht wurde zum einen über Artikel in Kundenzeitschriften der Energieversorger, wie den „Mitteilungen der Berliner Elektricitäts-Werke" angesprochen. Hier wurden Beispiele von gelungener Schaufenster- und Fabrikbeleuchtung gezeigt und auf die praktischen Vorzüge des elektrischen Glühlichts sowie den geringen Stromverbrauch der neuen Lampen hingewiesen.
Zum anderen bediente sich die AEG der klassischen Produktwerbung. Louis Oppenheim entwarf 1910 ein Plakat, angelehnt an die sachliche Linie, die Peter Behrens für die AEG geprägt hatte (vgl. Aufsatz „Die Aufklärung der Massen..."). Oppenheims Entwurf zeigt die Birne mit ihren funktionalen Details wie dem Wolframglühdraht und seiner Aufhängung in eine Lampenhalterung und vor einem changierenden rubinroten Hintergrund.

Abb. 3
Postkarte, 2. Preis, Grafik: Max Schwarzer, 1916

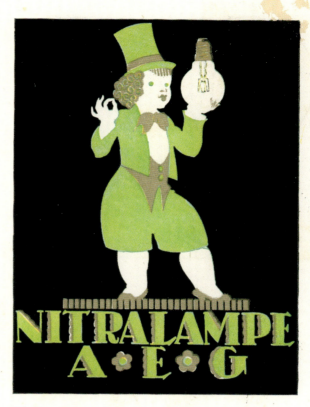

Abb. 4
Postkarte, 4. Preis, Grafik: W(alenty) Zitara, 1916

Abb. 2
Postkarte, 1. Preis,
Grafik: Ludwig Hohlwein, 1916

Abb. 5
Postkarte, 4. Preis, Grafik: W(alenty) Zietara, 1916

Der Wettbewerb als Werbemittel

Zur Einführung der neuen, kleineren Nitralampen, die auch eine neue runde Form bekommen hatten, veranstaltete die AEG 1916 einen Künstler-Wettbewerb zur „Erlangung von Plakaten" mit Preisgeldern von bis zu 8000 Reichsmark. Innovative Unternehmen, wie die AEG eines war, veranstalteten solche Plakatwettbewerbe, um die noch junge Werbegrafik zu fördern und junge grafische Talente für ihre Werbeabteilungen – die es damals noch gab – zu entdecken.
Eine kleine Auswahl der Sieger-Entwürfe zeigt, wie breit das gestalterische Spektrum – und das grafische Niveau – beim Nitralampen-Wettbewerb war. Es reichte vom reinen Schriftplakat eines Joseph Gangl [Abb. 1], über das mit einem 1. Preis ausgezeichnete moderne figürliche Sachplakat eines Ludwig Hohlwein [Abb. 2], den expressionistisch anmutenden Entwurf eines Max Schwarzer [Abb. 3] hin zu den fast possierlich zu nennenden Figurenplakaten eines Walenty (=Valentin) Zietara [Abb. 4 und 5]. Eine der wenigen damals im Grafikgewerbe tätigen Frauen, Elisabeth von Sydow, reichte ein Plakat ein, auf dem der Götterbote Hermes die Nitralampe in der Manier eines fliegenden Artisten präsentiert [Abb. 6]. Aus der Hand von Rudolf Neubert stammte ein auf eine Produktdarstellung und den Markennamen bzw. die Produktbezeichnung reduziertes modernes Sachplakat [Abb. 7]. Die Glühlampe ist handwerklich virtuos abgebildet, in dem Lampenglas spiegeln sich die zwei Fenster eines Raumes. Allerdings hatte es eine derartige Herangehensweise schon vor Neubert gegeben. Lucian Bernhard hatte schon einige Jahre zuvor einen vergleichbaren Entwurf für die Vega-Lampe von Vertex vorgelegt. Auch zu Peter Behrens' Plakat von 1911 für die AEG Metallfadenlampe und der

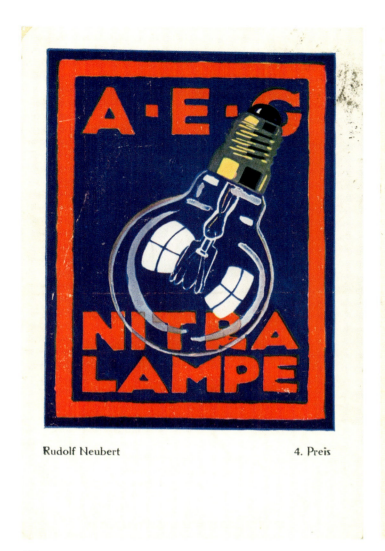

Abb. 7
Postkarte, 4. Preis, Grafik: Rudolph Neubert, 1916

Abb. 6
Postkarte, 2. Preis, Grafik: Elisabeth von Sydow, 1916

AEG-Vignettenserie wies Neuberts Wettbewerb eine Affinität auf. Möglicherweise reichte es wegen der starken Anlehnung an diese Vorbilder nur für einen 4. Platz im Nitralampen-Wettbewerb.

Ob die ausgezeichneten Arbeiten tatsächlich in das AEG-Werbekonzept übernommen wurden, ist unklar. In jedem Fall folgten Ausstellungen und eine Postkartenserie der Siegerentwürfe. Bei den zeitgenössischen „Reklamefachmännern" waren die Entwürfe nicht unumstritten. Die Zeitschrift „Das Plakat" von 1916 kritisierte z.B., dass einige Entwürfe zu düster seien und das helle Licht der Nitralampe zu wenig ausdrückten. Behrens jedoch wollte mit dem Wettbewerb langfristig eine neue Ästhetik fördern, die Kunst und industrielle Produktion verband. Allerdings traf dies nicht unbedingt den aktuellen Massengeschmack.

*Plakat, Werbewoche des Münchner Einzelhandels,
Grafik/Entwurf: K. Woutermann, 1929 (Abb. 3)*

Die Phase des Lichts und der Kraft

Licht – Wegbereiter für die Elektrizität

Die elektrische Beleuchtung war die früheste allgemein sichtbare Anwendung der neuen, immateriellen Energie Strom. Als solcher kam ihr eine entscheidende Rolle für die Ankurbelung des Stromkonsums zu. Das elektrische Licht war als Türöffner zu den Verbrauchern besonders geeignet, weil es neben seiner offenkundigen Wirkung einfach zu handhaben und im Vergleich zu allen anderen elektrischen Anwendungen günstig war. Hatte es dann einmal Einzug gehalten, war die entscheidende Voraussetzung für die weitere Ausstattung mit Elektrogeräten aller Art geschaffen, der Anschluss an das Stromnetz. Die Werbung für elektrisches Licht an sich und für die Glühlampe als Produkt zielte zunächst auf die allgemeine Einführung in unterschiedlichen Bereichen, vor allem privaten Haushalten, aber auch Betrieben und für die Werbung im öffentlichen Raum. Mit zunehmender Verbreitung und Entstehung eines Marktes wurde die Differenzierung durch wie auch immer verbesserte Qualität zum vorherrschenden Thema.

Um die Privathaushalte für die neue Lichtquelle zu gewinnen, mussten sie von deren Überlegenheit gegenüber den hergebrachten Leuchtmitteln und Beleuchtungskörpern überzeugt werden. Das Grafikbüro Lehmann Steglitz bediente sich dafür der Redensart von den neuen Besen, die gut und das Überkommene heraus kehren [Abb. 1]. Hier macht ein solcher Besen, der mithilfe der Bildunterschrift als elektrisches Licht identifiziert werden kann, Kerzen und Kerzenständern, Petroleumlampen und Gasleuchtern wie auch den überflüssig gewordenen Streichhölzern zum Anzünden den Garaus. Die Botschaft lautet: Elektrisches Licht ist fortschrittlich und modern. Das Bild vom Besen spielt noch auf eine zweite wichtige Zuschreibung des elektrischen Lichtes an: Im Gegensatz zu den bisherigen Lichtquellen war es sauber.

Die Werbung erschien ohne Nennung eines Unternehmens. Sie ging daher vermutlich auf eine gemeinschaftliche Initiative von Elektrizitätswirtschaft und Elektroindustrie zurück. Da in der Frühphase des elektrischen Zeitalters die zügige und flächendeckende Elektrifizierung das strategische Ziel beider Branchen war, koordinierten sie bald ihre Werbeaktivitäten. An der Gemeinschaftswerbung beteiligten sich auch unmittelbar miteinander konkurrierende Unternehmen. In dieser Aufbauphase galt das Augenmerk nämlich weniger der Differenzierung innerhalb der eigenen Branche als einem geschlossenen Auftreten beim Konkurrenzkampf gegen die Gasbranche.

Neben den Privathaushalten sollten auch Industrie, Gewerbe und Landwirtschaft als Abnehmerkreise für elektrisches Licht erschlossen werden. Auch hier kam ihm Türöffnerfunktion zu. Zunächst wurde das elektrische Licht eingeführt, dann, wie auf der Postkarte für die Vertex-Glühlampe [Abb. 2] schon geschehen, die mit Wasser- oder Dampfkraft zum Laufen gebrachte Transmision durch den elektrischen Gruppenantrieb abgelöst. Im nächsten Schritt wurden elektrische Motoren im Einzelantrieb aufgestellt.

Die Betriebe boten also ein reiches Betäigungsfeld für die Elektroindustrie und die Glühlampe schuf den Zugang dazu. Aber auch die Werbung selbst stellte einen Anwendungsbereich und Wachstumsmarkt für das elektrische Licht dar. Auf diesem Gebiet hatte das elektrische Licht einen doppelten Effekt: Einerseits gewann die Werbung im öffentlichen Raum durch sie eine neue Qualität, andererseits war jede elektrisch beleuchtete Werbung im öffentlichen Raum auch eine Werbung für das elektrische Licht überhaupt. Daneben schuf die elektrische Beleuchtung des öffentlichen Raumes, von Straßen, Gebäuden und zu Werbezwecken, ein neues Lebensgefühl. Denn die beleuchtete Stadt übte eine große

Abb. 1
Postkarte, Elektrisch Licht,
Grafik: Lehmann Steglitz, um 1910

Anziehungskraft auf das kollektive Bewusstsein der Zeit aus, versprach sie doch Fortschritt und Modernität. Das führte auch dazu, dass Geschäftsleute und Unternehmen animiert wurden, im Wettbewerb um die Kunden beleuchtete Schaufenster und Leuchtreklame einzusetzen, um sich so als modern zu präsentieren und das moderne Lebensgefühl zu vermitteln. Eine solche Animationsveranstaltung war die Werbewoche „Licht und Schaufenster" des Münchener Einzelhandels 1929 [Abb. 3]. Das Plakat dafür zeigt ein hell erleuchtetes Schaufenster bei Nacht in starkem Kontrast von Schwarz und Gelb/Orange. Es ruft eine Anmutung modernen städtischen Lebens hervor. Diese wird noch verstärkt durch die weibliche Silhouette vor dem Schaufenster. Dabei handelt es sich um eine Garçonne, den jugendlichen, sportlichen und unabhängigen Frauentypus, der in Frisur (Herrenschnitt) und Kleidung (u.a. enger Rock, Kostümjacke im Sakko-Schnitt) einen androgynen Stil pflegte und der Ende der 1920er Jahre geradezu als Inbegriff von Fortschrittlichkeit und Modernität galt. Die Darstellung suggeriert, dass dieser modische Frauentypus durch eine beleuchtete Schaufensterauslage magisch angezogen wird – wie die Fliege durch das Licht. Ende der 1920er Jahre war die elektrische Beleuchtung durchgesetzt und weit verbreitet. Spätestens jetzt konnten in dem herrschenden Verdrängungswettbewerb Anbieter ihre Marktanteile nur noch über die Optimierung der Lichtqualität für den jeweiligen Anwendungsbereich behaupten und vergrößern. Das betraf nicht allein eine höhere Lichtausbeute, sondern auch eine bessere Verträglichkeit des elektrischen Lichtes. Einen besonderen Impuls erhielt das Thema der Verbesserung des Lichtes durch die Rationalisierung in den 1920er Jahren. In diesem Zusammenhang stellte man fest, dass in den Betrieben die Produktivität gesteigert worden war durch eine verbesserte Beleuchtung. Derartige Verbesserungen suchte man auch für die Beleuchtung in den Privathaushalten nutzbar zu machen. Dazu startete die Firma Osram die Kampagne „Beleuchte besser!" [Abb. 4]. Die Aufsteller – für Ladentheken oder Schaufenster – mit dem imperativischen „Beleuchte besser!" wecken auf den ersten Blick den Anschein, als handele es sich um eine Werbung im Geist der frühen Gemeinschaftswerbung. Auf den zweiten Blick ist das Markenzeichen der Firma Osram unübersehbar wie auch ein weiterer Imperativ, der zur Verwendung, sprich zum Kauf innenmattierter Glühlampen dieses Fabrikats aufruft. Welche verbesserte Wirkung diese Glühlampen haben, wird nicht benannt, sondern in häusliche Szenen übersetzt, die jeweils von einer Lampe erhellt sind: Dort wird übereinstimmend ein Bild von Behaglichkeit und Harmonie vermittelt, welches – so legt es der Text-Bild-Zusammenhang nahe – nur vom angenehmen, warmen und weichen Licht innenmattierter Osram-Lampen herrühren kann. **SF**

Abb. 2
Postkarte, Vertex, 1910

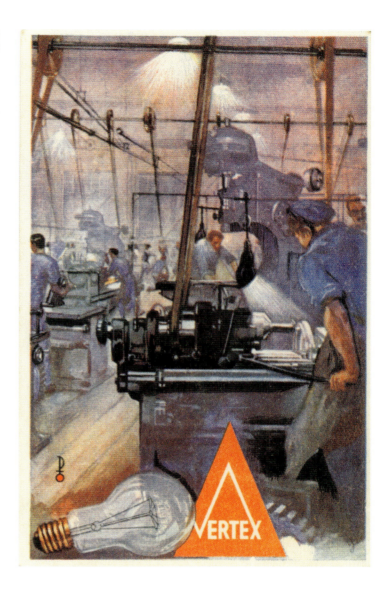

Abb. 4
Pappschilder, Osram-Lampen, um 1930

*Abb. 6
Altenburger Skatspiel
mit Osram Signet, 1950er Jahre*

Die Glühlampe: Das erste elektrische Produkt und seine Eigenschaften

Dem elektrischen Licht kam also die strategische Aufgabe zu, der Elektrizität den Weg in die privaten Haushalte, die Betriebe und in das öffentliche Leben zu ebnen. Die Glühlampe wurde zum Dingsymbol für diese Wegbereiterrolle. Die leuchtende Lampe veranschaulichte auf einprägsame Weise das technisch komplexe Produkt „elektrisches Licht". Sie kommunizierte, was der Verbraucher wirklich über die elektrische Beleuchtung wissen musste: Die Glühlampe brannte einfach, nur durch das Umlegen eines Schalters und ohne lästige Umstände wie bei den anderen Leuchtmitteln. Folgerichtig war die Glühlampe dasjenige elektrische Produkt, das als erstes in großem Maßstab beworben und vertrieben wurde. Bereits um 1900 entstand ein Wettbewerb um den Absatz der schnell wachsenden Produktion [Abb. 5]. Bis 1930 etwa war die Glühlampe das am häufigsten beworbene elektrische Produkt.

Doch wie sah die Werbung für Glühlampen aus? Auf welche Art und Weise wurde sie beworben? Welche Argumente wurden für sie ins Feld geführt und wie wurden diese dargestellt? Grundsätzlich ist eine interessante Vielfalt festzustellen, die Eigenschaften der Glühlampe und ihre Wirkung möglichst eingängig abzubilden. Darunter lassen sich aber auch einige Schwerpunkte beobachten.

Einen ersten Schwerpunkt bildet die klare und strenge Darstellung der Glühlampe im Stil des modernen Sachplakats. Sie beschränkt sich in der Regel auf die Nennung des Produkt- oder Firmennamens und eine realistisch anmutende Abbildung der Glühlampe und ihrer technischen Details. Die Ausführung ist farblich reduziert und flächig. Auf diese Weise wird das noch junge Erzeugnis zu einer Ikone des Fortschritts und der Moderne erhoben. Das 1919 geschaffene Warenzeichen der Firma Osram [Abb. 6] ist ein geradezu klassisches Beispiel für die nur auf das Produkt und den Markennamen bezogene sachliche Strenge. Die Glühlampe ist realistisch dargestellt, mit Metallfäden im Innern und mit Lampensockel. Im Lauf der Jahrzehnte verschwanden diese technischen Details und die Wort-Bildmarke erfuhr eine vollständige Stilisierung. Ihren letzten Rest von Wirklichkeitstreue verlor die Osram-Lampe 2001, als sie vom Kopf auf den Sockel gestellt wurde. Es ist zu vermuten, dass die Werbepsychologen der stehenden, nach oben weisenden Lampe eine positivere Ausstrahlung unterstellten als der hängenden.

Leonhard Fries folgt mit seinem Plakat für die Wotan-Lampe von Siemens & Halske [Abb. 7] nicht ganz der puristischen Lehre des modernen Sachplakates. Das Produkt und sein Name genießen nicht ganz die ungeteilte Aufmerksamkeit des Betrachters, die Schnur, an der die Glühlampe hängt, und eine zusätzliche Produktinformation nehmen diese ebenfalls in Anspruch.

Im Gegensatz zur sachlich-strengen Darstellung werben alle weiteren nicht mit dem Produkt an sich, sondern propagieren es, indem sie mit unterschiedlichen Mitteln seine Wirkung inszenieren und Argumente für seine Verwendung liefern.

So greift die Glühlampenwerbung etwa auf dekorative Gestaltungselemente zurück, die dem Bildvorrat zur Darstellung der Himmelskörper entnommen sind, und verbindet diese mit der Abbildung des Produktes. Damit wird nahe gelegt, dass die Leuchtkraft der Glühlampe sich mit der von Sonne, Mond und Sternen messen kann. So zeigen die Postkarten für die Sirius- und für die Hela-Lampe [Abb. 8 und 9] eine wirklichkeitsgetreue Glühlampe,

Abb. 5
Pappschild (aufklappbar), AEG,
Grafik: Peter Behrens, um 1910
Privatbesitz

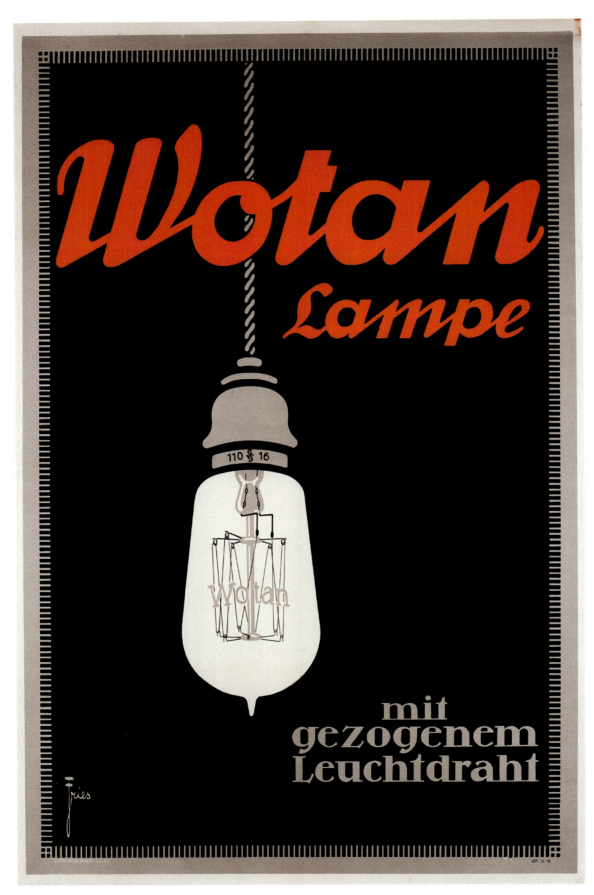

Abb. 7
Postkarte, Wotan, Grafik: Leonhard Fries, 1915

Abb. 8
Postkarte, Hela, 1926

Abb. 9
Postkarte, Sirius, 1930

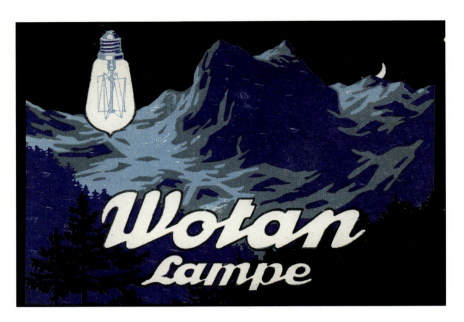

Abb. 11
Postkarte, Wotan Lampe, 1910er Jahre

Abb. 12
*Vignette, Tungsram Glühlampe,
Grafik: Géza Faragó, um 1913*

umgeben von Sternenhimmel und Sonnenstrahlen in den einschlägigen Farben Rot, Gelb und Nachtblau und stilisiert. Die Strahlen der Sonne erscheinen im einen Fall als konzentrische Kreise, im anderen als zackenförmiger Kranz. Die abweichende Gestaltung diente offenbar dazu, zwei unterschiedliche Produkte einer Firma voneinander zu unterscheiden, die Vakuumlampe Sirius und die gasgefüllte Hela. Die Produktbezeichnungen bedienen ebenfalls den Vergleich mit den Himmelskörpern: Sirius ist der hellste Stern am Himmel und „Hela" nimmt vermutlich Bezug auf Helios, den Sonnengott der griechischen Mythologie.

Auch die Aussage des Plakates von Osram [Abb. 10] lautet: Unsere Osram-Lampen leuchten mindestens so hell wie die Himmelskörper, in dem Fall sogar wie die Sonne. In den Vergleich mit dem Zentrum des Sonnensystems ist nicht zuletzt auch der Anspruch auf Marktführerschaft gekleidet. Der Aussage wird Nachdruck verliehen durch einen Werbespruch, der im Nachkriegsdeutschland zur stehenden Redewendung geworden ist: „Osram – Hell wie der lichte Tag". Der Erfolg des 1949 kreierten Slogans beruhte möglicherweise auch darauf, dass er in „dunkler", von Not und Sorge geprägter Zeit der Hoffnung der Menschen auf bessere Tage Ausdruck verlieh.

Die Bilderzählung war ein anderes Mittel, möglichst eingängig die Wirkung der Glühlampe vorzuführen. Bei den einschlägigen Abbildungen handelte es sich um kleine Szenen, die auf einen Blick erfasst werden konnten: Nicht der Mond, sondern eine Glühlampe erhellt eine nächtliche verschneite Berglandschaft [Abb. 11], ein Pierrot singt der Glühlampe und nicht dem Mond ein Ständchen, doch der Mann im Mond schaut wohlwollend zu [Abb. 12]; ein Mädchen sitzt behaglich im Licht einer Glühlampe, als sonne sie sich darin [Abb. 13]. Auch hier wird wieder der Vergleich mit Sonne, Mond und

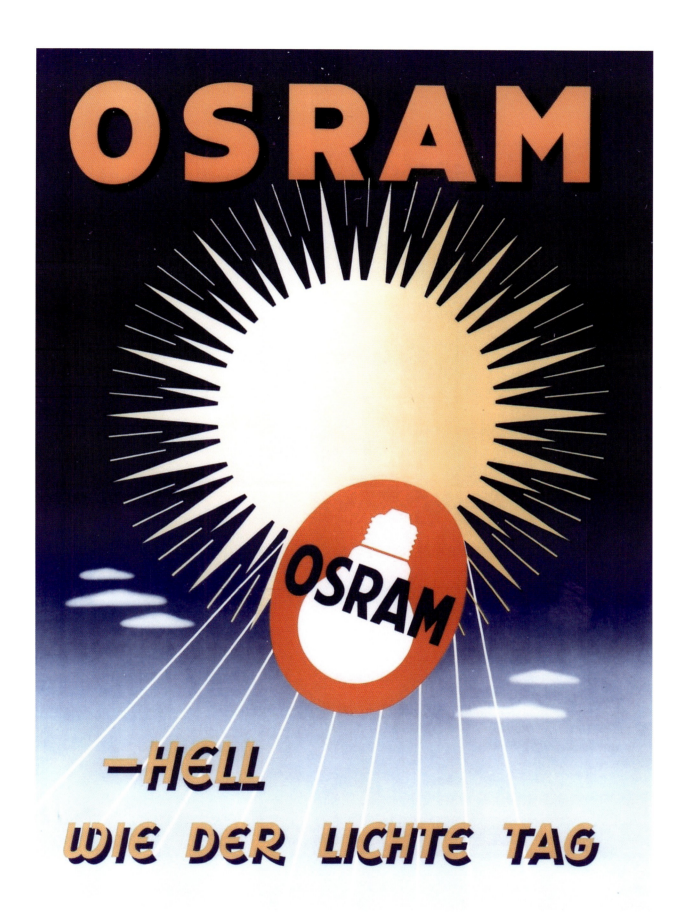

Abb. 10
Plakat, 1950er Jahre

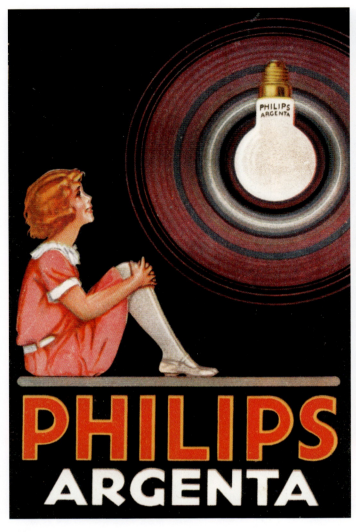

Abb. 13
Postkarte, Philips Argenta, Grafik: Hans Oertle, 1923

Abb. 15
Postkarte, Tantal-Lampe, 1910

Sternen herangezogen, auch hier wird wieder die realistische Darstellung des technischen Produktes mit deren dekorativen Attributen verbunden und beides dann in die Erzählung eingebettet.

Der Vergleich der Glühlampe mit den Himmelskörpern ist eine suggestive Methode, dem Betrachter die Werbeaussage näher zu bringen. Wird auf diese vorbegriffliche Analogie verzichtet, muss die Darstellung auf andere Weise aussagekräftig sein, so auch im Fall der Bilderzählung. Um solche „starken" Geschichten handelte es sich etwa bei den bereits besprochenen Szenen mit den prometheischen Lichtbringern. In diesen Umkreis gehört auch die Darstellung aus der Feder des politischen Karikaturisten Albert Hahn (1877 – 1917) aus Holland mit einer ebenfalls an einen griechischen Helden gemahnenden Lichtgestalt im Mittelpunkt [Abb. 14]. Diese dreht eine Glühlampe von beeindruckender Helligkeit an – der weit ausgreifende Strahlenkranz macht dies deutlich –, ohne davon geblendet zu werden. Die verhüllten

Nachtgestalten mit abstoßenden Gesichtern dagegen werden ebenso in die Flucht geschlagen wie die Fledermäuse. Bemerkenswert ist hier zudem, dass die Glühlampe weniger realistisch gezeigt wird. Die malerischen Strahlen verleihen ihr eine geradezu poetische Anmutung und sie wird so Teil der Komposition. Die bildnerische Beschreibung der aus den Fluten aufsteigenden Götter- oder Heldengestalt, welche die Arme bewundernd zu einer Glühlampe in einer ganzen Lichtergirlande hebt [Abb. 15], liefert ein weiteres Beispiel für diese Art der Poetisierung.

Auch die Philips Lampe [Abb. 16] und die Tungsram-Metallfadenlampe (vgl. Abb. Kapiteleinstieg Die Aufklärung der Massen) sind mit den bereits eingeführten darstellerischen Mitteln in narrative Zusammenhänge eingebettet, die ihre Wirkung anschaulich machen sollen. Doch reichte der Verweis auf die Leuchtwirkung allein in dem frühzeitig international umkämpften Glühlampenmarkt (im vorliegenden Fall sind es ein holländisches und ein österreichisch-ungarisches

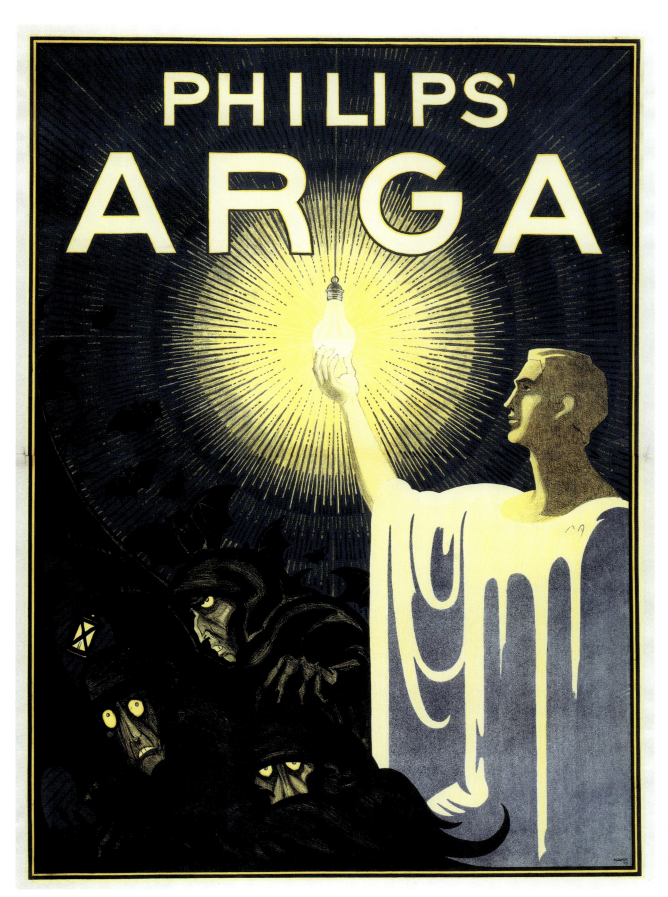

Abb. 14
Plakat, Philips-Arga, Grafik: Albert Hahn, 1912–1915

Abb. 16
Postkarte, Philips Lampe, nach 1908

Abb. 18
Bierdeckel, Wotan Glühlampe, beidseitig bedruckt, nach 1920

Erzeugnis, welche um die Gunst der Kunden werben) bald nicht mehr aus. Die Hersteller mussten zusätzliche Argumente für den Kauf liefern. Da diese sich aber häufig nicht oder nur schwer bildlich darstellen ließen, erschienen sie als schriftliche Zusatzinformationen, etwa wenn es um Stromersparnis oder um Unzerbrechlichkeit [Abb. 17] ging oder wie im Fall der eingangs beschriebenen Werbung für die Wotan-Lampe.

Zusammenfassend lässt sich sagen, dass die Werbegrafik über ein bestimmtes Arsenal an Mitteln und Motiven verfügte, um die Glühlampe zu propagieren – die hier nicht erschöpfend abgehandelt wurden. Beispielsweise fehlt eine systematische Betrachtung darüber, wie die Wirkung über die Darstellung des Lichtscheins beschrieben wurde. Dennoch macht bereits die unvollständige Analyse deutlich, dass diese Mittel und Motive durch Variation und Kombination gewissermaßen durchdekliniert wurden.

Gemeinsam sind wir stark: Osram

Wie kann es sein, dass auf dem abgebildeten Bierdeckel [Abb. 18] das Warenzeichen von Osram in den klassischen Farben Blau, Orange, Weiß (vgl. Abb.6) erscheint, der Markenname aber ein anderer ist, nämlich „Wotan"?
Befragt man die Firmenannalen von Osram, findet sich eine plausible Erklärung dafür: Das Warenzeichen entstand 1919, als die drei größten deutschen Glühlampenhersteller – AEG, Auergesellschaft und Siemens & Halske – sich zur Osram GmbH KG zusammenschlossen, um sich gemeinsam gegen die ausländische Konkurrenz zu positionieren.
Als Firmenname wurde Osram gewählt, weil die bereits existierende gleichnamige Produktmarke international einen höheren Bekanntheitsgrad besaß als die Erzeugnisse der bisherigen Konkurrenten AEG und Siemens & Halske, deren Glühlampenmarke Wotan wiederum in Deutschland Marktführer war.
Weil nun die Gründung der neuen Firma in die Zeit unmittelbar nach dem Ersten Weltkrieg fiel, unterlag sie den Bestimmungen des am 10.1.1920 in Kraft getretenen Versailler Vertrages. Dieser sah in einigen Ländern die Beschlagnahmung des noch jungen Warenzeichens von Osram vor. In diesen Fällen entschloss man sich, weiter mit den Marken Wotan oder AEG zu operieren. Bei dem Bierdeckel handelt es sich also vermutlich um ein im Ausland eingesetztes Werbemittel der Firma Osram aus jener Zeit und bei der kuriosen Verbindung von Warenzeichen und Markenname im Grunde um ein Politikum. **SF**

Abb. 17
Plakat, Drahtlampe, Grafik: Hans Bertle, um 1910

Modernes Licht: Die Leuchtstoffröhre

Es mag paradox erscheinen, aber Glühlampen setzen mehr Energie in Wärme um als in Licht. Versuche, die Energieeffizienz zu verbessern, stellten schon immer eine der Triebfedern zur Entstehung neuer Lichttechniken dar. Das galt für die Petroleumlampe und trifft ebenso auf neuere Leuchtmittel zu. Leuchtstoffröhren entwickeln bei gleicher Lichtleistung weniger Wärme als Glühlampen und benötigen 75 bis 80 Prozent weniger Energie. Von frühen Experimenten mit verschiedenen Gasen hat sich fälschlicherweise der Name „Neonröhre" erhalten. In der mit Argon-Gas gefüllten Röhre wird Quecksilber erhitzt, das beim Verdampfen ultraviolette Strahlung erzeugt. Dieses Licht ist für das menschliche Auge kaum wahrnehmbar, es aktiviert jedoch den fluoreszierenden Leuchtstoff, mit dem die Röhre beschichtet ist.

Um 1900 entstanden die ersten Röhren für die Leuchtreklame noch in Handarbeit. In den zwanziger Jahren erfolgte die industrielle Produktion in kleinem Umfang, doch das neue Leuchtmittel verbreitete sich erst in den fünfziger Jahren. In dieser Zeit wurde die Leuchtstoffröhre massiv beworben. Drei Aspekte standen hier im Mittelpunkt:

In den Werbebotschaften war zunächst das Argument der Wirtschaftlichkeit des Röhrenlichts zentral. Aufgrund ihrer Helligkeit und Stromersparnis setzte sich die Röhre vor allem in Gewerbe, Büros und im öffentlichen Raum durch. Bis heute wird die moderne Architektur der Nachkriegszeit mit der Leuchtstoffröhre in Verbindung gebracht.

Weiterhin wurde die Modernität des Leuchtmittels hervorgehoben. So betonte Osram mit dem Namen „Linestra" die neuartige Linienform, die auch in der Bildsprache der Plakate im Vordergrund stand [Abb. 1]. Vor einem einfarbigen, nachtdunklen Hintergrund bildeten die stilisierte Leuchte und die Schrift eine strenge, moderne Bildaufteilung.

Über diese positiven Eigenschaften der Leuchtstoffröhre hinaus setzte sich die Werbung mit einem gravierenden Nachteil des Röhrenlichts auseinander: Das Licht der Röhren wird oft als kalt und unangenehm hell empfunden. Da es nur einen geringen Spektralbereich abdeckt, entspricht die Farbwiedergabe nicht ganz der des Tages- oder Glühlichts. Hier erfolgten bereits in den fünfziger Jahren erste technische Nachbesserungsbemühungen durch eine Verschiebung der Lichtfrequenz in den Warmweiß-Bereich. Auf dem Plakat [Abb. 2 und 3] deutet der abstrakte Stern die Lichtbrechung und das Farbspektrum an. Gleichzeitig suggerieren die satten Farben eine optimale Farbwiedergabe.

Doch trotz der Stromersparnis setzte sich die Röhre nicht flächendeckend gegen das Glühlicht durch. So sehr das helle Licht und die klare Röhrenform im öffentlichen Raum als Zeichen der Modernität galt, so wenig schien dieses Licht in den Wohnbereich zu passen. Leuchtstoffröhren fristen allenfalls in der Küche ein Nischendasein. Die Verbraucher halten bis heute an der gewohnten Glühbirnenform fest. Die Röhren weichen offenbar zu stark von vertrauten Leuchtmitteln ab, hier half auch keine Werbestrategie.

Die Antwort war Mitte der achtziger Jahre eine technische Innovation, die der Verweigerungshaltung der Konsumenten Rechnung trug: die Weiterentwicklung der Leuchtstoffröhre zur kompakten Leuchtstofflampe – allgemein als Energiesparlampe bekannt. Hier sind mehrere dünne Röhren gebündelt. Aus ästhetischen Gründen und ohne jede technische Funktionalität sind die Röhren häufig mit einem runden Kolben überzogen, um die Form der vertrauten Glühbirne zu imitieren. Diese Leuchtmittel haben sich wegen ihres geringen Energiebedarfs bereits weit verbreitet. Endgültig durchsetzen werden sie sich spätestens, wenn das EU-weite Verbot des Verkaufs von Glühlampen bis 2012 vollständig realisiert ist. **BG**

Abb. 1
Plakat, Osram Linestra, 1930er Jahre

Abb. 2
Plakat, Osram Leuchtstofflampen, Grafik: plan + form, 1958

Abb. 3
Plakat, Osram Leuchtstofflampen, Grafik: plan + form, 1959

Elektrizität in Gewerbe und Landwirtschaft

*Abb. 1
Vignette, Gefelek, 1912*

In der Chronologie der Elektrizitätsgeschichte geht die Phase des Lichts einher mit der Phase der Kraft. Beide elektrischen Anwendungen wurden ab etwa 1890 eingeführt. Doch während das elektrische Licht Aufmerksamkeit heischend in alle Lebensbereiche eindrang, entfaltete die elektrische Kraft ihre Wirkung innerhalb der fest umrissenen Arbeitswelt von Industrie, Handwerk und Landwirtschaft.

Grundsätzlich propagierten die Strategien von Elektrizitätswirtschaft und Elektroindustrie die elektrische Kraft in gleichem Maße wie das elektrische Licht, versprachen doch beide einen unabsehbaren Wachstumsmarkt. Darüber hinaus gab es aber auch einen Grund in der Sache, warum die Kraft parallel zum Licht vermarktet wurde: Der Stromverbrauch durch Licht lag zunächst über dem durch Kraft. Folglich wurde am Abend, nachts und am Morgen am meisten Elektrizität verbraucht. Da Strom nicht speicherbar war (und noch kaum ist) und rund um die Uhr so viel davon erzeugt werden musste, wie zu den so genannten Belastungsspitzen benötigt wurde, sollte der Konsum außerhalb der Spitzenzeiten aus Rentabilitätsgründen möglichst nah an deren Niveau heranreichen. Entsprechend propagierten die Strategien in der Frühphase die elektrische Kraft nicht zuletzt auch, um den Stromverbrauch am Tag zu steigern.

Im Jahr 1906 überstieg der Verbrauch von Kraftstrom erstmals den von Lichtstrom. Nichtsdestotrotz verlief die Einführung der elektrischen Kraftanwendung in Landwirtschaft, Handwerk und selbst in der Industrie eher schleppend. Erst in den 1930er Jahren kann davon die Rede sein, dass sie sich in den Betrieben etabliert hatte (1907 wurden in der Industrie noch 81 Prozent der Leistung durch Dampfmaschinen erzeugt; 1931 waren 30 Prozent der handwerklichen Betriebe vorwiegend, aber nicht ausschließlich elektrisch motorisiert; 1933 verfügte ein Drittel der landwirtschaftlichen Betriebe über einen Elektromotor), von einer flächendeckenden Durchsetzung und Verbreitung sogar erst ab den 1950er Jahren. Es waren, abgesehen von der technischen Ausgereiftheit, unterschiedliche Gründe, welche die Einführung erschwerten: Für Industriebetriebe bedeutete eine Umstellung auf elektrische Kraftanwendung den völligen Austausch bestehender, noch funktionstüchtiger Anlagen und damit einen nicht zwingend notwendigen, hohen Investitionsbedarf. Für das Handwerk, insbesondere für die so genannten Alleinbetriebe (die vom Inhaber ohne Gesellen oder Lehrlinge geführten Betriebe machten in der Zwischenkriegszeit noch die Hälfte aller Handwerksbetriebe aus) waren die Anschaffungskosten zu hoch. Für die Landwirtschaft wurde mit der Elektrifizierung der ländlichen Gebiete erst vergleichsweise spät überhaupt die Infrastruktur bereitgestellt.

Die zentrale Rolle bei der Einführung der elektrischen Kraftanwendung in Industrie, Handwerk und Landwirtschaft spielte der Elektromotor. Seine Eigenschaften schienen ganz besonders auf die Bedürfnisse der Betriebe zugeschnitten. Für einen vergleichsweise geringen Anschaffungspreis bot er vielseitige Einsatzmöglichkeiten. So stieß er schon bald aufgrund seiner Flexibilität, Mobilität und Variabilität wie auch seiner einfachen und sicheren Bedienung auf Akzeptanz. Folglich war der Elektromotor zunächst das Hauptmotiv in der Werbung für die elektrische Kraftanwendung (Abb. 1 und vgl. Abb. Kapiteleinstieg). Auch auf dem BBC-Plakat (Abb. 2) bildet er das Zentrum, um das sich je ein Vertreter aus Landwirtschaft, Handwerk und Industrie beinahe symbolträchtig versammelt haben. Allerdings wirkt der Fabrikarbeiter links bei näherem Hinsehen wie der Primus inter pares. Er scheint halb auf dem Motor zu sitzen. Sein Blick geht aus dem Bild auf den Betrachter und mit demonstrativer Geste weist er auffordernd auf den Motor. Ein Landwirt und ein

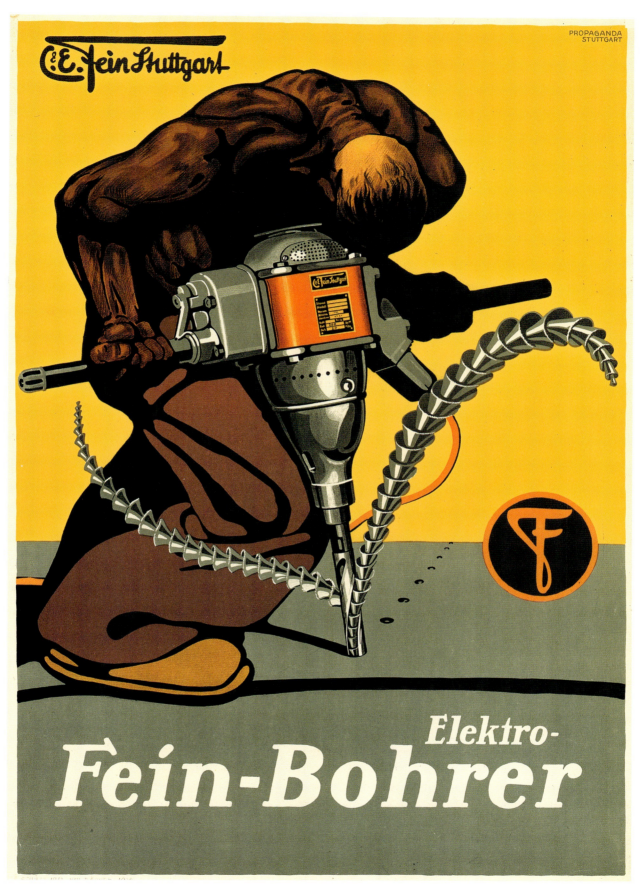

Abb. 4
Plakat, C.&E. Fein, Grafik: Schütz-Börner, 1928

Abb. 3
Broschüre, Gefelek, 1911/12

Abb. 2
Werbeblatt, BBC, Grafik: G. Joh. Köhler, um 1920

Zimmermann stehen mit ihren überkommenen Arbeitsgeräten Sense und Handsäge neben ihm. Mit ihrem Gesichtsausdruck und ihrer Haltung scheinen sie der Empfehlung des väterlichen Kollegen beizupflichten. Die Darstellung bringt so die Führungsrolle der Industrie bei der Einführung der elektrischen Kraftanwendung zum Ausdruck.

Die Verbreitung des Elektromotors im Handwerk lag nicht nur im Interesse der Elektrizitätswirtschaft und der elektrotechnischen bzw. der Maschinenbauindustrie, sie war auch ein Anliegen der Politik. Diese hielt die Produktivitätssteigerung durch den Elektromotor für ein wirkungsvolles Mittel, der fortschreitenden Verdrängung des Handwerks durch die Industrie Einhalt zu gebieten, und damit zum Schutz des Handwerks bzw. des gewerblichen Mittelstandes. Entsprechend wurde der Elektromotor bereits um 1900 als „Retter des Handwerks" apostrophiert und als „bester Geselle" des Handwerkers [Abb. 3]. Letztere Zuschreibung richtete sich besonders an die Alleinbetriebe. Ohne die helfende Hand eines Gesellen oder Lehrlings bestand die einzige Möglichkeit, die im Existenzkampf überlebensnotwendige Steigerung der Produktivität zu erreichen, in der Anschaffung eines Elektromotors.

Die flexible, mobile und variable Koppelung eines Elektromotors an unterschiedliche Arbeitsgeräte war für die Einführung der elektrischen Kraftanwendung in den Betrieben besonders geeignet, bedeutete letzten Endes aber nur einen Zwischenschritt. Denn das eigentliche Ziel gerade auch der Entwicklungsingenieure bestand im flächendeckenden Einsatz von Geräten, in denen Werkzeug und Elektromotor miteinander verschmolzen waren. Als erstes derartiges Gerät entwickelte die Stuttgarter Firma C. & E. Fein 1895 eine elektrische Handbohrmaschine. Das Plakat für ein Nachfolgemodell dieses Bohrapparates [Abb. 4] zeigt einen heroischen, beinahe animalischen Arbeiter, der mit dem ziemlich gewaltigen Elektrowerkzeug – besonders bemerkenswert ist die Größe des Motors – geradezu eins geworden ist und Löcher in Metall bohrt. Der regelrecht aus dem Bohrloch spritzende Span deutet an, wie groß der Widerstand ist, den Mann und Maschine überwinden. Der semantische

Abb. 5
Plakat, Loewe-Wasserknecht, 1930er Jahre

Abb. 7
Vignette, 1920er Jahre

Widerspruch zwischen der extremen Kraft, die dargestellt wird, und der Produktbezeichnung „Fein-Bohrer" aufgrund der zweifachen Bedeutung von Fein als Firmenname und als Adjektiv für dünn, weich, zart ist vermutlich bewusst gesetzt, weil besonders einprägsam. Das Motiv ist übrigens die leicht abgewandelte Form eines Entwurfs der Gesellschaft für Elektrizitätsverwertung (Gefelek) aus dem Jahr 1911/12.
In der Landwirtschaft bestand eine vergleichbare Notwendigkeit zur Einführung der elektrischen Anwendung wie im Handwerk: Aufgrund der Landflucht mangelte es an Arbeitskräften. Gleichzeitig waren die Betriebe gezwungen, ihre Rentabilität zu steigern, um ihren Fortbestand zu sichern. Auch in der Werbung, die sich an die Landwirte wandte, finden sich Beispiele, in denen die elektrische Anwendung dem Landwirt als Gehilfe mit menschlichen Zügen angedient wird. In der Werbung für die elektrische Pumpenanlage von Loewe [Abb. 5] findet sich dieser Topos gleich zweifach wieder, zum einen in der Produktbezeichnung „Wasserknecht", zum anderen in der vertraulichen Anrede „Mein bester Freund!" Darüber hinaus werden im Hintergrund Einsatzmöglichkeiten für Elektropumpen auf einem Bauernhof vorgeführt – das Tränken von Tieren, das Auswaschen von Milchkannen, das Wässern des Gartens, während im Vordergrund der gemütlich seine Pfeife rauchende Landwirt stolz die Apparatur vorführt.
Die Bildsprache dieses Plakates wie auch der BBC-Werbung und derjenigen für den Elektromotor als „bester Geselle" erscheint allenfalls gemäßigt modern bzw. beschreibt eher eine traditionelle Welt. Dahinter steckt eine besondere Schwierigkeit der Werbung für Strom bei Handwerk und Landwirtschaft. In beiden Milieus konnten Fortschrittlichkeit und Modernität, für welche die Elektrizität eigentlich stand, nicht als Argumente ausgespielt werden. Während es im großstädtischen Umfeld durchaus möglich war, im Stil des modernen Sachplakates bzw. der Neuen Sachlichkeit für die elektrische Anwendung von Licht und Kraft in der Produktion zu werben (vgl. Abb. Kapiteleinstieg), schien es im Fall des Handwerks und insbesondere der Landwirtschaft geboten, diese Zielgruppen in ihrer mehr traditionsgebundenen und konservativen Vorstellungswelt abzuholen [Abb. 6].
Die Reklamemarke für den elektrischen Futterdämpfer (dabei handelt es sich übrigens nicht um eine elektrische Kraft, sondern um Wärmeanwendung) [Abb. 7] wirbt für das Gerät, indem sie Ersparnis von Arbeit und Futter verheißt. Was die Reklamemarke verschweigt, ist, dass nicht nur der Landwirt einen handfesten Vorteil von der Anschaffung hatte, sondern neben dem Gerätehersteller auch die Elektrizitätswirtschaft. Denn mittlerweile lagen, ausgelöst durch die steigende elektrische Kraftanwendung in Industrie, Handwerk und Landwirtschaft, die Belastungsspitzen des Stromverbrauchs am Tage. Folglich mussten nun Anwendungen gefunden und propagiert werden, welche den Stromverbrauch in der Nacht ankurbelten. Eine solche Anwendung war der elektrische Futterdämpfer, denn er wurde mit Nachtstrom gespeist.
Zusammenfassend kann man sagen, dass die Werbung für den elektrischen Kraftantrieb in Gewerbe und Landwirtschaft nicht allein auf Absatz zielte, sondern eine ganze Reihe unterschiedlicher Implikationen enthielt, wie Verbrauchersteuerung, Handwerkerpolitik oder Rücksicht auf konservative Milieus. Weil sie vielschichtigeren Interessen folgte, wies sie einen höheren Grad an Komplexität auf als die für das elektrische Licht. **SF**

Abb. 6
Plakat, Pöge Elektromotor, Grafik: Lehmann, Sigis[mund] Fel[ix], um 1920

Plakat, Stewe-Weihnachtsgeschenke für Eure Frauen, Grafik: Bryx, um 1932

Elektrizität im Haushalt

Elektrische Helfer im Haushalt

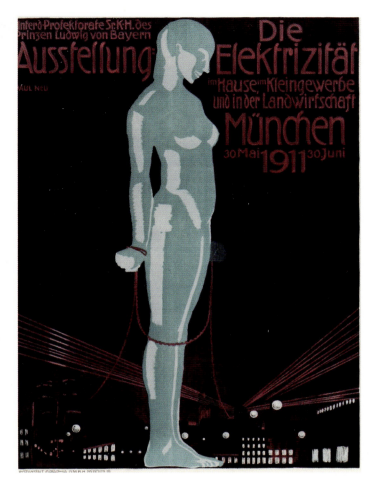

Abb. 1
Plakat, Elektrizitätsausstellung München, Grafik: Paul Neu, 1911

Bis zur Sättigung des Elektrizitätsmarktes in den 1970er Jahren war die Entwicklung von einem Grundprinzip bestimmt, dem unermüdlichen Ringen um den Ausgleich der Verbrauchsspitzen bei gleichzeitiger Steigerung des Stromverbrauchs. Der Expansionsprozess, der auf diesem Grundprinzip fußte, verlief nicht linear, sondern in Phasen. Das lag an Konstellationen, die sich aus den Interessenlagen der einzelnen Akteure dieses Prozesses – Energieversorger, elektrotechnische Industrie und Verbraucher – ergaben und sich fortwährend veränderten. Auch aufgrund sich wandelnder gesellschaftlicher Rahmenbedingungen mussten diese immer wieder neu justiert werden. Das bedeutete, dass die Strategien der miteinander kooperierenden Elektrizitätswirtschaft und elektrotechnischen Industrie beim Absatz von Strom und elektrischen Anwendungen sehr beweglich sein mussten. Am Beispiel der Einführung von elektrischen Geräten im Haushalt lässt sich dieser Zusammenhang besonders anschaulich zeigen.

Die Geschichte der elektrischen Haushaltsgeräte ist dadurch gekennzeichnet, dass diese bereits Innovationen aus der Frühphase des elektrischen Zeitalters waren (1883 Tauchsieder, 1886 Kochplatte, 1893 Herd, 1896 Bügeleisen, 1905/10 Kühlschrank, 1908 Staubsauger, 1910 Waschmaschine), dass aber bis zu ihrer flächendeckenden Verbreitung noch Jahrzehnte vergingen. Daran änderte auch die Tatsache nichts, dass schon bald nach ihrer Entwicklung der Haushalt, neben Gewerbe und Landwirtschaft, als Anwendungsbereich für Elektrizität beworben wurde. Das geschah offenbar auf breiter Basis, wie die dichte zeitliche Abfolge der Elektrizitätsausstellungen in München, Nürnberg [Abb. 1 und 2] und vielen anderen Orten zeigt. Die Einführung, Durchsetzung und flächendeckende Verbreitung elektrischer Haushaltsgeräte wurde neben der erst allmählichen Bereitstellung der Infrastruktur vor allem behindert durch hohe Kosten für Stromanschluss, Geräteanschaffung und Stromverbrauch wie auch durch die sich bei den Verbrauchern nur zögerlich einstellende Akzeptanz für die Geräte als solche. Die Elektrizitätswirtschaft und die elektrotechnische Industrie arbeiteten jahrzehntelang beharrlich an der Überwindung dieser Hindernisse, z.B. durch Aufklärungs- und Beratungsarbeit auf Ausstellungen, bei Vorführungen und Kursen, durch Senkungen des Strompreises und der Gerätepreise wie auch durch die Einrichtung gezielter Haushaltstarife und Darlehensfinanzierungen für den Gerätekauf, durch die elektrische Ausstattung von Neubausiedlungen und natürlich durch Werbung. Dadurch gelang es ihnen, die anfangs kleine, feine Zielgruppe für den Absatz von elektrischen Haushaltsgeräten, die Spitze der gehobenen Gesellschaftsschicht, sukzessive „nach unten" zu erweitern, bis auch der Mittelstand und schließlich untere Schichten als Abnehmer in Frage kamen und die Geräte Allgemeingut wurden.

Abb. 2
Plakat, Elektrizitätsausstellung Nürnberg, Grafik: Adolf Jöhnsson, 1912

Kleine Chronologie der Einführung elektrischer Haushaltsgeräte

Ganz im Anfang stand hinter der Propagierung von Elektrogeräten für Küche, Wäsche- und Raumpflege die Intention, tagsüber einen Ausgleich für die vorwiegend nächtliche elektrische Lichtanwendung zu schaffen. Zunächst wurden die kostengünstigeren, so genannten elektrischen Kleingeräte beworben und abgesetzt, z.B. Bügeleisen, Haarbrennapparate, Heizöfen, Kochplatten und -töpfe oder Tauchsieder. Bei ihnen handelte es sich, wie auch bei den später lancierten Geräten Herd und Heißwasserbereiter, um eine dritte elektrische Anwendung neben Licht- und Kraftstrom, den Wärmestrom.

Die Postkarte der Siemens-Schuckertwerke von 1910 etwa [Abb. 3] zeigt modellhaft eine Küche im Stil der Zeit, in die nicht nur die elektrische Deckenlampe, sondern auch der elektrische Kochtisch links und der elektrische Heizofen vorne rechts ganz selbstverständlich integriert sind. Kochtisch und Heizofen gehören zur Serie „System Prometheus". Der Feuerbringer aus der griechischen Mythologie erscheint hier nicht als heroische Werbefigur, sondern als Markenname. Die Siemens-Schuckertwerke kauften diese Marke zu, denn sie waren zunächst zwar bei der elektrotechnischen Entwicklung der Haushaltsgeräte führend, nicht aber bei deren Produktion. Mehr als bloße Marktpräsenz erreichten Siemens-Schuckert in der zweiten Hälfte der 1920er Jahre mit der firmeneigenen Haushaltsgerätemarke „Protos". Sie sollte sich zu einem Marktführer entwickeln.

Der einzeln beheizbare Kochtopf aus der Serie „System Prometheus" [Abb. 4] wurde von dem elsässischen Künstler und Grafiker Fernand Schultz-Wettel (1872-1957) im Jahr 1906 noch ganz in Jugendstil-Manier wirkungsvoll in Szene

Abb. 3
Postkarte, um 1910

gesetzt: Eine geheimnisvolle Frauenfigur mit verschattetem Blick hält ungerührt den sichtbar heißen Topf, aus dem der Dampf in fließenden Bewegungen aufsteigt, so in die Höhe, dass die elektrischen Kabel gut sichtbar sind. Dass es „Heize elektrisch!" und nicht „Koche elektrisch!" heißt, bezieht sich darauf, dass der Topf streng genommen elektrisch beheizt wurde, damit der Inhalt zum Kochen gebracht wurde – so wie heute noch der Elektroherd.

Das strategisch bedeutsamste Elektrogerät in der Serie „System Prometheus" wie generell war lange Zeit das Bügeleisen [Abb. 5]. Es war schon vor 1914 in zahlreichen Haushalten mit Stromanschluss vorhanden. In der Zwischenkriegszeit erfreute es sich großer Beliebtheit und verbreitete sich weiter aufgrund diverser Verkaufshilfen wie der reduzierten oder sogar kostenlosen Abgabe des Gerätes durch die Energieversorger. Der Umgang mit dem elektrischen Bügeleisen, das im Gegensatz zum Kohlebügeleisen erheblich einfacher und sauberer zu bedienen war, sollte die Hemmschwelle beim Gebrauch elektrischer Geräte abbauen

*Abb. 4
Vignette,
Grafik: Fernand Schultz-Wettel,
nach 1906*

*Abb. 5
Vignette, nach 1904*

und die Verbraucher so weiter an diesen heranführen. Neben den elektrischen Haushaltsgeräten, die nach dem Wärmeprinzip funktionierten (thermische Geräte), wurde allmählich auch die elektrische Kraftanwendung im Haushalt eingeführt (motorische Geräte), zum einen als externer Antrieb in Gestalt des Haushaltsmotors (er konnte wie der Elektromotor an unterschiedliche Geräte angeschlossen werden, z.B. Haartrockner, Rührgerät), zum andern als interner Antrieb wie beispielsweise im Staubsauger. Beide Geräte wiesen nach dem Ersten Weltkrieg neben dem Bügeleisen am frühesten einen relativ hohen Verbreitungsgrad auf. Daneben verkauften sich um 1925 auch Koch- und Heizapparate gut – wie beispielsweise die der Prometheus GmbH in Frankfurt am Main. Der Erfolg der heute unbekannten Firma ist nicht zuletzt auch daran ablesbar, dass sie den führenden deutschen Werbegrafiker der ersten Hälfte des 20. Jahrhunderts, Ludwig Hohlwein, für ihre Produktwerbung gewinnen konnte [Abb. 6].

In der Zwischenkriegszeit wurden die Voraussetzungen für die fortschreitende Verbreitung von Elektrogeräten erheblich verbessert (u.a. waren bis 1930 rund 50 Prozent der deutschen Haushalte elektrifiziert), woraus sich wiederum neue Erfordernisse ergaben. So rückten Elektrizitätswirtschaft und elektrotechnische Industrie allmählich die elektrischen Großgeräte in den Fokus des Kundeninteresses. Sie setzten dabei auf die Eigenschaft bestimmter Geräte, Verbrauchsspitzen auszugleichen, wie auch auf den hohen Stromverbrauch dieser Geräte insgesamt. Es kam zu einer breit angelegten Anstrengung, der Elektrifizierung neuen Schub zu verleihen, zumal nun ein breiteres Sortiment angeboten werden konnte [Abb. 7–11] und aufgrund des differenzierteren Angebots auch eine Ansprache breiterer Bevölkerungsschichten möglich war. Zusätzliche Dynamik erhielt die Initiative zur Verbreitung von Klein- und Großgeräten nach dem Wärme- und dem Kraftprinzip dadurch, dass sich die Branche mit der 1929 einsetzenden Weltwirtschaftskrise erstmals mit dem Problem eines sinkenden Stromverbrauchs konfrontiert sah. Die Politik der Nationalsozialisten war ab 1933 wesentlich mitverantwortlich dafür, dass der Strommarkt wieder weiter wuchs. Dies wurde erreicht durch Maßnahmen zum Abbau der Arbeitslosigkeit im Elektrogewerbe und im Zusammenhang mit der allgemeinen Aufrüstung in Nazideutschland. Der staatlich bezuschusste Anschluss an das Stromnetz bzw. dessen Erweiterung kurbelte Geräteverkauf und -produktion an und damit in doppelter Weise auch den Stromverbrauch. Damit wurden die durch die steil anwachsende Rüstungsproduktion verursachten Stromspitzen ausgeglichen. Unter diesen Vorzeichen unterstützte die nationalsozialistische Propaganda ab 1935 massiv den Absatz des Elektroherdes und ab 1936 den des Kühlschrankes. Doch trotz umfassender Maßnahmen war der Verbreitungsgrad gerade der großen Elektrogeräte vor dem Zweiten Weltkrieg immer noch sehr niedrig (1936: weniger als zwei Prozent Elektroherde, 1938: weniger als zwei Prozent Waschmaschinen). Die eigentliche flächendeckende Verbreitung erfolgte im Nachkriegsdeutschland erst mit dem Wirtschaftswunder. Der Zwischenkriegszeit kommt jedoch die Bedeutung zu, mit einem lediglich behaupteten Elektrifizierungsschub im

Abb. 6
Pappschild, Prometheus, Grafik: Ludwig Hohlwein, 1926

Abb. 7 – 11
Emailschilder, 1930er Jahre

Haushalt dem ab den 1950er Jahren tatsächlich eingetretenen maßgeblich den Weg geebnet zu haben. Die Popularisierung der elektrischen Haushaltsgeräte fand zunächst vor allem in der Werbekommunikation statt.

Erst in den 1960/70er Jahren waren in Westdeutschland elektrische Haushaltsgeräte weitgehend selbstverständlich, gehörten Staubsauger, Herd und Kühlschrank zur Grundausstattung der meisten Haushalte. Damit war aber die Vorstellung der Elektrotechniker vom vollelektrischen Haus, wie sie beispielsweise der Titel „Das allelektrische Haus" der AEG-Kundenzeitschrift verhieß, noch nicht in Erfüllung gegangen. Dazu musste als letztes elektrisches Großgerät erst noch die Nachtspeicherheizung Einzug in Häuser und Wohnungen halten. Die Elektrizitätswirtschaft begrüßte und unterstützte diese Entwicklung, sorgte doch die Nachtspeicherheizung für einen Ausgleich der durch Produktion und Privathaushalte verursachten Belastungsspitzen beim Stromverbrauch am Tag. **SF**

Tarifwerbung und Ratenzahlung

Abb. 5
Kalender, AFE, 1941

Lichtstrom, Bügelstrom, Kochstrom

Neben dem Aufbau der Stromnetze und der Akzeptanz der neuen Technik gehörten Strom- und Anschaffungskosten zu den wichtigsten Faktoren für die Verbreitung von Elektrizität und elektrischer Geräte.
Schon um die Jahrhundertwende wurde daher zwischen Licht- und Kraftstrom unterschieden, wobei von letzterem bald schon mehr verkauft wurde. Lichtstrom war um 1910 in vielen Städten mehr als doppelt so teuer wie Kraftstrom, da er in kleineren Mengen abgenommen wurde und die Leitungen erst in den Haushalten installiert werden mussten. Beispielsweise kostete in Villingen und Schwenningen der Kraftstrom 20 Pfennig pro Kilowattstunde (KWh), während der Lichtstrom bei 40 bis 50 Pfennig pro KWh lag. Erst mit der Verbilligung des Stroms für die Haushalte in den 1920er Jahren [Abb. 1] und der Differenzierung nach Geräten setzte sich Elektrizität weitgehend durch. In den 1920er Jahren wurden – neben Kraft- und Lichtstrom – der Bügel- und der Kochstrom eingeführt. Für den Bügelstrom stellten die Energieversorger so genannte Plättzähler bereit, an die die Hausfrau oder das Dienstmädchen das Bügeleisen anschloss. Der verbrauchte Bügelstrom wurde vom Gesamtverbrauch abgezogen und zu einem günstigeren Tarif berechnet. Für den Kochstrom setzte man auch Zähler mit farbigen Steckverbindungen ein, an die das entsprechende Gerät angeschlossen wurde.
Kochstrom wurde mit der Lancierung des Elektroherds eingehend beworben. So wurde er vor allem Anfang der 1930er Jahre verbilligt. Die Bewag senkte um 1933/34 den Kochstromtarif von 10 Pfennig auf 8 Pfennig pro KWh, 1941 sogar auf 7 Pfennig. Die Elektrizitätsversorger arbeiteten bei der Bewerbung von Strom eng mit der Elektroindustrie zusammen und machten gemeinsam Werbung. So zeigt die Werbebroschüre für Graetzor Haushaltsherd aus den 1930er Jahren unten rechts ein weißes Feld, in das der aktuelle Kochstromtarif eingetragen wurde [Abb. 2].

Ratenzahlung für Haushaltsgeräte

Mitte der 1920er Jahre ergriffen die Energieversorger erneut Initiative, ihren Stromverbrauch in den Haushalten zu steigern. Vor allem in der Mittagszeit, wenn die Maschinen in den Betrieben still standen, waren die „Stromtäler" ein Problem. Darüber hinaus führten Wirtschaftskrisen zu verstärkten Bemühungen um die Haushalte, denn in diesen Zeiten nahm die Industrie weniger Strom ab.
Wie die Energieversorger wollten auch die Unternehmen der Elektroindustrie ihren Absatz steigern. Eine Strategie sahen beide Branchen im Direktvertrieb von Elektrogeräten, da sie in das Verkaufstalent der Installateure wenig Vertrauen hatten. Durch Teilzahlungen und Rabatte sollte der Geräteverkauf angekurbelt werden. Dagegen regte sich Widerstand von Seiten des Elektrohandwerks. Verständlicherweise waren die Installateure bzw. das Elektrohandwerk wenig begeistert von dieser Konkurrenz. Im Jahr 1926 entwickelte die Bewag ein Teilzahlungssystem, in das sowohl Elektrounternehmen als auch das Elektrohandwerk eingebunden waren: Elektrissima. Andere Energieversorger zogen bald nach. Beispielsweise führte auch das RWE 1929 Ratenzahlungen ein. Bei diesem Teilzahlungssystem gewährte das RWE den Installateuren Kredite zur Anschaffung der Geräte. Beim Kauf eines elektrischen Kochgeräts und den damit verbundenen Erneuerungen der elektrischen Anlagen konnten die Kunden im Laufe von anderthalb Jahren mit der monatlichen Stromrechnung ihre Raten abzahlen. Über

Abb. 1
Elektrisches Nr. 7, 1929

Abb. 2
Graetzor, um 1935

Abb. 3
Werbeblatt, Küppersbusch, um 1930

die Kundenzeitschrift „Elektrisches" und über Broschüren warb das RWE für diese Anschaffungsmöglichkeit. Das RWE vertrieb die Geräte einiger ausgesuchter Unternehmen, u.a. Juno- und Küppersbusch-Elektroherde [Abb. 3]. (Auf beiden abgebildeten Drucksachen findet sich der dezente Hinweis darauf, dass die Geräte zu speziellen RWE-Preisen erworben werden konnten). Dabei wurde zwischen Preisen für Barzahlung, Ratenzahlung an den Händler oder an das RWE differenziert. Ein Juno-Vollherd mit drei Platten kostete z.B. um 1933 205 Reichsmark. Der RWE-Barverkaufspreis lag bei 171 Reichsmark, bei Ratenzahlung an das RWE bei 180 Reichsmark [Abb. 4].

Ab 1933 nutzten die Nationalsozialisten die Absatz- und Werbestrukturen der Energieversorger. Die Teilzahlung diente nun auch der Finanzierung des Volksempfängers VE 301. Dahinter standen das Ziel einer massenhaften Verbreitung des Propagandainstruments und die Unterstützung der Installateure und Radiohändler. Auf Antrag konnte ein Kunde bei einem Fachhändler eine Teilzahlung leisten, wenn das Elektrizitätswerk sich nach Prüfung der Kreditwürdigkeit einverstanden erklärte. Nach Anzahlung von ca. zehn Prozent bezahlte der Käufer für einen VE 301 76 Reichsmark in ca. 18 Monatsraten ab. An der Finanzierung von Volksempfängern hatten die Elektrizitätswerke aber wenig Interesse. Der Volksempfänger verbrauchte kaum Strom und so lohnte sich der organisatorische Aufwand nicht. Hinzu kam, dass der Volksempfänger sich nicht so schnell wie erwartet verbreitete. Elektrizitätswerke wie das RWE boten schon Mitte der 1930er Jahre keine Ratenzahlung für Volksempfänger mehr an. Die Arbeitsgemeinschaft zur Förderung der Elektrowirtschaft (AFE), Berlin, das mittlerweile gleichgeschaltete Sprachrohr der Elektrizitätswirtschaft, bewarb dagegen den Volksempfänger bis Anfang der 1940er Jahre [Abb. 5]. **RW**

Abb. 4
Werbeblatt, Juno, um 1935

Heißluftdusche oder Fön?

Abb. 6 Postkarte, Haartrockner, um 1920

Wer kennt heute noch den Begriff „Heißluftdusche"? So hießen die ersten elektrischen Haartrockner, die ab 1899 auf den Markt kamen. Der heute allgemein gebräuchliche Begriff „Föhn" bzw. „Fön" ist dagegen ursprünglich die 1909 eingetragene Wort-Marke für die Haartrockengeräte der Berliner Firma Sanitas [Abb. 1]. Als Namensgeber diente der warme, trockene Fallwind, der am Rande von größeren Gebirgen auftritt. Sanitas stellte elektromedizinische Geräte her und war mit dem Fön so erfolgreich, dass die Fabrik erweitert wurde. Die AEG übernahm Sanitas in den 1950er Jahren und führt seit 1958 Haartrockner unter der Bezeichnung „Fön" in ihren Verkaufskatalogen.

„Heißluftdusche" und „Fön" waren also lange Zeit Konkurrenten, die sich in der Werbung voneinander abgrenzten. Ein Vergleich der Reklamemarken macht das deutlich. Während Sanitas mit verspielten Bildern die vielseitigen Anwendungsmöglichkeiten des Original-Föns hervorhob, bediente sich die AEG – ganz im Stile Peter Behrens' – einer sachlichen Produktwerbung.

Der Fön eignete sich nicht nur zum Haartrocknen bei Mensch [Abb. 2] und Haustier [Abb. 3], sondern auch zum Trocknen von Kleidungsstücken [Abb. 4], zum Anwärmen von Badetüchern, zum schnelleren Entwickeln fotografischer Platten oder als Mittel gegen Rheumatismus.

Die Reklamemarke der „AEG Heissluftdusche" [Abb. 5] hingegen zeigt einen frühen Haartrockner mit einem großen, an der Seite angebrachten Motor und einem Isoliergriff aus Holz. In dieser Zeit waren die Modelle noch sehr unhandlich und wogen bis zu zwei Kilogramm. Erst mit der Miniaturisierung des Elektromotors in den 1920er Jahren wurde auch der Haartrockner verkleinert und erhielt die heute noch verbreitete Pistolenform [Abb. 6]. **BG**

Abb. 2 Vignette, Fön, um 1920

Abb. 1 Werbeblatt, Fön, um 1925

Abb. 4 Werbeblatt, Fön, um 1925

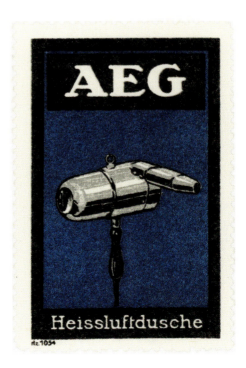

Abb. 3 Vignette, Fön, um 1920

Abb. 5 Vignette, AEG, um 1915

Das elektrische Haushaltsgerät als Inbegriff des Luxus: Der Staubsauger

Abb. 2
Postkarte, Farec mit Klopfwerk, Ende 1920er Jahre

In der Zeit zwischen den beiden Weltkriegen war der Staubsauger nach dem Bügeleisen das am weitesten verbreitete elektrische Haushaltsgerät. Der vergleichsweise hohe Verbreitungsgrad beschränkte sich jedoch auf das gehobene Bürgertum, denn zeitweise war der Anschaffungspreis für einen Staubsauger so hoch wie der Monatslohn eines Arbeiters. Anders als heute war das Gerät damals ein Luxusgut und dies spiegelte sich auch in der Werbung wider.
Ein erster Blick auf die Staubsaugerwerbung macht zunächst die begrifflichen Schwierigkeiten deutlich, welche die Entwicklung der elektrischen Haushaltsgeräte auch mit sich brachte. Wie sollte man sie nennen, zumal wenn sie – wie im Fall des Staubsaugers – nicht einfach die elektrische Variante eines bereits bestehenden Gerätes waren, sondern gänzlich neuartig? War anfänglich „Entstäubungspumpe" eine gebräuchliche Bezeichnung, so hatte sich Ende der 1920er Jahre weitgehend „Staubsauger" durchgesetzt. Doch trifft man in jener Zeit auch noch auf den „Elektrobesen" der niederrheinischen Firma Vorax [Abb. 1]. Das Berliner Erzeugnis „Farec" zeichnete sich durch ein Klopfwerk aus. [Abb. 2]. Die Begriffe Besen wie auch Klopfwerk beziehen sich auf Tätigkeiten, die der Staubsauger übernahm bzw. überflüssig machte: das Fegen des Fußbodens mit einem Besen und das Ausklopfen der Teppiche. Ein Nebeneffekt der Verbreitung des Staubsaugers war denn auch das zunehmende Auslegen von Fußböden mit Teppich.
Auch in der Staubsaugerwerbung der Zwischenkriegsjahre war die Präsentation des bloßen Produktes in Verbindung mit dem Markennamen im Stil des modernen Sachplakates der Vorkriegszeit ein Mittel der Wahl. Produktpräsentation bedeutete hier zum einen die steckbriefhafte Abbildung des Gerätes und zum anderen die prägnante Veranschaulichung seiner Wirkung auf verschmutzte Teppiche. So platzierte Paul Schlesinger den Vampyr-Staubsauger von AEG [Abb. 3] in fotografischer, d.h. die technischen Details des Gerätes detailgetreu berücksichtigender Darstellung vor einer rot-schwarzen grafischen Fläche. Diese deutet einen Teppich an. Die beiden leuchtend roten Rauten erscheinen dabei auf den ersten Blick als die Flächen, welche der Staubsauger gereinigt hat. Berücksichtigt man jedoch den Produktnamen „Vampyr", fällt die Deutung genau umgekehrt aus: Der Staubsauger wird die roten Flächen, d.h. den Schmutz, aufsaugen wie der Vampir Blut. Die Vorax-Werbung weist vergleichbare Elemente auf, ist jedoch malerischer ausgeführt. Hier wird dem Betrachter durch die Darstellung die Gewissheit vermittelt, dass am Ende der Elektrobesen den roten Fleck in der rechten unteren Ecke von dem weißen Rahmen weggekehrt haben wird. Die Farec-Elektro Apparate GmbH folgt zwar gleichfalls dem Bauprinzip des modernen Sachplakates, das Ergebnis erscheint jedoch eindimensionaler. Es zeigt in realistischer Weise die Hand, welche den Staubsauger führt, und die gereinigte Spur, die er auf dem Teppich hinterlassen hat. Die Leistungsfähigkeit des Klopfwerks wird beinahe comicartig durch eine rote Fläche zwischen Blitz und Stern veranschaulicht.
Einen völlig anderen Charakter als die bislang beschriebenen Staubsauger-Werbungen weisen die Plakate für die beiden Bodenstaubsauger von Elektrolux auf [Abb. 4], obwohl auch sie sich sichtlich auf das moderne Sachplakat beziehen. Hier werden die Geräte als regelrechte Luxusprodukte inszeniert. Im Namen der schwedischen Firma Elektrolux klingt nur scheinbar bereits das Wort Luxus an: Er entstand 1919, als die Elektomekaniska AB (die 1910 gegründete Firma baute seit 1913 Staubsauger) mit der Lux AB fusionierte. Die fotorealistische Wiedergabe der beiden Geräte lässt erkennen, wie aufwändig diese gestaltet waren, mit einem Chassis aus

Abb. 1
Plakat, Vorax Elektrobesen, um 1930

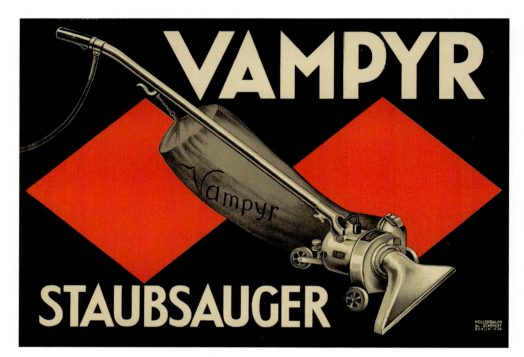

Abb. 3
Plakat, Vampyr Staubsauger,
Grafik: Paul Schlesinger, um 1928

grünem Bakelit bzw. einer Geräteverkleidung aus Krokodilleder-Imitat, der großzügigen Verwendung von Chrom und der Ummantelung des Saugschlauches mit einem edel wirkenden textilen Gewebe. Doch erst durch die optische Brillanz, die beide Entwürfe kennzeichnet, gelingt es, den Luxuscharakter tatsächlich zu vermitteln. Dazu trägt auch ein scheinbar nebensächliches, aber doch sehr bedeutsames Detail bei. Anders als bei Schlesinger & Co. ist auf den Electrolux-Plakaten im übertragenen Sinn kein Stäubchen zu sehen. Der monochrome Hintergrund deutet keinen Teppich an und damit auch keine schmutzigen und vom Schmutz gereinigten Flächen. Die luxuriöse Inszenierung wird durch die vollständige Ausleuchtung der Szenerie und die dadurch entstehenden Schlagschatten der Geräte noch unterstrichen. Diese werden quasi auf einen Sockel gehoben und zu Ikonen der Reinheit überhöht. Die aseptische Reinheit, welche die Plakate insgesamt ausstrahlen, ist das Versprechen auf eine saubere Wohnung.

Gerne wurden und werden die elektrischen Haushaltsgeräte auch als „Helfer der Hausfrau" bezeichnet. Vor dem Ersten Weltkrieg hatte die Bezeichnung einen ganz konkreten Bezug. Denn die eigentlichen „Helfer der Hausfrau" waren in den bürgerlichen Haushalten die Dienstboten. Allerdings stand dieser Berufsstand zur Disposition. Die Industrie warb die Arbeitskräfte mit höheren Löhnen ab, die Herrschaften klagten nicht nur über fehlende, sondern auch über schlechte Dienstboten. Nach dem Ersten Weltkrieg führten die neue demokratische Verfassung 1919 und die 1923 und 1932 kulminierenden Wirtschaftskrisen dazu, dass in Deutschland immer weniger bürgerliche Haushalte Dienstboten beschäftigten. Für die Haushaltsgerätewerbung stellte dies eine ganz besondere Herausforderung dar. Solange es an Hauspersonal gemangelt hatte, konnte sie die elektrischen Haushaltsgeräte als Lösung der „Dienstbotenfrage" preisen. Als die bürgerlichen Haushalte dagegen nicht mehr in der Lage waren, Dienstboten zu beschäftigen, und die ehemalige „Dame des Hauses" die Hausarbeit selbst machen musste, war das ein schmerzlicher sozialer Statusverlust. Die Anschaffung eines elektrischen Haushaltsgerätes bedeutete nun, diesen Statusverlust anzuerkennen. Dieses negative Vorzeichen musste die Werbung unbedingt neutralisieren und ins Positive wenden. Deswegen versuchte sie, den Gebrauch der Geräte so attraktiv wie möglich erscheinen zu lassen. Zu diesem Zweck durfte der Gebrauch eines elektrischen Haushaltsgerätes nicht wie eine anstrengende, schweißtreibende oder schmutzige Arbeit aussehen, sondern musste als angenehme Freizeitbeschäftigung einer modernen Frau erscheinen. Um etwa Staub zu saugen, musste diese keine Schürze mehr anlegen. Sie konnte dies durchaus auch noch schnell im Ausgehkleid erledigen.

Die Werbung für den Elector-Staubsauger von 1919 liefert für den Umgang mit der „Dienstbotenfrage" in der Werbung der Elektrogerätehersteller ebenso ein anschauliches Beispiel wie die für die Marke Vampyr. Auf dem Plakat [Abb. 5] des Wiener Grafik-Ateliers von Hans Neumann (1888-1960) wird entweder ein englisches Produkt präsentiert oder ein österreichisches Produkt gibt sich internationales Flair durch eine englische Produktbezeichnung, denn „Vacuum Cleaner" bezeichnet auf Englisch den Staubsauger. Die englische Anmutung wird noch verstärkt durch die Figur, die das Gerät auf umständliche Weise beidhändig und hochkonzentriert führt. Die gestreifte Weste weist sie als Butler aus. Die

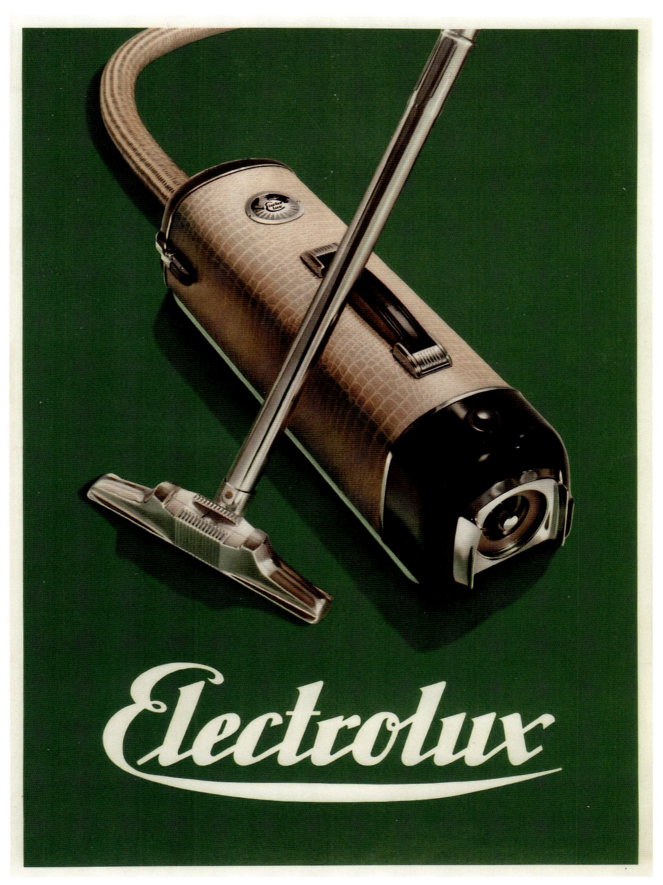

Abb. 4
Plakat, Electrolux-Staubsauger, 1940–1960

Abb. 7
Postkarte, Kinderleicht ist das Reinigen mit Elektrolux, Ende 1920er/1930er Jahre

Abb. 6
Werbeblatt, Vampyr, 1920er Jahre

Abb. 8
Vignette, Siemens Protos Rapid Staubsauger, nach 1928

übrige Livree verleiht ihr etwas Antiquiertes, die clownhafte Nase etwas Lächerliches. Sein Blick ist auf den Fußboden und damit auf das Ergebnis seiner Tätigkeit gerichtet. Die verdrehten Augen deuten an, dass ihm gar nicht gefällt, was er da sieht. Die Clownsnase lässt sich so besehen auch als gerötete Nase auffassen. Der Butler ist „verschnupft", d.h. „not amused", weil er erkennt, dass seine Zeit abgelaufen ist und die Zukunft dem blitzeblanken, Modernität ausstrahlenden und im Vergleich zu ihm leistungsfähigeren Gerät neben ihm gehört.

Dagegen wird der Vampyr von einer modischen jungen Frau mit Bubikopf-Frisur im knielangen, taillenlosen Zwanziger-Jahre-Kleid geradezu über den Teppich spazieren geführt [Abb. 6]. Die einhändige Bedienung des Gerätes und die in die Hüfte gestützte freie Hand vermitteln Leichtigkeit, Selbstverständlichkeit und Unangestrengtheit. Dieses Motiv spielte eine große Rolle in der Werbung für elektrische Haushaltsgeräte, nicht nur beim Staubsauger. Ein sprechendes Bild dafür waren Kinder, welche die Geräte bedienen und damit ihren „kinderleichten" Gebrauch vorführen [Abb. 7]. Die Werbung für den 1935 auf den Markt gekommenen Handstaubsauger Protos Rapid der Siemens-Schuckertwerke [Abb. 8] vermittelt die Leichtigkeit, Selbstverständlichkeit und Unangestrengtheit, mit der sich das Gerät bedienen lässt, subtiler. Das Gerät steht frei im Raum, so als würde es nicht einhändig oder von leichter Hand, sondern vielmehr von unsichtbarer oder Geisterhand geführt bzw. so, als mache sich die Arbeit wie von selbst. **SF**

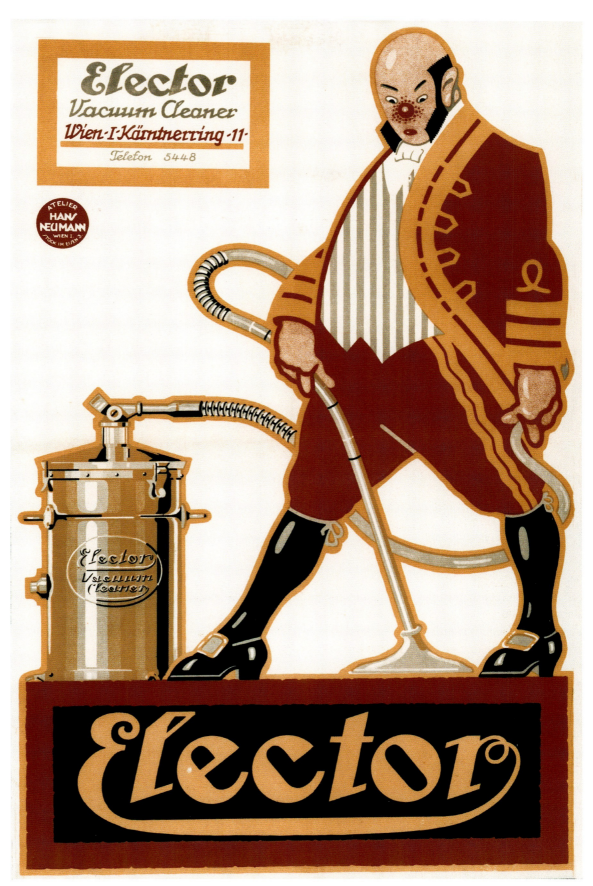

Abb. 5
Plakat, Elector Vacuum Cleaner Wien, Grafik: Hans Neumann, 1919

Vom Feind zum Freund der Haushalte: Der Elektroherd

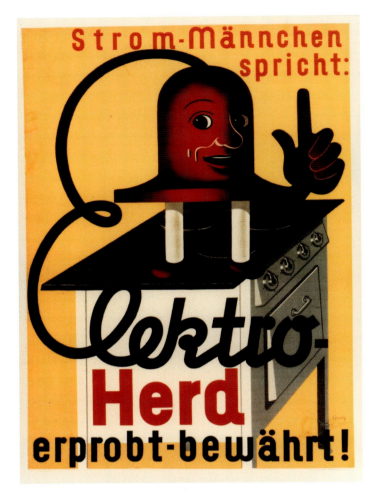

Abb. 1
Plakat, Strommännchen, Grafik: Dore Corty, um 1935

Der Einführung des Elektroherdes in die Haushalte standen nicht nur objektive Gründe entgegen – unvollständige Elektrifizierung, hohe Kosten –, sondern auch die negative Einstellung der Verbraucher zu dem Gerät. Zwar sprach vieles gegen den guten alten Kohleofen (der so alt noch gar nicht war und erst ab 1860 etwa das offene Feuer als Kochstelle in den Küchen abgelöst hatte): Laufend wurde Brennmaterial benötigt. Das Feuer musste angezündet und beaufsichtigt werden. Es ließ sich nur mit viel Erfahrung auf unterschiedliche Temperaturen regulieren. Laufend musste Asche entsorgt werden. In der Küchenluft lagen Kohlegeruch und -staub. Im Sommer heizte der Ofen die Küche bis zur Unerträglichkeit auf. Andererseits war der Kohleofen ein Alleskönner. Er kochte und backte. Er verfügte über einen Wasserbehälter, das Schiff oder Schiffchen, in dem stets heißes Wasser zur Verfügung stand. Er erhitzte das Bügeleisen oder den Bettwärmer, das Waffeleisen oder die Haarbrennschere. Über dem Kohleofen trocknete die Wäsche, in seinem Innern verbrannte der Abfall. Schließlich diente der Kohleofen auch als Heizung. In vielen Haushalten war die Küche der einzige beheizte Raum und deswegen der soziale Mittelpunkt, wo die ganze Familie zusammen kam.

Die Anschaffung eines Elektroherdes bedeutete dagegen, dass der Alleskönner Kohleofen durch eine Vielzahl von großen und kleinen elektrischen Einzelgeräten ersetzt werden musste: Herd und Backofen, Heißwasserbereiter, Wasserkocher, Bügeleisen, Waffeleisen, Haarbrennapparat, Bettwärmer, Heizofen. Auch war es meist notwendig, die Töpfe auszutauschen. Diese Umrüstung war nicht nur für viele Haushalte finanziell nicht leistbar, sie stellte auch eine psychologische Hürde dar. Mit der relativ frühen Verbreitung des Bügeleisens durch flankierende Maßnahmen der Elektrizitätswirtschaft war diese Hürde keineswegs überwunden.

Die zunehmende Anschaffung einzelner elektrisch beheizbarer Kochplatten und -töpfe als Ergänzung zum Kohleherd ab Mitte der 1920er Jahre bedeutete eher einen Schritt zurück, ließen die Verbraucher dadurch doch erkennen, dass sie am Bewährten festhalten wollten. Die Ablehnung des Elektroherdes hatte z.T. auch irrationale Gründe. So bestand die Befürchtung, die Speisen würden „elektrisch" schmecken. Vielleicht lag der Kaufzurückhaltung aber auch die unbewusste Ahnung zugrunde, dass der Elektroherd tief greifende Veränderungen der gewachsenen familiären Strukturen und Lebensweise mit sich bringen sollte.

Als Mitte der 1930er Jahre die Elektrizitätswirtschaft und die elektrotechnische Industrie, forciert von den Nationalsozialisten, sich auf den Absatz von Elektroherden konzentrierten, mussten also nicht nur die objektiven Gründe, sondern auch die Vorbehalte der Haushalte ausgeräumt werden. Die Werbegrafik unternahm dies, indem sie einfach das Gegenteil von dem behauptete, was als Stimmung unter den Verbrauchern wahrgenommen wurde. Die negative Einstellung zum Elektroherd wurde in positive Gegenbilder gewendet. Den Haushalten war offenbar unbehaglich bei dem Gedanken

Abb. 2
Plakat, Der Wunsch der Hausfrau: ein Elektroherd, Grafik: Jock Englberger, 1930–1935

Abb. 3
Plakat, DEMMER Herd, um 1935

Abb. 4
Plakat, *Jede Frau ist froh am elektrischen Heißwasserspeicher…*; Grafik: Propaganda Stuttgart, um 1935

zumute, sich auf ein neuartiges Gerät einzustellen, mit dessen Bedienung wie auch Eigenschaften und Wirkungen sie keinerlei Erfahrung hatten. Also reimte die Werbung forsch und gewiss den Spruch: „Erprobt – bewährt: Elektroherd" und steigerte ihn sogar noch: „Erprobt/bewährt – geschätzt/begehrt: Elektroherd" [Abb. 1]. Sie kehrte die Abwehr um und erklärte den Elektroherd zum „Wunsch jeder Hausfrau" [Abb. 2] oder zu ihrem „Stolz" [Abb. 3] und behauptete „Jede Frau ist froh am Elektroherd" [Abb. 4]. Um keinen Zweifel aufkommen zu lassen, hieß es nicht „froh über einen Elektroherd", sondern „am Elektroherd". Darin schwingt mit, dass der Elektroherd nicht erst angeschafft ist, sondern bereits die praktische Erprobung erfolgreich absolviert hat. Der Gebrauch des verallgemeinernden „jede" suggeriert schon eingetretene breite Akzeptanz. Nachdruck verliehen den Werbebotschaften die Porträtdarstellungen von sympathisch wirkenden und zufrieden lächelnden Frauen, die dem Schönheitsideal der Zeit entsprachen. Sie treten quasi als Kronzeuginnen für die lohnende Anschaffung auf.

Das Plakat mit dem Werbespruch „Mutter hat jetzt Zeit für uns, denn sie kocht elektrisch!" [Abb. 5] entwirft ebenfalls ein positives Gegenbild. Hier wird nicht so sehr der negativen Einstellung dem Elektroherd gegenüber widersprochen, sondern dem Ist-Zustand eine Vision entgegengehalten. Hatte bislang der Kohleofen maßgeblich das Leben der Haushalte bestimmt, weil er die permanente Aufmerksamkeit und Anwesenheit der Hausfrauen erforderte und dadurch das Familienleben in der Küche stattfand, so zeigt das Plakat eine fröhliche, frei, unbelastet und ungebunden wirkende Mutter mit ihren zwei freudig vorwärts stürmenden Kindern unter blühenden Zweigen, d.h. draußen in der freien Natur, auf dem Weg zum Spielen. Der häusliche Elektroherd ist in die Darstellung eingeblendet. Zu sehen sind Töpfe auf dem Herd und ein fertiger Kuchen im Backofen wie auch ein Heinzelmännchen, das einen Schalter bedient – was so viel erzählen soll wie: der Elektroherd arbeitet ohne Aufsicht bequem und gefahrlos selbsttätig. Die leuchtend weiße Kleidung der Kinder und des Heinzelmännchens wie auch die weiß blühenden Zweige vermitteln untergründig, dass in einer Küche, in der ein elektrischer Herd steht, blütenreine Sauberkeit herrscht. Das Plakat hat über seine Bedeutung als Gegenbild hinaus auch programmatischen Charakter. Es benutzt das in der Rationalsierungsdebatte der 1920er Jahre aufgekommene Thema der Zeitersparnis. Dieses Thema besaß für die Produktion in den Betrieben große Relevanz. Für die Haushalte und die Hausfrauen bestand dagegen keine zwingende Notwendigkeit zur Zeitersparnis. Diese wurde erst von der Werbung für den Elektroherd – wie auch für andere Elektrogeräte – behauptet und damit überhaupt in die häusliche Sphäre übertragen. Die Zeit, welche die Hausfrau durch die Umstellung vom Kohleofen auf den Elektroherd gewann, kam ihrer Familie zugute, so die Botschaft – nicht etwa ihrer persönlichen Freizeit oder ihrer Berufstätigkeit. Damit sollten nicht nur die Bedenken zerstreut werden, der Verlust des Kohleofens wirke sich nachteilig auf das Familienleben aus. Der Argumentationszusammenhang, dass die Zeitersparnis der Hausfrau durch die Umstellung auf den Elektroherd ihr mehr Zeit für Mann und Kinder gewähre, entsprach aber auch ganz der nationalsozialistischen Familienideologie und deren Vorstellung von der Hausfrau als treu sorgender Ehefrau und Mutter. **SF**

Abb. 5
Plakat, *Mutter hat jetzt Zeit für uns…*, Grafik: Grimmer, Dresden, um 1935

Der Kühlschrank – sparsam wirtschaften und genießen

Abb. 1
Vignette, Elektrokühlung, Schützt vor Verderb!, um 1935

Keinem anderen Haushaltsgerät gelang in der Konsumgesellschaft der Nachkriegszeit eine so eindrucksvolle Karriere wie dem Kühlschrank: 1945 galt er in der Bundesrepublik noch als Rarität. Seit den 1970er Jahren besteht dagegen eine Marktsättigung von fast 100 Prozent. Das Gerät gehört inzwischen zu den Dingen im Haushalt, die als lebensnotwendig angesehen werden und nach einschlägigen Gerichtsurteilen von der Pfändung ausgenommen sind.

Nach dem Elektroherd war der Kühlschrank das erste Elektrogroßgerät für den privaten Haushalt, das sich als Massenprodukt verbreitete, noch vor Waschmaschine und Fernseher. Haushaltskühlschränke kamen bereits um 1910 auf den Markt. Doch diese Luxusanfertigungen fanden allein schon wegen der großen Motoren und der dicken Isolierschicht nur in den geräumigen Küchen des Adels und des Großbürgertums Platz. Seit den 1920er Jahren existieren kleinere Geräte mit gekapseltem Elektrokleinmotor. Der Abnehmerkreis beschränkte sich wegen des hohen Anschaffungspreises jedoch immer noch auf die gehobene Gesellschaftsschicht. Im Nationalsozialismus gab es, angelehnt an die Verbreitung des „Volksempfängers", Pläne zum Bau eines „Volkskühlschrankes" für die breite Masse. Im Rahmen der Autarkiepolitik sollte das Gerät eine bessere Vorratshaltung ermöglichen und die Vernichtung von Lebensmitteln durch Verderben minimieren. Doch der Realisierung des Projektes stand entgegen, dass viele der zur Fertigung benötigten Stoffe als kriegswichtig eingestuft waren und deshalb ab Ende der 1930er Jahre für die zivile Produktion nicht mehr zur Verfügung standen. Zudem hätte der Herstellungspreis immer noch weit über dem gelegen, was durchschnittliche Haushalte bezahlen konnten. Von der Volkskühlschrank-Kampagne blieben nur die „Kampf dem Verderb"-Appelle mit Ratschlägen und Tipps zur traditionellen Konservierung und Lagerung von Lebensmitteln übrig [Abb. 1].

Der Kühlschrank als Massenprodukt

Erst Ende der 1950er Jahre ermöglichte die Fließbandproduktion Preissenkungen und die Erschließung neuer Käuferkreise. Doch schon vorher bemühten die Hersteller sich, den Kühlschrank von seinem Luxus-Image zu befreien und stattdessen als notwendigen Gebrauchsgegenstand für breite Bevölkerungsschichten zu propagieren. So warb Bosch schon vor dem Zweiten Weltkrieg mit der Kostenersparnis durch geringen Stromverbrauch [Abb. 2] Darüber hinaus argumentierten die Hersteller mit der längeren Haltbarkeit der Lebensmittel, wie etwa Bosch in einer Bedienungsanleitung von 1956:

„Der BOSCH-Kühlschrank ist kein Luxusgegenstand, viel eher eine Sparbüchse. Wenn Sie nämlich bedenken, daß in Deutschland vor dem Krieg jährlich für 1,5 Millionen Mark Lebensmittel verdarben, und zwar 50 % davon in Haushaltungen, so werden Sie in Ihrem neuen BOSCH-Kühlschrank einen treuen Verbündeten im Kampf gegen Verluste finden. Auch nicht der kleinste Rest wird von nun an in den Abfalleimer wandern." (Bedienungsanleitung Mein Bosch Kühlschrank, 7/1956)

Diese Terminologie knüpft an die ‚Kampf dem Verderb'-Kampagne im Nationalsozialismus an: Die Argumentationsmuster, die die Bosch-Werbung verwendet, ähneln jedoch nicht nur der Kampagne aus den 1940er Jahren, sondern wurden schon vor dem Faschismus verwendet. Die Nationalsozialisten machten sich diese tradierten Konsummuster lediglich zunutze. Doch war es unmittelbar nach dem im Zweiten

Abb. 3
Plakat, Alles frisch auf den Tisch aus dem Elektrokühlschrank, um 1930

Abb. 2
Plakat, Bosch-Kühlschrank, um 1935

Weltkrieg erlittenen Hunger und der erst 1950 erfolgten Abschaffung der Lebensmittelkarten gesellschaftlich auch nicht akzeptiert, Lebensmittel verderben zu lassen. Die Sparsamkeitsappelle der 1950er Jahre schrieben also frühere Konsummuster fort.

Bowle und Mayonnaise

Die Faszination, die sich mit dem Kühlschrank außerdem verband, war die Freude am Konsum schmackhafter Speisen und Getränke. Folglich wurde die Kühlschranktür in der Werbung als das Tor zum Genuss dargestellt, auch schon vor dem Zweiten Weltkrieg.
Das Plakat mit dem Werbespruch „Alles frisch auf den Tisch" [Abb. 3] ist ein typisches Beispiel für Gemeinschaftswerbung, die von Verbänden der Elektrizitätswirtschaft getragen wurde, und stellt das Produkt an sich dar, gefüllt mit verschiedenen frischen Lebensmitteln, davor die rote Grütze als Verheißung für das, was der Kühlschrank kann. Die Hausfrau erscheint nicht – wie häufig bei der Werbung von Marken – als „schmückendes Beiwerk" des offenen, prall mit frischen Lebensmitteln gefüllten [Abb. 4] oder des geschlossenen Kühlschranks, nicht-alltägliche Speisen und Getränke für besondere Anlässe präsentierend [Abb. 5 und 6].
Auch ist Kühlschrankwerbung in besonderem Maße Indikator für veränderte Konsumgewohnheiten. Während in den 1920er und 1930er Jahren Kühlschränke mit frischen Produkten gut gefüllt waren, nahmen Ende der 1950er Darstellungen der Markenkühlschränke mit Markenartikeln in Form von Konserven zu [Abb. 7]. Bilder der Speisen, Innenausstattung mit Gefrierfach und Fächern an der Seite, aber auch ihr Design weisen auf einen neuen Lebensstil und auf gesellschaftliche Veränderungen hin.

Abb. 4
*Vignette, Siemens Kühlschrank,
Betriebssicher und lautlos!, um 1930*

Abb. 7
Plakat, Liebherr Kühlung, Grafik: Ernst Bartelsheimer, München, um 1960

Abb. 5
Plakat, Bosch-Kühlschrank, 1938/39

Chrom und Hochglanzlack

Die Ausstattung der Wohnung mit Elektrogeräten wurde in den 1950er Jahren als deutliches Distinktionsmittel zwischen den sozialen Gruppen wahrgenommen. Insofern erwarteten die Konsumenten von ihrem ersten Kühlschrank nicht nur dass er kühlte, er sollte auch repräsentativ aussehen: Obwohl bereits in den 1920er und 1930er Jahren Haushaltskühlschränke in Deutschland hergestellt wurden, knüpften die Hersteller mit ihren Nachkriegsmodellen vor allem an amerikanisches Design an. Damit verband sich auch eine Abgrenzung von der Ästhetik der 1930er Jahre, die sowohl für den Nationalsozialismus als auch für den verlorenen Krieg stand. Der Hinweis auf amerikanisches Design entwickelte sich dagegen zum zugkräftigen Werbeargument. Ein wichtiges Gestaltungselement waren verchromte Griffe und Beschläge, deren Form und Material aus der Autoindustrie stammten. Die runde Stromlinienform – eine allgemeine Chiffre der Modernität – war ebenfalls aus der Fahrzeugentwicklung entlehnt. Vom Salzstreuer bis zum Staubsauger wurden zunächst in den USA und später auch in Westeuropa alle denkbaren Objekte mit den neuen Stylingmethoden überformt. Vor allem die weißen, hochglänzenden Küchengeräte sollten den Anschein blanker Hygiene erwecken. **BG**

Abb. 6
Plakat, Bosch-Kühlschrank, 1938/39

Waschtag adieu: Die Waschmaschine

Abb. 4
Werbeblatt, Haas, 1933

Aus der Perspektive des Jahres 2010 betrachtet, ist das Plakat für den Lavamat von AEG aus den 1950er Jahren [Abb. 1] wenig spektakulär. Das Modell erscheint aus heutiger Sicht ein wenig antiquiert, im Grunde aber ist uns das Gerät bestens vertraut. Es steht praktisch in jedem Haushalt und wird angestellt, sobald der Wäschesack voll ist. Vor allem in Haushalten mit Kindern läuft es täglich. Aber was für ein sensationelles Versprechen enthielt das Plakat bei seiner Veröffentlichung für die Zeitgenossen: Bei dem AEG-Lavamat handelte es sich um einen „Waschautomaten", wie die aus dem französischen Wort für waschen, laver, und dem Wort mit der Grundbedeutung sich selbst bewegend, Automat, zusammengesetzte Produktbezeichnung bereits andeutet. Und dieser Waschautomat, der eine Ladung Wäsche in ein bis zwei Stunden einweichte, vorwusch, wusch, spülte und schleuderte, sollte nun den bisher obligatorischen wöchentlichen Waschtag ersetzen, der nicht selten von der Hausfrau allein kaum zu bewältigen und körperlich extrem strapaziös war. Zwar hatte es auch schon vor 1951, als die erste vollautomatische Waschmaschine in Deutschland präsentiert wurde, so genannte elektrische Waschmaschinen gegeben. Doch handelte es sich dabei um Hilfsgeräte, die nur den einen oder anderen Arbeitsgang in dem aufwändigen Ablauf ersetzten, z.B. das Rühren und Stampfen der Wäsche durch die elektrische Bottichwaschmaschine [Abb. 2]. Der in der Waschküche verbrachte Tag war dadurch aber nicht hinfällig geworden. Das Plakat für den AEG-Lavamat ist eine klassische Produktwerbung in der Nachfolge des modernen Sachplakates. Hier liegt die Reduzierung auf das Produkt aber auch in der Sache begründet. Sie soll den Automatencharakter der Waschmaschine betonen. Der Verzicht auf die nahe liegende Präsentation der Waschmaschine durch eine Hausfrau macht vergessen, dass es trotz der selbsttätigen Arbeit der Waschmaschine auch noch einigen Zutuns von ihrer Seite bedurfte, wie Wäsche sortieren, Waschmaschine beladen, Waschmaschine ausräumen. Vielmehr erscheint die Waschmaschine als weißemaillierter, glänzender, Sauberkeit und Reinheit ausstrahlender monolithischer Block, der die Schmutzwäsche in sich aufnehmen und sie schrankfertig wieder herausgeben wird. Der Tenor der Werbung für ein neues Modell des AEG-Lavamat aus dem Jahr 1964 [Abb. 3] ist der gleiche, obwohl die Waschmaschine nun von einer eleganten Frauengestalt präsentiert wird. Von ihr sind allerdings nur der anmutige, modisch frisierte Kopf im Profil zu sehen und eine mit einem Perlenarmband geschmückte Hand. Die angeschnittene Darstellung legt nahe, dass sie nur schnell zur Tür hereingeschaut hat, um die Maschine anzuschalten. Die Aussage lautet also: Mehr Arbeit als das Bedienen des Schalters erfordert der AEG-Lavamat nicht, so dass die Hausfrau über viel freie Zeit verfügt.
Die Zeitersparnis, die der Waschvollautomat den Hausfrauen tatsächlich bescherte, wurde also in der Werbung noch gesteigert und so der Arbeitsaufwand auf ein Minimum reduziert, nämlich das magische Drehen des Schalters. Damals war noch nicht absehbar, dass die Waschmaschine ihr Potenzial zur Zeitersparnis nicht einlösen würde, obwohl sie

Abb. 1
Plakat, AEG-Lavamat, 1950er Jahre

Abb. 2
Broschüre, „Das Ideale Heim", 1928

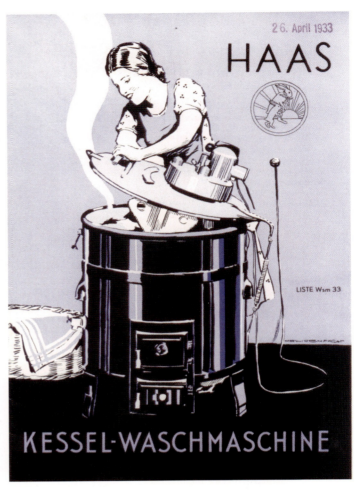

Abb. 5
Werbeblatt, Frigidaire Waschautomat, um 1955

von allen elektrischen Haushaltsgeräten dafür am geeignetsten war. Der Waschvollautomat strukturierte die für die Wäschepflege aufgewendete Zeit lediglich gänzlich um. Denn seine ständige Verfügbarkeit, vor allem seit er „etagentauglich" war, brachte eine so grundlegende Änderung der Hygienevorstellungen und Kleidungsgewohnheiten mit sich, dass immer häufiger, bis zu mehrmals täglich, gewaschen wurde. Mittlerweile sind die Menschen nicht mehr an einem festgelegten Tag in der Woche, sondern praktisch permanent mit der Wäschepflege beschäftigt. Als bleibende Errungenschaft durch die vollautomatische Waschmaschine bleibt deswegen vor allem die Entlastung von der schweren körperlichen Arbeit des Waschens [Abb. 4 und 5]. **SF**

Abb. 3
Plakat, AEG Lavamat nova regina, um 1964

Heizen mit Strom

Mit der Verbreitung von Strom als Energieträger für die Beleuchtung und die Kraftanwendung versuchte die Elektrizitätswirtschaft auch, das Heizen zu etablieren. In den Werbedarstellungen steht durchgehend die behagliche Wärme im Mittelpunkt, unabhängig davon, welche Art von Apparaten gezeigt wird.

So wurden seit 1900 elektrische Heizgeräte massiv beworben und auch gekauft. Da die Strahlungsöfen vor allem ihre direkte Umgebung erwärmten und ihr Strombedarf sehr hoch und damit auch sehr teuer war, blieben sie als dauerhafte Heizung der gesamten Wohnung die Ausnahme. Sie dienten als Übergangsgerät oder Ergänzung zur Kohleheizung oder dazu, in ungeheizten Räumen z.B. die Betten vorzuwärmen. Das Heizkissen sollte die Wärmflasche ersetzen und gehörte zu den meistverkauften elektrischen Geräten in den 1920er Jahren [Abb. 1]. Daneben gab es keramische Bett- und Fußwärmer, die die elektrisch erzeugte Wärme speicherten, dann vom Netzteil genommen und ins Bett oder unter die Füße geschoben wurden. Heizstrahler wurden vor allem für Badezimmer empfohlen. Die Grafiker wählten häufig Darstellungen, auf denen zumindest etwas nackte Haut zu sehen ist, um zu zeigen, was für eine angenehme Temperatur der Strahler verbreitete [Abb. 2].

Nach dem Zweiten Weltkrieg stellte billige Energie in scheinbar unerschöpflichen Mengen eine Grundlage der im Wirtschaftswunder gipfelnden Prosperität dar. Eine leicht und sauber zu bedienende Heizung gehörte nun auch zum angestrebten Wohnkomfort für breite Bevölkerungsschichten. Die Werbung versprach in jener Zeit alles im Überfluss, so auch Wärme. Der neben einem Ofen schmelzende Schneemann, das Signalwort „sommerlich" und die Produktbezeichnung „Passat" (nach den subtropischen beständigen, trockenen Winden) auf dem Plakat für den Strahlkamin [Abb. 3] machen dies deutlich.

Abb. 2
Postkarte, AEG Strahlofen, um 1925/1928

Wer den hohen Installationsaufwand für eine Zentralheizung scheute, dem bot seit den späten 1950er Jahren die Nachtspeicherheizung eine einfach zu montierende Alternative zum Kohleofen bzw. später auch zum Ölofen. Die Speicheröfen heizten sich nachts auf und gaben ihre Wärme tagsüber individuell dosiert an die Umgebung ab. Von den Energieversorgern wurde die Nachtspeicherheizung massiv beworben, um die Auslastung und Effizienz der Kraftwerke zu erhöhen und die so genannten Schwachlastzeiten in der Nacht und am Nachmittag zu überbrücken. Nicht nur wirtschaftliche, auch politische Gründe führten zur Subventionierung und Durchsetzung der Nachtspeicherheizung Mitte der 1960er Jahre. Denn die technische Reife fiel in eine Zeit, als sich – von der Politik gewollt – Atomenergie als neue Energiequelle etablierte. Die dadurch gewonnenen Stromkapazitäten wurden wiederum durch die Nachtspeicherheizung abgesetzt.

Immer wieder finden sich in der Werbung für die Nachtspeicherheizung Motive wie die in einem Sessel sitzende und lesende Frau, der zu Füßen eine Katze zufrieden schläft

Abb. 1
Pappschild, Prometheus-Scherip Heizkissen, Grafik: Ludwig Hohlwein, 1923

Abb. 4
Vignette, Stiebel-Eltron Wärmespeicher, 1968

Abb. 5
Plakat, AEG Wärmespeicherofen, um 1966

[Abb. 4]. Der Müßiggang der Frau und ihre schicke Kleidung suggerieren, dass die Heizung ihr keine Arbeit abverlangt, weil diese, etwa im Vergleich zu Kohleöfen, bequem zu bedienen ist. Die sommerliche Bekleidung der Frau verspricht dem Betrachter ganzjährige Wärme. Auf dem Plakat findet sich darüber hinaus noch ein Kennzeichen der Werbung für Heizgeräte allgemein: die Betonung ihres Möbelcharakters. Farben und Muster korrespondierten z.B. mit Tapeten und Teppichmustern. So ließen sie sich in die Wohnung integrieren und standen einerseits für Gemütlichkeit und Geborgenheit im „trauten" Heim, andererseits für Modernität. Ihre klare Form und vielseitigen Nutzungsmöglichkeiten z.B. als Ablage wurden auch in Filmen propagiert. Das Plakat für den Wärmespeicherofen der AEG [Abb. 5] verspricht wie die Werbung von Stiebel Eltron „Behaglichkeit und wohlige Wärme", setzt dies jedoch bildlich auf andere Weise um. Während Stiebel Eltron diese Aussage als Bilderzählung vermittelt, wählt das AEG-Plakat eine rein grafische Lösung, durch die Wahl der mit Wärme assoziierten Farben Rot und Gelb und durch das natürliche Wärme vermittelnde zeichenhafte Motiv einer Sonne, die aus Wärmestrahlen besteht.

Die Wärme- oder Nachtspeicherheizung etablierte sich ab Mitte der 1960er Jahren, als in vielen westdeutschen Städten nicht nur Neubauten entstanden, sondern auch Altbauten saniert wurden. Sie sollte die Kohleöfen und dann auch die mit der Ölpreiskrise stark verteuerten Ölöfen ersetzen. Doch zunehmendes Umweltbewusstsein, nun auch steigende Strompreise und der Abbau der Subventionen, führten zu einem Rückgang der Installationen wie auch zu einem Austausch von Elektrogebäudeheizungen durch andere Heizungssysteme. Inzwischen ist die Nachtspeicherheizung politisch sogar ganz in Ungnade gefallen: Aufgrund des hohen Energieverbrauchs und des CO_2-Ausstoßes dürfen ab dem 1.1.2020 vor dem 1.1.1990 installierte Nachtspeicherheizungen nicht weiter betrieben werden. Hinter Werbung für Strom standen – und stehen – nicht selten eben auch starke politische Interessen. **BG/RW/SF**

Abb. 3
Plakat, Passat Infrarot-Heißluft-Strahlkamin, Grafik: Tischbein-Werbung, 1950er Jahre

Die Frau in der Werbung für elektrische Haushaltsgeräte

Abb. 2
Werbeblatt, Küppersbusch, um 1955

Mit der Intensivierung der Werbung für elektrische Haushaltsgeräte rückte die Frau in der Rolle als Ehefrau und Mutter auf besondere Weise in den Fokus. Schließlich galt die Hauswirtschaft als ihr Zuständigkeitsbereich, und sie war absehbar auch diejenige, die die Geräte benutzen würde. Der gesellschaftliche Hintergrund für die Lancierung von elektrischen Haushaltsgeräten war jedoch komplizierter und dem begegneten die Werbestrategen auf unterschiedliche Art und Weise. Pauschal kann man sagen, dass nicht nur die Hausfrauen, sondern auch – oft indirekt – ihre Ehemänner als Zielgruppen angesprochen wurden.

Ein gängiges Motiv war und ist, dass Frauen ein Produkt mit demonstrativer Geste präsentierten, so wie im Fall der Kühlschrank-Werbung von Liebherr [Abb. 1]. Sie hat einerseits den Charakter einer Produktempfehlung von Hausfrau zu Hausfrau. Andererseits dient die modische, hübsche und gepflegte Erscheinung der Frau im Stil der Zeit in ihrer positiven Durchschnittlichkeit als Identifikationsangebot für Hausfrauen. Dadurch werden neben ihrem Aussehen auch die beiden abgebildeten Kühlschränke als erstrebenswert vermittelt. Ein solches Identifikationsangebot lieferte auch die Werbung für Elektroherde von Küppersbusch [Abb. 2]. Der Text verspricht „Weniger Arbeit – mehr Freude und Freizeit" durch die Anschaffung von Elektroherden. Die Zeichnung im charakteristischen Stil der 1950er Jahre zeigt, welche Art von Freude und Freizeit damals als angemessen für die Hausfrauen angesehen wurde, ein Plausch bei Kaffee, Kuchen und Zigarette mit den Freundinnen. Im Vergleich zur Werbung der 1930er Jahre bedeutete dies einen sozialen Fortschritt. Die Zeitersparnis durch die Elektrogeräte musste nicht mehr zwangsläufig der Familie zugute kommen, der Frau wurde nun auch Zeit für sich persönlich eingeräumt. Diese Form der Produktpräsentation in der Werbung sprach zwar vordergründig die Hausfrauen als Zielgruppe an, die eigentlichen Adressaten waren jedoch die Ehemänner. Denn die gesellschaftliche Realität sah noch bis weit in die zweite Hälfte des 20. Jahrhunderts den Mann als Alleinverdiener und Familienoberhaupt vor, der u.a. das letzte Wort bei großen Anschaffungen hatte (bis 1956 war dies in der Bundesrepublik Deutschland sogar noch Gesetz). Folglich musste die Werbung die unmittelbare Zielgruppe der Hausfrauen so sehr überzeugen, dass sie umso nachdrücklicher auf ihre Ehemänner einwirkten.

Teilweise sprach die Werbung die Ehemänner aber auch direkt an. So riet sie ihnen, ihre Frauen an Weihnachten mit elektrischen Haushaltsgeräten zu beschenken [Abb. 3]. Die AEG setzte zu diesem Zweck eine Werbefigur ein, ein als Weihnachtsmann verkleidetes Kabelmännchen mit einem Stecker als Kopf. Die Elektrogeräte, die es als Geschenke unter dem Arm trägt, wirken in der Proportion klein. Tatsächlich handelt es sich jedoch nicht um elektrische Kleingeräte, sondern mit Staubsauger, Herd und Kühlschrank eher um große, also in den Zuständigkeitsbereich des Ehemanns fallende Anschaffungen. Fällt diese Ansprache der Männer

Abb. 1
Plakat, LIEBHERR Kühlschränke, 1957

Abb. 3
Pappschild, AEG,
1950er Jahre

etwas betulich oder auch kindlich aus, so verleihen die Städtischen Elektrizitätswerke Wien ihrer Empfehlung eine größere Dringlichkeit [Abb. 4 siehe Kapiteleinstieg: Elektrizität im Haushalt]. Das Plakat ist rund 20 Jahre älter als der Aufsteller der AEG und damit aus einer Zeit, als die finanziellen Möglichkeiten der meisten Ehemänner nur für elektrische Kleingeräte als Weihnachtsgeschenke ausreichten. Hier wird das Kaufbegehren der dargestellten Frau regelrecht greifbar. Ihre Hand fährt mit einer Geste, als wolle sie die Geräte gleich an sich reißen, mitten in das aufgebotene Sortiment. Dieses unbeherrschte Begehren kann der Ehemann mit der Wahl des richtigen Weihnachtsgeschenks in geregelte Bahnen lenken.

Auch die Werbung für die Miele-Waschmaschine [Abb. 5] richtet sich an die Ehemänner. Denn sie inszeniert einen Rollentausch, bei dem der Mann in die Rolle der Hausfrau schlüpft und von Anstrengung gezeichnet die Wäsche auf herkömmliche Weise von Hand wäscht. Und sie prophezeit, dass ein Mann, müsste er unter solchen Umständen arbeiten, dem ganz schnell ein Ende machen würde. Damit wird den Hausfrauen indirekt auch Anerkennung gezollt für die schwere Arbeit, die sie leisten. Miele inszeniert sich mit diesem Einfall als „Frauenversteher" und setzt so auf einen positiven Imagegewinn bei den weiblichen Betrachtern. Eine besondere Schwierigkeit bei der Werbung für elektrische Haushaltsgeräte ergab sich durch das Zusammentreffen eines nach wie vor von traditionellen Werten und Vorstellungen geprägten Lebensbereiches, nämlich des von Haus und Familie, mit dem technischen Fortschritt. Wie schon bei der Einführung der elektrischen Energie in Handwerk und Landwirtschaft, mussten Elektrizitätswirtschaft und elektrotechnische Industrie die als gegensätzliche Pole empfundenen Vorstellungen von Tradition und Moderne in Einklang bringen. Ein Ansatz dazu war, die Hausfrauen mit der neuartigen Technik durch praktische Anschauung in Vorführungen und Kursen vertraut zu machen. Deswegen erstaunt der andauernde Diskurs über die angebliche Technikferne oder auch „Maschinenfremdheit der Frau". Fraglich ist, wie weit verbreitet und tief greifend dieses Phänomen tatsächlich war, oder ob es sich um ein bewusst eingesetztes Scheinargument handelte, um Befürchtungen zu zerstreuen, die Geschlechterrollen würden in Frage gestellt. Durch die

Abb. 5
Plakat, Miele, Ende 1920er Jahre

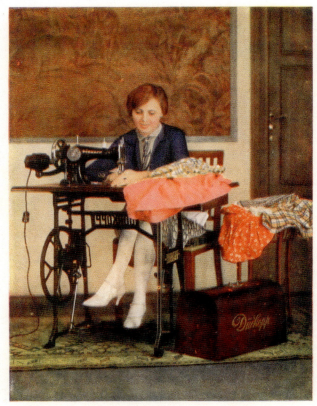

Ossi Oswalda an der elektrisch angetriebenen Nähmaschine

Abb. 7a
Postkarte, AEG, 1925–1928

Hanni Weisse am AEG Kochherd

Abb. 7b
Postkarte, AEG, 1928

Charakterisierung der Frau als technisch unbegabt und uninteressiert konnte die Behauptung von ihrer natürlichen Unterlegenheit aufrechterhalten und ihrer Emanzipation bis auf weiteres eine Absage erteilt werden. Denn zumindest latent bestand bei einem Gros der Gesellschaft die unerwünschte Vorstellung, dass die modernen technischen Geräte einem modernen selbständigen und unabhängigen Frauentyp Vorschub leisten würden, wie er z.T. ja schon in den 1920er Jahren propagiert wurde. Die Werbung für elektrische Haushaltsgeräte suchte dagegen den Eindruck zu erwecken, dass deren Einführung die bestehenden Geschlechterverhältnisse nie auch nur im Ansatz gefährden würde, dass diese vielmehr im Gegenteil stabilisierende Wirkung hätten, etwa indem sie den Hausfrauen mehr Zeit für Mann und Kinder ließen. Das war eine wichtige Botschaft an die Gesellschaft allgemein, insbesondere aber an die Ehemänner. Konkret bedeutete dies, dass die Werbung für elektrische Haushaltsgeräte, um vertrauensbildend zu wirken, die Hausfrau als modisch, aber nicht modern zeigen musste und vor allem mit reichlich Hausfrauentugenden ausgestattet: Bescheidenheit, Fleiß, Fürsorglichkeit, Häuslichkeit, Mütterlichkeit, Reinlichkeit.

Die Städtischen Elektrizitätswerke Wien machten auf diese Weise mit ihrem Plakat „Verwendet Elektrizität im Haushalt" [Abb. 6] bilderreich deutlich, dass der eigentliche Gegensatz nicht Tradition und Moderne war, sondern diese sehr wohl zusammengingen. Vielmehr stehen sich tumbe, unverbesserliche Rückständigkeit und ein aufgeschlossener, kluger und maßvoller Umgang mit dem Fortschritt gegenüber. Schon die Postkartenserie, welche die AEG in den 1920er Jahren herausgab und auf der damals populäre Schauspielerinnen beim Gebrauch von Elektrogeräten zu sehen sind [Abb. 7a und 7b], vermittelte den Hausfrauen nicht nur Vorbild und Identifikation. Sie wartete auch mit der beruhigenden Botschaft vor allem an die Männerwelt auf, dass die Verhältnisse sich nicht änderten, wenn selbst so mondäne Stummfilmstars wie Ossi Oswalda oder Hanni Weisse am häuslichen Herd standen oder an der heimischen Nähmaschine saßen. **SF**

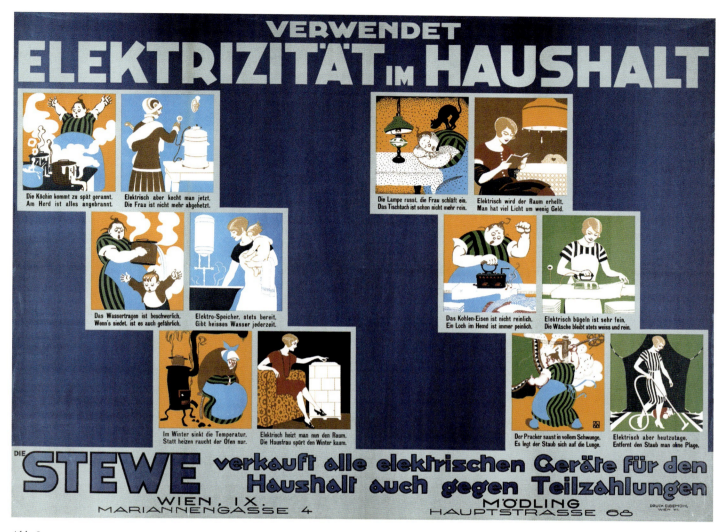

Abb. 6
Plakat, Städtische Elektrizitätswerke Wien, 1928

Plakat, DEW, um 1995

Elektrizitätswerbung zwischen Markt und Ökologie

Image- und Ökowerbung

Abb. 1
Broschüre, VEW, 1983

Seit nunmehr 40 Jahren bestimmen Diskussionen um Umwelt und Natur das Leben der Industrieländer. Deren Pro-Kopf-Verbrauch an Rohstoffen und Energie beträgt ein Vielfaches von jenem der so genannten Schwellen- und Entwicklungsländer. Demgegenüber steht ein wachsendes Bewusstsein von der Notwendigkeit zur Optimierung der Energieeffizienz, das sich mittlerweile auch in Wissenschaft und Forschung niederschlägt, u.a. in Entwicklung und Einsatz moderner Umwelttechnologien.

Den Energieversorgern kommt in dieser Diskussion eine ambivalente Rolle zu: Einerseits wird von ihnen nach wie vor eine zukunftssichere Versorgung des immer noch zunehmenden Verbrauchs erwartet, andererseits werden sie als Verursacher für Umweltprobleme und Klimawandel angesehen. Hinzu kommen steigende Strompreise und hohe Gewinne, die Anlass zu gesellschaftlicher und politischer Kritik geben. Alles in allem befindet sich die Elektrizitätswirtschaft in dem unvermeidlichen Widerspruch zwischen Gewinnerzielung und gesellschaftlicher Verantwortung.

In den 1970er Jahren, gerade als Elektrizität zum ersten Mal uneingeschränkt zur Verfügung stand und gleichzeitig aber schon die „Grenzen des Wachstums" ausgerufen wurden, führte der Ölpreisschock zu einer breiten gesellschaftlichen Ablehnung von Ressourcenverschwendung und Umweltverschmutzung. Auch die Energieversorger gerieten in die Kritik, denn sie hatten damals einen hohen Anteil filterloser Kohlekraftwerke am Netz, die zur Luftverschmutzung und zum Waldsterben beitrugen. Darüber hinaus betrieben sie Kernkraftwerke, eine neue, bis heute umstrittene Technologie. Von da an und bis in die 1990er Jahre hinein gab die Branche – hier am Beispiel der ehemaligen VEW dargestellt – verstärkt Imagebroschüren heraus, deren sachlich-technologischer Inhalt [Abb. 1] die Bevölkerung aufklären sollte.

Darin argumentierte sie stets mit ihrem Engagement für den Umweltschutz. Plakate und Ausstellungen behandelten vergleichbare Themen wie die Imagebroschüren. Vermittelt wurden Bilder, die Natur und (Groß-)Technik vereinten und den Menschen als Teil der Landschaft abbildeten. Mit der Liberalisierung des Strommarktes 1998 veränderten sich die Werbestrategien grundlegend. Die Einführung des Konkurrenzprinzips auf dem Strommarkt führte zu einem Wettbewerb, den es so bis dahin nicht gegeben hatte, da die Stromabsatzgebiete klar eingeteilt waren. Die Unsicherheit in der Marktentwicklung und die Positionierung gegenüber der Konkurrenz spiegelten sich auch in der Werbung wider. Um 1999 versuchten sich die Unternehmen durch eine steigende Anzahl an Kampagnenwerbung auf dem Markt zu behaupten. Anzeigenwerbung und Fernsehwerbung stiegen auf nicht gekannte Dimensionen. Darüber hinaus wurde das bunte Sortiment der Werbemittel noch erweitert. [Abb. 2–8]. Auf jedem dieser Produkte ist das Logo gut sichtbar, das wichtigste Zeichen der Unternehmens- bzw. Strommarke. Deutlich wird, wie Elektrizität nicht nur unseren Alltag durch den Gebrauch von Geräten durchdringt, sondern nun auch

Abb. 2
Schallplatte, HEW, um 1970

Abb. 3
Sparschwein, um 1985

selbst als Massenprodukt und Verkaufsware – wie jedes andere materielle Produkt – beworben wird. Elektrizitätswerbung ist so auch Teil unserer Alltagskultur geworden. Ein weiterer Aspekt der Liberalisierung ist die Produktdifferenzierung innerhalb der Angebote. Diese äußert sich darin, dass das bislang als homogen und austauschbar wahrgenommene Produkt Strom in der Werbung eine Identität und dadurch auch bestimmte Eigenschaften erhält, z.B. Farben, und dass nun die Art der Stromerzeugung eine Rolle spielt. So gibt es Anbieter, die ausschließlich ökologischen Strom verkaufen, andere haben lediglich ökologische Produkte in ihrem Sortiment. Bezeichnungen sind CO_2-freier Strom [Abb. 9], Öko-Strom, Natur-Strom oder Grüner Strom. Sie werden auch als Strommix mit dem gesetzlich vorgeschriebenen Mindestanteil von derzeit 16 Prozent erneuerbarer Energien vertrieben. Dadurch zeigt sich u.a. das gestiegene Umweltbewusstsein, dessen Symbol aktuell die Energiesparleuchte ist [Abb. 10]. **RW**

Abb. 4
Werbefigur, energiebewußt, um 1980

Abb. 6
VEW Schlüsselanhänger, um 1985

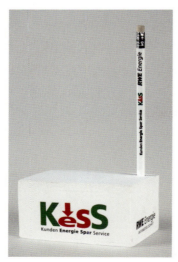

Abb. 7
Block, RWE, KesS (Kundenenergiesparservice), 1995

Abb. 5
VEW Spielzeug, um 1970

Abb. 9
Plakat, RWE, 2008

Abb. 8
Werbekampagne, RWE, Näher ist besser, 2005

Abb. 10
Anzeige, RWE, 2009

Literaturverzeichnis

Literaturauswahl

ARGE Prüfgemeinschaft (Hg.): Stromsparen im Haushalt. Auswirkungen der rationellen Stromanwendung in privaten Haushalten bis zum Jahr 2010, Frankfurt/Main 1995.
Badisches Landesmuseum (Hg.): Die elektrisierte Gesellschaft, Karlsruhe 1996.
Bärthel, Hilmar: Die Geschichte der Gasversorgung in Berlin – eine Chronik, Berlin 1997.
Bäumler, Susanne (Hg.): Die Kunst zu werben. Das Jahrhundert der Reklame, Köln 1996.
Behrens, Hermann/Hoffmann, Jens (Hg.): Umweltschutz in der DDR. Analysen und Zeitzeugenberichte, Bd. 1, München 2008.
Berghoff, Hartmut (Hg.): Konsumpolitik. Die Regulierung des privaten Verbrauches im 20. Jahrhundert, Göttingen 1999.
Binder, Beate: Elektrifizierung als Vision. Zur Symbolgeschichte einer Technik im Alltag, Tübingen 1999.
Bijker, Wiebe E./Hughes, Thomas/Pinsch, Trevor J. (Hg.): The Social Construction of Technological Systems, Cambridge 1984.
Bluma, Lars/Pichol, Karl/Weber, Wolfhard (Hg.): Technikvermittlung und Technikpopularisierung. Historische und didaktische Perspektiven, Münster [u.a.] 2004.
Blumer-Onofri, Florian: Die Elektrifizierung des dörflichen Alltags, Basel 1994.
Borscheid, Peter/Wischermann, Clemens (Hg.): Bilderwelt des Alltags. Werbung in der Konsumgesellschaft des 19. und 20. Jahrhunderts, Stuttgart 1995.
Böth, Gitta/Cornelius, Steffi/Döring, Peter/Horstmann, Theo: Der Weg ins Licht. Zur Geschichte der Elektrifizierung des märkischen Sauerlandes, Hagen 1989.
Brüggemeier, Franz-Josef/Engels, Jens Ivo (Hg.): Konflikte, Konzepte, Kompetenzen. Beiträge zur Geschichte des Natur- und Umweltschutzes seit 1945, Frankfurt/Main 2005.
Brüggemeier, Franz-Josef,/Korff, Gottfried/Steiner, Jörg: Unter Strom. Energie, Chemie und Alltag in Sachsen-Anhalt 1890–1990, Lutherstadt Wittenberg 1999.
Buddensieg, Tilman: Industriekultur. Peter Behrens und die AEG 1907–1914, Berlin 1979.
Carl, Ph.: Catalog für die Internationale Elektricitäts-Ausstellung, verbunden mit elektro-technischen Versuchen im K. Glaspalast zu München, München 1882.
Döring, Peter (Hg.): 100 Jahre Strom für Recklinghausen 1905–2005, Essen 2005.
Fischer, Wolfram (Hg.): Die Geschichte der Stromversorgung, Frankfurt/Main 1992.
Franz, Günther (Hg.): Die Geschichte der Landtechnik im 20. Jahrhundert, Frankfurt/Main 1969.
Frese, Matthias/Paulus, Julia/Teppe, Karl (Hg.): Demokratisierung und gesellschaftlicher Aufbruch. Die sechziger Jahre als Wendezeit der Bundesrepublik, Paderborn [u.a.] 2003.
Fongi, Y.: Wer ist Kohlenklau, Margarethenried 1973.
Gausebeck, Aenne: Landfrau und Kamerad Maschine, Essen 1950.
Giogio, Antonelli: I segni della luce. Un percorso attraverso i manifesti e la pubblicità 1890–1940, Milano 1995.
Gries, Rainer/Ilgen, Volker/Schindelbeck, Dirk: „Ins Gehirn der Masse kriechen" Werbung und Mentalitätsgeschichte, Darmstadt 1995.
Gröbl-Steinbach, Evelyn (Hg.): Licht und Schatten. Dimensionen von Technik, Energie und Politik, Wien/Köln 1990.
Günter, Bettina: Blumenbank und Sammeltassen. Wohnalltag im Wirtschaftswunder zwischen Sparsamkeit und ungeahnten Konsummöglichkeiten, Berlin 2002.

Gugerli, David (Hg.): Allmächtige Zauberin unserer Zeit. Zur Geschichte der elektrischen Energie in der Schweiz, Zürich 1994.
Haase, Ricarda: „Das bißchen Haushalt...?". Zur Geschichte der Technisierung und Rationalisierung der Hausarbeit, Stuttgart 1992.
Hengartner, Thomas/ Rolshoven, Johanna (Hg.): Technik – Kultur. Formen der Veralltäglichung von Technik – Technisches im Alltag, Zürich 1998.
Heßler, Martina: ' Mrs. Modern Woman'. Zur Sozial- und Kulturgeschichte der Haushaltstechnisierung, Frankfurt/Main u. New York 2001.
Horstmann, Theo (Hg): Elektrifizierung in Westfalen. Fotodokumente aus dem Archiv der VEW, Essen 2000.
Hughes, Thomas: Networks of Power. Electrification in Western Society. 1880–1930, Baltimore 1983.
Ilgen, Volker/Schindelbeck, Dirk: Am Anfang war die Litfaßsäule. Illustrierte deutsche Reklamegeschichte, Darmstadt 2006.
Kleinschmidt, Christian: Konsumgesellschaft, Göttingen 2008.
König, Wolfgang: Geschichte der Konsumgesellschaft, Stuttgart 2000.
Krieg, Beate: Landfrau, so geht's leichter. Modernisierung durch hauswirtschaftliche Gemeinschaftsanlagen mit Elektrogroßgeräten im deutschen Südwesten von 1930 bis 1970, München 1996.
Künstlerhaus Wien (Hg.): Lichtjahre. 100 Jahre Strom in Österreich, Wien 1986.
Lamberty, Christiane: Reklame in Deutschland 1890–1914. Wahrnehmung, Proffessionalisierung und Kritik der Wirtschaftswerbung, Berlin 2000.
Lamberty, Helga: Die geschichtliche Entwicklung der Energieversorgung Wuppertals, Köln 1950.
Leuschner, Udo: Kurzschluss – Wie unsere Stromversorgung teurer und schlechter wurde, Münster 2007.
Lindner, Helmut: Strom. Erzeugung, Verteilung und Anwendung der Elektrizität, Reinbek 1985.
Leiner, Wolfgang: Werbung und Verkauf bei Elektrizitätswerken und die Elektrogemeinschaften, Stuttgart 1984².
Meyer, Hugo Lucian: 10 Jahre HEA. Kurzer Abriss einer deutschen Gemeinschaftsorganisation zur Förderung der Elektrizitätsanwendung, Frankfurt/Main 1962.
Möller, Holger: Das deutsche Messe- und Ausstellungswesen. Standortstruktur und räumliche Entwicklung seit dem 19. Jahrhundert. Forschungen zur deutschen Landeskunde 231, Trier 1989.
Museum für Energiegeschichte(n) (Hg.): Ganz Dame und doch Hausfrau, Hannover 2008.
Nentwig, Franziska (Hg.): Berlin im Licht. Katalog zur Ausstellung im Märkischen Museum, Stiftung Stadtmuseum, Berlin 2008.
Pollner, G.: Die elektrotechnische Revolution. Populärwissenschaftlich dargestellt und mit erläuternden Illustrationen versehen von einem Fachmanne, München 1883.
Radkau, Joachim: Technik in Deutschland. Vom 18. Jahrhundert bis zur Gegenwart, Frankfurt/Main 1989.
Reinhardt, Dirk: Von der Reklame zum Marketing. Geschichte der Wirtschaftswerbung in Deutschland, Berlin 1993.
Rücker, Matthias: Wirtschaftswerbung unter dem Nationalsozialismus. Rechtliche Ausgestaltung der Werbung und Tätigkeit des Werberats der deutschen Wirtschaft, Frankfurt/Main 2000.

Schivelbusch, Wolfgang: Lichtblicke. Zur Geschichte der künstlichen Helligkeit im 19. Jahrhundert, München/Wien 1983.
Siegrist, Hannes/Kaelble, Hartmut/Kocka, Jürgen (Hg.): Europäische Konsumgeschichte. Zur Gesellschafts- und Kulturgeschichte des Konsums, Frankfurt/New York 1997.
Spilker, Rolf (Hg.): Unbedingt modern sein. Elektrizität und Zeitgeist um 1900. Katalog zur Ausstellung des Museums Industriekultur Osnabrück, Bramsche 2001.
Tautz, Joachim: Mehr Licht! Elektrifizierung des ländlichen Raumes, Cloppenburg 2005.
Trurnit, Hanno: Geschichte(n) hinterm Zähler. Die Beziehungen zwischen Energieversorgern und ihren Kunden, München 1996.
VDI-Gesellschaft Energietechnik (Hg.): Lebensstandard, Lebensstil und Energieverbrauch, Tagung Veitshöchheim 1995, Düsseldorf 1995 (= VDI-Berichte: 1204).
VEW (Hg.): Mehr als Energie. Die Unternehmensgeschichte der VEW 1925–2000, Dortmund/ Essen 2000.
Wehler, Hans-Ulrich: Deutsche Gesellschaftsgeschichte. Fünfter Band Bundesrepublik und DDR 1949–1990, München 2008.
Weisser, Michael: Deutsche Reklame. 100 Jahre Wirtschaftswerbung 1870–1970, München 1985.
Westphal, Uwe: Werbung im Dritten Reich, Berlin 1989.
Westphal, Uwe (Hg.): Konsumpolitik. Die Regulierung des privaten Verbrauchs im 20. Jahrhundert, Göttingen 1999.
Wessel, Horst A. (Hg.): Das elektrische Jahrhundert. Entwicklung und Wirkungen der Elektrizität im 20. Jahrhundert, Essen 2002.
Wischermann, Clemens/Borscheid, Peter/Ellerbrock, Karl-Peter (Hg.): Unternehmenskommunikation im 19. und 20. Jahrhundert. Neue Wege der Unternehmensgeschichte, Dortmund 2000.
Wisotzky, Klaus/Zimmermann, Michael (Hg.): Selbstverständlichkeiten: Strom, Wasser, Gas und andere Versorgungseinrichtungen. Die Vernetzung der Stadt um die Jahrhundertwende, Essen 1997.
Zängl, Wolfgang: Deutschlands Strom. Die Politik der Elektrifizierung von 1866 bis heute, Frankfurt am Main/New York 1989.

Abbildungsnachweis

Titelmotiv
Standardplakat (Aufkleber), Hier wirkt Elektrizität, Grafik: Fritz Julian, um 1925
Kunstbibliothek Staatliche Museen zu Berlin

Umschlag (Rückseite)
Plakat, Mutter hat jetzt Zeit für uns, um 1935
Plakat, AEG Nitra-Lampe, Grafik: Louis Oppenheim, 1913
Werbeblatt, Ausstellungsraum der Lech-Elektrizitäts-Werke, Grafik: Ludwig Hohlwein, 1924

Inhalt
Bethmann Design GmbH & Co. KG: Seite 194
Bildarchiv Preußischer Kulturbesitz: Seite 162
Deutsches Bergbau-Museum, Bochum: Seite 144–145
Deutsches Museum, München: Seite 15, 19–23
Historisches Konzernarchiv RWE, Essen: Seite 43, 49–54, 111–114, 117–119, 156, 186, 189–190, 195
Institut für Stadtgeschichte, Frankfurt: Seite 30
Institut für Zeitungsforschung, Dortmund: Seite 42
Kunstbibliothek Staatliche Museen zu Berlin: Seite 32, 88–104
Lesch&Frei: Seite 218, 222–223
LEW Augsburg: Seite 126, 129, 133–139
Sammlung Buchkunst, Museum für Kunst und Gewerbe, Hamburg: Seite 40
Siemens Corporate Archives, München: Seite 84
Stiftung Deutsches Technikmuseum, Historisches Archiv, Berlin: Seite 86
Universitätsbibliothek Heidelberg: Seite 64
Vattenfall-Archiv, Berlin: Seite 81, 83, 161–168, 174, 232
Wirtschaftsarchiv Baden-Württemberg: Seite 181, 183–184

Alle weiteren Abbildungen:
Umspannwerk Recklinghausen – Museum Strom und Leben

Nicht alle Inhaber von Bildrechten konnten ermittelt werden; sie werden gebeten, eventuelle Ansprüche geltend zu machen.

Autoren

Dr. Frank Dittmann
Kurator für Energietechnik, Starkstromtechnik und Automation im Deutschen Museum, München

Peter Döring
Archivar im Historischen Konzernarchiv RWE, Essen

Susanne Feldmann
Freie Kuratorin, Kulturwissenschaftlerin und Dramaturgin, Berlin

Aldo Frei
Agenturinhaber von Lesch&Frei, Frankfurt, Zürich, Mailand

Dr. Bettina Günter
Freie Kuratorin und Kulturwissenschaftlerin, Berlin

Prof. Dr. Martina Heßler
Professorin für Kultur- und Technikgeschichte an der Hochschule für Gestaltung, Offenbach am Main

Katrin Holly,
Historikerin, Heimatpflege Bezirk Schwaben, Augsburg

Dr. Theo Horstmann
Wirtschaftswissenschaftler, Historiker und Pressesprecher für die Konzernkommunikation RWE AG, Essen

Dr. Beate Krieg
Leiterin des Landfrauenverbandes Württemberg-Baden, Stuttgart

Dr. Anita Kühnel
Kuratorin der Sammlung Grafikdesign in der Kunstbibliothek Staatliche Museen zu Berlin

Udo Leuschner
Fachjournalist für energiewirtschaftliche Themen, Heidelberg

Prof. Dr. Reinhold Reith
Professor für Wirtschafts- und Sozialgeschichte an der Universität Salzburg

Dr. Sabine Röck
Diplom-Designerin, Wissenschaftliche Grafikerin, Kuratorin Energie/Licht, Berlin und Öffentlichkeitsarbeit bei der Braun-Düsseldorf GmbH

Christoph Wagener
Freier Kulturwissenschaftler, Norden

Regina Weber
Ausstellungskuratorin im Umspannwerk Recklinghausen – Museum Strom und Leben, Recklinghausen

Christoph Weltmann
Journalist und PR-Berater bei Wandschneider&Bartsch, Kommunikationsberatung, Unna

Sylvia Wölfel
Wissenschaftliche Mitarbeiterin am Lehrstuhl für Technik- und Technikwissenschaftsgeschichte an der Technischen Universität, Dresden

Impressum

„Hier wirkt Elektrizität" Werbung für Strom 1890 bis 2010

Begleitband zur Ausstellung elektrisierend! Werbung
für Strom 1890 bis 2010 im Umspannwerk Recklinghausen –
Museum Strom und Leben
14. März bis 5. September 2010

Wir danken an dieser Stelle den Leihgebern der Ausstellung.

Herausgeber
Theo Horstmann, Regina Weber

Textredaktion
Theo Horstmann, Regina Weber

Bildredaktion
Lena Tünte, Regina Weber

Autoren
Frank Dittmann, Peter Döring, Susanne Feldmann,
Aldo Frei, Bettina Günter, Martina Heßler, Katrin Holly,
Theo Horstmann, Beate Krieg, Anita Kühnel, Udo Leuschner,
Reinhold Reith, Sabine Röck, Christoph Wagener,
Regina Weber, Christoph Weltmann, Sylvia Wölfel

Gestaltung
verb. Agentur für Kommunikationsdesign, Essen

Druck und Bindung
Druckerei Uhl GmbH & Co. KG, Radolfzell

Verlag

1. Auflage März 2010
© Klartext Verlag, Essen 2010
ISBN 978-3-89861-886-1

Alle Rechte vorbehalten

www.klartext-verlag.de

© Umspannwerk Recklinghausen –
Museum Strom und Leben
© Autoren
© VG Bild-Kunst, Bonn 2010 für Peter Behrens,
Lucian Bernhard, Ludwig Hohlwein